中国文化产业十家论集

金元浦集

云南大学出版社
Yunnan University Press

余篇，是国内最早进行文化产业研究的专家之一，也是最早在我国提出和推动创意产业理念的专家，被誉为“中国创意产业理论之父”。出版《文学解释学》《接受反应文论》《范式与阐释》《间性的凸现》《文化创意产业概论》《阐释中国的焦虑——转型时代的文化解读》《动漫创意产业概论》等著作15本，主编《当代文化产业论丛》（5种）、《文化创意产业译丛》（7种）、《跨越世纪的文化变革——中国当代文化发展研究》（大型报告）、《北京，走向世界城市》（70万字大型研究报告）、英文文集 *Cultural Studies in China* 等共30余种。主持国家北京哲学社会科学“十一五”重大项目及教育部文科基地重大项目等20余个；被北京市政府、云南省政府、深圳市政府等10多省（区、市）聘为文化创意产业发展顾问；主持和参与省市大型文化创意规划等项目50余个，兼任中央党校、中国社会科学院研究生院、北京大学、清华大学、中国传媒大学、中央财经大学、上海交通大学等高校和研究机构客座教授、研究员。他所主持的中国人民大学人文奥运研究中心（北京人文奥运研究基地）受到中共中央、国务院的嘉奖，成为北京奥运会后国内唯一一个获奖的奥运科研机构。

出版前言

我国的文化产业萌芽于20世纪80年代改革开放初期。那时人们刚刚从“十年浩劫”的文化沙漠中走出来，被长期压抑的文化需求在宽松的环境中得到初步释放。随着经济的发展和市场的繁荣，文化市场也逐渐成长起来。与此同时，复制与传播技术在世界范围内突飞猛进地发展起来，为文化产品的大规模生产与消费提供了不可缺少的条件。正是在这样的环境下，文化产业破土而出。而到21世纪初，由于我国加入WTO后对开放国内文化市场的承诺，使文化产业的发展更有了新的挑战与机遇。2000年10月，中国共产党第十五届五中全会通过的《中共中央关于“十五”规划的建议》中，明确提出要“完善文化产业政策，加强文化市场建设与管理，推动文化产业发展”；2001年3月，发展文化产业正式被纳入全国“十五”规划纲要。从此，中国的文化产业走出萌芽期，进入起步期。2003年，随着文化体制改革的大幕开启，催动文化产业进入快速发展期。10多年来，文化产业业态逐步完备，新兴产业业态不断产生，法人单位与从业人员快速增长，文化产业增加值均高于同期GDP年均增长速度。即使曾遭遇2008年全球金融危机的影响，文化产业依然保持快速增长态势。2004年，我国文化产业增加值为3340亿元，至2013年，我国文化产业增加值已经达到21351亿元。今天的文化产业，更随着国家的战略谋划，逐渐广泛、迅速地融入互联网，向着特色化、纵深化和国际化转型升级，不断创新发展。

毋庸置疑，我国文化产业发展的政策驱动作用是相当明显的。但是，在政策驱动的过程中，理论的探索与提升仍然发挥了十分积极的作用。十多年来，一批学者从文化学、文艺学、艺术学、美学、哲学、经济学、法学等不同的学科领域转入对文化产业的理论研究与探索，从文化产业、创意产业、文化创意产业等基本概念的内涵及其差异辨析，文化产业的范围和门类划分，文化产业的统计指标体系确立，到文化产业发展战略、发展规划、文化产业政策制定、文化体制改革，到文化消费、文化市场、文化产业的区域性发展等，结合理论与实践展开了全方位的研究，逐渐形成不同的学术思想、学术观点。还有一些高层管理者，出于工作的需要，站在全局的角度，对一些涉及文化产业发展的全局性问题进行深层次的理论研究，以指导实践。这些理论研究与探讨，有的是对文化产业实践的总结与提升，有的是对文化产业发展的设计与期许，有的切实反映了文化产业的现实状态，也有的与现实还有一段距离。而正是在不断的理论探讨与实践中，我国的文化产业政策逐步地丰富和完善起来，并推动文化产业发展。这些成果无疑都从一个侧面记录下了我国文化产业曾经走过的历程，从中我们可以看到整个国家的文化产业十多年来风风雨雨的发展轨迹。

本丛书收取了十位全国有影响的文化产业理论研究者及学者型的高层管理者十多年来对文化产业的研究成果，虽然不一定全面，但具有代表性。而正如不能说我国的文化产业已经成熟，已经成为支柱性产业，我们的理论研究也同样不能说已经成熟完善，有成熟的研究方法与学科规范，形成自身的学术体系。本丛书希望通过此前一阶段理论成果的集中回顾，使广大读者和相关从业人员能从理论与实践两个角度梳理历史，更好地把握与理解现实，从而更自觉地创造中国文化产业发展的未来。

“中国文化产业十家论集”编委会

2015 年 5 月

目录

绪　论

文化产业与创意经济

对话与访谈

回顾与反思

绪　论

顶层设计，辩证施政，全面稳步推进文化体制改革

——学习十八届三中全会《决定》的几点体会

《中共中央关于全面深化改革若干重大问题的决定》（以下简称《决定》）对于推进文化体制机制创新做了全面系统的阐述。《决定》紧紧围绕建设社会主义核心价值体系、社会主义文化强国，深化文化体制改革，加快完善文化管理体制和文化生产经营机制，建立健全现代公共文化服务体系、现代文化市场体系，推动社会主义文化大发展大繁荣，提出了一系列创新性的观点。这是党在新的时代条件下带领全国各族人民进行的新的探索，对于建设社会主义文化强国，具有重要的现实意义和长远的历史意义。《决定》吹响了文化体制机制创新的进军号，将对我国文化发展产生重大影响。

文化，是党和国家新一代领导集体推进国家治理体系和治理能力现代化的重要组成部分。从文化的发展和繁荣来看，如何从五位一体的宏观整体上进行文化改革的顶层设计，并从改革的系统性、整体性、协同性出发辩证施政，是新一代领导集体推进文化发展的重中之重。《决定》指出，全面深化改革的总目标是完善和发展中国特色社会主义制度，必须更加注重改革的系统性、整体性、协同性，加快发展社会主义市场经济、民主政治、先进文化、和谐社会、生态文明。这就为我们全面深化改革确定了大框架、大格局。

我国文化体制机制的改革创新，文化产业的设计、决策，公共文化服务体系的建设，以及文化市场的建立和完善，是十六大以来特别是十七届六中全会以来改革开放的伟大成果。它是我们党锐意推进经济体制、政治体制和文化体制综合改革的重大举措，是我国大踏步赶上全球化的时代发展潮流的关键选择，也是我国进入并参与国际高端竞争重要领域，推进中国文化走出

去，实现文化复兴的中国梦的重大战略。

中国梦的一个核心思想就是最大限度地动员一切积极因素，寻找全体人民的最大共识，找到中华民族复兴这一民族精神的最大公约数。《决定》的另一个新提法就是提出了以激活全民族文化创造活力为改革开放的中心环节，要让一切劳动、知识、技术、管理、资本的活力竞相迸发，让一切创造社会财富的源泉充分涌流，让发展成果更多、更公平地惠及全体人民。以往的提法是将培育合格的市场主体作为中心环节，包括推动国有经营性文化单位转制，降低门槛吸引非公有资本进入文化产业。《决定》的新突破，体现了新一届领导更加阔大的胸怀，希望最大限度地动员左中右等一切积极力量，以改革开放这一民族最大共识来寻求最大公约数，来推送正能量，振奋浮躁化、游戏化的民族精神，打破固化的利益格局，激活全民族文化创造的活力，为新一轮的改革输送不竭的动力。

一

《决定》最重要的特色是整体把握，宏观设计，全面推进，点上突破。在治理方式上采取辩证施政，执两用中，疾徐不二，稳步推进的战略，在文化理念上兼顾中西，通古开新，找到发展产业经济与普惠人民大众之间的平衡，找到历史与现实、速度和效率、发展与公平，乃至大和小、内与外之间的平衡的执政风格。

文化体制改革是我国国家体制改革的重要组成部分。10 年来，我国文化体制改革获得了重大突破。按照中央“创新体制、转换机制、面向市场、增强活力”的要求，文化领域大力推进经营性文化单位转企改制，增强国有文化单位的发展活力和市场竞争力，培育骨干文化企业，打造一批走向世界的、有竞争力的大型企业集团，鼓励民营文化创意企业快速发展，鼓励非公资本以多种形式进入文化创意产业领域，优化了文化产业结构，推动了一批企业上规模、上档次、抓效益，努力构建统一开放、竞争有序的现代文化市场体系。这是转变文化发展方式的现实途径。说到底，只有全面建设公共文化服务体系与文化体制的市场化改革，完成二者对位性均衡发展的任务，才能实现文化改革创新的新发展。也只有文化发展方式转变了，文化体制才可能得到改革。

《决定》对完善文化管理体制和文化生产经营机制提出了新的思路：在“管”字上下功夫，以制度管人。规范管理的方式、管理的内容和管理的重点：坚持政企分开、政事分开，推动政府部门由办文化向管文化转变，推动党政部门与其所属的文化企事业单位进一步理顺关系。抓好基础管理、内容管理、行业管理，以及网络违法犯罪防范和打击等工作联动机制，健全网络突发事件处置机制，形成正面引导和依法管理相结合的网络舆论工作格局。

《决定》的一个重要突破是肯定了建立党委和政府监管国有文化资产的管理机构，实行管人、管事、管资产、管导向相统一的管理方式。在过去10年改革的推进方式上，以行政推动为主，自上而下地采取了政府决策，政府推动，甚至直接介入，直接办文化企业的方式，致使企业的行政色彩浓厚，市场主体地位难以确定。随着国有文化单位的分类改革基本完成，特别是国有经营性文化单位转制为企业，如何推动国有文化企业加快公司制改造，真正成为市场主体，成为改革全面深化的难点。

《决定》高度关注新闻媒体的管理，面对当前新型媒体的高速巨量发展，要求整合新闻媒体资源，推动传统媒体和新兴媒体融合发展，推动新闻发布制度化；严格新闻工作者职业资格制度，重视新型媒介运用和管理，规范传播秩序。

二

《决定》的一大亮点是将市场在资源配置中的基础性作用提升为决定性作用。经济体制改革是当前全面深化改革的重点，核心问题是处理好政府和市场的关系，使市场在资源配置中起决定性作用，更好发挥政府作用。市场决定资源配置是市场经济的一般规律，健全社会主义市场经济体制必须遵循这条规律。过去十年，我国的文化市场体系还不够完善，存在着政府干预过多，监管不到位，甚至权钱交易、腐败等问题。

《决定》的重大突破在于强调建设统一开放、竞争有序的市场体系，使市场在资源配置中起决定性作用。加快形成企业自主经营、公平竞争，消费者自由选择、自主消费，商品和要素自由流动、平等交换的现代市场体系，着力清除市场壁垒，提高资源配置效率和公平性，建立公平、开放、透明的市场规则，完善主要由市场决定价格的机制。

在如何对待国有文化企业和非公文化企业上，过去一直存在着非公经济受歧视发展难的问题和争论。《决定》旗帜鲜明地提出两个毫不动摇：公有制经济和非公有制经济都是社会主义市场经济的重要组成部分，都是我国经济社会发展的重要基础。必须毫不动摇巩固和发展公有制经济，坚持公有制主体地位，发挥国有经济主导作用，不断增强国有经济活力、控制力、影响力。必须毫不动摇鼓励、支持、引导非公有制经济发展，激发非公有制经济活力和创造力。要完善产权保护制度，积极发展混合所有制经济，推动国有企业完善现代企业制度，支持非公有制经济健康发展。

非公有制文化企业是我国文化产业的一支重要力量。《决定》特别强调了给民营企业、各种形式的非公企业的发展以更好的环境、更低的门槛，积极鼓励社会资本、民间资本进入文化产业的各个领域，不仅允许和鼓励它们在电影电视拍摄等领域继续发挥作用，还要允许它们参与对外出版、网络出版等领域，允许它们以控股形式参与国有影视制作机构、文艺院团的改制经营。

文化产业的发展基础，是各种形式的小微文化企业，是大量的创意工作室，是广大的青年创业者，是投身文化产业的大学生研究生。他们是文化市场的主体，决定着产业发展的未来。国内外经验证明，许多创意大师、设计大师、传播大师和营销大师，往往是在他们还在学校就读时，就开始了他们的创业之路的。培育原创力，突破陈规旧习，就要从青年开始。像比尔·盖茨、马克·扎克伯格等，正是在全社会宽松、鼓励的社会氛围下，在风险投资的大力支持下，才迅速地成长起来，成为举世闻名的跨国企业的领导者。

《决定》强调，必须积极稳妥从广度和深度上推进市场化改革，大幅度减少政府对资源的直接配置，推动资源配置依据市场规则、市场价格、市场竞争实现效益最大化和效率最优化。政府的职责和作用主要是保持宏观经济稳定，加强和优化公共服务，保障公平竞争，加强市场监管，维护市场秩序，推动可持续发展，促进共同富裕，弥补市场失灵。要尊重经济规律，有质量、有效益、可持续地发展，在不断转变经济发展方式、不断优化经济结构中实现增长。

建立多层次文化产品和要素市场，鼓励金融资本、社会资本、文化资源相结合。完善文化经济政策，扩大政府文化资助和文化采购，加强版权保护。健全文化产品评价体系，改革评价制度，推出更多文化精品。在坚持出版权、播出权特许经营前提下，允许制作和出版、制作和播出分开。

从市场出发，就要牢牢把握扩大内需这一战略基点，培育一批拉动力强的消费增长点，增强消费对经济增长的基础作用，发挥好投资对经济增长的关键作用。在汽车、住房消费经历了几年的“井喷”之后，今后我国居民消费的持续热点在哪里？作为经济改革转型升级的产业高端形态的文化产业，应当成为进一步改革的目标产业形态。发展服务业，应该发挥文化产业的“领头羊”作用。

消费是我国经济发展中最弱的一极，这与我国改革开放30多年来主要实行外向型经济和投资拉动战略有密切关系。我国的文化消费，一直处在较低水平上。文化消费引领首先要将消费者置于市场主体的位置，从市场的角度探讨消费者的文化需求，以文化消费的需求来引领文化产业的发展。

我国文化产业、文化经济、创意产业的发展与西方发达国家不同。中国的文化创意产业发展与西方发达国家的不同在于：西方发达国家发展文化产业是自下而上的，即由市场需求推动的；而中国文化产业是自上而下的，是通过前瞻性规划在全国全面推动的。

西方发达国家文化产业、文化经济、创意经济是在其全球化背景下市场推动的，是市场导向、需求导向的，是消费推动的，是消费者长期形成并不断创新的文化需求推动的。比如影响全球的欧美大众流行文化、美国的电影市场、欧洲的戏剧市场、日本的动漫市场、韩国的游戏娱乐市场，都是社会产生了需求，需求推动消费，消费拉动市场，市场引发产业的兴旺，并激发创意的风起。

作为赶超型后发国家，中国敏锐地把握到世界文化产业、文化经济、创意产业蓬勃发展的大趋势，看到了弯道超车的重大机遇。在我国文化发展理论界的研究与呼吁下，达成了广泛的社会共识，最终在党的十六大确定了发展文化产业的大政方针。在过去的十多年中，在党和中央政府的战略决策特别是十七届六中全会以来的大力推动下，我国文化创意产业获得了前所未有的成就。战略决策、规划布局、党政督办、政策引导、财政鼓励是这一阶段的主要举措；政绩冲动、匆忙上马、贪大求速、短期效应往往是不少地区文化产业发展的基本态势；地产为本，大项目牵头、政商协作，各得其所，是一些地方推动文化产业发展的基本方式。

文化消费是促进整个文化产业良性循环发展的原动力，就发展文化产业而言，投资是否有效益，文化企业能否做强做大，从根本上讲，取决于是否有发达成熟和旺盛的消费市场。据统计，北京文化创意产业近三年年均投资已经达到300亿元左右，而文化消费在200亿元左右，文化消费的增长跟不上文化投资的增长。目前，美国与西欧一些国家的文化消费已经占到家庭总收入的30%，而北京不到10%。北京文化消费市场蕴藏着巨大的发展空间。2013年，北京市举办首届北京惠民文化消费季，成效显著，为期45天的活动中，累计消费人次2654.3万，总成交金额52.3亿元。

北京为发展文化市场文化消费树立了一个样板。

三

习近平同志指出，在漫长的历史进程中，中国人民依靠自己的勤劳、勇敢、智慧，开创了各民族和睦共处的美好家园，培育了历久弥新的优秀文化。《决定》对建立健全现代公共文化服务体系做出了清晰具体的思考和部署。

与西方发达国家不同，我国正在构建具有中国特色的公共文化服务体系。这是中国特色社会主义文化建设的创举，是建设服务型政府的重要举措，也是关注民生的重要内容。

习近平同志指出，每个国家和民族的历史传统、文化积淀、基本国情不同，其发展道路必然有着自己的特色；讲清楚中华文化积淀着中华民族最深沉的精神追求，是中华民族生生不息、发展壮大的丰厚滋养；讲清楚中华优秀传统文化是中华民族的突出优势，是我们最深厚的文化软实力；讲清楚中国特色社会主义植根于中华文化沃土、反映中国人民意愿、适应中国和时代发展进步要求，有着深厚历史渊源和广泛现实基础。中华民族创造了源远流长的中华文化，中华民族也一定能够创造出中华文化新的辉煌。独特的文化传统，独特的历史命运，独特的基本国情，注定了我们必然要走适合自己特点的发展道路。

建立公共文化服务体系，提供公共文化服务，是现代民族国家构架的重要组成部分，是现代性发展的必然要求；它是现代民主的重要内容，是保障公民基本文化权力，吸引社会广泛参与的重要形式；也是保护国家民族物质与非物质文化遗产的根本保证。

公共文化服务的体系包括完善公共文化服务网络、创新公共文化服务方式、健全公共文化服务组织体制和运行机制、维护低收入和特殊群体的基本文化权益、加强农村文化建设等一系列重要工作内容。它是我国服务型政府工作的重要组成部分。

公共文化服务体系建设的出发点、依据和最终目的，是满足广大公民的公共文化权益的普遍需求，提高民生文化福利水平，加强全民人文精神培育。它的主导取向是满足大多数公民的基本文化需求，提供具有普遍需求的基础文化服务。非营利、公益性是其重要特征。所以，建设公共文化服务体系的首要原则是公益公利，公平公正，公众参与，普惠于民。公平公正是现代文明社会基于“法律面前，人人平等”的基本人权的确认而坚持的重要价值理念，它强调公民获得公共文化服务的“平等权”。

基于我国文化多样性的现实，建设公共文化服务体系要尊重、维护和满足不同层次、不同群体、不同地域、不同族别公民的不同文化权益和不同文化需求，坚持普遍参与、多样发展，并特别关注妇女、儿童、残疾人等弱势群体，保护他们的文化权益不受侵害。兼顾城乡之间、地区之间的协调发展，统筹规划，合理安排，形成实用、便捷、高效的公共文化服务网络。

公共文化服务体系包括非常丰富的内涵。如现阶段的先进文化理论研究、文艺精品创作服务、文化知识传授服务、文化传播服务、文化娱乐服务、文化传承服务、农村文化服务等多个方面。先进文化理论研究服务体系在公共文化服务体系中具有基础性和引导性意义，而其余则具有更多的实践性和功能性。

建立公共文化服务体系对于提升国民素质、培养公民良好的文化修养、塑造文明开放的崭新国民形象，对于构建和谐社会、实现安定团结、文化认同、各民族团结和谐具有重大作用。

近年来，我国公共文化服务体系的建设成效显著，尤其是基础设施的建设获得了长足发展。各级政府统筹服务设施网络建设，促进基本公共文化服务标准化、均等化。建立群众评价和反馈机制，推动文化惠民项目与群众文化需求有效对接。整合基层宣传文化、党员教育、科学普及、体育健身等设施，建设综合性文化服务中心。

《决定》进一步明确了不同文化事业单位功能定位，要求建立法人治理结构，完善了绩效考核机制。推动公共图书馆、博物馆、文化馆、科技馆等组建理事会，吸纳有关方面代表、专业人士、各界群众参与管理。鼓励社会力量、社会资本参与公共文化服务体系建设，培育文化非营利组织，推动公共文化服务社会化发展。

发展公共文化服务、构建公共文化服务体系是实施以人为本，保障公民基本文化权力，提升公民文化素养，构建和谐社会的必要形式；是提高国家文化软实力，实现文化大发展大繁荣的重要途径；也是实施中国文化走出去，重建文化中国国家形象的根本措施。而发展文化创意产业是发展模式的调整和增长范式的重要转变，是向内生性的经济增长方式的转变。其根本，是从GDP唯一模式向以人为本的科学发展转变。需要强调的是：政府在构建公共文化服务体系时主要负责提供基本的公共文化服务，而不是所有的精神文化生活需求，超出基本文化需求的服务，特殊的、高档的、流行的需求，公民可以通过文化市场获得。

四

面对当今世界各种思想文化相互激荡的大潮，面对国家发展和人民生活改善对文化发展的要求，面对社会文化生活多样活跃的态势，如何找准我国文化发展的关节点，在发展产业经济与普惠人民大众之间找到平衡，在速度和效率、发展与公平之间找到平衡，从而创造民族文化的新辉煌，是摆在我们面前的一个重大现实课题。

《决定》给我们指出了新的方向。

在全球市场的环境下大力发展市场导向的文化创意产业，与关注民生，利民惠民，以民为本，发展公共文化服务、构建公共文化服务体系，实现二者辩证地对位性地发展，是《决定》面对新形势、新变化和新需求做出的重要决策。一方面，它体现了我党审时度势，面对新的国际经济发展态势，做出的战略选择。作为市场经济国家，我国当前文化体制的改革和文化创意产业的发展，遵循市场经济的基本原则，获得了长足的发展，并日益走向全球市场。另一方面，它又从我党的根本宗旨出发，代表了最广大人民群众的长远的根本的利益，以公共投入和规划建设的方式，满足公民进入小康时代日益增长的精神文化的基本需求。这一对位性创举，是不同于美国、欧洲各国的具有中国特色的发展模式。它还处在探索完善阶段，但已显示出强大的生命力和巨大的发展潜力。

发展公共文化服务、构建公共文化服务体系是实施以人为本、以均等化的方式保障每一公民的基本文化权利，提升公民文化素养，构建和谐社会的必要形式；是适应当代世界潮流，建设现代民主国家的必由之路；是提高文化软实力实现文化大发展大繁荣的重要途径；也是实施中国文化走出去，重建文化中国国家形象的根本措施。总之，建立公共文化服务、构建公共文化服务体系是提高我国综合国力，加强我国文化竞争力的强大推动力量。

发展市场导向的文化创意产业将向我国公民提供更加丰富多样的多种档次的文化产品，以适应不同层次公民的多样化、个性化的需求。文化产业在市场化的发展中不断壮大，全面提升文化自身的造血功能，并为公共文化服务体系积累资金，培育文明，开拓道路。

文化创意产业发展与公共文化服务体系建设是落实科学发展观的两个重要组成部分；二者的协同和配套是文化全面发展的必要构成，缺一不可。文化创意产业与公共文化服务体系之间不是截然区隔的，而是相互支撑、交融互补、相需为用、共同发展的。二者相反相成，又相辅相成。文化创意产业要为繁荣文化提供丰富多样的文化产品，公共文化服务要为文化发展提供良好的设施和环境；文化创意产业要为消费者的更高、更特殊的需求创造更多、更好的精神产品。

五

习近平指出，对世界形势发展变化，对世界上出现的新事物、新情况，对各国出现的新思想、新观点、新知识，我们要加强宣传报道，以利于积极借鉴人类文明创造的有益成果。

十八届三中全会《决定》强调，要进一步提高文化开放水平，进一步扩大对外文化交流，加强国际传播能力和对外话语体系建设。联合国教科文组织《世界文化多样性宣言》指出：文化在不同的时代和不同的地方具有各种不同的表现形式。这种多样性的具体表现是构成人类的各群体和各社会的特性所具有的独特性和多样化。文化多样性是交流、革新和创作的源泉，对人类来讲就像生物多样性对维持生物平衡那样必不可少。从这个意义上讲，文化多样性是人类的共同遗产，应当从当代人和子孙后代的利益考虑予以承认和肯定。

多年来西方社会习惯于妖魔化中国，唱衰中国，中国国家形象在他们那里屡屡扭曲变形。要增强中华文化的软实力，要推动中华文化走向世界，我们必须在两个方面同时发力。一方面加强中国传统文化和当代文化的传播弘扬，理顺内宣外宣体制，支持重点媒体面向国内国际发展；鼓励社会组织、中资机构等参与孔子学院和海外文化中心建设，积极承担人文交流项目。要精心做好对外宣传工作，创新对外宣传方式，着力打造融通中外的新概念、新范畴、新表述。另一方面要从国际市场出发，支持文化企业到境外开拓市场，培育一批外向型的文化跨国企业，作为“国家队”，参与全球文化市场的“红海竞争”。

交流、沟通、交往、对话是我们时代文化与文化，国与国、民族与民族间合作共赢的必由之路。以中国和合文化为参照的执两用中的中国思维，作为新世纪世界文化交流的重要参照。中国文化的和合理念、执两用中的中庸之道，从根本上讲，是一种文化间性本位，是即此即彼、非此非彼、亦此亦彼的第三生成物。它是世界各个共同体间相互协商、谈判、让步、融合的结果。这一结果就是全球文化的公共领域与公共空间。

和而不同，同则不继。文学范式与话语的多样化引发对话与竞争，对话与竞争又进一步催生了创造的多样性。没有对话，就没有共同性，也就没有交流的基础；没有竞争，多种范式、多种话语就没有了张力关系或张力结构；没有张力，也就没有创新的动力；没有创新的动力，实际上也就没有了创新。求同存异，学术文化通过竞争发展，竞争是优化发展的基本途径，而创新——筹划、设计、投射，则是竞争中制胜的法宝。因此，在多样化现实中，当对话建立了同一性基础时，竞争就会倏然莅临。

对于如何进一步开放创新，习近平同志提出，要讲好中国故事，传播好中国声音。中国故事，中国声音，是中华民族集体记忆的结晶，是每一个成员共享历史和精神的过程与结果。这种共同记忆，既是民族群体共同生活的记录与积淀，又是走向世界、走向未来的共同基础。它是形成民族凝聚力的基本要素，是社会自我发展、自我完善的内在机制。

保证伟大民族集体记忆传承、交流和发扬的条件是提取该民族意识的精华，并不断创造新的经典。因此，我们要把我们民族最伟大的思想、观念、文学、艺术，伟大的代表人物，最好的故事，最好的声音传达给这个世界，并面向未来一切时代。

原载于金元浦新浪博客，http：//blog. com. cn/jinyuanpu.

中国文化发展的方式怎么转变?

转变经济发展方式的实质是对原有经济发展方式的革命。转变经济发展方式很难，难在它是一场革命。一是从目标来看，转变经济发展方式是对原有的经济发展方式的一种彻底变革。二是从领域来看，转变经济发展方式延伸到社会发展领域、政治发展领域、文化发展领域。三是从作用来看，转变经济发展方式要使整个社会经济发展的水平、状况和性质等发生深刻的变化。四是从影响来看，转变经济发展方式对整个社会都会发生极为广泛的影响。那么，文化产业怎么转变，转变中要把握好哪些因素，应该处理好哪些关系?记者独家专访了金元浦教授。

文化成为发展的终极目标

记者：金元浦教授，感谢您接受我们的采访。我们知道转变发展方式，不仅是经济领域的问题，也是文化领域的问题。您长期致力于文化转向、文化产业研究，请问：为什么要转变文化发展方式？转变文化发展方式的提出有何紧迫性和重要意义？

金元浦：好的。转变文化发展方式，这是一个重大的理论问题，更是一个重要的实践问题，是一场重要的思想革命，是文化理论的创新。

胡锦涛同志在近日的中央政治局第二十二次集体学习时指出，我国当前的文化发展，与人民群众日益增长的精神文化需求、快速发展的现代传播手段、不断扩大的对外开放、推动我国经济又好又快的新形势相比，还不完全适应。党的十七届五中全会提出，要坚持以科学发展为主题、以加快转变经济发展方式为主线谋划“十二五”发展，要更加注重以人为本，更加注重全面协调可持续，更加注重统筹兼顾，更加注重保障和改善民生，促进社会公平正义。要坚持把经济结构战略性调整作为加快转变经济发展方式的主攻方向，坚持把科技进步和创新作为加快转变经济发展方式的重要支撑，坚持把保障和改善民生作为加快转变经济发展方式的根本出发点和落脚点，坚持把建设资源节约型、环境友好型社会作为加快转变经济发展方式的重要着力点，坚持把改革开放作为加快转变经济发展方式的强大动力，促进经济建设、政治建设、文化建设、社会建设以及生态文明建设协调发展、共同进步。因此，我们必须进一步推进文化发展方式转变，努力实现文化又好又快地发展。

转变文化发展方式是科学发展观的重要组成部分。当前，我国正处在转变发展方式的新阶段。在这一转型中，文化理论和文化发展方式的创新具有极为重要的意义。这一创新既是观念的解放，产业的转型，新思路的开拓，又为国家文化政策的创新提供思路，是对未来我国文化发展方向的引领，是一种总体的文化战略的部署与策划。

记者：有数据显示，中国的文化产业占市场文化比重不足4%，而我国的GDP总量已经跃居世界第二。这样的数据说明了我国文化的软实力和硬实力相比两者差距非常大。出现这种情况的原因是什么呢？

金元浦：什么是发展？发展的内涵是什么？发展主要指经济的发展吗？长期以来，国际国内社会一直将发展主要看作是经济的发展、GDP的发展、物质力量的发展，而文化则被视作可有可无的附属物，与发展无关，或与主体经济无关。

但20世纪80年代以来，文化与发展的关系日益引起世界各国的普遍关注。世界经济的一体化、全球化，高新科学技术特别是信息与媒体技术的发展，使各国重新思考文化与发展，文化、经济、科技与发展的关系。

越来越多的国家和民族认识到文化对于当代社会经济生活的巨大影响和制约，认识到文化作为高端产业形态和先进生产力的发展的现实和趋势。尤其是发达国家，率先调整、转型、升级，大力推动文化创意产业，并在这一领域规划、布局，抢占创意制高点。

在这一全球性潮流的推动下，联合国教科文组织策划了“世界文化发展十年”（1988—1997）活动，并于1992年成立了以联合国前秘书长佩雷斯·德奎利亚尔为主席的世界文化与发展委员会。1995年，世界文化与发展委员会经过数年的调查、积累、撰写和修改，推出了题为“我们的创造的多样性”的报告，深入论述了文化在人类发展中的极其重要的作用。报告认为，脱离人或文化背景的发展是一种没有灵魂的发展，经济的发展应当被看作一个民族的文化的一部分。

报告指出，发展不仅包括得到商品和服务，而且还包括过上充实的、满意的、有价值的和值得珍惜的共同生活，使整个人类的生活多姿多彩。因此，文化尽管有时候可以作为发展的手段，但它最终不能降到只作为经济发展的手段或仆从这样一个次要的地位。发展不仅包含经济的发展也包含文化的发展。发展是一种对个人和集体产生强大的思想和精神影响的现象，而经济、科技的发展，说到底还是一个民族文化的组成部分，是人类文明的组成部分。1998年，联合国教科文组织在斯德哥尔摩召开了“文化政策促进发展”政府间会议，在这个会议上提出了一份《文化政策促进发展行动计划》供大会讨论通过。这份计划指出：“发展可以最终以文化概念来定义，文化的繁荣是发展的最高目标。”“文化的创造性是人类进步的源泉。文化多样性是人类最宝贵的财富，对发展是至关重要的。”因此，“文化政策是发展政策的基本组成部分”，“未来世纪的文化政策必须面向和更加适应新的飞速发展的需要”。

可见，当代世界对发展内涵的认识已经发生了重大转变，这在当代西方发达国家的产业升级换代中对文化创意产业的高度重视中清楚地得到了显现。

文化产业是转型经济的重要部分

记者：随着经济结构的变化，文化越来越强烈地影响当代社会经济。能否请您具体谈谈文化是怎么影响经济的？

金元浦：好的。西方经济学家大卫·索罗斯比认为文化影响经济结构的方式主要有三类。其一，文化会影响经济效益。借由增进群体共有价值的方式，使群体成员得以进行经济的生产程序。其二，文化会影响公平。例如，透过不断灌输像关怀他人这样的共有道德原则之方式，建立使关怀得以表达的机制。如果为了后代着想的道德责任能被大家接受为一种文化价值，那么在社会为一整体的情况下，我们从跨代平等里即可看到文化在这方面的重要性。一般而言，文化对公平的影响会呈现在群体的资源配置决策上，如此，其成员可达到公平的结果。其三，文化会影响甚至决定群体欲追求的经济或社会目标。在整体社会的层次上，文化价值有可能与追求物质进步完全一致，并借此判定一个社会的总体经济成果为成功或失败。而另一方面，不同社会的文化并非只追求物质成长，还要追求非物质目标，例如生活品质。

记者：有人认为，如今文化产业已经成为转型经济的重要组成部分，请问您怎么认识这个问题？

金元浦：科学发展观提出的转变发展方式、调整经济结构，不仅是经济领域的问题，也是文化领域的问题。这首先是由以前的单纯地以经济为中心，文化为仆从（经济搭台，文化唱戏）的形态，转变到现在党和国家提出的经济文化化、文化经济化、经济文化一体化的战略思想上来。

随着全球化时代信息传播媒介的高速发展和消费社会的来临，文化生产已日益成为当代经济生活的一部分，成为复杂的现代化大生产的一部分。像电视、电影、出版、音像、文艺演出、工艺美术、体育比赛，乃至广告、信息、传播、娱乐等产业，已越来越发展为庞大的产业集团，成为经济结构中的重要组成部分，甚至成为许多国家国民经济的支柱产业。特别是文化创意产业推动并催生了当前在社会生活中越来越产生重要影响的新生的产业类别，即所谓数字新业态，如动漫、网游、互联网经济、数字设计、电子（数字）商务、网络电视台、手机电影、手机动漫、手机网游、手机音乐、手机报刊、手机阅读、手机娱乐等的发展壮大，并推动传统文化产业的变革。

从世界各国创意经济发展的数据来看，中国文化创意产业属于高增长、高利润的新兴产业，是升值空间大的“潜力股”。近年来，我国文化产业增加值的增长速度每年都在17%以上，高于GDP增长速度。2009年，我国电影票房收入超过62亿元，同比增长42%，跃居世界第三；新闻出版业总产值突破万亿元大关，比上年增长20%。文化创意产业日益成为经济发展的新引擎，比如北京的文化创意产业。

文化创意产业已经成为经济发展中的高端产业，是当代服务经济中的高端形态。当前，我国产业结构要调整，要从低端制造业走向高端制造业，要从以制造业为主，逐渐调整走向高端服务业，特别是向生产型服务业转型，实现从中国制造到中国创造的提升改造。作为先进生产力，文化创意产业是产业发展的高端形态，具有高附加值和高文化价值、经济价值，具有低碳环保、生态发展的基本特征，并具有创造就业岗位的优势。它将推动我国整体产业结构的升级、越界、调整和重组。

文化创意产业还是启动和满足内需的重要产业形态。我国人均GDP已经接近4000美元，从发达国家的经验看，我国公民的文化需求将有一次较大幅度的提升。我国休闲的、娱乐的、体验的、游戏的、养生的、旅游观光的和生态文化的需求将急剧增长。目前我国电影电视市场、游戏市场火爆，黄金周文化旅游屡创新高，尤其是三网合一后的数字文化产品不断创新，推动了文化市场的新的繁荣。

体制改革是文化发展方式转变的关键

记者：那么，能否请您就文化产业的具体作用做进一步的详谈？

金元浦：文化创意产业的根本观念是通过“越界”促成不同行业、不同领域的重组、提升与合作。这种越界主要是面对第二产业的升级调整，第三产业即服务业的细分，打破二、三产业的原有界限，通过越界，寻找提升第二产业，融合二、三产业的新的增长点，产业要创意化、高端化、增值服务化，以推动文化与经济融合发展。二产制造业卖产品、卖机器，创意产业卖设计、卖理念、卖精神、卖心理享受、卖增值服务。从20世纪70—80年代以来，西方发达国家已经顺利完成了原有产业的转型、改造与提升，都将文化创意产业作为国家产业结构调整的重点，并将其作为国家经济的支柱产业来全力推动。

实际上，今天的文化产品与其他物质性产品在性质上和形态上是全然不同的。文化（文学、艺术、设计等）创意产品具有使用的多次性，尤其是精神产品的享用具有无穷性，而且越是使用，其价值就越高，越是使用得多，其增值速度也就越快；而物质性产品则会因使用和消费而消耗，其价值是递减的，其最典型的例证便是那些一次性消费的产品。一栋房产，作为物质产品的它在使用中会逐渐破损直至废弃，其价值会随使用性减弱渐趋于零；而作为艺术性精神产品（如某些艺术建筑）则具有精神享用的无穷性，其价值反而随着时间的延续而递增。

与汽车、牙膏、家用电器或纺织品不同，信息产品的消费并不会使产品耗尽，使其价值逐一递减。相反，每一个产品都能为很多人重复使用，并且会随着使用的增多而变得更加具有价值。一件诸如轿车、冰箱或计算机之类的工业产品会因使用中的损耗而贬值，而某种信息或文化艺术产品则会有完全相反的结果。一部电影、一本书、一个电视节目、一款游戏或一件软件产品的使用者人数越多，越受人们的欢迎，其价值就越会呈几何级数增加。

记者：文化发展方式转变包括众多内容，文化发展方式转变的关键是什么呢？

金元浦：文化体制改革是文化发展方式转变的关键。文化体制改革是我国国家体制改革的重要组成部分。按照中央“创新体制、转换机制、面向市场、增强活力”的要求，推进经营性文化单位转企改制，增强国有文化单位的发展活力和市场竞争力，培育骨干文化企业，打造一批走向世界的，有竞争力的大型企业集团，鼓励民营文化创意企业快速发展，鼓励非公资本以多种形式进入文化创意产业领域，优化文化产业结构，推动一批企业上规模，上档次，抓效益，努力构建统一开放、竞争有序的现代文化市场体系，这是转变文化发展方式的现实途径。说到底，只有通过文化体制改革才能实现文化发展方式转变，也只有文化发展方式转变了，文化体制才可能得到改革。

打破计划经济的文化发展模式，整合机构、转企改制，实行政事分开、管办分离，走向市场，到市场经济中去游泳，特别是到国际市场去一竞高下，是当前文化体制改革的重中之重。不久前，中国东方演艺集团有限公司、中国文化传媒集团有限公司、中国动漫集团有限公司同日在北京成立。文化部推动多家文化事业单位转企改制，加大力度加快进度走向市场。三家集团有限公司转企改制，成为文化系统首批由经营性文化事业单位直接转制为国有独资公司的中央文化企业。国有电影事业单位转企改制的脚步明显加快，国有电影制片厂2009年底前没有按期完成转企改制且未出品新影片的，不再核发摄制电影许可证；第一批101家中央各部门各单位出版单位转制工作按要求基本完成，103家高校出版社和268家地方出版社体制改革工作全面完成。

与此同时，全国国有文艺演出院团体制改革也打响攻坚战。国有院团实施结构调整，切实整合资源、调整布局、优化结构、提高效益。报载，2009年全年共有58家国有院团实现转企改制，区域性骨干演艺集团公司集中涌现。北京演艺集团公司、陕西省演艺集团公司、上海文广演艺集团公司等演艺集团公司相继成立，成为区域性龙头演艺企业。这就开启了文化发展方式转变的先机。

文化体制改革全面解放了文化生产力，引进了先进的生产力。但是，我国文化体制改革已经多次反复，过去的小打小闹收效甚微，如何真刀真枪，动真格，我们拭目以待。

文化与科技要两翼齐飞

记者：科技是第一生产力。在文化发展中，科技的作用如何，能否请您给网友介绍下？

金元浦：坚持文化与科技相结合，实现文化与科技的两轮驱动，不断增强文化产业自主创新能力，是文化发展方式转变中一项重要内容。一方面，传统的文化产业类别正在进行数字化高新科技的改造，如数字电影、3D、数字电视、数字出版等；另一方面，以数字化等高新科技为基础的文化创意产业新业态正在迅速创造、诞生和风靡，如动漫、网游、数字音乐、网络视频、手机增值业务等。忽视当代数字高新科技的高端平台建设，缺乏高科技引导的创新创意，是我国文化创意产业发展的制约因素之一。

记者：“十二五”规划当中其中有一个重要的篇章，就是要大力推动文化大发展、大繁荣。刚才您也提到了这方面的情况，比如说要强调进行文化创新，那么推动文化创新的内容形式上的创新，这个内容形式创新，我们怎么推动呢？

金元浦：文化创意产业是科技文化化和文化科技化的高端产业。我国跨越式发展的道路首先应以数字化、信息化、高新技术带动文化的产业化。我国作为发展中的经济大国，近年来在世界媒介革命浪潮中奋力拼搏，IT 业高新技术获得高速发展，与世界先进水平的差距正日益缩小。从某种程度上说我国网络信息产业的发展，紧紧追踪国际步伐，几乎与国际先进水平同步发展，在技术与人才上，有着自身独特的优势，这就奠定了中国文化产业跨越式发展的科学基础、技术保障和人才储备。

同时，当代信息革命已经由过去的硬件为王逐步走向软件为王、创意为王的新的发展阶段，正从技术为王时代走向内容为王时代。显然，在当今网络时代，信息产业只有与内容产业融合发展，才会如虎添翼，前程无量。正是在这个意义上，当代信息产业已不再是单纯的信息技术产业，而是信息技术产业与内容文化产业的高端融合形态。同样，文化产业只有与信息产业相结合，以信息化带动内容产业化，以产业化促进内容信息化，走新型产业化道路，才有可能实现我国文化创意产业的跨越式发展。

所以，实施文化创新发展工程不仅仅是在文化产业中提高高科技含量，这只是其中的一个方面，更重要的是文化自身具有的性质：当代文化日益具有主体筹划、投射、设计和创造的特征。也就是说，文化生产力的发展依赖于在文化领域的各个方面从观念、形式、体制、管理到操作实践全面实施文化创新—创意工程。文化领域必须积极参与国家知识创新体系，参考借鉴经济领域改革的成功经验，建设国家文化创新—创意体系，丰富、扩大和提升国家知识创新体系的内容与含量。

目前，我国IT业、互联网和信息传播业的发展正迫切需要内容文化产业的支持和推动。这就为我国发展文化创意产业的战略提供了高端起步，跨越式发展的良好机遇。它应推动新兴数字技术支持的新媒体信息内容文化率先产业化，从新兴的创意内容产业等高端产业入手，以数字化等高新技术促进文化的产业化，改造传统文化生产流通方式，带动整个文化创意产业的全面发展和提升。

要实现文化创意产业与公共文化服务体系对位性融合发展

记者：金教授，我们发现在“十二五”规划当中提出了“大力发展文化事业，加快发展文化产业”。我们说发展文化产业不是让文化产业化，文化不能产业化，对于那些不能走产业化道路的文化，这两者之间我们怎么样理解或者是怎么样理清楚这样的关系呢？

金元浦：新世纪以来，文化的价值在我国国家战略层面上被重新估量，文化被理解为社会均衡全面发展的重要基础，文化逐步走向国家发展政策的中心。特别是党的十七大以来，党和国家对文化的关注日益提升，对文化的推重日见其力，显示了我党审时度势，对新的历史时期文化发展的准确把握。这一把握突出表现为建立了中国特色的文化创意产业与公共文化服务的对位性机制。

文化创意产业发展与公共文化服务体系建设是落实科学发展观的两大重要组成部分；二者的协同和配套是文化全面发展的必要构成，缺一不可。在全球市场的环境下大力发展市场导向的文化创意产业，关注民生，发展公共文化服务、构建公共文化服务体系，实现对位性的科学发展，是我党中国特色社会主义文化建设的创举。一方面，它体现了我党审时度势，面对新的国际经济发展态势做出的战略选择；作为市场经济国家，我国当前文化体制的改革和文化创意产业的发展，遵循市场经济的基本原则，获得了长足的发展，并日益走向全球市场；另一方面，它又从我党的根本宗旨出发，代表了最广大人民群众的长远的、根本的利益，以公共投入和规划建设的方式，满足公民进入小康时代日益增长的精神文化的基本需求。这一对位性创举，是不同于美国、欧洲各国的具有中国特色的发展模式，它还处在探索完善阶段，但已显示出强大的生命力和巨大的发展潜力。

发展公共文化服务、构建公共文化服务体系是实施以人为本，保障公民基本文化权力，提升公民文化素养，构建和谐社会的必要形式；是适应当代世界潮流，建设现代民主国家的必由之路；是提高文化软实力实现文化大发展大繁荣的重要途径；也是实施中国文化走出去，重建文化中国国家形象的根本措施。总之，建立公共文化服务、构建公共文化服务体系是提高我国综合国力，加强我国文化竞争力的强大推动力量。

发展市场导向的文化创意产业将向我国公民提供更加丰富多样的多种档次的文化产品，以适应不同层次公民的多样化、个性化需求。产业在市场化的发展中不断壮大，全面提升文化自身的造血功能，并为公共文化服务体系积累资金，培育文明，开拓道路。

文化创意产业与公共文化服务体系之间不是截然区隔的，而是相互支撑，相互包含，相需为用，共同发展的。二者是相辅相成又相反相成的。

记者：金教授，从现实来看，我国文化产业发展的基础至今仍不是十分雄厚，市场程度不高，体制弊端严重。但是，我国的经济改革和高科技产业的发展却是成就喜人，举世瞩目。所以，转变文化发展方式要借鉴和引进经济改革的成功经验。能否请您具体谈下怎么借鉴和引进经济改革的成功经验。

金元浦：我国经济改革30多年来，从观念、形态、体制、管理到实践操作，均积累了丰富的经验，也不乏教训。特别是在现代企业制度、股份制改造、上市金融运营、投融资、产业管理、对外贸易、相关金融、会计、法律、咨询乃至广告运营和品牌构建等方面尤著。转变文化发展方式，就要全面学习我国经济改革的成功经验，把它运用到当前文化创意产业发展的现实实践中来。

转变文化发展方式，发展文化创意产业，充分借鉴和引进经济改革的成功经验，最重要的是要引进经济领域、科技领域的先进人才——战略策划人才、产业运营人才、企业管理人才、金融（上市）人才、投融资人才、科技创新人才（特别是原创设计人才），培养每一专业的专门人才。由于历史原因，我国相关文化部门长期在计划经济的体制下工作，吃惯了大锅饭，市场意识和产业意识淡薄，这一领域的干部在思想观念、理论准备，尤其是实践操作等前设框架上，都缺乏准备、缺少经验。因此，转变文化发展方式，要引进一批懂得市场、懂得产业经营的管理人才，全面提高我国文化产业运营的水平，缩小与经济改革间的较大差距。另外，文化产业文化市场有自己的产业的、行业的、企业的特点，需要在实践中培养既懂经济运营又精通文化产业的复合型专业人才。

最富创造性的高端创意人才是文化创意产业发展的核心。据统计，现代财富的创造更多集中在一些最优秀的创意人才上。这样，创意就成了当代产业组构中的一种特殊的设置，它决定了产业的性质，并由此决定了产业的管理与操作。二产的发展靠机器、厂房、资源和劳动力，创意产业不同于制造业的汗水产业、劳动力密集产业，创意产业的发展靠创意阶层，靠创意群体的高文化、高技术、高管理和新经济的“杂交”优势。

2010年，文化部《全国文化系统人才发展规划（2010—2020年）》出台。这是文化系统第一部人才发展规划，也是《国家中长期人才发展规划纲要（2010—2020年）》颁布实施后，首个行业人才发展规划。《全国文化系统人才发展规划（2010—2020年）》呈现了开放的文化人才政策，提供了科学的人才培养方式，对于改变文化发展人才匮乏的现状具有重要意义。

从注重GDP到更注重人

记者：发展文化创意产业是发展模式的调整和增长范式的重要转变，是向内生性的经济增长方式的转变。其根本，是从 GDP 唯一模式向以人为本的科学发展转变。请问如何实现以人为本？

金元浦：改革开放以来，我国的经济发展经历了以粗放型、资源型、投资型为主的阶段。随着我国经济的高速发展，人民收入的不断增加，社会文化需求不断升级，表现为收入函数变化带来的新的巨大需求要求增长方式的变革和供给结构的调整。发展文化创意产业是增长方式的中心环节转向内生性的创新模式的转变，是发展观念的转变，是发展模式的转换，它更关注人、热爱人、尊重人、提升人，有利于全面提高我国人民的生存质量和我国政府的服务质量，把经济社会发展切实转入以人为本全面协调可持续发展的轨道。

文化创意产业是与艺术、文化、信息、休闲、娱乐等精神心理性服务活动相关，满足小康形态下人们精神文化娱乐需求的所谓“第五产业”，是城市精神消费与娱乐经济融合发展的新载体，是现代服务业的高端组成部分。在总体的服务业的业态中，文化创意产业开拓艺术型、精神型、知识型、心理型、休闲型、体验型、娱乐型的新的产业增长模态，培育新的文化消费市场，涵养新一代创意消费群体，以推动新形态的文化经济的发展，并且通过在全社会推动创造性发展来促进社会机制的改革创新。

现代科学技术已越来越广泛地渗透到文化领域，文化产品和文化服务的科技含量也越来越高。科技进一步文化化、人性化了，文化也进一步科技化、高科技化了，新的高科技的文化娱乐方式不断创生，文化全面渗透到高科技产品之中。一切高科技产品归根结底都是为人服务的，它们都离不开文化，离不开文化所昭示的生存的意义、意味和人的生命的本质。高科技产品也只有最终依赖人们对文化服务的越来越广泛全面的需要而获得日益广阔的市场。一种无关人和人的文化的高科技既没有必要发展，也不可能发展起来

记者：也就是说，文化产业发展的出发点和归宿点就是以人为本？

金元浦：是的。先进的文化生产力和先进文化的发展，说到底是以人为目的，服务于人，服务于最广大的人民群众的根本利益的。产业结构下游化源于需求结构的上游化、高档化。随着社会生产力的迅速发展，人们的收入

水平不断提高，人们的社会需要也不断提高。在基本的物质层次得到满足的基础上，人们更多地关注文化上的、精神上的、心理上的需要，注重个体的全面发展和人的生存质量。人们在生活中对第一产业产品的需求在总体支出中的比重会相对下降，对文化产品的需求则会大大增加，人们对书籍、音像、影视、艺术产品的需求，对娱乐服务、旅游服务、信息与网络服务的需求会大大增加。即使物质层次的衣、食、住、行需要也大大地文化化了。随着生活水平的日益提高，人的更高的需求便会优先增长，从而精神文化附加值的经济含量和财富含量越来越高，而文化产品与文化消费则会优先增长。

目前，我国人均 GDP 达到 4000 美元，东部发达省市已达 10000 美元左右，这是一个历史性的巨大飞跃，将使我国产生无可估量的重大变化。

原载中国社会科学网，2014 年 1 月 27 日。

文化产业与创意经济

今日中国的文化创意产业，在经过了10余年的实践之后，获得了长足的发展，而其理论和思想的探索则更在20多年前就已开始。今日中国的文化创意产业，已经成为当代世界重要的一极。其发展的思路，建构的理论，探寻的途径，实践的态势，都在日益走向一种“中国特色”。这个产业即将成为中国国民经济的支柱产业，这种特色已经开始进入世界，影响世界，让世界的创意经济打上“中国色彩”。

创新型国家：科学技术创新与文化艺术创意

当前在我国蓬勃兴起的文化创意产业是建设创新型国家的重要组成部分。国家创新体系，不仅包括科技创新，也包括文化内容创新。文化与科技好比车之两轮、鸟之双翼，是当下中国飞速发展的动力源泉，而文化的科技化和科技的文化化，则是新世纪文化科技融合无间的新形态、新表征。

创新是社会发展的不竭动力

当代文化创意产业是一种在全球化的消费社会的背景中发展起来的，推崇创新、个人创造力，强调文化艺术对经济的支持与推动的新兴的理念、思潮和经济实践。

创意经济的先驱是著名的德国经济史及经济思想家熊彼得（Joseph Alois Schumpeter），早在 1911 年，他就明确指出，现代经济发展的根本动力不是资本和劳动力，而是创新，而创新的关键就是知识和信息的生产、传播、使用。在 1911 年出版的经典著作《经济发展理论》中，他摒弃了传统经济学理论，提出，正是由创新引发的动力失衡，而不是通常所认为的经济发展中的均衡与最优化才是经济发达的标准以及经济理论和实践的中心实体。在他逝世 40 多年后，他当年率先创用的“创造性破坏”“创新”“企业家精神”等 3 个关键词，已成了美国甚至全球主流经济论述中的重要核心概念，被麦肯锡顾问公司的两位经济学家发扬光大，写成著作《创造性破坏——市场攻击者与长青企业的竞争》，对观察当代企业流变具有十分重要的帮助。

熊彼得创始的创造性破坏或创意破坏性技术是指那些能够让更多的人享受到这种技术所带来的好处而破坏了既有技术的根基的技术。例如，电话的产生就是一个创意破坏性的技术，它破坏了原有的电报技术。现在，许多的大公司常常是基于理性的经营方式来决定自己的产品政策，这样那些在短期之内经不起考验的产品就不会得到推广，创意破坏性技术就难以产生。但是实践表明，创意破坏性技术能够为公司赢得市场，而对创意破坏性技术的搁置往往会造成既有市场的丧失。

美国著名管理学家彼得·F. 德鲁克极力推崇创新精神，他认为“创新”是一个相关经济和社会的术语。在经济与社会领域，变革是永恒的。在他的著作《创新与创业精神》里，他指出：“每一种实践都是以理论为基础，即使实践者自己从未意识到这一点……在社会中，特别在经济活动中，主要任务是做一些与众不同的事情，而不能按部就班，仅仅对已经做过的事做得更好些。”① 实际上，在社会发展的常规时期，尤其是在传统社会中，创新的需求似乎不是十分强烈，但在当代世界剧烈变化的新世纪，特别是在中国社会发展的转型期，创新的意义就强烈地凸显出来了。观念创新、制度创新、机制创新、文化创新，成为社会发展的迫切需求。

德鲁克举出两种关于创新的定义，一种是借鉴经典理论家 J. B. 赛定义创业精神的方法来定义：“创新是改变资源的产出。”另一种是按照现代经济学的方式用需求术语而不是供应术语来对之定义：“创新就是改变来自于资源而且被消费者所获取的价值与满足。”② 德鲁克认为，两种定义可以适用于不同的对象。但在我们看来，可以明确的是，当代世界正是创新开发了一系列过去时代从未有过的“资源”，像数字网络技术给世界创造了巨大资源，它赋予资源一种能力，使之成为当代社会财富增值的源泉；同时，创新也正是在满足消费者日益增长的、被不断开发出来的需求——新需求——的过程中实现的。比如以数字网络技术开发的数字电影、数字电视、数字摄影、动漫、

① 彼得·F. 德鲁克：《创新与创业精神》，张炜译，上海人民出版社 2002 年版，第 31 页。

② 彼得·F. 德鲁克：《创新与创业精神》，张炜译，上海人民出版社 2002 年版，第 40 页。

网络游戏、数字音乐乃至QQ、手机短信、视频，都是在满足消费需求的过程中高速发展的。

1986年，著名经济学家罗默（P. Romer）也曾撰文指出，新创意会衍生出无穷的新产品、新市场和财富创造的新机会，所以新创意才是推动一国经济成长的原动力。

但作为一种国家产业政策和战略的创意产业理念的明确提出者是英国创意产业特别工作小组。1997年5月，英国首相布莱尔为振兴英国经济，提议并推动成立了创意产业特别工作小组。这个小组于1998年和2001年分别两次发布研究报告，分析英国创意产业的现状并提出发展战略；1998年，英国创意产业特别工作组首次对创意产业进行了定义，将创意产业界定为“源自个人创意、技巧及才华，通过知识产权的开发和运用，具有创造财富和就业潜力的行业”。根据这个定义，英国将广告、建筑、艺术和文物交易、工艺品、设计、时装设计、电影、互动休闲软件、音乐、表演艺术、出版、软件、电视广播等行业确认为创意产业。

与创新、创意关系最为密切的就是创意者的知识产权。知识产权和知识产权保护是创意产业得以发展的必要前提和充分条件。发达国家版权经济的发展着力于知识产权保护，这种保护首先保证了创意者的利益，推动了创意者阶层（群体）的形成，维护了产业发展的市场环境，同时保证了对外文化贸易的国家利益，包括直接的经济利益和长远的文化利益。我国发展文化创意产业也只能建立在创新创意的知识产权基础之上。文化创意产业发展的关键是创意群体，特别是最富创造性的高端创意人才。创意者的基本权益得到尊重和保障，就会形成创新创意的市场环境和普遍的社会氛围，以吸引和推动创意人才源源不断地成长，并且通过在全社会推动创造性发展来促进社会机制的改革创新。

作为高科技时代的现代服务业，文化创意产业与艺术、文化、信息、休闲、娱乐等精神心理性服务活动相关，是满足小康形态下人们精神文化娱乐需求的所谓“第五产业”，是城市精神消费与娱乐经济融合发展的新载体，是现代服务业的高端组成部分。在总体服务业的业态中，文化创意产业开拓艺术型、精神型、知识型、心理型、休闲型、体验型、娱乐型的新的产业增长模态，培育新的文化消费市场，涵养新一代创意消费群体，以适应全球化消费时代的新的需求，推动新形态的文化经济的发展。

经济全球化时代文化的重新定位

过去时代的经济学家在分析工业化国家的经济发展时，很少考虑文化的重要作用。主要的经济学分析所建构的生长模式，只考虑经济上的要素，只有经济上的参数。近年来，国际上许多专家学者如泰勒（2000）论证了经济学今后应当研究战后时期经济学理论的一些缺陷，特别是过于依赖那种把社会、心理因素排除在外的理性数学模型的现象，而必须关注文化对经济的充分的影响。马克·卡森指出："经济学在探讨文化方面已有相当进展。就在几年前，经济学家基本上主张文化对经济表现没什么影响；价格才是主要影响者——在看到的市场中是实质价格，在看不见的市场中是影子价格。直至今天，经济学家才承认文化的重要性，但主张说，有些东西是经济学不能或不应去解释的。"他认为这种失败主义的论调是没有根据的。他坚持经济学是可以分析文化对经济表现的影响的，并可将此影响加以量化。

那么文化究竟怎样影响经济呢？有的从社会整体的宏观视野着眼，有的则从企业文化等具体实践出发。著名文化经济学家大卫·索罗斯比认为，文化影响经济结果的方式主要有三类：

其一，文化会影响经济效益。文化借由增进群体共有价值的方式，使群体成员得以进行经济的生产程序。举例来说，如果这些文化价值有助于更有效的决策、更快速及多样化的创新，以及使行为更能因应变迁，那么群体的经济生产力最后将会导致更好的财务结果（以公司为例），或更高的成长率（以整体经济为例）。

其二，文化会影响公平。例如，透过不断灌输像关怀他人这样的共有道德原则之方式，并由此建立使关怀得以表达的机制。如果为了后代着想的道德责任能被大家接受为一种文化价值，那么在社会为一整体的情况下，我们从跨代平等里即可看到文化在这方面的重要性。一般而言，文化对公平的影响会呈现在群体的资源配置决策上，如此，其成员可达到公平的结果。

其三，文化会影响甚至决定群体欲追求的经济或社会目标。在小群体的层次上，以个别厂商为例，照顾员工即关心其工作环境或许是该公司的文化之一，而这些价值可能会对公司获利或其他经济目标造成不利影响。在整体社会的层次上，文化价值有可能与追求物质进步完全一致，并借此判定一个社会的总体经济成果为成功或失败。而另一方面，有些社会的文化并非只追求物质成长，也追求非物质目标，例如生活品质，如此将会影响经济成长的步调与方向；在此情况下，界定“成功”与“失败”的准则就会与前面的例子不同。①

索罗斯比从宏观与微观，不同文化观念对经济的“正”“反”影响来探讨文化对经济的影响。马克·卡森则主要从比较具体的文化对企业的影响来进行探索，他试图找出影响公司之间关系（如合作或者竞争关系）的文化因素，以及公司内部关系（企业文化、企业的组织行为）对经济的效益（长期的和短期的）的影响。

其实，不同的文化理念、不同的企业文化的设定，对文化要素对经济效应的影响的评定起着重要作用。同一个影响，有的可能做正面评价，有的则可能做负面评价。有的一心追求当下效益，有的则考虑长远的可持续发展和远期效益。

人们对创造性的日益关注，是对在信息经济时代创新步伐日益加快的回应。文化作为一种资本，已经在新经济中创造财富并在急剧变化的时期满足着人们的各种需要。面对信息经济的全球化与网络空间的国际化，各国都从国家发展战略的角度对文化这个概念进行全新的定位和评价。信息经济正面

① 大卫·索罗斯比：《文化经济学》，台北典藏艺术家庭股份有限公司2003年版，第77页。

对文化的种种挑战。

实际上，今天的文化产品与其他物质性产品在性质上和形态上是全然不同的。文化（文学、艺术、设计等）创意产品具有使用的多次性，尤其是精神产品的享用具有无穷性，而且越是使用，其价值就越高，越是使用得多，其增值速度也就越快；而物质性产品则会因使用和消费而消耗，其价值是递减的，最典型的例证便是那些一次性消费的产品。一栋房产，作为物质产品的它在使用中会逐渐破损直至废弃，其价值会随使用性减弱渐趋于零；而艺术性精神产品（如某些艺术建筑）则具有精神享用的无穷性，其价值反而随着时间的延续而递增。

过去，工业革命以来甚至是战后的经济学一直坚持认为，关于创意理念和文化产品形式的经济学现象与用于矿业、冶金、矿产、农产品或大众消费产品的经济学现象是大致相似的，一般都用相同的理论来加以解释。实际上，与汽车、牙膏、家用电器或纺织品不同，信息产品的消费并不会使产品耗尽，使其价值逐一递减。相反，每一个产品都能为很多人重复使用，并且会随着使用的增多而变得更加具有价值。一件诸如轿车、冰箱或计算机之类的工业产品会因使用中的损耗而贬值，而某种信息或文化艺术产品则会有完全相反的结果。一部电影、一本书、一个电视节目、一款游戏或一件软件产品的使用者人数越多，越受人们的欢迎，其价值就越会不成比例地增加。这就是自商业出版开始兴起，电影和电视节目、当代流行音乐艺术等视听产品大量面市以来的实际情况。但这种对文化产品独特性质的相关评价过去在公共政策的制定和研究中基本上得不到肯定。

信息时代文化的价值重估

当然，不仅仅是经济学，在新世纪这个由媒介革命造就的信息时代，原有的种种文化观念也需要重新进行价值评估。大量的信息革命和全球因特网已经对我们所处时代的经济方式、制度架构、意识形态乃至生活方式产生了重大影响。过去我们对它的理解只停留在论述信息的用途和功能的层次上，新的现实发展变化要求我们对它所介入的经济、社会、政治，特别是文化等因素以及可能产生的巨大变革进行分析、思考、整合，从而看到它面临的现实问题、困境与未来发展的趋势。

我们必须对我们过去时代认识文化的角度进行重新审视。从世界范围来看，现代科技的发展尤其是数字技术与互联网、信息技术、传播技术、自动化技术和激光技术等高科技广泛运用于各类文化艺术活动之中，给当代文化经济与文化产业的存在方式带来了革命性的影响，在文化领域掀起了新科技革命的高潮，已经导致新兴文化形态的崛起和传统文化形态的更新。文化领域内部发生了行业内的大调整、大改组，新的艺术传播媒介如电视、卫星电视及网络文化的发展，使得一些昔日文化艺术界的“龙头老大”（如电影）风光不再，转而成为电视业、音像业和网游业的补充，而网络文化则为人类创造了新的数字化生存的新方式。

文化产品的可重复使用性所带来的增值服务在全球因特网技术环境推动下掀起了迅猛的浪潮。近年，工业经济学与信息经济学的分歧由于引入了能够促进理念传播的基层网络，已经变得十分严重。信息经济学在使用中调节创意理念的价值这种固有倾向随着像剧院网、连锁书店和有线电视之类网络的普及而一直在稳步提升。但有了互联网之后，就有可能用视听、文本或数据等在网络空间上以数码方式来传播设计优美的知识与创意理念的形式来发展全世界数以百万千万计的受众。一种创意传播形式的经济价值若以指数来表示，现在可以上升到一个各国经济史上前所未有的高度。这主要是因为，当一个联网的信息系统使理念和文化产品形式的价值上浮时，它甚至会造成对某一种表现形式的需求进一步增加并由此推动某种特定形式的传播呈爆炸性扩散的现象。

网络空间信息的多重杠杆功能对文化的经济含义做出一种与传统经济学全然不同的解释。传统的“文化事业”视角将文化的范畴限制在一种既定的、继承的、累积的艺术实体、美学形式、符号意义体系、文化活动上。然而，对于任何一种文化来说，保护遗产固然重要，更重要的是，这种文化在今天是否还具有发展和创意的能力。在当今信息社会，通过经济和社会来营造一种创意性发展的气候已经成为各国政要的重要任务。今天，一种富有生命力的文化必须鼓动全社会各阶层和团体积极参与理念创新，必须不断发明、创造，实现动态发展，才能够使自己民族的文化在历史中得以延续和生存。只有在这种动态发展的语境中，遗产和传统才具有真正的意义。

曼纽尔·卡斯特在《网络社会的崛起》中指出："信息化经济的独特之处，是由于它转变为以信息科技为基础的技术范式，使得成熟工业经济所潜藏的生产力得以彻底发挥。新技术范式首先改变了工业经济的范围与动态创造了全球经济。"[①] 曼纽尔·卡斯特认为，信息技术的新范式有5个重要特性，这些特性全面影响了我们所处的社会形态。

新范式的第一个特性是信息便是其原料。过去时代，信息是用来处理技术的，今天，技术主要是用来处理信息的，信息才是我们的资源、材料和待运用的内容。新范式的第二个特性是新技术的效果无处不在。信息是所有人类活动的一部分，我们个人与集体存在的所有过程都直接受到新技术媒介的"塑造"。新范式的第三个特性指涉全部使用这些新技术的系统或关系的"网络化逻辑"。网络的形态适应了当代交流中日趋复杂的互动，以及源自这种互动的创造性力量的未来发展。新范式的第四个特性是信息技术范式富于弹性，具有重要的重新构造的能力：信息技术经过重新排列其组成方式，其过程可以逆转，其组织与制度也可以修正，甚至彻底改变。这在一个以不断变化与组织流动为特征的社会里，是一种决定性的特性。新范式的第五个特性是特定的技术逐渐聚合为高度整合的系统。原先各自区别的旧技术的轨迹，在新系统中已经相互融合了。[②] 信息技术的这些特点形构和塑造了一个日新月异的网络社会，也确定和影响了我们时代文化的运行、传播和生产。

---

① 曼纽尔·卡斯特：《网络社会的崛起》，社会科学文献出版社2006年版，第92页。

② 曼纽尔·卡斯特：《网络社会的崛起》，社会科学文献出版社2006年版，第83－85页。

当然，创意产业并非仅仅指互联网、信息科技、生物基因等高科技基础，更重要的是运用高科技展开的文化内容产业。比如韩国和日本运用发达的网络技术，发展出一个围绕在消费者身边提供各类下载软件、音乐游戏的几百家内容提供商，他们的财富是“脑力风暴”的成果。并且，他们运用高科技知识带动了经营模式与管理方式的创新，进一步发挥了人力资源的潜能，进而满足、适应并翻新了市场需求。从新的理念出发，以创意作为卖点，加之以新的行销模式，创造新的消费方式，就是成功的创意产业。北欧的宜家家居企业将桌椅橱柜做得风生水起，绝对不是依靠那些木头的气息，有关“改变生活的创意”才是他们的味道。美国人发现了星巴克的味道，其实不过是他们在满足客户需求方面依照创新理念做了新的实验。欧洲早已做了更加细致而深入的实践，并且悄悄地取得了丰厚的商业利益。

国家的文化财富：信息经济时代进一步发展的关键

在信息经济的基础上，文化日益被看作是全球竞争中各国得以成功的关键。进入现代时期以来，创造新的理念和文化产品新形式的能力越来越成为当今社会的重要价值资源，而过去这种关键的价值资源则只能由农业、矿产和制造业等第一产业和第二产业的资产构成。对于文化财富，我们不应再按过去的观念把它看作是某种固定不变的、传承的东西，而应把它视为一种衡量某个特定领域在全面开展创意活动的活力、知识、精神和发展机制的指针。在各国加入全球信息社会后，对于文化的关注更加聚焦于营造一个相关文化的政策、法律、制度、教育、基础和流通等各个方面的良好的环境，以便改革它的机制，使之在动态的发展中创造新的体制，而不仅仅像过去计划经济时代单纯地将文化视为事业。每个国家所面临的挑战不是怎样为了保护某个已被接受的艺术实体和传统而去规定一种环境，而是怎样去开创一种在所有的文艺和科学领域中都掀起创意和革新浪潮的局面。那些无法赢得这种挑战的国家只能消极被动地跟在那些真正具有活跃的创意能力并能够对新的创意形式进行商业开发的社会后面拾人牙慧，亦步亦趋。

在这场关于文化的辩论中，有几个方面的因素是至关重要的。无论在欧洲还是其他地方，那些反对保护文化产业的民族国家终将发现（倘若它们尚未发现的话），那些反映在媒介和视听内容上的文化冲突并不是美国与法国之间的表面化的、高层外交的高压攻势。与此相反，它与那些形成了信息经济之核心的一整套（即所谓的“金牌”）产业的命运有关。在封建农业的和商业的经济中，土地、农产品和像茶、香料和黄金之类的自然资源构成了财富的基础。特别是黄金，自古以来就是使财富得以跨越文化和国家界限的天然货币。在工业时代，财富的基础转变为其他的矿产资源，例如石油，还转变为创建工厂的资本、设备以及用诸如铁、石油和木材等天然原料加工制造的大众产品。对这些资源的控制和为了扩大市场而将其转化为大众产品的手段自从工业革命以来就一直是经济力量的基础。如今，信息社会正在改变这个公式。财富和力量的来源，即信息经济的“金牌”，是一种不同类型的资本：在各种信息网络上以不同形式进行组合和分销的知识与创意理念。获利的多寡取决于一个国家连续创造文化产品内容或广为传播的文化产品新形式的能力，为此各国需要对整个经济体系进行创意人力资本的投资，而不仅仅是对配套设施和硬件进行投资。

有鉴于此，每一个想要“发展”新媒体制品和文化产品的国家，都需要拥有生机勃勃的和多样化的视听产业、出版产业、知识产业，以及一个非常活跃的艺术创作者群体。谁拥有创意资本，谁就在竞争中获得上风。那些着手有效地避免文化产业出现衰退的国家与那些轻易地放弃努力的国家相比，就会占据优势地位。它们参与国际上文化制作商和分销商的竞争，努力进入那一正在形成的国际文化产业发展的多样化格局，并努力使本国的创意产业在全球化背景中实现全球传播。

无疑，全球因特网已经从根本上对各种文化形式（包括视听产品）的分销和消费产生了革命性影响。文化和信息产业已经达成了共识，否则它们就不会在这场变革中积极地为自己定位。与此同时，新兴的信息产业正在重新发现传统文化产业部门的重要性，例如印刷出版和电影业，因为它们构成了各种在线文化产品形式的创意基础和生命线。简言之，一个国家如果没有一支由艺术家、作家、设计家、影视编剧、剧作家、画家、音乐家、电影制作人、导演、演员、舞蹈家等和网络工程师、科学家、技术人员和广大的媒介知识分子组成的生气勃勃的创意产业人力大军，就不会拥有打赢这场信息经济战争的知识库，因此也就只能听凭他人来左右你的命运了。

文化走向国家发展政策的中心

文化创意的理念已经日益作为资本出现于当代社会现实中，这种认识改变了传统的资本理念，将文化引向了国家发展政策的中心。在全球化的网络时代，经济和社会的中心问题将越来越关注怎样激励革新，怎样将一个文化创意理念的独创性转变为文化生产力，转变为可持续发展的经济实践。这就对各国各级政府提出了理念认识、政策制定、总体策划和具体部署等不同层面的要求。政府需要对文化、科技、网络等进行高层次的全面改革和整合。

（1）文化创意的经济价值提高了文化的资产评估价值，增加了创意理念与创意形式的广泛社会影响力，也对文化创意的传播方式与传播途径提出了迫切的要求。

这是公共政策面临的一个新的挑战，它要求人们建立一个能够周密地进行平衡的信息与革新的产权体系，以便创作者和开发者能够因创意理念（因版权）的制作及其产业化、商品化而得到回报。这一切依赖于公共领域的进一步扩大、展开和升级。如果没有广阔而拓展的公共领域，新知识就无法生成更多的新知识，因此就会限制人们参与创意理念的制作和分销，而且会无情地阻碍整个经济的革新步伐。这充分说明，一个善于正确地将文化产品产权的“公平使用”加以平衡的国家在创意理念的发展过程中往往会出现一些意想不到也无法预料的高潮，这能使它在信息社会中占据竞争的优势地位。

（2）创意企业的财政基础，例如资本市场，也必须通过政策而转移到支持多样化和非制度化的轨道上来。

在创意经济体制中，比如说企业家为创意理念进行投资而申请的小额贷款，对于贷方和借方来说都意味着较低的风险，而且可以考虑进行实验及广泛的参与。银行贷款、在公共股票市场上筹集的资金，以及支持创意发展的风险资本基金，一般只能惠顾一小部分企业，而小额贷款却可以给大多数企业提供一个股本，用资金来支持它们在创意经济体制中创造新的理念和表现形式。

（3）创造性劳动者对于城市和地区的活力以及国家经济的健康发展至关重要。

一个鼓励人们参与创意的知识社会所面临的首当其冲的挑战是它需要围绕着知识的传播而重新调整国家对待创意的总体政策。由于文化和创意资源在经济活动中日趋重要，每个国家都会将注意力转移到教育体系的知识结构上来。现代社会之所以需要教育，不是为了像过去工业经济时代那样来培养一支标准化的劳动大军，而是为了给创意经济培养一支高度知识化的人才队伍。过去只要具备了基本的读写能力，再加上模仿地学习，就足以应付流水装配线、车间或桌面办公系统终端的指令，但今天如果仍然这样，就根本无法达到当今创意社会的要求。只有基础教育是远远不够的，所以我们需要在教育过程的早期阶段就开始培养跨学科的、独立思考的高智商和创意能力，并且要从学前教育一直延续到研究生院。在各国都开始将教育质量的重要性与基于创意资本的经济体制联系在一起时，就会出现一场旨在增加课堂知识含金量以及重塑艺术、人文和理科之间知识衔接关系的国际性竞赛。“这些高级技能将会推动和提高独立的判断力、创意能力与想象能力的结合、科学知识、技术培训、学术和批判思想、艺术与理科之间的跨学科知识，以及为创建从个人简历、文化创意到商业头脑的新知识而从事研究活动的经验。”

信息技术革命已经改变了各种社会关系，并使文化政策成为确保社会坚持创意和革新的前提。这导致了下一个政策问题的出现：为了策划具体的积极行动，怎样才能重新阐明我们获得创造力的方法。这需要从政策的立场来详细说明“文化”的意义，以及我们会怎样定义国际和多边体系的文化“问题”的界限。应当将信息社会的文化和创意问题与文化产品的制作、分销及开发的管理政策联系起来，它是一种具有国内和国际重要意义的方法。

原载《跨文化传播研究》，中国社会科学出版社2010年版。

文化产业·创意产业·创意经济

近年来，国际上对于文化创意、创意产业、创意经济、创意城市、创意生态的讨论已经从理念研究、学术讨论进入一个全球实践的新领域、新阶段。发展创意经济是发达国家可持续发展的重要国策，也是发展中国家和欠发达国家、地区全面发展的重要选项。创意产业再次成为全球经济与文化关注的中心。在中国，从创意产业向创意经济的扩展与跨越，是打破原有限制与格局，调整经济结构，改造我国低端制造业，提升产业形态的重要方式与突破口。我国文化产业正处在发展的瓶颈期，如何打破现有全面开花、低端发展、消费不振、市场低迷的困境，实现跨越式的提升，是当前现实向我们提出的严峻的问题。从理念到实践认真审视创意经济，是观天下大势、看中国问题、解当下困局的需要。

创意再次成为全球经济与文化实践推进的中心

近年来，创意的概念进一步发展，与前几年的“风靡”不同。当前的“创意”不仅仅由学者进行学理层面、框架设计层面的探讨研究，而是直接进入产业实践层面，行业发展层面，进入更多国家、地区的战略实践层面，进入全球发展的共同机制层面。

联合国教科文组织作为拥有巨大全球影响力的国际组织，近年来积极发挥全球不可替代的组织作用，“作为当代创意领域内的一个基准点”，开创性地提出一系列“世界级倡议”。

联合国教科文组织近年来高度关注创意产业创意经济，2014—2021 中期战略（37 C/4）提出：

> 创意经济的出现证明了其对国家经济和社会福利的重要性……事实证明，创意经济是一种可行的发展选择。它依赖于把作为原材料的创意变成资产，这往往是在小规模进行，并且在地方一级提供新的就业机会和收入形式，从而为更均衡和更包容的经济增长做出贡献。教科文组织将支持出现拥有活力的文化创意产业和市场。通过这些，它将支持鼓励对发展中国家个人和机构的艺术和创作潜力进行投资，确保所有人进入并充分参与创意经济。特别是来自南方国家的中小型文化企业和创造者。[①]

为推动创意产业创意经济发展，教科文组织又积极组织“创意城市网络”活动。世界各国许多城市对成为创意城市网络成员十分踊跃，目前已接纳全球近40个城市作为网络成员。联合国“创意城市网络”成立于2004年10月，致力于发挥全球创意产业对经济和社会的推动作用，促进世界各城市之间在创意产业发展、专业知识培训、知识共享和建立创意产品国际销售渠道等方面的交流合作，目前分为设计、文学、音乐、民间艺术、电影、媒体艺术、烹饪美食等7个主题。经批准加入该网络的城市被称为“创意城市”，已有德国柏林、英国爱丁堡、法国里昂、美国圣达菲等近40个城市加入了该网络。中国北京、上海、深圳、杭州、成都、哈尔滨等已加入。

2010年在深圳召开了“联合国教科文组织创意城市网络2010年深圳国际大会”，大会以“新技术、新媒体和创意城市合作”为主题，强调了三个机遇：创意经济的内容转型，增强社区之间的联系以及成员城市之间更好地互动。公报认为这次大会在应对数字环境挑战方面取得了重大跨越，为网络城市的合作创造了独一无二的宝贵机会，并肯定了创意产业在未来可持续发展中日益重要的作用。在内容转型方面，“创意城市网络”肯定了个人、机构和企业的研发在为创意及其他产业开发创新数字内容方面的重要性，并倡

---

① United Nations Educational, Scientific and Cultural Organization: 37 *C*/4 (2014 - 2021) *Draft Medium-Term Strategy*, P38.

议通过使用新型互动传媒及开放式技术来促进并鼓励个人和社区积极地参与创意。[①]

2013年10月，联合国教科文组织“创意城市网络”在北京召开北京峰会，来自全球各地的城市政府代表、教育官员、文化艺术界知名人士，在活动期间签署发布了《北京宣言》《北京议程》《北京共识》等三大重要文件。出席联合国教科文组织创意城市北京峰会市长圆桌会议的代表，肯定创意作为可持续发展的支柱是城市可持续性的关键。来自全球32个城市的代表共同签署的《北京议程》中提到，创意产业作为科技与创新驱动新经济的催化剂，是目前世界经济中最具活力的增长点之一，也为城市的发展带来新的活力，从城市的角度探索创意与可持续发展的关系，已成为推动本次峰会城市间合作的焦点。为进一步推动北京与世界其他城市在创意、设计、可持续发展等方面的合作，《北京议程》呼吁以科技、文化创新手段促进城市可持续发展，以城市与创新、创新与创意、创意与设计为主线，强化科技创新与城市密不可分的关系。[②]

欧盟对创意产业更是情有独钟，率先规划未来欧洲的创意发展，提出“创意欧洲”的未来发展规划。《创意欧洲》，是一部关于2014至2020年度欧洲文化创意产业（CCS）发展的财政框架（MFF）。这个新框架规划，将当前的文化、媒体和媒体Mundus计划汇集在一个共同的框架下，并创建了全新的便利服务，以推动和改善融资。它通过满足文化创意产业的需求，以跨国运营为目标，并密切关注大力促进文化和语言的多样性。该规划将是对其他欧洲联盟（欧盟）项目的一个补充，用于创意产业的结构性资金支持、文物修复、文化基础设施和服务、文化遗产的扩大和对外关系的数字化资金等项目。规划将通过财政等支持和援助成员国众多的文化创意活动。对于2014年

---

① 金涛:《联合国教科文组织创意城市网络发布联合公报》，载中国广播网，2010年12月10日。

② 尹力:《首届联合国教科文组织创意城市北京峰会签署三大成果文件》，载中新网，2013年10月13日。

至2020年的MFF，委员会建议增加文化创意产业的投入预算，总数为10.801亿欧元（当前价），比目前的开支水平增加了37%。这一大规模的增长，体现了欧洲对创意产业未来发展的高度预期。[①]

对创意产业创意经济持续发力推动的国际组织是联合国贸发会议。联合国贸发会议编纂《创意经济报告2008》和《创意经济报告2010》对全球创意经济发展发挥了重大作用。它从经济、社会、文化和可持续发展等4个方面，论证了创意经济的内涵、要素，它拥有的复合型的多重维度，以及它通过多种方式推进发展的动力机制。它认为，创意经济深深植根于国民经济之中，在相关服务业和制造业部门产生经济效益并创造就业机会，促进了经济多元化、财政收入增加、贸易增长和不断创新。创意经济还有助于使衰退中的城市区域恢复活力，开发遥远的乡村区域，促进各国环境资源和文化遗产的保护。[②]

从经济视角来说，有一个正被广泛认同的事实，即就全世界而言，一些国家的创意经济发展步伐一直超过其他经济部门。经过大致估计，创意经济在2000年占全球经济总产值的比例接近8%，[③] 2010年更多，但仍然很难精确地评估创意经济对全球经济做出的贡献。

从文化产业到创意产业

"认识创意经济，就要了解它由什么构成以及它如何在发达国家与发展中国家的经济中发挥作用。而对于理解这一概念至关重要的是，理解'文化产

---

① European Commission: *Creative Europe – A New Framework Programme for the Cultural and Creative Sectors* (2014 – 2020), Brussels, XXX COM (2011) 786/2.

② 联合国贸发会议（UNCTAD）：《创意经济报告2010》（中文版），中国社会科学院文化研究中心翻译，三辰影库印象出版社2011年版，第vii页。

③ 约翰·霍金斯（J. Howkins）2000年在伦敦出版的书 *Creative Economy: How to Make Money from Ideas* 中的估计。

业'与'创意产业'这两种不断演进的概念。许多相关辩论由此展开。"①

国内对创意产业的概念一直存有异议。多年来，王永章等人一直坚持批评创意产业的理念，认为个别地方提出发展创意产业，不仅在统计方面引起了混乱，而且在媒体宣传上也不断地出现了语言逻辑前后矛盾的现象。②

那么，我们为什么要提出和关注创意产业、创意经济的理念呢？数年前笔者曾在《人民日报》《光明日报》和《求是》杂志撰文回答了这一问题。③笔者认为：

从文化产业走向文化创意产业，首先是我国经济调整结构，通过创意改变和提升低端制造业的需要；其次，也是我国文化产业自身由旅游观光等初级形态向数字化、网络化、移动化的文化科技一体化升级换代的必然需求。

创意产业是文化产业发展到新阶段的产物，是相对传统的文化产业发展创新的更高形态，也是文化产业内调整升级和产业管理突破原有边界的必然结果。正是新业态的不断产生，产业重心的转移，产业交融的强烈需求，行业管理的不断跨越，突破了原有文化产业概念的"外壳"，呼唤新的产业概念的诞生。而已经成为世界文化创意产业重要组成部分的中国，也必须呼应并融入全球发展的潮流中去。

从理论形态上看，文化产业升级为创意产业有其逻辑的必然性。澳大利亚学者斯图亚特·坎宁安在其论文《从文化产业到创意产业：理论、产业和政策的涵义》中提出，区分文化产业和创意产业这两个概念具有理论意义。因为这种区分有助于进一步充实有关知识经济及其与文化和创造力的关系的

---

① 联合国贸发会议（UNCTAD）：《创意经济报告2010》（中文版），中国社会科学院文化研究中心翻译，三辰影库印象出版社2011年版，第3页。

② 王永章：《创意产业能代替文化产业?》，载新浪网·科技论坛，2007年5月16日。王永章等人多年坚持认为，在国家提出建设创新型国家的形势下，虽然强调创意产业有一定的积极意义，但由于创意产业与我国所要发展的文化产业在目标、性质、侧重点等方面有所不同，内容基本上是重叠的，且与我国所倡导的自主创新也不完全一致。在这种情况下，再模仿英国推出创意产业的概念，既不符合我国的国情，也不利于政府部门的统一管理。

③ 参见金元浦《文化创意产业的历史性出场》，载《求是》2008年第19期；参见金元浦《文化创意产业：面向未来的重大战略转移》，载《光明日报》，2006年1月20日。

本质问题的基本框架。同时，也必须有效地捕捉通常由这两个概念所描述的产业的性质的变化，因为不同的政策体系是作为文化产业和创意产业的不同规则而发挥作用并支持着文化产业和创意产业的。创意产业是一个相当新的学术、政策和产业论述范畴。它可以捕捉到大量新经济企业的动态，这是诸如“艺术”“媒体”和“文化产业”等概念所无法做到的。就像在欧洲各国、新加坡和马来西亚政府资助的信息技术创意所证明的那样，促进以知识为基础的文化产业与经济发展之间有许多交叉点。“创意产业”这一术语是这一发展战略的核心。创意产业在这个意义上被用来区分传统的受赞助的艺术部门和通过知识产权的产生和开发而具有创造财富的巨大潜能的文化产业。①

欧洲著名文化经济学家陶斯在编著最新版的《文化经济学手册》时就指出：

> 我写这本书的目的是要将文化经济学过去的范围扩大，将创意产业和相关的版权法问题包括进来。创意经济/创意产业的方法不只是文化政策中的一股时尚潮流（虽然它当然是），它包括了许多对文化经济学的研究而言重要的经济特质。如今，“创意产业”这个词已经被政府和国际组织广泛使用，涵盖了与文化产业在一起的文化经济学中艺术和遗产的所有“传统”主题；正如本书所示，创意产业中的版权也是其中的一部分。②

由之可见，创意产业一方面是在过去传统意义上的文化产业基础上发展起来的产业概念，另一方面又是不同于过去文化产业的新的产业形态。在联合国贸发会议埃德娜·多斯桑托斯主编的《2008 创意经济报告——创意经济评估的挑战　面向科学合理的决策》中对创意产业有较为明确和细致的论述：

---

① 斯图亚特·坎宁安：《从文化产业到创意产业：理论、产业和政策的涵义》，载《首届创意产业国际论坛会议论文集》，第 25 页。首届创意产业国际论坛会议于 2005 年由澳大利亚昆士兰科技大学、中国人民大学、中国社会科学院共同主办。

② Ruth Towse：*A Textbook of Cultural Economics*，Cambridge University Press，The Edinburgh Building，Cambridge CB2 8RU，UK，2010，PREFACE XIV.

> “创意产业”可以被定义为，将创意与知识资本作为初期投入，包含产品与服务的创作、生产和销售的循环过程。创意产业由一套以知识为基础的经济活动构成，生产有形产品，还生产包含创意内容、经济价值与市场目标的智力或艺术服务。创意产业构建了一个大而杂的领域来处理不同创意活动之间的关系，包括从传统工艺、出版、音乐、视觉与表演艺术到更加技术密集型与服务导向型的经济类型，例如电影、广播电视、新媒体与设计。创意部门拥有灵活而标准的市场结构，包括小到独立艺术家、小型商业企业，大到世界最大的企业。如今，创意产业在世界贸易中是最有活力的部门之一。①

这一概括包含了创意产业的诸多要素，反映了当代世界关于创意产业的基本看法。

笔者认为，创意产业理念的内涵包括以下几点：

（1）创意产业的核心是原创力，原创、创新、设计创意、创意研发是整个产业赖以安身立命的灵魂。几乎所有的产业都需要创造性，那为什么还要提出创意产业呢？在一些传统的行业或领域中，创造性只是一种附属品而不具有产品的核心地位。同时这种创造性或创意还是指相当普泛化的一般概念，如过去我们熟悉的特指艺术创作中的艺术家的独创性。而按照后标准化时代的创意理念，创意或创造性成了特指的市场趋向的产业方式的核心，创造性成为创意产业的生命线。创意产业的产品最忌讳沿袭陈规俗套，它在总体上必须凸现产品独具的特色，才能“击中”人心，在市场上获得超值的效益。当代消费社会，大众流行文化遵循时尚化、浪潮化的运行方式，使得文化产品的新颖性、短时性和强烈的空间（视觉）特征空前凸现出来。创意产业所包含的广告、建筑、艺术和文物、工艺品、设计、时装设计、电影、互动休

① 埃德娜·多斯桑托斯主编：《2008创意经济报告——创意经济评估的挑战 面向科学合理的决策》，张晓明、周建钢等译，三辰影库音像出版社2008年版，第4页。

闲软件、音乐、表演艺术、出版、软件、电视广播、游戏与网络游戏，以及动漫、手机移动业务、网络视频无不强烈地依凭新的创意，新的设计。所以，创意产业的这种精神性、流动性、易逝性性质决定了创意产业的这一根本。

与创新、创意关系最为密切的就是创意者的知识产权。知识产权和知识产权保护是创意产业得以发展的必要前提和充分条件。发达国家版权经济的发展着力于知识产权保护，这种保护首先保证了创意者的利益，推动了创意者阶层（群体）的形成，维护了产业发展的市场环境，同时保证了对外文化贸易的国家利益，包括直接的经济利益和长远的文化利益。我国发展文化创意产业也只能建立在创新、创意的知识产权基础之上。文化创意产业发展的关键是创意群体，特别是最富创造性的高端创意人才。创意者的基本权益得到尊重和保障，就会形成创新、创意的市场环境和普遍的社会氛围，以吸引和推动创意人才源源不断地成长，并且通过在全社会推动创造性发展，来促进社会机制的改革创新。

（2）由原创力带来的创意新业态日益成为整体经济和文化创意产业高速发展的实践动力。当下实践证明，创意产业推动在社会生活中发生重要影响的一些新生的产业类别的发生、发展和壮大，并推动传统文化产业的升级、变革的产业形态。创意产业首先是适应一批新兴的文化产业类别的崛起而应运而生的新业态。它不再简单地囿于过去的传统文化产业观念和类别，而是适应新的产业形态而出现的创新概念，是对新形态的概括、总结和发展。像英国提出的13类创意产业部类，就首先包含了一些在社会生活中发生重要影响的新生的产业类别，如动漫、游戏、数字艺术、软件设计、互动休闲软件、广告等文化产品，也包括虽然仍沿用过去分类的电影、电视、新闻出版、工业设计、服装设计等部类，但其内涵已大大变化，变成了数字电影、数字电视、数字设计、信息设计。

从实践形态上来看，从文化产业升级为创意产业也是产业形态发展自身的历史性要求。英国20世纪80年代打破了传统欧洲文化不能产业化的精英式理念，开始使用“文化产业”的概念。大伦敦政务院（GLC）在扩展了的意义上使用“文化产业”一词，主要强调两点：一是强调文化产业是指国家资助体系之外的那些文化活动（GLC 常常把它们等同于大众流行文化的生产）和商业操作，它们是财富和就业机会的重要创造者；二是强调人们所消费的全部文化商品，大多数（如电视、广播、电影、音乐、图书、广告、音乐会等）是与公共资助体系无关的文化商品。GLC 的文化战略包含了一条经济的市场的路线，试图把文化产业界定为与艺术紧密联系的产业，将之叫作“艺术与文化产业”。1997 年后，英国布莱尔上台，提出创意产业理念，除了政府换届、工党上台的标新立异的意义外，更多的是实质上的数字化高新技术引领的产业结构的调整和产业管理范围的扩大，更注重发展新兴的“创意产业”。

（3）创意产业发展的内在动力是产业发展中结构的调整、转型与提升。创意产业着力推动整体产业结构的升级、越界、调整和重组。创意产业的根本观念是通过“越界”促成不同行业、不同领域（包括文化行业内的和文化产业外的经济形态）的重组与合作。西方许多学者注意到文化创意产业对优化现有产业结构的重要作用。奥康纳认为：“可以断言，地方和区域战略后 10 年的任务是找到一种可以把文化产业与更广泛的制造业部门联系起来的方式，创造性、风险、创新和信息、知识与文化在全球经济中将具有核心作用。”

创意产业一般来说是在制造业充分发展，服务业不断壮大基础上形成的，是第二产业升级、与第三产业融合发展的结果。除了传统三产中的一般服务业，创意产业中既有设计、研发、投融资等生产性服务业领域的内容，更有新型艺术体验、信息互动、休闲娱乐等消费性服务业活动的内容，是城市经济和产业融合发展的新载体，是现代服务业发展的高端形态。

创意产业的根本观念是通过“越界”促成不同行业、不同领域的重组与合作。这种越界主要是面对第二产业的升级调整，第三产业即服务业的细分，打破二、三产业的原有界限，通过越界，寻找提升第二产业，融合二、三产业的新的增长点，二产要三产化，要创意化、高端化、增值服务化，以推动文化发展与经济发展。为什么？二产制造业卖产品、卖机器，创意产业卖设计、卖理念、卖精神、卖心理享受、卖增值服务。在过去的几十年里，西方发达国家占据着高技术、高附加值、高利润的原创高地，而我们只是徘徊在廉价劳动力、高消耗、高污染的汗水劳动之中。正因为这样，创意才成了当代产业组构中的一种根本性的设置，它决定了产业的性质、层次和所处的阶段，并由此决定了产业的管理与操作。二产的发展靠机器、厂房、资源和劳动力，创意产业不同于制造业的汗水产业、劳动力密集产业，创意产业的发展靠创意阶层，靠创意群体的高文化、高技术、高管理，极其新创意和新经济的“杂交”优势。创意产业往往是在制造业开始衰落或遇到转型，服务业不断壮大基础上形成的，是第二、第三产业融合发展的结果。创意产业中既有设计、研发、制造等生产活动领域的内容，也有与高科技相关的内容产业，更有第三产业中的生产性服务业和消费性服务业。

（4）高科技和新技术是创意产业超越传统文化产业的最重要的依据，它奠定了创意产业跨越式发展的科学基础、技术保障和人才储备。可以说，没有高科技就没有创意产业。高科技创造了新型服务业的新载体，创造了文化传播的新媒介，建构了新一代消费者的新的消费习惯乃至文化生活方式。

创意产业是科技文化化和文化科技化、科技与文化一体化、技术与内容相融合的高端产业。IT业、互联网和信息传播业的发展正迫切需要内容产业的支持和推动，需要“故事”，需要与百姓生活密切关联的“内容”。因此，创意产业战略，就为城市或地区提供了高端起步、跨越式发展的良好机遇。它推动新兴数字技术支持的新媒体信息产业走向内容创新、文化创新和产品创新。我们要从新兴的创意内容产业等高端产业入手，以数字化等高新技术促进文化的产业化，改造传统文化生产流通方式，来带动整个文化创意产业的全面发展和提升。

（5）作为现代服务业，创意产业是与艺术、文化、信息、休闲、娱乐等精神心理性服务活动相关，满足小康形态下人们精神文化娱乐需求的所谓“第五产业”，是城市精神消费与娱乐经济融合发展的新载体，是现代服务业的高端组成部分。在总体服务业的业态中，文化创意产业开拓艺术型、精神型、知识型、心理型、休闲型、体验型、娱乐型的新的产业增长模态，培育新的文化消费市场，涵养新一代创意消费群体，以适应全球化消费时代的新的需求，推动新形态的文化经济的发展。

艺术，人类所创造的最为广阔而无所羁绊的自由之神，悬浮在幻想、想象、理想和精神漫游中的唯一属于人的存在方式，人类区别于动物的最独特的文明进步的标志，它在现代创意产业中接续了其数千年里在文学、绘画、建筑、雕塑、音乐、舞蹈、戏剧、电影乃至新技术和新创意发明的许多新艺术类别中对创意的永恒追寻。欧洲许多国家的学者高度关注艺术产业，一方面表明了当今文化产业、创意产业与艺术的密切关系——创意源流的悠远沿革与今日创意的断腕式的承续与开新；另一方面也显示了新的历史时代的开启——因为人类亘古而日新的需求，而将艺术与经济、产业、管理、金融、财富等最紧密地接合起来。

（6）创意产业不同于一般产业的重要特点是这个产业变化的迅捷性和产业发展的不确定性。从产业运行的模式上看，创意产业的发展更加动态化，它是市场经济运行的高端方式，更加远离过去的计划经济方式，更多地依靠市场和消费自身的推动，同时又不断地设计市场，策划市场，涵养市场，激发市场。也就是说，在当下的全球化消费时代，市场的全球性，传播的全球性，需求的精神化、心理化、个性化、独特化，消费的时尚化、浪潮化，使得创意作为产业，从根本上改变了过去固化的稳态工业发展模式：常规结构、常规模式、常规营销、常规消费，而代之以不断变动的创意策划、创意设计、创意营销、创意消费。它在不断关注市场中创造消费惯例、涵养消费人群、引导消费时尚潮流。它不断在创意中寻找热点、利润和机会，以一种动态的平衡模式替代或提升过去的稳态工业发展模式。因此，它高度依赖策划，依赖人才，依赖变化，眼睛每时每刻盯着市场哪怕微小的变动，捕捉机会，放大机会，展开新一轮竞争。它的活力在于每个企业都有机会也有风险，每个企业都要面对竞争也面对失败，每个企业都要殚精竭虑面对生存挑战。这就是创意社会的主旋律和大逻辑。[①]

创意经济：一个更为广泛的整体性概念

创意经济是比创意产业范围更大、涵盖面更广的一个概念。它的关键意义在于从宏观整体上把握全球、全国、全经济和全产业发展态势的战略，跨越相邻产业或经济形态的等顶层设计和全方位观照的视野。创意产业主要以产业形态展现，更关注产业内的运营和产品的创造，而创意经济则更突出地体现了一种跨领域、跨类别、跨行业的“越界”和产业交融的特点，它包含了创意产业发展的不同阶段、不同层面，并展示了它由初起的对整体经济的微弱影响到成为整体经济的重要组成部分的延伸扩展态势。而创意经济的另一种含义也体现了创意和创新作为推动当代世界经济、社会各领域发展的核心要素的意义，它反映了全球创新与创意引领经济发展和辐射其他领域的思潮的大趋势，也包含了促进社会包容、文化多样性和人类发展的积极意义。

现居澳大利亚的英国学者约翰·哈特利则从产业发展的阶段性上定义创意经济。他认为创意经济包含了创意产业发展的三个阶段。他指出，在过去的十多年里，从创意产业到创意经济经历了三个阶段，即创意产出阶段、创意投入与融合阶段、消费创新引导阶段，三者的交融构成了新的创意经济的概念。

所谓创意产出阶段，是指创意产业概念在世界范围内流行以后，各地各城市都兴起了创意集聚区、创意产业园区，呈现了众多集群现象，并且产出了一批创意产品。这可以看作是创意产业发展的第一阶段。创意产业的第二阶段是在知识经济中以及计算机、通信和媒介产业整合的语境下对商业、技术和创意的融合，创意不再局限在产品的产出上，而是包含了创意的投入、

① 参见金元浦《文化创意产业四题——关于加快转变文化产业发展方式的几点思考》，载《求是》2012 年第 2 期；参见金元浦《文化创意产业：创新型中国的战略选择》，载《人民日报》，2006 年 12 月 29 日。

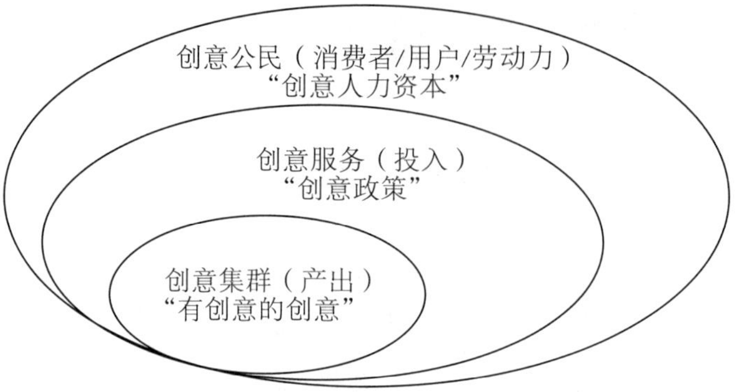

图1　从创意产业到创意经济

资本的投入和技术的投入；也不再局限于一个部门，而是涉及旅游、观光、零售、金融服务，乃至健康、教育和政府服务等各个方面。它打破了产品和服务的界限，并突出创意和设计因素赢得消费者赞誉，获得竞争优势。这是创意产业发展的第二阶段。创意产业的第三阶段是"消费者协同创作及用户引导的创新"阶段。这一阶段突出了创意产业走向创意经济的新特征，那就是纳入了消费者参与创新这一消费社会的最新经济驱动力。数字互动技术、开放网络关系、开放源代码和多种数字化娱乐方式等现实使得普通消费者成为参与创新的广泛的人群，而消费者的创新又由于某种研发形式反馈引导和推动未来的商业开发与资本投入，并且建立起更为宽泛的各种创意投入的社会基础，成为推动经济发展的新动力。三个阶段的递进发展，呈现了从创意产业到创意经济的演进扩展的历程。①

与上述观念有所不同，联合国贸发会议从更广泛的意义上提出了创意经济的定义：

> "创意经济"是一个不断演进的概念。概念的基础是创意资产拥有增进经济成长和发展潜能。它可以促进创收、创造就业机会及增进出口收益，同时促进社会包容、文化多样性和人类发展；它包

① 约翰·哈特利编著：《创意产业读本》，曹书乐、包建女、李慧译，清华大学出版社2007年版，序言第11页。

含了经济、文化和社会方面与技术、知识产权和旅游目标之间的互动；它是一系列以知识为基础的经济活动，具有发展维度，并与整体经济在宏观和微观层面上有交叉联系；它是一个可行的发展方案，要求创新的、多领域的政策回应和各部门的协调行动；创意经济的核心是创意产业。①

联合国贸发会议对创意经济的最新的理解指出：

创意经济的概念吸引了所有拥有创意资产和丰富的文化资源的发展中国家对创意经济重要性的关注。利用这些丰富的资源创意产业，不仅能使各国展示自己进而向他们自己和世界呈现其独特的文化特征，同时也能为这些国家提供促进经济发展，创造就业机会和扩大所占全球经济份额的源泉。与此同时，创意经济也推动了社会包容、文化多样性和人类发展。

创意经济……通过相互联结而灵活的网络生产服务系统得以运行，并涵盖了整个价值链。如今，创意经济深受日益强大的社会网络的影响。新工具如博客、互联网论坛、维基百科等促进了创意人士、创意作品、创意场所之间的连接与合作。②

这里，贸发会议强调了创意经济是一个“相互联结而灵活的网络生产服务系统”。它进一步指出：

在创意经济中谁是利益相关者，他们之间的关系如何，创意产业与经济其他产业之间的关系如何，更好地了解这些问题对于制定实用性政策至关重要。政策的关键目标要具体而不能宽泛，最好不要自上而下或者自下而上，而是要考虑到涉及各利益相关者的所有

① 联合国贸发会议（UNCTAD）：《创意经济报告 2010》（中文版），中国社会科学院文化研究中心翻译，三辰影库印象出版社 2011 年版，第 9 页。

② 联合国贸发会议（UNCTAD）：《创意经济报告 2010》（中文版），中国社会科学院文化研究中心翻译，三辰影库印象出版社 2011 年版，第 9、18 页。

权和合作伙伴关系，这些利益相关者来自公共部门和私营部门、艺术家群体和市民社会。更具包容性和灵活性的方案会促进有效和创新措施的形成，使创意经济具有新的活力。①

这一定义强调了更宽泛的经济、文化和社会方面与技术、知识产权和旅游目标之间的互动，和创意产业实际操作中遇到的多个领域的政策实施的一致性，以及政府和经济管理各部门的协调行动等。我们可以看到创意产业发展中遇到的地域壁垒、部门壁垒、行业壁垒等瓶颈的制约。

那么，创意经济对于跨部门政策协调一致到底有何重要意义？联合国贸发会议强调了这一超出“产业自身范围”的跨越：

创意经济扩展到了政治责任和政府管理的广泛领域。尽管许多政府已经确立了特别的部委、部门或具体单位来处理文化产业事务，但实际上几乎所有领域的政府政策都多少与这些产业相互影响，涉及的领域如下：

——经济发展：如前所述，创意产业对促进国家经济发展做出了重要贡献，成为财政部门、金融部门和规划部门的关注焦点；

——贸易：创意产品与服务是大多数国家国际贸易中的重要因素，并因此处于贸易、外交事务和国际关系部门的政策监管之下；

——区域发展：在区域经济规划中，创意领域是发展战略的特殊目标；

——劳动力：如前所述，创意产业对就业的影响是重大的，是劳动力市场政策的关注领域；

——国内和国外投资：通过具体的财政或管理措施，鼓励创意产业的私人投资，或将其引入某些特殊领域；

——技术和通信：新技术对创意领域非常重要，电话服务、网

① 联合国贸发会议（UNCTAD）：《创意经济报告 2010》（中文版），中国社会科学院文化研究中心翻译，三辰影库印象出版社 2011 年版。

络、宽带、卫星通信等的规范（或政策放宽）都对创意产业有重要意义；

——文化：创意艺术的核心功能，通常由政府通过追求经济和文化目标来支持；

——旅游业：如前所述，在许多国家，创意产业（特别是表演和视觉艺术、文化遗产服务）和旅游业在对城镇地区经济活力贡献方面紧密相连；

——社会事务：有关减轻贫困、少数民族社会冲突、青少年和性别差异问题的政策都可以通过创意经济来实现；

——教育：随着创意产业的壮大与发展，人们对创意产业劳动力的职业培训越来越感兴趣，艺术教育中更普遍的问题也与此有关。①

由此，创意经济绝不是简单的传统经济概念，而是新形势下具有广泛延展性的开放观念。

我国创意经济提出的新需求与新语境

2013 年我国 GDP 实现 7.7% 的增长，经济结构首次出现产业结构三、二、一的格局，首次成为全球第一贸易大国。如何启动内需进一步推动创意产业、创意经济的发展，是现实问题倒逼改革的结果，体现了结构转型、升级换代的强烈的内生的需求。

作为发展中国家、新兴国家，我国发展创意经济要解决什么问题？

创意经济的跨越产业、行业、专业领域的越界融合，建设大融合的新型国家经济新形态的作用和意义；进一步打破产业壁垒、行业壁垒、地域壁垒、

① 联合国贸发会议（UNCTAD）：《创意经济报告 2010》（中文版），中国社会科学院文化研究中心翻译，三辰影库印象出版社 2011 年版，第 24 页。

专业壁垒、部门壁垒、所有制壁垒。创意经济对于我国调整经济结构，强化原创力，改变目前制造业产能严重过剩、增长乏力，打造中国经济升级版，提升我国制造业走向高端的意义十分重大。要以创意设计与高新技术引领，以全新电子营销等方法，全面提升我国制造业，实现实体产业与虚拟经济的结合、线上线下的结合，创意经济引导创意产业更快扩展，推动我国文化产业自身升级换代，由低端旅游等向高端科技特别是线上业态、电子商务、移动运营发展；创意经济要求我们达到更高的国际化层次和水平，对于我国对外文化贸易发展具有重要意义，要构建文化中国和平亲善国际形象，以创意为纽带，文化先行。故此，我们必须考虑：

（1）当前我国调整经济结构以促进经济稳定增长，是将文化创意产业、创意经济乃至文化消费作为高端产业形态和目标产业形态，如此便迫切需要解决宏观经济层面的顶层设计，改革体制与机制，设立顶层管理与运营机构的问题，来协调国家当前制造业升级换代与文化创意产业、创意经济的文化目标、科技发展和国际文化贸易、国际文化服务总体战略政策间的一致，形成全面合力。

（2）统领全国东部、中部、西部文化创意产业不同阶梯、不同地域、不同行业的发展不平衡的问题，推动包容性发展。根据具体发展层次、行业水平、现有条件，采取多样化的一业一策的解决方案，抑制发展中国家创意产业增长不均衡问题。

（3）构建“创意纽带”，建立东部与中西部在创意、人才、投资、技术、管理、企业家能力和贸易之间的“创意对接”。那种临时性的无偿地以硬件设备、基础设施为主的援建模式往往不可持续。授人以鱼不如授人以渔，要从政策支持与倾斜上，引导和鼓励到西部投资开发的企业，包括大量民营企业、中小企业，在市场化的产业开发中获得经济利益。

（4）为取得发展收益，必须促进我国创意经济政策的大力创新。老套的以土地或地产换发展的策略，以免租金等招商策略来吸引入住等商业策略已经不能获得实效。全方位地建立人才、环境、交易、体验和包括风险投资、天使投资在内的投融资、上市机制等运营平台，以及4G时代网络化移动化、线上线下完美结合的高科技技术平台与销售平台，可实行综合服务的孵化器运营平台，才是未来政策创新的主要目标。

现实的发展印证了我国创意经济提出的新需求与新举措。2014年1月22日，李克强总理主持召开国务院常务会议，决定改革中央财政科研项目和资金管理办法，部署推进文化创意和设计服务与相关产业融合发展。会议指出，文化创意和设计服务具有高知识性、高增值性和低消耗、低污染等特征。依靠创新，推进文化创意和设计服务等新型、高端服务业发展，促进与相关产业深度融合，是调整经济结构的重要内容，有利于改善产品和服务品质、满足群众多样化需求，也可以催生新业态、带动就业、推动产业转型升级。会议确定了推进文化创意和设计服务与相关产业融合发展的政策措施。一是加强创意、设计知识产权保护，健全激励机制，推进产学研用结合，活跃知识产权交易，为保护和鼓励创新、更好实现创意和设计成果价值营造良好环境。二是实施文化创意和设计服务人才扶持计划，支持学历教育与职业培训并举、创意设计与经营管理结合的人才培养新模式，让更多人才脱颖而出。三是以市场为主导，鼓励创意、设计类中小微企业成长，引导民间资本投资文化创意、设计服务领域，设立创意中心、设计中心，放开建筑设计领域外资准入限制。四是突出绿色和节能环保导向，通过完善标准、加大政府采购力度等方式加强引导，推动更多绿色、节能环保的创意设计转化为产品。五是完善相关扶持政策和金融服务，用好文化产业发展专项资金，促进文化创意和设计服务蓬勃发展。

中央的部署高瞻远瞩，恰当其时。

原载《福建论坛》（人文社会科学版）2014年第2期，原题为《论创意经济》。

探索世界创意城市的高端发展之路

要建设真正具有国际影响力的全球城市、创意城市或世界城市，还需要充分了解国际上关于全球城市、世界城市的测度标准及其最新变化。要全面提升我国城市的城市品牌，还必须全面了解建构世界级城市品牌的要素、指标和路径。在全球化的推动下，世界形势发生了重要变化，国际化城市的发展产生了新的趋向。新的国际化城市从过去单纯关注经济，发展到今天更多关注信息化、数字化、网络化和移动化，关注人力资本、社会交往与政治参与，特别是更加关注文化发展、文化体验，更加关注生态文明和环境保护。我国一线城市需要探索国际化城市的高端发展之路。

改革开放以来，随着我国城市的高速发展，城市经济力量不断壮大，进入世界经济的步伐日益加快，城市的面貌发生了根本性的变化。2009 年以来，我国成功应对国际金融危机的冲击，城市发展上了新的台阶，人均 GDP 达到 6300 美元。这标志着我国经济社会发展进入了一个新的阶段。在这样的背景下，北京及全国许多城市都提出了建设世界城市、国际化城市的新的目标，这是我国城市发展理念的一次飞跃，也是发展战略的一次重要的提升。

那么，什么样的城市才是世界城市、全球城市或者国际化城市呢？

一、国际上世界城市、全球城市、国际化城市的研究与判定指标

究竟什么样的城市才算得上是世界城市、全球城市，我们怎样才能判定和测度国际化城市呢？毕竟，世界城市不是自封的，是有着基本的功能特征和指标要求的，达到了这些指标，才能获得国际社会的公认。

世界城市有多种含义，基于对国际化大城市概念的不同理解，各国学者

分别提出了各自的衡量指标。

1889 年，德国学者哥瑟（Goethe）就曾使用“世界城市”一词来描述当时的罗马和巴黎。1915 年，英国城市和区域规划大师格迪斯（Patrick Geddes）在其所著的《进化中的城市》一书中明确提出“世界城市”这一名词。最早对世界城市进行系统研究的学者是英国地理学家、规划师彼德·霍尔（Peter Hall）。1966 年霍尔在其著作《世界城市》（*The World Cities*）中对“世界城市”这一概念做了经典解释：“世界城市指那些已对全世界或大多数国家发生全球性经济、政治、文化影响的国际第一流大城市。具体包括：主要的政治权力中心；国际贸易中心，拥有大的港口、铁路和公路枢纽以及大型国际机场等；主要金融中心；各类专业人才集聚的中心；信息汇集和传播的地方，有发达的出版业、新闻业及无线电和电视网总部；大的人口中心，而且集中了相当比例的富裕阶层人口；娱乐业成为重要的产业部门。”① 后工业社会，要想在世界城市网络中占有一席之地，已经不能只靠单一核心城市的力量，所以“依托中心城市构建城市圈的合理空间布局是当今世界城市发展进程中的一大趋势”②。简·戈特曼（Jean Gottman）于 1957 年曾发表《城市圈：东北海岸的城市化》，提出了“城市圈（Megalopolis）”理论。而弗里德曼（John Friedmann）于 1986 年，在《环境和变化》杂志上发表了《世界城市假说》一文，采用“核心—边缘”的方法，给出了 7 项指标用来衡量世界城市：（1）主要的金融中心；（2）跨国公司总部所在地；（3）国际性机构所在地；（4）商业部门（第三产业）高速增长；（5）重要的制造中心；（6）世界交通的重要枢纽；（7）城市人口达到一定规模。③ 这些衡量的指标开始注重在经济全球化过程中城市发展的市场外扩、功能延伸。该文同时将

---

① ［英］P. 霍尔著：《世界大城市》，中国科学院地理研究所译，中国建筑工业出版社 1982 年版，第 1－3 页。

② 项光勤：《世界城市圈理论及其实践对中国城市发展的启示》，载《世界经济与政治论坛》2004 年第 3 期。

③ Friedmann J，“The World City Hypothesis,” *Development and Change*，1986（17）：69－83.

全球 30 个主要城市，按其所在国家的经济社会发展水平分为两个部分：核心国家（发达国家）和半边缘国家（新兴工业化经济体），然后又根据上述指标将之分为“第一级城市”和“第二级城市”两个档次：在核心国家中，第一级城市有纽约、芝加哥、洛杉矶、伦敦、巴黎、法兰克福、苏黎世、鹿特丹、东京；第二级城市有旧金山、休斯敦、迈阿密、多伦多、布鲁塞尔、米兰、维也纳、马德里和悉尼。在半边缘国家和地区中，第一级城市有新加坡、圣保罗；第二级城市有香港、台北、首尔、曼谷、马尼拉、墨西哥城、布宜诺斯艾利斯、加拉加斯和约翰内斯堡。他的这种评价体系局限于资本主义经济体系内部的空间格局排列，虽然比较宏观，指标体系也比较全面，但可操作性不强。

经济学家科恩的“跨国指数”和“跨国金融指数”方法，是在分析美国一些城市在全球城市等级体系中的位置时提出的。他认为只有当这两个指标均位于前列的时候，这个城市才能被认定为“全球城市”。跨国指数指在全球最大 500 家工业公司的某一城市所发生的海外销售额占这 500 家公司的海外销售总额的比重及它的销售总额占这 500 家公司总销售额的比重，如果这个指数大于 1.0，则该城市属于国际中心城市，大于 0.7、小于 0.9 则属于国内中心城市。

对这两种指数进行综合评估，从全球范围看，只有纽约、伦敦、东京在两项指标中均居前三位，所以这三个城市属于全球城市，而巴黎、莱茵—鲁尔城市带、大阪、芝加哥、法兰克福和苏黎世的等级低于上述三个城市。

萨森（Saskia Sassen）从经济全球化的角度，将全球城市看作各类国际市场的复合体（multiplicity），是外国公司的主要集聚地和向世界市场销售生产性服务的主要集散地，同时由于这些城市在全球经济的运作中发挥如此重要的作用，所以全球城市也应当是国际性不动产市场最重要的所在地。为此，她提出全球城市应是“主导性的金融中心”“主导性的国际货币交易中心”

"国际性不动产市场"。[①] 萨森用这三项要求分别对 17 个最大城市和城市圈的跨国公司总部数量、资本数量、股票价值总量、房地产项目等进行比较分析，结果是纽约、伦敦、东京是名副其实的全球城市。

卡勒鲍特（Carlabbott）认为，按照经济的专门化功能，20 世纪后期的国际性城市至少可以分为三类[②]：一是国际型生产城市，直接为世界市场服务，致力于出口商品的生产的国际化或拥有大国际企业的分厂。二是国际型通路城市，指历史上欧洲人进行海外定居的地区和殖民地的一些城市，如美国历史上的一些商业城市和 19 世纪欧洲扩张时一些殖民地城市都属于这一类。三是国际型交易事务城市，指向跨国市场提供专业技术、金融服务和个人服务的城市。交易事务型城市在经济信息、政治、组织信息或文化信息方面实现专门化。他制定了衡量三类城市的一个系列标准，其中包括衡量这些城市进行国际联系的标准、衡量为首的国际性城市的标准。他列表把美国纽约、华盛顿、迈阿密、洛杉矶、休斯敦、新奥尔良、旧金山及亚特兰大等城市在许多方面的指标进行了比较，如外国人口的出生、外国银行数量、外国旅游者、新移民数量、进口物质的价值、具有外国领事馆的数量以及与外国建立姊妹城市关系的数量等，经过比较，纽约成为美国首屈一指的国际性大城市。

瑙克斯（Knox）提出，用功能分类的方面可能更有用，他根据以下 3 个功能将世界城市分类[③]：首先是跨国商务活动，由入驻城市的世界 500 强企业数来衡量；其次是国际事务，由入驻城市的非政府组织和国际组织数来衡量；最后是文化聚集度，由该城市在国家中的首位度来体现，比如其与全国最大的次大都市的人口之比。

卡塞尔斯（Castells）非常强调国际城市与全球各地的流量（例如信息、

---

① S. Sassen, *The Global City*: *New York*、*London*、*Tokyo*, N. J.: Princeton University Press, 1991.

② Carlabbott, "The International City Hypothesis, An Approach to the Recent History of U. S Cities," *Journal of Urban History*, 1997（1）.

③ P. Knox, P. J. Taylor (eds.), *World Cities in a World System*, U. K.: Cambridge University Press, 1995.

货币、人口、物资等流动)，指出世界城市的产生与再发展是通过其流量而不是它们的存量凝结来实现的。① Godfrey 和 Zhou 建议在确认全球和地区中心时，不仅要考虑跨国企业总部的数量，跨国企业分公司的因素也需考虑在内。②

英国拉夫堡大学“全球化和世界城市”研究小组（GaWC）是全球权威的世界城市研究中心，他们创造了一种以数量方式研究世界城市网络的方法。其大多数研究是关于城市内部结构和城市间相同性的比较分析。这个研究小组的负责人拉夫堡大学经济学教授彼得·泰勒认为，世界城市网络是在高级生产性服务业的全球化进程中，国际城市之间形成的关系。世界城市网络的形成被模型化为全球服务性企业通过日常业务“连锁”城市而形成的一种连锁性网络，跨国公司是此连锁过程的代理人。一个城市融入世界城市网络的程度往往说明这座城市的国际化程度，也与城市未来发展前景相关。根据彼得·泰勒的观点，过去几年间，以北京和上海为代表的中国内地城市进一步融入世界城市网络，在“世界城市”中的地位有了明显的提高。而彼弗斯道克（Beaverstoek）和泰勒（Taylor）共同发表的《世界城市名录》一文，文中提出了用现代服务业中的财务、广告、金融和法律等 4 大产业来区分城市的地位和作用，划分全球城市，他们列出 4 大产业全球排名前几十位的跨国企业，考察它们子公司和分公司在世界城市的分布情况，根据公司个数的多少将世界城市划分为三个层次：10 个 Alpha 级城市，10 个 Beta 级城市，35 个 Gamma 级城市。③

进入新世纪，创意产业在全球勃兴，对创意城市的探索也风起云涌。究竟什么是富于创造活力和生命力的城市，英国学者查尔斯·兰德利提出了 9

① Castells M, “European Cities, the Information Society and the Global Economy,” *New Left Review*, 1994 (204): 18 – 32.

② Godfrey B J, Zhou Y, “Ranking Cities: Multinational Corporations and Global Urban Hierarchy,” *Urban Geography*, 1999 (20): 268 – 281.

③ Beaverstock J V, Smith R G, Taylor P J, “A Roster of World Cities,” *Cities*, 1999 (16): 445 – 458.

项测度创意城市的指标：关键多数（critical mass）、多样性（diversity）、可及性（accessibility）、安全与保障（safety and security）、身份认同与特色（identity and distinctiveness）、创新性（innovativeness）、联系和综合效益（linkage and synergy）、竞争力（competitiveness）和组织能力（organizational capacity）。这些标准需要纵观经济、社会、环境与文化四个层面。而其指标如“关键多数”则会涉及经济、社会、文化诸多方面。无疑，每一个力图成为国际化的城市，都要在价值链上步步高升，以争取自身的核心地位，借此来控制出口和低成本活动，同时吸引研究与知识创造中心、总部、先进制造服务业，以及文化艺术创意等高价值活动，最终成为某种中枢。①

2006 年，城市营销和城市品牌专家西蒙·安浩（Simon Anholt）提出了城市品牌指数（CBI）。这些指数包括知晓程度、地缘面貌、城市潜力、城市活力、市民素质、先天优势等 6 项一级指标，又称“城市品牌六边形”，每个一级指标下又细分为若干二级指标。西蒙·安浩对城市品牌的 6 个维度模型进行了详细的论述。②

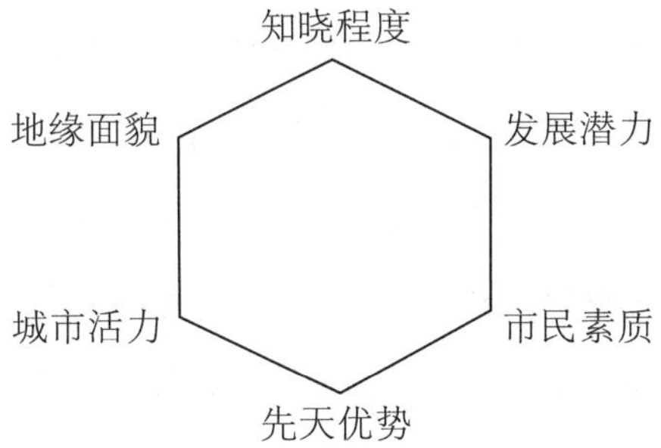

城市品牌指标 6 维度模型

品牌城市的品牌魅力在于城市广泛的影响力、普遍的美誉度、巨大的辐射力、强烈的吸引力，以及高度的认同感和强大的竞争力。品牌是一个城市

---

① 查尔斯·兰德利：《创意城市：如何打造都市创意生活圈》，杨幼兰译，清华大学出版社 2009 年版，第 328 页。

② 西蒙·安浩：《铸造国家、城市和地区的品牌竞争优势识别系统》，葛岩、卢嘉杰、何俊涛译，上海世纪出版集团 2010 年版，第 75－76 页。

的象征，也是一个城市的名片，它体现着一个城市的实力。城市的品牌是城市风格的展示，是城市个性的表达，是城市文化的集中体现，是城市整体功能的抽象象征。

我国在20世纪80年代开始了对城市国际化的研究，但对城市国际化评价的指标还主要集中在城市的基础建设方面。最早出现的评价是中国人民大学舆论研究所会同青岛市政府办公厅于1995年邀请60位知名专家学者参与对国际化城市进行了一项“特尔斐法”研究。最终专家们从中选出了“最为关键的指标”5项（年资金融通总量、年人均生产总值、港口吞吐量、外汇市场日交易量、外贸转口额）以及其余13项“基本指标”和“参考指标”等都集中在城市基础建设方面。① 王书芳（1999）认为，衡量国际大都市标准和指标可以从以下几方面选择：反映城市人口规模及构成的指标，反映城市经济综合实力的指标，反映城市经济结构和国际化经济功能与服务功能水平的指标，反映城市环境条件、基础设施水平和交通、邮电、信息业国际化水平的指标。②

随着城市现代化建设的不断推进和城市国际化理论研究的不断进步，城市国际化的评价指标开始出现城市现代化基础和国际交流并重的局面，如刘玉芳（2007）根据国际化城市的概念和判断标准，提出从经济发展、基础设施、社会进步和国际化水平4个方面综合评价城市的国际化程度。随着我国城市国际化程度的不断加深和理论研究的进一步加深，对城市国际化的评价也逐渐开始集中到注重城市的国际交流方面来。③ 沈金箴、周一星（2003）认为判别世界城市的指标可以从以下几方面加以综合考虑：国家和国际政治权力、跨国公司总部、国内和国际的贸易、全球金融机构、全球专业化服务、全球信息、全球消费、全球文艺、世界性活动、全球交通节点、全球制造中

① 喻国明：《建设现代化国际城市的基本指标体系及操作空间——来自青岛市建设现代化国际城市“特尔斐法”研究的报告》，载《城市问题》1995年第1期。

② 王书芳：《我国国际大都市的建设》，载《中南财经大学学报》1999年第3期。

③ 刘玉芳：《国际城市评价指标体系研究与探讨》，载《城市发展研究》2007年第4期。

心、城市经济规模、城市人口规模。[①]

社科院倪鹏飞博士（2006）提出对城市的国际化评价，除了从城市经济国际开放度方面来评价外，还从城市人文国际开放度来评价。经济国际开放度用以下指标衡量：对外贸易依存度、外资占固定资产投资的比重、外企占城市总企业的比重。人文国际开放度则主要考虑移民人口指数、外语普及率、外来文化影响度。[②]

二、国际上建设世界城市、全球城市的新思路

在全球化的推动下，世界形势发生了重要变化，世界城市的发展产生了新的趋向。人们对它的认识也有了新的提升。

在最新的世界城市的要素中，信息化成为世界城市的“神经中枢”。世界城市是全球信息网络的中心，信息技术带动和加速了物资流、人才流、信息流、资本流和技术流的集聚和扩散，其强度和速度超过以往任何时候，城市的综合功能进一步加强，形成产业分工跨越国界和产业体系区位分离的结构。信息化促使产业形态发生变化；信息化促使创新模式发生转变；信息化促使社会生活模式发生转变；信息化促使社会和城市管理模式发生转变；信息化促使城市的概念发生转变；信息化促成了传统社会向信息社会的转型。随着信息技术的深入发展和信息社会的加速到来，信息化将会无所不在，与经济、社会、文化各方面深度融合，成为引领变革的主动力量。

当今主要的世界性大都市都将信息化作为提升城市形态的基础性战略措施。纽约近期提出了“互联城市”（Connected City）计划；伦敦在远期城市规划中提出了发展“互联经济”（Connected Economy）目标；东京利用全国乃至世界信息中心的优势地位，成为战后新兴世界城市；新加坡提出“智慧

① 沈金箴、周一星：《世界城市的涵义及其对中国城市发展的启示》，载《城市问题》2003 年第 3 期。

② 倪鹏飞：《中国城市竞争力报告》，社会科学文献出版社 2007 年版。

国2015”（iN2015）计划，通过发展信息产业实现向世界城市的迈进。可以说，信息化、数字化、网络化成为世界城市经济社会的基本运行方式，成为世界城市软实力的重要组成部分。

在传统的现代化城市发展的模式中，城市的资源极大浪费，生态环境往往遭到不同程度的破坏。在新的世界城市的发展中，各国高度重视节约资源，保护生态，关爱环境。生态平衡的宜居环境在城市发展中日益具有重要地位。追求低碳目标、循环经济与可持续发展成为建设世界城市的新的重要目标。

20世纪末以来，随着文化产业、创意经济的兴起，文化日益成为城市经济的支柱产业，成为城市发展的驱动力。联合国创意城市网络的建立和迅速走红，成为城市国际化的强大动力。而独特的富于魅力的文化品格、城市形象和市民人文素质，也成为全球关注的中心，因而也成为世界城市获得最佳品牌效应的重要途径；文化多样性和宽容和谐的城市氛围，使得像巴黎这样的世界城市得到了更多的青睐；而优异的创业环境，高级舒适的生活，文明的城市环境，也使新加坡、悉尼、香港等国际城市成为吸引外来人才和国际人口的重要目的地。

传统的现代性理念和国际城市发展中，经济发展占有绝对主导的地位，城市代表着财富的集聚、富人的天堂，代表着企业的驻地、商贸的中心。如何在全球竞争中以自身主导的产业赢取成功，是城市发展的主要目标。所以，城市管理者们更关注CBD、产业集聚区、机场、高新技术园区的发展。但未来的变化趋势是，城市功能由经济主导型或经济唯一型向综合平衡的更加社会化的功能转变；全球城市的发展更注重城市社会功能的开发，更注意解决城市的公共服务问题，防止社会分化，促进经济和社会的协调发展。

世界城市化的发展经历了“集聚—高度集聚—困境—分散”的发展过程。城市化初期，大量的人口向城市特别是中心城市聚集，当聚集达到饱和的时候，曾出现一系列的重症“城市病”，如交通拥堵、生活成本日益提升、城市功能高度集中、地价飞升等。这使得城市居民的生活质量日益下降，导致了城市的分散化取向：城市的空间结构由高度集中逐步走向分散化结构。

世界城市发展的另一个趋势是都市圈的发展，特别是新兴国家的都市圈的迅速崛起，显现了都市圈发展的新的方向和特点。新兴国家都市圈在全球城市网络战略中的地位大幅提升，它对于所在国家的整体发展战略也具有重要影响。墨西哥城、里约热内卢、圣保罗等都迅速发展，呈现了新兴都市圈的发展潜力正在不断释放。

2008 年 10 月，美国外交政策杂志 A. T. Keamey 咨询公司和芝加哥全球事务理事会联合发布了全球城市的排名，征询了萨斯基亚·沙森和维托尔德·雷布津斯基等学者的意见。外交政策杂志指出，这个排名基于对 24 个度量方法的评估，分为 5 个领域，包括商业活动、人力资本、信息交换、文化体验以及政治参与。这里特别谈到了信息交换在信息社会中的重要意义。文化体验也再次得到了强调，重新提出了政治参与问题。总排名里面可以看到，纽约、伦敦、巴黎、东京在总排名中居于前列。从分项看，巴黎在信息交换上是第一，伦敦在文化体验上是第一，纽约在人力资本商业活动上和整体上都是第一。香港在人力活动上居世界第五位，它在总体上也居世界第五。北京是总排名第十二，但是在政治参与方面在世界上排名第七，是比较靠前的。上海在总排名上是第二十位，商业活动排名第八。

2009 年 10 月，东京莫里会的城市战略研究所发布了对全球城市的一次全面研究结果。全球影响力城市指数排名依据分为 6 大类，69 个个体指标。这 6 大类是：经济、研究与发展、文化活动、宜居度、生态和自然环境、容易接近的程度。此次研究对世界城市的标准设定又比过去的研究前进了一步，强调了“研究与发展”“文化活动”的重要性，这是以前的世界城市评价中很少考虑的。此次排名的前五位分别是：纽约第一，伦敦第二，巴黎第三，东京第四，新加坡第五。香港排名第十。

2010 年总部在伦敦的世界城市咨询公司 Knight Frank LLP 和花旗银行一起发布了对 40 个预选世界城市的调查结果。此次调查设有 4 个参数：经济活动、政治权利、知识和影响、生活质量，排名依然是纽约第一、伦敦第二、巴黎第三、东京第四。其中，北京政治权利排第九，香港整体排名第十四，上海依靠经济活动优势排名第十九。

这些国际上的相关理论讨论与实践运作都将为北京建设世界城市提供可资借鉴的经验，推动我们按照北京发展的现实去探索具有中国特色、北京特色的世界城市建设之路。

三、探索国际化城市的高端发展之路

建设世界城市是一个关乎国家和地区发展的复杂而长期的过程，需要从高层次上进行制度创新，形成日益完善的城市管理制度、经济制度、法律制度、社会保障制度，来为世界城市的建设保驾护航。因此，建设世界城市，必须首先关注国家总体发展战略和区域发展大局，以此为指导，确定城市发展方向。市政府的战略导向具有关键的决定性的作用。

目前公认的世界城市无一不是对世界经济具有强大影响力的城市，所以发展经济是构建世界城市的重中之重，主要包括如下要素：形成以核心城市为主的城市圈区位经济联合体；成为国际金融和贸易中心，关注外汇市场日交易量、外贸转口额、年资金融通总量、进口物质的价值、外国银行数量等；集聚着众多的跨国公司和财团总部或分部、国企总部，拥有雄厚的资本；建立了完善的市场经济体系，调整产业结构，第三产业高度发达，具有高效的综合服务功能，完善现代服务业中的财务、广告、金融和法律等服务体系；发展附加值较大的创意产业，以增加城市资本，提升城市价值；建设完善的产业集聚区，如中心商务区、高科技开发区等；关注消费市场、国内外消费总量等；关注股票价值总量、房地产项目等所创造的价值。

城市基础建设是构建世界城市的物质基础，城市必须有现代化的基础设施作为保证。城市建设、城市布局、公共设施的建设都需要大力加强。另外，交通设施也非常重要，世界城市一定是世界交通的重要枢纽，所以航空、公路、铁路、地铁等都是构建世界城市的重要基础。通过测定城市港口吞吐量也可以看到城市经济贸易往来的总体情况。北京作为中国最拥堵城市，公共交通系统有待进一步改善。

社会人文方面要考虑外国领事馆数量、国际性机构数量、NGO 组织数量、与外国建立姊妹城市的数量、高等院校数量、大型国际会展数量，和谐的社区文化与公共文明秩序、市民文明素质，以及城市的文化影响力、城市品牌的形成、外语普及率、外来文化影响度、休闲娱乐和公共艺术，等等。另外，还需要经常地开展国际科技、教育、文化、体育等交流活动。

当代世界，科技创新是城市发展的原动力，而城市的信息流动是衡量其是否为世界城市的重要指标。构建的新型世界城市，必须高度关注高新科技产业和信息产业，关注通信传媒技术、信息网络技术、高新制造业技术，以及信息产业方面所需硬件设备的制造等。

世界城市需要具有一定的人口规模，但又易为人口之多所累，所以要注重提高人口质量，要全面掌握人口学历比重、精英人才数、留学生数、新移民数量、外国人口的出生数、外国旅游者数量、农民工及流动人口数量等数据。

世界城市要自然环境良好、空气质量上乘，并拥有富有特色的丰富旅游资源，要致力于建设宜居城市，提升市民的幸福指数。

未来的世界城市、国际化都市或世界中心城市的发展趋势会是怎样的呢？东方城市逐渐兴起，西方城市相对式微，中国城市将对世界城市格局转移产生重大影响，而中国各个城市也将不得不面临新型城市化的再思考。

2012 年 8 月 20 日最新出版的美国《外交政策》杂志 8/9 合刊封面文章以“未来城市”为题，发布了《2025 年全球最具活力城市排行榜》，对未来 15 年世界城市的发展趋势做出了预测。这个榜单由美国麦肯锡咨询公司推出。作者认为，在历史的任何时候，“城市”从没如此重要过。如今，全世界有 600 个城市正在创造全球约 60% 的 GDP。到 2025 年，这种情况依然不会有太大的变化，只是构成这 600 个城市的精英成员会有很大的变化。在接下来的 15 年里，世界的重心城市将从欧美向南转移，而在其中起着更具决定性作用的，将会是“东方”。文章说：“这就是为什么我们制作出这张如此特殊的榜单，为2025选出最具活力的城市。”

文章认为，目前世界上排名前600位的城市对全球GDP总值的贡献度已达到60%以上，到2025年，这一比率将保持，但600强城市的名单会发生很大变化。2010年，全球GDP的一半出自发达国家的362个城市。预测认为，到2025年，除了纽约、东京、伦敦、芝加哥等超级大都市，四分之一的发达国家城市将跌出全球600强城市榜单，被96个新兴城市取代，其中72个来自中国。在全球75座活力城市名单中，中国有29个城市入选，约占四成。上海摘得该榜单桂冠，北京、天津紧随其后，广州名列第五。文章认为，中国的城市化正以前所未有的步伐推进，其规模是世界首批城市化国家英国的100倍，速度则是其10倍。仅在过去的10年，中国居住在城市的人口就从36%增加到近50%。2010年中国的大都市地区制造了中国GDP的78%。如果这种趋势保持的话，中国的城市人口将从2005年的近5.7亿增长到2025年的9.25亿——这个增长数量比美国全部人口都要多。和中国城市竞相崭露头角不同，只有13个美国城市和3个欧洲城市入榜。分析称，由于欧美增长乏力，世界经济平衡将以前所未有的速度和规模通过城市化的进程由西方向东方倾斜。

文章也指出，城市的进化充满各种变数，进化的成功取决于领导人的英明决策、当地的经济形势、当地商人的努力以及运气。文章称，中国的房地产泡沫可能会破灭，中国的经济增长率会趋于平缓。不过，通过观测宏观经济局势，不论经济增长率是变缓还是加快，除非发生难以预料的灾难，未来的全球化大都市将大部分来自中国。

平静地审视《外交杂志》的文章与排名，我们清醒地看到我国城市发展中的一系列重大问题与困境：大量的人口向城市特别是中心城市聚集，人口饱和，出现环境承载力危机，已经出现一系列的重症“城市病”，如交通拥堵、生活成本日益提升、城市功能高度集中、地价飞升、环境恶化、文化消弭、公民社会权益弱化等，这使得城市居民的生活质量日益下降，宜居度下降，幸福感缺失。

总之，文化是我国城市建设世界城市的最重要的资源和特点，社会和谐是建设世界城市的最重要的保证，以人为本、关注民生是建设世界城市的出发点。北京之所以被联合国人居署评为世界上最平等的城市，盖源于长久以来北京形成的宽容博大的城市品格。因此，在建设世界城市的探索中，我国城市除了必须借鉴各个世界城市如纽约、伦敦、巴黎、东京的基本构成和各自的独特成就外，还要选择撷取最合宜的“点”来重新“合成”，如纽约的百老汇、伦敦的创意产业、巴黎的文化底蕴，创造一个具有独特品格的东方文化型的世界城市。

我们所要建设的世界城市应该是政治民主、制度合理、经济发达、基础设施完善、科学技术水平先进、信息网络通畅、高新技术人才聚集、生态环境良好的，对世界政治、经济、文化都具有强大影响力的，可持续发展的国际化大都市。

参考文献

［1］曼弗雷德·费希尔，贾维尔·迪亚兹，福克·斯奈卡斯. 大都市创新体系：来自欧洲三个都市地区的理论和案例［M］. 上海：上海人民出版社，2006.

［2］德波拉·史蒂文森. 城市与城市文化［M］. 北京：北京大学出版社，2007.

［3］亨利·列菲弗尔. 空间与政治［M］. 李春，译. 上海：上海人民出版社，2008.

［4］勒·柯布西耶. 精确性：建筑与城市规划状态报告［M］. 陈洁，译. 北京：中国建筑工业出版社，2009.

［5］艾瑞克·洪伯格. 纽约地标：文化和文学意象中的城市文明［M］. 瞿荔丽，译. 长沙：湖南教育出版社，2008.

［6］迪尔. 后现代都市状况［M］. 李小科，等，译. 上海：上海教育出版社，2004.

[7] 卡尔·艾博特．大都市边疆：当代美国西部城市［M］．北京：商务印书馆，1998.

[8] 刘易斯·芒福德．城市发展史：起源、演变和前景［M］．北京：中国建筑工业出版社，1989.

[9] 罗伯特·M. 福格尔森．布尔乔亚的恶梦：1870—1930 年的美国城市郊区［M］．朱歌姝，译．上海：上海人民出版社，2007.

[10] Edward W. Soja，包亚明．后大都市：城市和区域的批判性研究［M］．上海：上海教育出版社，2006.

[11] 托马斯·科斯特．资本之城［M］．北京：中信出版社，2004.

[12] 苏珊光．城市反思［M］．北京：光明日报出版社，2005.

[13] 丝奇雅·沙森．全球城市：纽约　伦敦　东京［M］．上海：上海社会科学出版社，2005.

[14] 斯皮罗·科斯托夫．城市的形成：历史进程中的城市模式和城市意义［M］．北京：中国建筑工业出版社，2005.

[15] 若尔迪·博尔哈，曼纽尔·卡斯泰尔，等．本土化与全球化：信息时代的城市管理［M］．北京：北京大学出版社，2008.

原载《城市观察》2011 年第 2 期，原题为《北京建设中国特色的世界城市发展之路研究》。

我国文化创意产业发展的三个阶梯与三种模式

问： 当前，我国文化创意产业在全国各地搞得轰轰烈烈，你怎样看待当前我国文化创意产业发展的基本态势和发展趋势？

金元浦（以下简称金）： 当前我国文化创意产业发展的基本态势呈现为从东到西三个阶梯与三种模式。

文化创意产业是全球经济与文化发展的一个重要潮流，是以发达国家为主体，进而影响到了发展中国家的发展趋势。它是当前世界经济的一个重要产业形态，已经成为多数发达国家的支柱产业。面对具体的国情，进行具体的分析，寻找我们自己的“中国特色”，是一切判断的出发点。

从宏观整体来看，我国文化创意产业的发展有着三个阶梯。处于不同阶梯的城市和地区，应选择相应的最适合自身的发展模式。

第一阶梯是东部发达地区，以三大城市圈为主的，那就是珠三角、长三角、环渤海，北京、上海、深圳、广州这是第一阶梯，东部的发达地区构成了文化创意产业的第一梯队。

第二阶梯是中部的发展中地区，以武汉、郑州、长沙、太原、沈阳、合肥、长春构成了中部的文化创意产业发展地区。

第三阶梯是西部欠发达地区，是以西部的云南昆明、青海西宁、新疆乌鲁木齐、蒙古呼和浩特、广西南宁、贵州贵阳、甘肃兰州等城市为主，构成了我国文化创意产业发展的第三梯队。

我国东部发达地区是我国文化创意产业的先导部队和发展主体，是进军国际、实现中国创造的主力。北京和上海的人均 GDP 达到了 8000～10000 美元，广州、深圳的人均 GDP 也是 10000 美元。从实际的购买力来看，这个数据的数字更高一些。在这种情况下，它与发达国家的大城市具有同样的竞争力，它应该理所当然地按照国际发展的规律参与到国际文化创意产业的发展当中，参与到文化创意产业的全球竞争之中。它的发展战略与策略应当定位在国家代表队、产业走向世界的先遣队，采取“红海战略”，如北京举办奥运会，上海举办“世博会”。

除了人均GDP之外，我们还要看几个指标，其中之一是它的服务业达到什么比例。北京的服务业已经达到74%以上，和国际化的大都市、世界发达国家城市已经一致。在这种情况下，发展创意产业是理所当然的。

我们还必须看到恩格尔系数的水平。全国的恩格尔系数农村是40%多，城市是30%多。实际上沿海的东部发达地区已经降到了20%左右。文化创意产业是以日益壮大的中产阶层的需求来推动的，在全球化的条件下，它是以国内和国际的两个消费群体作为对象的，发展创意产业必须研究国际和国内两个市场。

武汉、郑州、合肥、太原、沈阳、长春等第二阶梯城市，一般来说将采取交叉发展的模式。一方面，它必须继续发展制造业，特别是高端制造业，保持我国实体经济在整个国民经济中的份额，同时承接东部地区制造业的转移。如安徽、湖北的一些城市。另一方面，它必须继续保持中国作为制造业大国、世界制造业中心的重要地位，同时，它还要发展更加高端的制造业。这个发展就在高科技的技术创新方面，在文化内容创新方面。比方武汉的光谷有着自己很好的条件，是国内著名高校集中的地区，创新人才集中的地方，它也具备了文化创意产业发展的部分条件。但是它和东部发达地区又有所不同，它的GDP在3000美元到5000美元之间，它的GDP总量还没有达到东部那么高的水平。同时，它的服务业可能还在50%左右。所以，在文化创意产业发展的总态势下，寻找自己的特点，创建中部交叉发展的新模式，是有着它自身的必要性的。

西部是不是不能搞文化创意产业或者是创意产业呢？我们说不是的。西部采取了跨越式的发展模式，西部省（区、市）有着自身的特点，它们是少数民族地区，它们有历史文化名城，它们是自然生态基础非常好的地区，它们因为第二产业——工业没有过度的发展，所以至今保留了蓝天、绿地、美好的环境和生态奇景。在这种情况下，它可以采取跨越式的方式面向世界，寻找一种新的不同于东部也不同于中部的发展模式。以云南为典型，该省创造了以旅游为龙头综合发展的跨越式发展模式，给我们提供了很好的经验。

实际上，三大模式三个阶梯也是我国文化产业发展的不同阶段，不过这个顺序要颠倒过来。第一层次是当中央确定发展文化产业后，全国各地一哄而上，大多从文化旅游等特色文化产业入手，这种产业形态以资源为主，对人才、对管理、对创意要求不高，各地可以按照搞工业的方式来大干快上，快速建设园区、景区。第二层次是文化体制改革带来的文化事业单位转企改制，一大批出版、广播、电视、剧团、影院等国有事业单位转为企业，推动了我国文化产业的发展，这可以称作是文化体制改革带来的红利。第三层次是走向高端创意产业，在高科技、互联网、数字技术支持下，大力发展新媒体、移动网，实现文化与科技的双轮驱动，以创意设计为核心，推动原创产品走向世界。这恰恰是历史的实践与逻辑的演进高度统一的发展过程。

这就是我们看到的东部、中部、西部的不同发展模式。当然，三大模式之间是互相沟通、相辅相成、相需为用的。我们要构建我国多层次文化创意产业的合理架构和错位发展的产业生态平衡系统。不是所有的中国城市都和北京、上海一样到国际上进行一场“红海竞争”（即使北京、上海、深圳、广州，也要有选择地进行错位竞争），而是要构建我国多层次的文化创意产业多层次结构，在错位发展中找出产业的一种生态平衡系统，这是创造中国特色文化创意产业发展的必由之路。

需要特别强调的是，当一个城市确定自己的发展目标和发展战略的时候，一定要看到自己所处的发展阶段、发展环境，发展的区位，自己所具有的优势和弱势，自己在什么层次上发展。只要我们借全球发展文化创意产业的东风，按照我国每一地区产业发展的实际情况去规划，去创新，去经营，去实践，就一定能够找到最适合自己发展的“那一个”。

问：当前关于文化产业的概念十分繁杂，比如文化产业、创意产业、内容产业、版权产业、文化创意产业、娱乐休闲产业等一系列概念。那么，到底什么是文化产业、创意产业、内容产业等？

金：什么是文化产业，什么是创意产业，什么是文化创意产业？在我看来，文化创意产业是在全球化的条件下，以消费时代人们的精神、文化、娱乐需求为基础的，以高科技的技术手段支撑为基础的，以网络等新的传播方式为主导的一种新的产业发展的模式。它以文化和经济全面结合为自身的特征，是一种跨国、跨行业、跨部门、跨地域、跨领域重组或者创建的新型产业集群。它是以创意创新为核心，以知识产权为根本，贯穿生产、流通、消费等产业发展全过程的新型的产业集群，向大众提供满足其文化、娱乐、精神、心理方面的需求的新兴产业形态。

创意产业是文化产业发展到新阶段的形态，是产业发展到相应阶段的必然产物。它是跨越行业、跨越国度、跨越地区、跨越部门，突破了部门壁垒、所有制壁垒、地域壁垒、行业壁垒进行重组的一种新的产业形态。这种新的产业形态，具有高附加值、高成长性和高风险的产业特征。有些人对此缺乏明确的认识，长期囿于部门壁垒的束缚，无视世界文化创意产业发展的潮流和新业态，无视我国“创意产业”发展的现实，极力排斥“创意”概念。

从总体上看，我国文化创意产业在内容和形态上可以分为三大部类，这就是传统文化产业、常态文化创意产业和创意产业新业态。所谓传统文化产业，主要是依据传统文化资源如传统历史自然文物、物质和非物质文化遗产形成的产业群体，如文化旅游业、文艺演出业、工艺品纪念品产业等；所谓常态文化产业，包含广播、电影、电视、新闻出版、节庆与会展产业、文化艺术、画廊和艺术拍卖业、休闲娱乐产业等；所谓创意产业新业态，包含网络文化、新媒体、动漫、网游、创意设计产业、体育与户外运动产业等。三大产业部类各具特色，又相互交叉、相互支持、相需为用、融合发展。

传统文化产业的发展路径为传统资源依赖。传统文化产业是我国后发地区文化产业发展的主体方式，具有本土性、初级性和鲜明的区域特色，是推动中西部产业发展的引擎和突破口，是实现西部文化产业跨越式发展的关键。

我国目前西部大多数城市主要选择这种模式发展文化产业，取得了一定的成效。传统文化产业发展中要解决好物质与非物质文化遗产保护和文化产业发展的关系，公共文化服务体系（文化事业）和文化产业的关系。既要看到它们之间的不同，看到它们一者主要是公共财政支持，一者是市场化取向，在市场经济中寻求发展的区别，又要看到一部分物质文化与非物质文化遗产通过现代转换可以成为文化产业发展的重要组成部分。因此二者的差异中的融合也就具有重要现实性。

深化文化与旅游的结合，把文化有机地融入旅游产品的开发制作、经营管理和旅游服务之中，用无形开发有形，用有形承载无形，提高旅游产品的文化含量和市场竞争力，丰富旅游的文化内涵。把发展旅游业与文化的开发保护结合起来，找准亮点和卖点，变文化产品为旅游产品，把丰富的民族民间文化，变为“有利可图”的产业，使文化软实力与经济硬实力融为一体，以增强文化保护的内在动力和外在张力，形成文化与旅游互促的良性互动。

但从全国来看，一些地区为争夺历史名人墓地、故居，甚至如“西门庆”等无可考证的“资源”，出现非理性炒作，就需要我们谨慎对待。我国是一个历史文化十分悠久的国度，几乎全国所有大中城市都能找到和发掘出十分丰富的传统资源，而资源如何转化为生产力则是其中的关键。尤其是当代新业态，对创意的依赖大大超过对传统资源的依赖。看看美国好莱坞拍摄的《花木兰》《功夫熊猫》就很清楚了。美国没有文化资源，它可以自由地向世界各地借用，创意才是这个产业长期发展的核心。

所谓常态文化创意产业，如广播、电影、电视、新闻出版、文化艺术、画廊和艺术拍卖业、体育与户外运动产业等，是构成现有我国文化产业空间布局主体的行业，人员、技术、设施基础雄厚，规模较大，以国有企业为主体，但体制束缚大，积弊较多。通过加快体制机制改革，产业发展有着广阔的空间，而且正是凭借强大的行政、人才和金融资源，可以快速动员，集中财力，向产业高端和先进形态发展。

所谓创意产业新业态，如网络数字电视、影视与传播、新媒体、动漫、网游与休闲娱乐产业、广告、手机增值业务、创意设计产业等都是新型的产业群体，以民营与股份制企业为主，更多地凭借现代高科技特别是3G、4G时代数字化为基础，以文化创意和技术创新的高度融合为特征，寻找以自主知识产权为根本的产业发展之路。它的核心是“创意为王”，而创意新业态则因社会青年一代更大的消费需求而具有引领未来的广阔前景。

三大产业部类并不是截然分割的，在一个跨越产业边界、学科边界的时代，三大部类是你中有我，我中有你，依照不同的发展阶段、发展层次而不断升级。

问：当前，全球金融海啸的影响仍在持续，给我国文化创意产业的发展带来不同的影响。有人认为带来巨大困难，也有人认为是发展的重要机遇，你怎么看？

金：当前弥漫全球的金融海啸，给我国文化创意产业当前的发展带来严峻的挑战，也带来发展的机遇。首先是全球化产业配置的新格局带来了新的可能性，全球化的深化带来了全球本土化。也就是说，全球化最初是从西方发达国家发出的，它有一个长期形成的西方中心主义的背景，为了实现西方资本的全球扩张，它就面临了一个到发展中国家如何落地、到中国如何落地的问题，这样就出现了全球本土化的问题。比方说麦当劳，在中国的麦当劳可能操作、层次和美国是不一样的。在我比较该点不同的时候，我们发现中国的麦当劳建立了儿童乐园，并给儿童送礼物，成了一个中档消费的场所，但在美国，麦当劳不需要这些，它就是一个提供低档的饮食消费的企业。

随着近年国际格局发生的新的变化，一个新的现实出现了，那就是本土全球化的现实。在经过了北京的文化创意产业的发展和北京的奥运会之后，一个新的理念、新的实践出现了，那就是本土的文化创意产业借助于全球化走向世界的可能与机遇，我们发展中国家通过数字化的传播方式可以走向世界、影响世界。过去在西方中心看来属于边缘地带、第三世界、发展中的国家，可以通过现代的传播方式，通过本土企业在全球发达国家上市融资，走向全球。北京奥运会给我们提供了本土全球化的历史性的案例。这可能是某些西方全球化倡导者们始料未及的。

问：你所认为的文化创意产业发展的机遇是什么？什么是我国文化创意产业发展的背景、机遇，它目前存在什么问题？

金：谈到当前的文化创意产业，我们不能忘记它的当下机遇，即全球大竞争时代的城市化浪潮。这是一个世界大城市之间全球竞争的时代，世界范围、亚洲范围的文化之间的竞争和较量，构成了一个新世纪发展的全球态势。可以说，当今成功的城市一定是文化的城市。

正是在这样一个文化城市、文化软实力发展的背景基础上，我想探讨一下我国文化创意产业发展的际遇与选择所面临的问题。我国当前几乎每一个省、市、自治区都在国家战略的总体布局中提出了自身发展文化创意产业的战略目标和实施措施。那么我们首先必须搞清楚，发展文化创意产业，你的发展阶段处在什么样的层次上，你的城市是否面临着紧迫的产业调整与转型的问题。如果你的制造业现在还仍然很发达，或者你正在承接东部产业的转移，那么你需不需要进行文化创意产业的大规模的调整和转型？

其次，在发展层次上，文化在你城市发展的架构中占据什么样的地位？服务业占据什么样的地位，占据多少比例？

再次，在你的发展目标上，你是否准备参与到全球或亚洲国际化大都市的竞争中去？或者你只是打算参与城市之间的竞争，或者是参与到中小城市的竞争？你的发展目标是不是确定了？

最后，你的发展区域和环境是什么样的？你处在什么样的周边环境中？这个周边环境是不是给你提供了发展文化创意产业必要的条件？

问：近些年我国发展文化创意产业，取得了很大成绩，肯定也存在着一些问题。你认为当前一哄而上的情形是不是表明我国文化创意产业存在着“虚热”？

金：近些年我国发展文化创意产业，的确取得了前所未有的成绩，但也确实出现了一些“虚热”的情形。一些城市一哄而上，的确上演了很多“精彩的节目”，比如政府组织的大型论坛和展览会、博览会、演唱会等等。但是它们像烟花一样成为过眼云烟。在烟花灿烂之后，我们的文化创意产业仍然徘徊不前，存在着众多的问题。

1990 年，西方著名经济学家波特（M. Porter）提出了经济发展四阶段论。这四个阶段分别是：要素驱动阶段、投资驱动阶段、创新驱动阶段和财富驱动阶段。

要素驱动阶段：经济发展的主要驱动力来自于廉价的劳力、土地、矿产等资源；

投资驱动阶段：以大规模投资和大规模生产来驱动经济发展；

创新驱动阶段：以技术创新为经济发展的主要驱动力；

财富驱动阶段：追求人的个性的全面发展，追求文学艺术、体育保健、休闲旅游等生活享受，成为经济发展的新的主动力。

从以上可以看出，所谓创新驱动阶段，就是以知识产业为经济主产业的阶段，知识创新为经济发展主动力的阶段，也即今天人们常说的知识经济的阶段。而知识经济之后的财富驱动阶段，意味着第三产业将进一步分化，其中的文化产业、创意产业、精神产业和内容产业将逐步成为经济中的主产业。

今天，当我问到你处在什么发展阶段的时候，我是说，按照波特的发展四阶段理论，你到底是处于要素驱动阶段，还是投资驱动阶段，是处于创新驱动阶段，还是财富驱动阶段。中国是一个发展很不平衡的国家，各省市处于不同层次的发展阶段。要确定你的城市、你的地区、你的企业的发展和投资的方向，你一定要清醒地判断你处在什么位置，你的需求在哪里，你处于什么阶段：你是处于要素驱动阶段，即依靠廉价的劳动力、土地、矿山资源这样的发展方式；还是进入到了投资驱动的阶段，即大规模的投资和生产驱动经济的发展阶段；或是你已经进入到了以技术创新为经济发展的主要驱动力的阶段；又或者是你已经进入到了财富驱动阶段，即追求个人的财富发展，追求艺术、体育、精神、心理需求这样的阶段。处在不同的阶段，你的文化创意产业发展的目标，你的投资策略，都是不一样的。

2010 年，九部委发出的《关于金融支持文化产业振兴和发展繁荣的指导意见》（以下简称《指导意见》），就是要解决文化产业融资难的瓶颈问题，实现金融和文化产业的对接，为文化企业的融资搭建起了新的平台，支持文化产业投融资。《指导意见》规定，金融行业将通过创新信贷产品、完善授信模式、发展多层次资本市场等方式扩大文化企业直接融资。《指导意见》从如何进行文化资产的评估，如何进行资产保全抵押，如何实行资产保险，如何加快上市融资等方面出台了20多条扶持政策措施，这些政策措施对于解决当前文化企业融资难的症结，有着重大意义。但是我们知道，投融资的落实还有一个过程，本来我国的风险投资体系就并不健全，而文化创意产业又是一个很难进行产业评估的行业，需要耐心、信心、韧性和强大的执行力。

在发展的更高阶段，我们需要进一步细化文化创意产业各行业的细化策略，政府需要提供细化保障措施，要做到“一业一策”，具体问题具体对待。要在行业内部深化改革，探讨新业态发展的规律，绝不是大轰大嗡，只求轰轰烈烈的所谓“业绩”，而是要顾及民生、环保、生态，全面考虑产业结构调整的大局，对老百姓负责，对未来负责。

问：2008年以来，金融危机与北京奥运等一系列因素，使中国在国际上的地位产生了一些变化。你认为我国目前处在怎样的一个时期？这种变化对文化创意产业具有怎样的意义？

金：从总体来看，目前整个中国正处在重要的转型时期。未来15年是我国极为关键的15年，在这期间我们将建设一个创新型国家，就是要进行经济结构的调整、增长方式的转变、提高国家的竞争力，由过去的中国制造走向一个中国创造的新的时代。

在我看来，建设创新型国家需要两轮驱动、两翼齐飞。所谓两轮驱动、两翼齐飞就是一要大力推动高新科技的发展，二要加上深厚的文化内容，这样的两轮驱动、两翼齐飞才能建设一个创新型的国家，一个创新型的城市。

在北京文博会的论坛上我们了解到了很多信息。伦敦研究院的专家告诉我们，从全球范围来讲，中国创意产业的原创量占全球总体原创量的比例不超过2.5%。面对这样一个现实，我们应如何选择我国的文化创意产业发展的定位？你是选择高端，还是选择中端，或是选择低端？在这一发展过程中，你是处在文化产业的阶段，还是处在创意产业的阶段，或者已经进入到了内容产业的阶段，甚至进入到了眼球经济体验产业这样更高的一些发展的策划之中？那么，你可能也需要走过从创意为王走向内容为王，走向渠道为王，走向体验制胜，乃至于娱乐致死的阶段。现在你打算做哪些？你的目标群体是哪些？

当然了，我们的原则毫无疑问是效益最大化——社会效益的最大化和利润的最大化。你要探讨，在产业下游化运营中，你的区位在哪里。我们的产业一定是从第一产业走向第二产业，走向第三产业，在服务业中走向更下游的第四产业，或者是更高的精神文化心理的第五产业。那么，在产业下游化运营中，你的项目、你的公司处在什么样的区位之中。

在需求上游化、高档化的运营之中，你将目标定在哪部分人群？我们知道，我们的需求一定是逐步走向上游化的，我们的人均 GDP 发展到一定程度，国家和我们的国民有了钱，有了钱就会消费，消费高档化的趋势、消费上升的趋势是毫无疑问的。但在今天金融海啸的形势下，人们都捂紧了钱袋子，启动内需一是需要创造人们喜爱的消费模式，并引导和涵养这一新的消费群体，另一方面要解决阻碍人们放心消费的一些瓶颈，如房产投资、家庭教育投资等问题。

那么，在这一过程中，你选择的目标群体是哪一批人，你面对的是哪一批人的精神、文化、娱乐需求？需求有不同层次，有些群体就是需要洗头、洗脚；有的群体需要大众流行文化，需要周杰伦；有的群体则需要中国文化、东方韵味，需要更高的精神心理的满足。那么，你选择的目标群体需要什么层次的需求？

同时，在发展的战略选择上，你是采取渐进式的发展方式还是跨越式的发展方式，或是综合化的发展方式？这三种方式是不同的。东部第一梯队无疑采取与世界发达城市的发展历程相似的产业发展的渐进式模式，西部第三梯队将采取跨越式发展的模式，而中部第二梯队则要根据具体情况选择综合式发展的路径。

那么，在发展的策略上，你是选择“红海战略”还是“蓝海战略”？你要是投入到国际化一流的国际城市的竞争中，比如说北京、上海要代表中国进入国际化的城市竞争当中，你是避免不了“红海战略”的。你如果要选择“蓝海战略”，那也得明确你是哪一片“蓝海”。

在整个的发展中，我们还需要进行另外的策略选择，比如说你是选择长尾策略还是短尾策略。在过去的发展中，我们很多人都惯于“打一枪就跑”，已经习惯于做短尾策略或者是捞一把就走的策略。但是今天不同了，你的产业发展中，有一个长长的尾巴可以带来无限的可持续发展的利益。我们今天的文化创意产业发展中的一个严重问题恰恰是总在采取短尾策略，每次都是绚丽开场，轰轰烈烈，绚丽之后，什么都没有留下。

大家都知道微笑曲线发展的利益两端是利益最大的部分，但是不是所有人都选择了微笑曲线的两端？中间部分谁选择了呢？选择中端也不失为一种选择，在中国，并不是所有地域都要选择利益高端，因为利益高端有知识基础、人才支撑、发展层次的要求。所以，你是选择错位竞争，还是选择一个激荡的、市场淘汰率高的严酷的竞争，需要不同的企业、不同类型的地区认真思考。

比方说你要进行数字化技术创新，你就必须紧盯国际前沿的最新发展，如果离开了国际间激烈的竞争，那么你就可能很难达到国际先进水平。

所以，不存在对一切城市、地区都适用的文化创意产业发展模式，还是那句老话：寻找最适于你的城市、你的地区发展的方式，具体情况具体分析，实践是检验真理的唯一标准。

原载《中国地质大学学报》（社会科学版）2010 年第 1 期。

互联网思维：科技革命时代的范式变革

互联网思维是当前社会和学界共同关注的重要实践和理论课题。本文认为互联网思维是第三次工业革命的先导理念，是当代高科技与文化创意跨界融合实践的新思维方式，是科技革命中范式转换的必然成果。它拥有自身独特的性质与运作方式。它在现实科技发展的条件下重新阐释了哲学上“一切社会生活中的普遍联系”的最高准则。它预示着，一种更新的思维方式的酝酿与形成，将带给未来社会更为巨大的变革。

习近平同志最近指出：要强化互联网思维，坚持传统媒体和新兴媒体优势互补、一体发展，坚持先进技术为支撑、内容建设为根本，推动传统媒体和新兴媒体在内容、渠道、平台、经营、管理等方面的深度融合，着力打造一批形态多样、手段先进、具有竞争力的新型主流媒体，建成几家拥有强大实力和传播力、公信力、影响力的新型媒体集团，形成立体多样、融合发展的现代传播体系。

那么，什么是互联网思维？

搞清互联网思维的内涵和外延，这是当前我国社会和学术界共同关注的重要实践和理论课题。

当前，关于互联网思维的观点蜂拥而至，百家争鸣，相互辩难，争讼不已。肯定者有之，反对者有之，阐扬者有之，批评者有之。[①] 互联网思维成了

① 网上公认，互联网思维由百度老总李彦宏首次提出。2013 年 11 月 8 日，马化腾在一次发言当中以“互联网思维”这个词为结语：“互联网已经改变了音乐、游戏、媒体、零售和金融等行业，未来互联网精神将改变每一个行业，传统企业即使还想不出怎么去结合互联网，但一定要具备互联网思维。”对于互联网思维，也有大量不同意见：许小年说，没有什么“互联网思维”；王健林说，“不存在互联网思维，我觉得互联网思维这个词完全是错误的，不存在……”；黑马会教育培训行业副会长兼秘书长、快乐学习创始人张浩说，根本没有什么互联网思维，互联网思维是伪命题……

近年来一个开放性的文化科技事件，一个讨论文化变革的平台。

笔者认为：互联网思维是第三次工业革命的先导理念，是当代高科技与文化创意跨界融合实践的新思维方式，是科技革命中范式转换的必然成果。它拥有自身独特的性质与运作方式，在现实科技发展的条件下重新阐释了哲学关于“一切社会生活中的普遍联系”的最高准则。它预示着，一种更新的思维方式的酝酿与形成，将带给未来社会更为巨大的变革。

互联网思维是第三次工业革命的先导理念

每一个时代的发展总是以当时生产力的发展水平为标志的，特别是以先进工具的发明和创造引发全面变革的。两次工业革命都是这样的，以互联网等高新科技为代表的第三次工业革命更是无可争议地启动并实践着这一原理。杰里米·里夫金在其新著《第三次工业革命》中提出：

> 第一次工业革命使19世纪的世界发生了翻天覆地的变化；
>
> 第二次工业革命为20世纪的人们开创了新的世界；
>
> 第三次工业革命同样也将在21世纪从根本上改变人们的生活和工作。
>
> 我们正处于第二次工业革命和石油世纪的最后阶段。这是一个令人难以接受的严峻现实，因为这一现实将迫使人类迅速过渡到一个全新的能源体制和工业模式。否则，人类文明就有消失的危险。

作者敏锐地发现，历史上数次重大的经济革命都是在新的通信技术和新的能源系统结合之际发生的。新的通信技术和新的能源系统结合将再次出现——互联网技术和可再生能源的新世纪。

纵观当下世界，电子计算机特别是互联网的产生与发展，自动化与人类智力的解放，各种“人—机控制系统”的形成，“三A”革命（生产的自动化、办公的自动化和家庭生活的自动化）的来临，特别是信息时代的全球信息联通与共享，是人类历史上一次更加深刻而伟大的科学技术革命。它将把人类历史上的工业革命推向以自动化为主要标志的第三次工业革命。它对人类历史发展的影响将远远超越前两次工业革命。

另一位潜心研究数据科学十余年的技术权威——数据科学家维克托·迈尔·舍恩伯格（Viktor Mayer-Schönberger，《大数据时代》作者），最早洞见大数据时代人类社会科学和信息发展的大趋势。作为最受人尊敬的权威发言人之一，他曾先后任教于世界最著名的几大互联网研究学府。现任牛津大学网络学院互联网治理与监管专业教授，曾任哈佛大学肯尼迪学院信息监管科研项目负责人，哈佛国家电子商务研究中网络监管项目负责人。他指出，大数据带来的信息风暴正在变革我们的生活、工作和思维，大数据开启了一次重大的时代转型，他同时指出，大数据时代的变革首先是思维变革，继而影响商业变革和管理变革。

维克托最具洞见之处在于，他明确指出，大数据时代最大的转变就是放弃对因果关系的渴求，转而关注相关关系。也就是说，只要知道“是什么”，而不需要知道“为什么”。这就颠覆了千百年来人类的思维惯性，对人类的认知和与世界交流的方式提出了全新的挑战。他认为大数据的核心就是预测，大数据将为人类的生活创造前所未有的可量化的维度。大数据已经成为新发明和新服务的源泉，而更多的改变正蓄势待发。他在书中展示了谷歌、微软、亚马逊、IBM、苹果、Facebook、Twitter、VISA 等大数据先锋们最具价值的应用案例。

从另一个角度看，生产力中工具的革命，实际上彰显了创造和掌握这些工具的人的思维的超前革命。也就是说，那些在互联网革命中敢于创新、敢于试错的先知先觉者，正在创造奇迹，书写历史。

互联网思维是当代高科技与文化创意跨界融合的新创造

与英国工业革命以来的产业、行业和学科细分的大趋势不同，当代社会最重大的变革是高新科技背景下的产业融合与学术融合。从哲学思维的角度讲，新世纪以来的最重要的思维变革之一是跨界思维。首先是跨越产业、行业，跨越不同领域的新技术、新方式引起的新思维，推动了跨越知识、跨越学科边界的新业态。

互联网思维是真正的“跨界融合”的思维。

跨界融合是第二产业与第三产业的融合，是第三产业内部各行业之间的融合，是文化与科技的融合，是文化产业与金融（投融资）的融合，是传统媒体与新媒体的融合，是线上与线下的融合，也是全球化与本土化的融合。当然也是相关学科之间的融合，人文学科、社会学科与经济学科的融合，文化产业与政治学、艺术学、美学、伦理学、管理学、商品学、消费学的融合。

2014 年2 月，国务院发布10 号文件《关于推进文化创意和设计服务与相关产业融合发展的若干意见》，文件明确指出：随着我国新型工业化、信息化、城镇化和农业现代化进程的加快，文化创意和设计服务已贯穿在经济社会各领域各行业，呈现出多领域交互融合态势。文件明确了我国文化创意产业跨界融合的总体方向：统筹各类资源，加强协调配合，着力推进文化软件服务、建筑设计服务、专业设计服务、广告服务等文化创意和设计服务与装备制造业、消费品工业、建筑业、信息业、旅游业、农业和体育产业等重点领域融合发展。

正是在互联网高度发展的条件下，有了跨界融合思维的飞跃，文化创意产业才能突破原有藩篱，跨越领域与部门边界，成为支撑第二产业甚至农业升级换代的重要推动力量，也是提升文化创意产业中低端形态向高端形态升级的动力源。

O2O 电子商务是互联网思维指引的重要实践。O2O 电子商务即 Online 线上网店 Offline 线下消费，商家通过免费开网店将商家信息、商品信息等展现给消费者，消费者通过线上筛选服务，线下比较、体验后有选择地消费，在线下进行支付。这样既能极大地满足消费者个性化的需求，也节省了消费者因在线支付而没有去消费的费用。商家通过网店信息传播得更快、更远、更广，可以瞬间聚集强大的消费能力。该模式的主要特点是商家和消费者都通过O2O电子商务满足了双方的需要。

其实跨界融合的思潮自世纪之交以来，已多有萌动，且渐成大势。朱丽·汤普森·克莱恩在其总汇型的著作《跨越边界——知识、学科、学科互涉》中详细描述了跨越边界与边界作业的情形。书中回顾了美国的创新发展："从科技领域看，美国物理勘查委员会总结道，最近几十年来，几乎所有的重大研究进展都发生在已有领域之间的'学科互涉边界地带'。"[①] 最突出的成果中包括获得巨大成果的计算机相关科学的发展。

在20世纪80年代，以跨界融合为目标的"学科互涉"在美国科学技术创新中获得高度认可。当时美国经济滑坡，强化了促进知识与发明在学科、产业、政府边界之间流动的需求。经济压力以及科学研究的当前趋势，使学科互涉与竞争成为国内科技政策争论的新的关键词，1988年美国自然科学学会西格玛·西出版了《摈除边界：跨学科研究视角》一书，全面推动学科的跨界融合。这些研究推动了美国国会、联邦政府执行部门、基金署和咨询机构的认可。[②]

近年以来，跨界思维更是在实践中受到关注。如巴菲特的合伙人查理芒格，就一直推崇跨界思维，它认为跨界思维是一种"普世智慧"。他将跨界思维誉为"锤子"，而将创新研究比作"钉子"，认为"对于一个拿着锤子的人来说，所有的问题看起来像一个钉子"，有了跨界思维的锤子，就会立刻砸向现实中不同产业行业的壁垒，在更宽广视野中寻找能够"链接"的思维灵感。

---

① 朱丽·汤普森·克莱恩：《跨越边界——知识、学科、学科互涉》，南京大学出版社2005年版，第251页。

② 《学科互涉研究》，转引自朱丽·汤普森·克莱恩《跨越边界——知识、学科、学科互涉》，南京大学出版社2005年版，第229页。

互联网思维是科技革命中范式转换的必然成果

世界上任何一次伟大的变革，总是在突变的发展范式的巨大转折中实现的。科学哲学家托马斯·库恩在《科学哲学的结构》中描述了这一过程。

范式，英文为 Paradigm，源出于希腊文，含有“共同显示”之意。由此引出模式、模型、范例等义。库恩认为，任何一种常规科学都是一种模式，“这是任何一个科学部门达到成熟的标志”。库恩所说的范式，是指特定的科学共同体从事某一类科学活动所共同掌握并必须遵守的一般原理、模型和范例。它包括四方面要素：（1）范式是一定时期内科学共同体的“看问题的方式”，包括思维原则、方法论和价值观。（2）范式是科学共同体一致接受的某一专业学科的基本理论和取得的重大科学成就，包括可以进行逻辑和数学演算的符号概括系统。不同的学科部门各有自己的范式，每一学科在发展的不同阶段也会有不同的范式。（3）科学共同体拥有的仪器设备和操作运演方式。（4）每一范式均拥有的自己的范例是根据公认的科学成就做出的典型的具体题解。每一科学共同体成员必须通过范例的学习，才能掌握范式，学会解决同类问题的方法。

按照库恩的科学革命的理论，在某一范式指导下的常规科学发展后期，科学研究中不断发现和揭示出“意料之外的新现象”。这些新的发明和新的理论与实践成果，已无法纳入原有的思维范式之中，原范式在创新变革的实践中已十分不适应，失去了惯常的指导地位，这就形成了“反常”，反常逐渐积累，增大到一定程度便发生科学范式的“危机”。正是在这种危机中，实践催生的新思维、新概念、新范式就会应运而生。

按照库恩的科学革命理论，科学技术的发展遵循一条这样的规律：前科学时期—形成范式—常规运演阶段—反常 - 危机（非常态）时期—范式变革转换（新范式取代旧范式）—新常规运演时期……

在常规科学的范式运作时期，科学技术发展是科学共同体在既定范式指导下的“解难题的活动”，是一种“高度确定的”往往是肯定有解的活动，两次工业革命的实践特别是制造业的实践，都证实了这一规律。它的特点是在长期不变的思维与工作模式下生产定型产品，在流水线上进行重复的简单劳动。

而今天我们所处的时期，是第三次工业革命影响的范式转换与变革的时期。这是一个非常态运营的时期，各种新鲜的、独特的、前所未有的设计，不断变换的创意、策划，特别是整体思维方式的变革，作为力图整合传统范式的新范式预备形态，历史性地出场了。

显然，第三次科技革命不仅带来了物的现代化，引起劳动方式和生活方式的变革，而且随着云计算、云应用、电子商务、物联网、大数据、智慧城市、虚拟技术和3D打印技术的发明和应用，也造就了全新的生产方式、产业业态、商业模式和管理模式的变革。与此同时，它将改变人类的存在方式和生活方式，从而改变人类的观念、思维方式和行为方式。

互联网思维就是在这种变革的时代产生的，它是科学革命的必然成果，更是人类生存方式、生活方式变革的必然产物。它是在新的历史条件下，依照实践变革，以企业家为主的主体群对市场变革、对新业态与新产业链、对企业价值、对服务对象进行总结和重新审视的结果。

在未来若干年，新技术革命的大规模变革结束，人类科技进入一个相对稳定的常态运营时期，新的主导范式会给予我们更多的确定性和稳固性，那就是另一个时代的开始。

思维的变革是更为根本的变革

如前所述，范式，是指特定的科学共同体从事某一类科学活动所共同掌握并必须遵守的一般原理、模型和范例。它是一定时期内科学共同体总的“看问题的方式”，包括思维原则、方法论和价值观。作为一种新的人类文化科技发展的新范式，互联网思维是一种互联网时代的新价值观、新世界观。

与传统的哲学思维、科技思维、产业思维和商业思维不同，互联网思维有自身的特点。

国内首家以互联网思维进行创意交易改革的BAB精准撮合平台——创成在线CEO陈建雄在总结众多运用互联网思维取得成功的企业经验的基础上，提出了互联网思维的七大特征：

第一，快速的反应能力。互联网思维的一个显著特征就是快。快主要表现在决策要快、产品推出要快、行动要快、产品迭代要快、创新速度要快、变革要快和具有快速的市场反应能力。

第二，极致的用户体验。在互联网时代，用户在供求关系中成为主导者，成功运用互联网思维的企业，无不是为客户提供超过客户期望的产品或服务，无不是为客户提供完美的客户体验，追求简单极致，客户体验成为企业市场制胜的决定性因素。

第三，运用平台思维。经济发展的最高境界，不是做产品，不是重质量，也不是搞标准，而是打造平台。互联网思维最大特征便是必须运用平台的思想，通过平台规则、平台运营机制的创新，聚合双边或多边市场规模，打造有关利益方共赢的商业生态圈，实现平台模式的变革。

第四，具有创新精神。创新是互联网的精髓、灵魂与精神，也是企业持续发展的核心动力，创新也是互联网思维的重要内容。创新思维不仅仅是产品创新、技术创新，更多地还包括商业模式创新、平台模式创新、服务模式创新、盈利模式创新、机制创新、文化创新和运营模式创新，更重要的是观念创新。

第五，免费的商业模式。互联网思维首先强调的不是收入，而是用户规模和用户流量（如PV等），没有规模和流量的商业模式是难以成功的。一款收费的互联网应用是很难获得成功的，因为用户可以找到更多同质化的免费产品，所以，免费模式是众多互联网公司成功的关键。

第六，坚持开放性。开放是互联网经济的重要特征。运用互联网思维的企业都具有开放性，不仅对内部全员开放，更重要的是对外部开放。开放的最终目的就是有效整合内外部资源，打造良好的生态环境，提高企业的竞争力。

第七，比别人更专注。专注是运用互联网思维企业的一大特征，也是企业取得成功的关键要素。互联网行业是一个蓬勃发展的行业，孕育无限商机，没有一个企业能满足消费者所有的需求，在自己细分的领域做到比别人更专注，才能有所成就。①

房地产行业也选出了他们关注的互联网思维关键词②，总结最为精到并形式化的是赵大伟的互联网9大思维20条法则：

一、用户思维

法则1：得屌丝者得天下

法则2：兜售参与感

法则3：用户体验至上

二、简约思维（对产品规划、产品设计的理解）

法则4：专注，少即是多

法则5：简约即美

三、极致思维（对产品/服务、用户体验的理解）

---

① 中国电信上海研究院的胡世良概括了互联网思维的十大特征：第一，有强烈的危机感；第二，快速；第三，客户至上；第四，追求极致的客户体验；第五，平台思维；第六，创新精神；第七，坚持开放性；第八，免费的商业模式；第九，专注精神；第十，组织更加敏捷、灵活和柔性。

② 房地产行业也选出了他们关注的互联网思维关键词：1. 用户至上。互联网上的很多东西都不要钱，还把质量做得特别好，甚至倒贴钱欢迎人们去用，崇尚的是“用户是上帝”，即只要用你的产品或服务，那就是上帝。2. 颠覆式创新。颠覆式创新是指把一个过去很复杂的事变得很简单或者把原来很贵的东西的成本降得特别低，甚至能把原来收费的东西变成免费，比如淘宝、微信、360等。3. 体验为王。互联网时代，消费者变得越来越有主动权和话语权，今天所有的产品高度同质化，胜出的决定要素就是用户体验。如果你的产品或者服务做得好到超出他们的预期，消费者也会愿意免费为你做广告。4. 定制。如天虹引入私人定制，顾客可在手机上随时随地订阅喜欢的品牌、商品，做到一人一店；而且摇一摇手机可以获得各种优惠券，实现了在线一对一导购服务。5. 免费。互联网经济首先强调的是如何获取用户，其商业模式有电子商务、广告和增值服务，但这三种模式都基于“巨大并且免费的客户群”这样一个前提，这样才能产生足够的收入。6. 利益体。互联网思维代表了三种不同的利益体，从消费者、商家、开发商的角度来说，分别是主权思维、全渠道思维和流量思维。

法则6：打造让用户尖叫的产品

法则7：服务即营销

四、迭代思维（对创新流程的理解）

法则8：小处着眼，微创新

法则9：精益创业，迅速迭代

五、流量思维（对经营模式的理解）

法则10：免费是为了更好地收费

法则11：坚持到质变的“临界点”

六、社会化思维（对关系链、传播链的理解）

法则12：利用社会化媒体，口碑营销

法则13：利用社会化网络，众包协作

七、大数据思维（对企业资产、竞争力的理解）

法则14：数据资产成为关键竞争力

法则15：你的用户不是一类人，而是每个人

八、平台思维（对商业模式、组织形态的理解）

法则16：打造多方共赢的生态圈

法则17：善用现有平台

法则18：把企业打造成员工的平台

九、跨界思维（对产业边界、产业链的理解）

法则19：携“用户”以令诸侯

法则20：用互联网思维，大胆颠覆式创新

这些对互联网思维的总结都有其独到之处，也触到了互联网的“内部神经”系统。这些概括和总结大多从产业、企业的运营出发，有其自身切入的角度。但互联网思维并不是简单的技术思维、电商思维，或营销思维，而是远远超越操作层面的思想方式。严格地说，思维是更具形而上学含义的概念，是在表象、概念的基础上进行更高分析、判断、综合、推理的认识活动，具有哲学体系和方法论的意义。而以上相关的“互联网思维”则更多的关注商

业运行的思路、方法、规范与途径。比如用户思维、迭代思维、流量思维，就是操作性层级的思考或工作方式，平台思维与跨界思维，就是较高一级的商业战略或策略层级的谋略性考虑；而社会化思维、大数据思维则是影响世界和全球的综合性社会政治经济大思维框架。相比较而言，简约思维、极致思维倒很有哲学的和方法论的思维的高度。

互联网思维是广泛联系、对话沟通时代的新思维，它相对先前思维的最重要的特征就是“互联互通”，它之所以可以上升为“思维”，就是因为在现实科技发展的条件下重新阐释了哲学上一切社会生活中的普遍联系的最高准则，因为人类链接在一个巨大的社会网络上。而跨界思维就成为它范式革命时期最有力的“锤子”。雷军道出了小米成功的最大秘密：小米销售的是参与感。这就是生产者与消费者的角色转换和互联互通的实践案例。互联互通背后是利益共享共赢。因为互联网思维链接并融合兼顾三种不同的利益体，从消费者、商家、开发商的角度来说，互联网思维分别是主权思维、全渠道思维和流量思维。

互联网思维是“创新革命”的思维。开创性颠覆性创新是互联网时代的首要原则——创意为王。“在互联网时代，哪怕做一个错误的决定，也比不做决定要好。”互联网思维的迭代思维，就是讲互联网时代的产品每时每刻都在更新换代，每年迭代，每季迭代，每月迭代，甚至每周迭代。

互联网思维是大数据思维。相较过去的时代，大数据时代最大的转变是，放弃对因果关系的渴求，大数据是全数据、全维度，这带来了观察和分析事物的视野扩张与视角变化。相对于传统 IT 系统数据，大数据强调了数据的外部性和实时性。这两个特性也使得基于社会真正现实的分析而不是抽样、选本成为可能。也就是说，只要知道“是什么”，而不需要知道“为什么”。这颠覆了千百年来人类的思维惯例，对人类认知和与世界交流的方式提出了全新的挑战。

大数据带来了一系列思维的变化：（1）不是随机样本，而是全体数据；（2）不是精确性，而是混杂性，尤其是大数据的简单算法比小数据的复杂算法有效；（3）不是因果关系，而是相互关系。这些是维克托·尔耶·舍恩伯格在《大数据时代：生活、工作与思维的大变革》中的最大洞见。

互联网企业的大数据思维是肇源于对企业资产、竞争力的理解：在未来的互联网发展中，数据资产将成为关键竞争力，谁拥有或运用更多数据，谁就拥有最大资本、资源、资产。数据就是互联网轻资产中最重的资产，因为你的用户不是一类人，不是二八铁律控制的商业规则，不是盯紧主流、忽略小众，而是服务于每一个人。

互联网思维是商业民主化时代的产物，是市场化时代消费为王、用户至上的思维。所以，用户思维被放到互联网思维的首位，展示了一个商业民主化时代商业运营的新特点。

审视国内外大型的互联网公司，我们会发现，它们的出发点都是为了服务于网民、观众、听众，它们的存在，就是为了为广大网民提供最新、最快、最全的信息：Google、百度等的诞生是为了让网民能够更快地检索到自己希望了解的信息；腾讯的强大，是始于它为网友提供了一个更加方便的交流工具；淘宝的强大，同样是因为它们为商品的流通提供了一个更加便捷的方式；还有 Facebook，它诞生的初衷也只不过是为了给校友们提供一个交流的平台。从这些互联网公司的诞生和发展中，我们能够很清晰地看到，它们始终都是以“为网民提供最佳服务”为宗旨的。

这些互联网思维特点，无疑是当下范式变革时代实践的产物，比如大家都有共识的“比快”的思维，雷军说，天下武功，唯快不破，几乎所有的互联网行业都遵奉这一圭臬。这是因为范式转换时期，各种不同的预备范式大量涌现，思维的超前性和行动的迅捷性在时间上具有影响整体发展趋向和占领市场制高点的多重意义。

当然也不绝对，丁磊就认为“快”不是特别重要的互联网思维，丁磊的经验是以慢制胜。他透露，现在网易利润已超小米、360、京东利润之和。他做产品的思路是后来居上，他说，你根本不要看竞争对手怎么快，竞争对手犯错误的时间是大把的，关键是你的产品“够屌”。但是毋庸讳言，互联网时代，产品出来晚就没机会了，比如当年他在 QQ 之后做的网易泡泡，就以失败收场。现在后做易信，要与微信抗衡，会有新奇迹？

也存在一些互联网思维认识误区。一种认识的误区认为，互联网思维一定是依托于互联网才发生的，是一定发生于互联网之中的。如前所论，一旦互联网思维上升为一种思维形态，一种影响时代的科学范式，它就具有一种普遍的认识论意义，就会对所处时代的经济、政治、文化社会实践提供一种全新的阐释，并发生重大影响。比如，当今正在蓬勃兴起的物联网、能源互联网、智能交通互联网，以及智慧城市，就是互联网思维运用的广阔领域和实践案例。

参考文献

[1] 杰里米·里夫金．第三次工业革命：新经济模式如何改变世界［M］．张体伟，孙豫宁，译．北京：中信出版社，2012.

[2] 彼得·马什：新工业革命［M］．赛迪研究院专家组，译．北京：中信出版社，2013.

[3] 维克托·迈尔·舍恩伯格，库克耶：大数据时代［M］．盛杨燕，周涛，译．杭州：浙江人民出版社，2013.

[4] 尼古拉斯·克里斯塔斯基，詹姆斯·富勒．大连接［M］．简学，译．北京：中国人民大学出版社，2013.

[5] 朱丽·汤普森·克莱恩．跨越边界：知识、学科、学科互涉［M］．南京：南京大学出版社，2005.

[6] 库恩．科学革命的结构［M］．金吾伦，胡新和，译．北京：北京大学出版社，2012.

原载《福建论坛》（人文社会科学版）2014 年第 10 期。

互联网金融模式下文化产业中小企业的融资[①]

“BAT”（百度、阿里巴巴、腾讯）的互联网金融大战引起了全国乃至全球的广泛关注。三大网络巨头开创了互联网金融的新时代。互联网金融模式正在迅速改变传统金融的运营模式与发展方式，在云计算、移动支付、大数据等信息技术发展的背景下，精准捕捉、分析、把握人们的行为习惯、消费偏好、信用评价等信息，将对文化创意产业投融资产生重大影响。互联网金融信息公开透明，进入门槛低，交易成本低廉，对传统金融的业务经营与管理模式形成很大冲击，进而渗透到投融资商业生态的诸多方面，改变着金融格局与产业业态，尤其是其草根性，对中小企业的融资生态大有助益。文化产业的发展活力很大程度上源于中小企业，文化产业自身的特质与中小企业的发展特点对融资有着特定的需求，互联网金融契合了两者的禀赋特质，为改变传统金融模式下文化产业中小企业的融资环境提供了新的契机与发展思路。

一、互联网金融的发展现状与机遇挑战

近年来，伴随着互联网的发展与产品形式的创新，互联网金融迅速发展，逐渐对传统金融的业务经营、市场结构与管理模式产生较大影响，进而渗透到投融资商业生态的诸多方面，改变着金融市场格局。

作为互联网和金融行业领域的结合体，互联网金融是依托数据发掘技术、搜索引擎与云计算的后台智能技术、社交网络平台化应用、移动支付等网络

① 中国人民大学硕士研究生欧阳神州为第二作者。

信息技术的优势，融合互联网技术与互联网精神而产生的一种新型金融模式。在这种模式下，“开放、平等、协作、分享”的互联网精神渗透到金融业态中，金融逐渐走出金融精英分子的圈子趋向大众化，金融民主化与金融“脱媒”趋势进一步加强，“自金融”成为可能。

目前，互联网金融拥有庞大的网民群体资源与市场发展前景。据中国互联网络信息中心（CNNIC）第33次中国互联网络发展状况统计报告显示，截至2013年12月底，我国网民规模达到6.18亿，互联网普及率为45.8%，其中手机网民规模达到5亿，年增长率为19.1%，保持着第一大上网终端的地位。

图1　中国网民规模与互联网普及率[①]

同时，整体即时通信用户规模在移动端的推动下提升至5.32亿，较2012年底增长6440万，使用率高达86.2%，其发展迅速的原因之一在于支付、金融、信息分享等应用极大限度增强了其用户黏性，并且使用网上支付的用户规模达到2.60亿，增长率为17.9%。[②] 从实际发展情况来看，近年来互联网金融呈现爆发式发展的趋势，一些互联网金融的亮点事件代表了新型业态的

① 资料来源于CNNIC中国互联网络发展状况统计调查。

② 数据来源于《第33次中国互联网络发展状况统计报告》，参见网页 http://www.chinanews.com/it/z/CNNIC33/index.shtml.

活力与吸引力。如 2013 年 12 月 20 日百度百发理财计划开售，10 亿元在 3 小时内被认购一空；截至 2014 年 2 月 6 日，余额宝的用户数超过 6100 万，春节前 7 天有近 400 万人向余额宝存入资金，日均转入超 100 亿元；[①] 等等。可以说，2013 年是互联网金融大爆发的年份，因而《银行家》甄选的“2013 年中国十大金融事件”中就有“互联网金融”的一席之地。具体说来，互联网金融的服务主要包括第三方支付平台、网络信贷、众筹模式、基于大数据的金融服务平台、互联网金融门户等模式。

（一）第三方支付平台

近年来第三方支付平台发展突飞猛进，相关数据显示，自 2010 年中国人民银行大力推动第三方支付机构的发展，发布《非金融机构支付服务管理办法》以来，截至 2013 年 7 月 11 日，国内共有 250 家企业获得第三方牌照。据《中国支付清算行业运行报告（2013）》显示，2012 年第三方支付市场规模超过 10 万亿元。其中，支付机构共处理互联网支付业务 104.56 亿笔，涉及金额达 6.89 万亿元，移动支付业务 1811.9 亿元。[②]

目前，第三方支付涉及基金、保险、网购、公共事业费用代缴等传统银行领域，诸如支付宝、财付通、快钱在内的第三方支付企业逐渐将进军传统金融领域作为其重要业务战略，并取得不凡的成效。例如，2013 年 6 月中旬，阿里巴巴旗下支付宝和天弘基金公司联合推出了“余额宝”业务，用户只需要将支付宝闲置资金转入余额宝后，即可享受获得不菲的收益、方便的网上购物与资金自由流动等多重便利，实现碎片化、实时化、便捷化的投资。这种流动性强、收益性较高（每万份基金收益在同类基金理财产品中处于中上游水平）的金融模式引起社会广泛关注。第三方支付平台不仅具有支付功能，还可以利用沉淀资金做理财业务，基于用户的消费行为、消费习惯等数据信息聚合来进行信用评估分析、营销推广等。

---

① 参见网页 http：//cyyw. cena. com. cn/2014 －02/12/content_ 213072. htm.

② 参见网页 http：//finance. people. com. cn/n/2013/0708/c1004 －22110743. html.

（二）网络信贷

网络信贷主要形式有两种：P2P 网络平台小额信贷与“小贷公司 + 平台”模式。P2P（Peer – to – Peer）网络借贷是指个人与个人间的小额借贷交易，借助电子商务专业网络平台帮助借贷双方确立借贷关系并完成相关交易手续。后者即有贷款资格的小额贷款公司通过电子商务平台向电子商务用户提供小额贷款。

在网络信贷模式下，资金需求方可以在网络信贷平台上发布借款信息，资金盈余方如果有借款的意向就可以了解对方的资料（如信用条件、项目可行性等），如果愿意出借可以通过网络融资平台与借款人签署相关限制性的合同条款，提供对方所需的小额贷款，并且通过这个平台跟踪资金回报与还款进展。网络信贷依托互联网技术从事借贷中介，有效地克服了信息不对称的问题，拓展了信贷人群并提高了借贷的精准性，从而近几年获得快速发展。如阿里巴巴小额贷款公司作为网络借贷的典型代表，截至 2013 年 6 月末，已累计为 32 万客户提供融资服务，贷款规模超过 1000 亿元，同期增长 284.6%，不良贷款率为 0.84%，低于我国商业银行的平均水平。[①]

（三）众筹模式

众筹融资是创意人为自己的创意向外界筹措资金或帮助，然后将创意的开发过程和结果提供给出资人，出资人通过创意的盈利来获得相应的报酬。[②]这种模式有助于新创意与新技术的开发运用，具有获取资金成本低、对接匹配度高的特点，对于细分领域的微创业而言较为合适。相关调查数据显示，2012 年，中国约有 150 家在线众筹金融公司，年交易额约为 50 亿元人民币。在文化产业领域，一些文化众筹的实践经验成为亮点。[③] 作为创意之都的深

---

① 周慧：《互联网金融背景下商业银行的发展策略》，载《青海金融》2013 年第 12 期。
② 李妍：《关于互联网金融模式及发展的几点思考》，载《商》2013 年第 16 期。
③ 金晶：《文化众筹：你的梦想我来买单》，载《经济日报》，2014 年 2 月 13 日。

圳提出“加大对网络第三方支付和众筹等互联网金融业态的支持力度”，并将“众筹”一词列入2014年的一号文件中。不过，此模式所存在的风险防控等问题有待进一步完善解决。

（四）基于大数据的金融服务平台

以移动互联、物联网、大数据为特征的互联网大发展与大繁荣，逐渐改变信息的传播、组织方式与人们的生活方式。互联网平台促进了金融业务创新，基于大数据技术背景，网络保险、金融理财产品网络销售等互联网环境下的金融服务形式有了新的更加精准、智能化的平台。

互联网金融正在逐步改变传统金融的运营模式与发展方式，给融资领域带来较大的机遇与挑战。

在互联网金融模式下，进行网络化的信息处理和风险评估后，市场信息不对称程度非常低；资金供需双方较为复杂的资金金额、风险、期限收益匹配等交易流程简化，支付便捷，这方面的成本非常低，可以直接交易；金融中介作用削弱，交易成本低，资源配置效率提高；市场参与者更为大众化，促成金融民主化，[①] 将互联网环境下分散的、碎片化、长尾般的投融资需求集聚成有效的金融市场。互联网金融所带来的金融交易的新工具与海量信息数据的支撑，有助于实现信息流、物流和资金流的高度融合与在线控制，改善风险管理、风险评估、资产定价等环节，使得贷款效率和安全性大大提高。比如，云计算的后台智能技术将促使用户识别更加精准，使得金融机构对客户的金融交易信息、行为偏好分析乃至消费和产品的偏好分析变为现实，极大地提高了金融机构风险管理的能力和水准。[②]

另外，互联网金融可以通过网络“将金融生态领域的边界大大拓宽，更多的个体能够融入到金融市场中”，实现低成本服务覆盖，服务订单化，小额

---

① 谢平、邹传伟：《互联网金融模式研究》，载《金融研究》2012年第12期。
② 周慧：《互联网金融背景下商业银行的发展策略》，载《青海金融》2013年第12期。

信贷可以规模化。[①] 互联网和金融业双向渗透、互相促进的整体演进趋势，金融体系的互联网化使得交易信息变得更加透明、运营效果更高、风险控制成本更低[②]，对传统金融尤其是商业银行的业务发展构成极具竞争力的挑战，甚至在某些领域具有颠覆性的影响。大数据背景下的互联网金融变革着金融格局，大金融、大机遇伴随而来。

互联网金融模式实践情况及其所带来的以上机遇与挑战，实际上也逐渐渗透到文化产业发展的融资生态中。这对如何解决文化中小企业的融资困境提供了新的思路与实践方向。

二、文化产业中小企业发展的融资困境

目前，文化企业的主体部分是中小企业，文化产业发展的融资困难主要受制于两个方面，一方面是中小企业自身的特点与缺陷，如规模小、抗风险能力弱、资金需求频率高等；另一方面则是文化企业的特质，如我国文化产业市场化程度低，受原有体制机制的影响较大，文化产品的价值与资产评估机制不完善，等等。具体来说，文化产业发展的融资困境主要体现为以下几个方面。

（一）传统金融融资成本限制明显，融资机制建设相对滞后

有关研究显示，我国中小企业的资金需求一般具有单次金额小、频率高、波动性大、周期短、时间急等特点，相比于大型企业，贷款频率是其 5 倍，但户均贷款金额只有其 5%，约 66.5% 的中小企业认为资金短缺是制约其自

① 汪渝：《互联网金融对小微企业金融服务的影响研究》，载《企业研究》2013 年第 22 期。

② 巴曙松、湛鹏：《互动与融合：互联网金融时代的竞争新格局》，载《中国农村金融》2012 年第 24 期。

身发展的重要因素。[①] 对于传统金融模式而言，需要克服信贷的信息不对称所带来的逆向选择与道德风险，大型企业由于需求的金额规模大、信贷风险小、企业信用等级普遍较高与资金供给方的信息搜集与监督成本低，更容易获得资金。而中小企业则由于自身的特点与抗风险能力差、企业信用等级较低、财务能力弱、不确定性因素强等方面的缺陷，往往难以通过银行融资，而通过诸如股票、债券等直接融资则会因为利率高并加上其他交易成本如担保费、审计费等多项业务办理费用较高，加上自身风险较大、收益不确定，二级流转市场也不尽如人意，难以在传统金融环境下获得及时、足够的资金，或者融资成本较高，上市融资难度太太。即便从文化产业的整体行业状况来看也不尽如人意，2012 年国内文化传媒行业 VC/PE 融资规模仅为 2.97 亿美元，融资案例数量为 36 起。[②] 详见图 2。

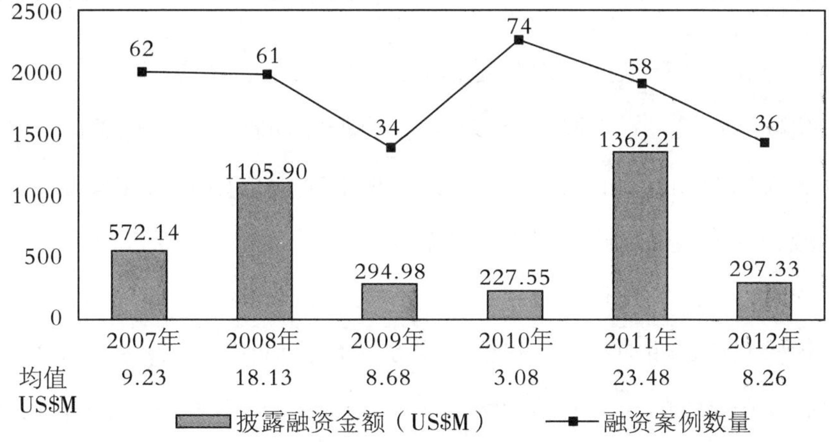

图 2　2007 年至 2012 年国内文化传媒业 VC/PE 融资趋势图[③]

同年，国内文化传媒行业共有 17 家企业在 5 个证券交易所上市，其中 3

① 赵亚娟、杨喜孙、刘心报：《供应链金融与中小企业信贷能力的提升》，载《金融理论与实践》2009 年第 10 期。

② 万格：《2012 年文化传媒 PE 投资规模下降近八成》，投中集团 ChinaVenture，2013 年 1 月 16 日。

③ 资料来源：www. ChinaVenture. com. cn.

家企业为借壳上市，上市融资规模折合人民币为103.44亿元。[①]

另据相关数据显示，全国中小企业有4200多万家，银行目前提供融资的小微客户只有100万家[②]，99%的中小企业贷款总量仅占主要金融机构贷款总额的15%，这种差别待遇折射出文化企业尤其是该行业中小企业在现行模式下融资困境的难度。对于文化产业的企业来说，以文化产业发展较为发达的北京地区为例，近六成的文化企业注册资金不到100万元，半数企业总资产在200万元以下，半数企业总资产在200万元以下，总资产在500万元以上的约占1/3，90%的企业的员工在100人以下[③]，50%多的企业融资需求集中在100万～200万元，加上高达90%的文化企业为民营的中小企业，这种企业发展格局直接导致融资成本自然限制明显。

（二）文化无形资产不确定性大，风险评估与风险管理有待针对性地突破

文化企业的资产很大一部分是诸如图像、文字、音乐等数字内容的播放权、首映权、版权、复制权等无形资产，有形的物质资源依赖度低，“其价值随时间、人们的偏好等因素而出现较大的差异”[④]，诸如文化背景、时尚潮流、地域差异等不确定性与风险因素较大，资产定价比较复杂、变动幅度比较大。同时，我国还没有完全建立起透明、公正、权威的文化企业无形资产的评估评价、登记保护、交易机制与交易平台，信用评价体系也没有完全建立起来，文化市场的交易流转市场不成熟。这些文化产业与产品的自身特质、特点与发展缺陷，直接影响到文化企业融资阶段的风险评估、风险管理、资产价值评估与抵押贷款事宜，进而客观上阻碍了文化中小企业在传统金融模式下的融资。

---

① 数据来源于北京新元文智咨询服务有限公司《2013中国文化产业投融资与上市研究报告》。

② 范晓东：《银行小微贷进军互联网的模式探讨》，载《互联网周刊》2012年第21期。

③ 安世绿：《文化创意企业融资需求特点及政策初探——基于北京市文化创意企业融资需求调研》，载《中国金融》2010年第3期。

④ 耿同劲：《文化产业供应链融资研究》，载《贵州社会科学》2013年第6期。

（三）融资模式、产品形式开发与融资效果存在相偏离倾向

近年来文化产业的投融资问题逐渐成为显性问题与业内热点，众多融资形式与金融产品陆陆续续开发利用起来，但实际效果并不是非常乐观，如多个企业版权集合质押担保贷款①、加大对文化产业的信贷投放力度、鼓励直接融资。有些融资在其他行业或领域能够取得不错成绩，但是一旦落实到文化产业领域却未必适合文化企业，或者说暂时没有形成与产业特质完全融合的发展模式。由于文化企业无形资产的不确定性、复杂性、易变性等特质，传统金融融资一般所要求的固定资产担保或不动产抵押方式，难以在文化产业领域实现。所以，即便企业资金需求紧张，但就目前发展来看，大多数文化企业的资金来源仍以自筹资金为主，银行借贷、私募基金等融资形式为辅，融资效果与融资模式、产品开发之间存在相偏离的倾向。

（四）文化企业与金融中介衔接机制不完善，存在融资陷阱

另外，从目前我国文化产业发展的实际情况来看，由于历史原因，文化产业与文化事业一度融合在一起进行发展，文化的产业属性这个维度一度被忽略，传统体制与机制的限制以及受传统观念的影响，文化产业与金融领域的业务关联无论是从范围还是从程度、深度来说，都难以算得上发展较好。两个领域彼此了解程度仍处于较低阶段，文化产业的相关企业对于金融领域的产品、业务流程、相关法律法规与营运手段知之不多，缺乏专业的融资团队与先进的融资理念也成为众多文化企业的软肋。同样，金融中介组织对于文化产业的发展认知也存在类似的问题，其对文化企业的经营状况、盈利前景、资产定价、投资周期等了解不多，尤其是一些曾经依赖财政拨款、目前市场化低的文化企业，同时缺乏开发针对文化产业特质的金融产品形式与投融资方式，所提供的金融服务方式显得单一与缺乏针对性。银行、券商等金

① 于孝建、任兆璋：《我国文化产业金融创新方式分析》，载《上海金融》2011 年第 6 期。

融中介组织与文化企业之间的信息衔接机制存在脱钩，融资难度进一步加大。表面上看来，文化企业融资的渠道在当前状况下可以是多样的，但是由于文化产业发展的特质，许多融资渠道难以奏效，如同中间隔着一层玻璃，看似透明可行，融资障碍却摆在双方的中间。

三、互联网金融模式下文化中小企业的融资新思路

在目前情况下，文化产业的发展活力多源于中小企业，互联网金融契合了文化产业自身的特质与中小企业的发展特点，为改变传统金融模式下文化产业中小企业的融资环境提供了新的思路。

首先，强化文化企业的市场主体地位，激发潜在的文化市场活力。要深化文化产业体制改革发展，强化文化企业的市场主体意识，促成文化企业按照市场化思路进行发展。传统体制机制性障碍在现阶段还影响着一些中小文化企业的发展壮大，如一部分文化企业过于依赖财政拨款、财税优惠政策等，市场化程度低，缺乏市场运作的发展思路、理念，这些也客观上制约着文化产业领域互联网金融的发展进程。强化了文化企业的市场主体地位，激发了潜在的文化市场活力，才能促成一些中小文化企业转变思维，积极了解互联网金融融资领域的新动态、新动向与新发展，根据自身发展的阶段特征探索新形势下的融资方式与渠道，舍弃盲目、被动与缺乏针对性、有效性的融资方式。

其次，依托互联网信息技术优势，完善融资的硬件设施。在互联网金融时代，大数据和云计算技术的结合，使得相关平台能够对包括企业和个人在内的客户对象的一些现金、信用、交易等情况进行量化跟踪成为可能，从而有效克服信息不对称和交易成本过高问题，进行市场细分与客户群体服务定位，为提高金融服务的效率与效益提供新的契机。中小文化企业可以充分利用开放式平台与大数据、云计算等新的信息技术，依托对市场需求、自身特质与营销推广等环节的重新认识与重构，将金融产品开发、融资模式的探索

积极融入各种形态的网络平台与互联网金融商业生态中，探索出新的中小文化企业融资模式及与之相适应的融资机制、商业生态，满足企业自身的融资需求。

在互联网金融模式中，信息运作与资金运作具有同等重要的地位，信息的处理能力与技术水准直接影响着互联网金融的效率与安全性。大数据信息处理能力大幅度提升，能够确保"市场的信息不对称大大降低，传统金融高成本、低效率、大金额、高利润的资产定价模式的生存空间逐渐在信息工具的智能化和精准化的趋势下被不断挤压"[①]，数据挖掘技术使得具体客户的信用违约网络行为、消费行为、消费心理等后台数据模型的分析处理和加工成本大大降低并成为可能，这种优势为诸如众筹融资、在线融资、第三方支付平台等融资形式提供技术支撑与依托平台。如通过有效分析互联网数据，互联网金融平台可掌握相关借款人的信用信息，可以快速完成对借款人的贷前信息搜集筛选、调查分析以及客户群体细分，进而设计出相应的金融产品形式、融资渠道。因而，互联网金融可显著缩短业务流程，提高信贷业务效率，并开发出更加符合小微企业贷款需求"短、小、急、频"特点的融资形式。[②]据阿里金融披露的数据，2012 年上半年，阿里金融累计向小微企业投放 170 万笔贷款，贷款总额 130 亿元，平均每笔贷款约为 7600 元，如果单纯依赖传统银行体系人工审核方式，根本无法覆盖其成本，而阿里金融依靠后台系统与信用审核机制则可进行信用识别、自动审核，破解了交易过程中审核环节的瓶颈。

再次，培育文化产业互联网金融融资平台。目前情况下文化产业能否利用互联网金融模式来进行融资，需要处理诸多方面的问题。不仅需要完善相关的技术，还需要处理搭建符合文化产业发展的融资平台，包括交流平台、

① 巴曙松、湛鹏：《互动与融合：互联网金融时代的竞争新格局》，载《中国农村金融》2012 年第 24 期。

② 四川银监局课题组、王筠权、王国成、金强：《互联网金融对商业银行传统业务的影响研究》，载《西南金融》2013 年第 12 期。

征信平台、支付平台、交易平台、关联平台等，确保融资的信息精准、风险最小化与交易的无障碍。如通过第三方支付平台，利用自身的虚拟网关，拥有能提供巨大的业务潜力和盈利空间的庞大的客户基础，凭借其在信息处理方面的优势可以根据文化企业的信息流、资金流与预期盈利能力，可针对文化中小企业融资需求“短、小、急、频”的特点设计融资流程及金融产品，搭建资金盈余方与中小文化企业对接洽谈交易的平台，为其提供精准、适时、适度的融资支持，从而使这一平台在与传统金融模式的竞争中获得越来越强的博弈筹码与市场影响力。同时，为文化企业的无形资产（如出版权、播放首映权、版权等）搭建完善的评估、登记、抵押、托管、变现、交易的专业化平台与服务体系，从而克服目前条件下中小文化企业的间接融资与直接融资同样“难”的困境。

此外，还应积极探索与文化产业发展相匹配的互联网融资模式。由于文化企业与文化产品的自身特质与特点，适合于其他产业或企业的融资模式并不能简单地移植到文化产业中，包括互联网金融模式下的融资，需要探索与文化产业发展实际相匹配的互联网金融融资渠道、流程、模式，解决融资过程中脱钩环节与玻璃障碍。就互联网金融征信而言，征信业务作为专业化的信用信息服务，通过提供信用评估、信用信息咨询等服务来帮助市场主体确认其交易对象的信用状况来为其判断风险①，如阿里小贷等网络信贷平台依托相应的电子商务平台上的大数据为基础，通过分析平台上交易方（企业或个人）交易记录、消费偏好、退货次数、信用评价、投诉纠纷、注册信息等多项信息来进行数据采集、深度挖掘、整理加工，从而形成信用评估、风险管理、趋势预测、产品需求等信息。相对于一些电子商务平台有实物交易信息的企业来说，文化企业则难以简单地用考核其他企业的方式来衡量，基于平台交易信息的信用评价与分级对于中小文化企业应该注重结合文化产业的一些特质来完善评估指标与评估方式，或是以其他方式来衡量，否则难以解

① 袁新峰：《关于当前互联网金融征信发展的思考》，载《征信》2014年第1期。

决融资过程中文化企业的信用信息问题。因此，只有将融资模式与文化产业发展的特质对接思考，才能有效解决融资过程中的匹配问题。

四、结　语

互联网金融依托互联网技术与金融领域相结合的优势，金融服务的时空被拓展、融资生态与金融格局逐渐改变，其所带来的机遇与挑战为文化产业中小企业的融资发展提供了新的视角。互联网金融自身的发展特点与文化产业中小企业的特质与特点具有一定的契合性，有助于打破传统金融模式下文化企业融资的困境与陷阱。

但也应该看到，互联网金融自身体系也还有待完善，规范化和法制化是当务之急，文化企业在互联网金融模式下的风险管理控制、信息甄别分析、信用体系建设以及融资渠道与自身发展需求深度融合是不可绕开的运作问题。伴随着互联网金融行业还处于“野蛮”生长状态的现实，积极探索文化产业中小企业融资模式与健全融资机制，培育良性、联动发展的融资生态系统，才能为互联网金融模式下文化产业的健康、科学、持续发展提供坚实的基础。

参考文献

[1] 安世绿. 文化创意企业融资需求特点及政策初探：基于北京市文化创意企业融资需求调研 [J]. 中国金融，2010 (3).

[2] 齐勇锋. 创新和完善文化产业投融资体系 [J]. 中国金融，2011 (22).

[3] 巴曙松，湛鹏. 互动与融合：互联网金融时代的竞争新格局 [J]. 中国农村金融，2012 (24).

[4] 陈敬民. 关于互联网金融的若干思考 [J]. 金融纵横，2013 (9).

[5] 汪渝. 互联网金融对小微企业金融服务的影响研究 [J]. 企业研究，2013 (22).

[6] 谢平，邹传伟．互联网金融模式研究［J］．金融研究，2012（12）．

[7] 和毅．互联网金融模式下的供应链融资发展思考［J］．金融理论与实践，2013（12）．

[8] 李拉．略论我国互联网金融模式创新下的机遇与挑战［J］．产权导刊，2013（11）．

[9] 范晓东．银行小微贷进军互联网的模式探讨［J］．互联网周刊，2012（21）．

[10] 范晓东．互联网开启“大众金融”时代［J］．互联网周刊，2012（16）．

[11] 谢清河．我国互联网金融发展问题研究［J］．经济研究参考，2013（49）．

[12] 刘玉珠．金融支持文化产业发展的现状与展望［J］．中国金融，2011（22）．

[13] 蔡水花．中小企业进行P2P网络借贷的风险探析［J］．福建金融，2013（5）．

[14] 张竞．互联网金融对传统融资模式的影响和对中小企业融资难的缓解作用［J］．现代经济信息，2013（16）．

[15] 耿同劲．文化产业供应链融资研究［J］．贵州社会科学，2013（6）．

[16] 于孝建，任兆璋．我国文化产业金融创新方式分析［J］．上海金融，2011（6）．

[17] 李妍．关于互联网金融模式及发展的几点思考［J］．商，2013（16）．

[18] 四川银监局课题组，王筠权，王国成，金强．互联网金融对商业银行传统业务的影响研究［J］．西南金融，2013（12）．

[19] 王永利．发展互联网金融促进经济转型升级［J］．国际金融，

2013（10）.

［20］陈波，王凡．当前我国文化企业融资趋势、问题与成因分析［J].艺术百家，2011（5）.

［21］赵亚娟，杨喜孙，刘心报．供应链金融与中小企业信贷能力的提升［J］．金融理论与实践，2009（10）.

原载《学习与探索》2014 年第 6 期。

三大设计之都引领中国创意设计走向世界

在经济全球化与国际竞争日益激烈的宏观背景下，创意设计产业在产业结构优化升级与经济转型发展方面的独特的竞争价值日益凸显，成为科技创新与文化创新“双轮驱动”的经济社会发展中的新的增长点与重要引擎之一。创意设计产业在两个方面发挥作用：一是为我国经济结构调整、制造业的转型升级提供动力机制，二是为文化创意产业自身内部各部类向高端形态的升级换代发挥重要推动作用。2012—2013 年我国创意设计行业成就斐然，北京、上海、深圳三大设计之都引领我国设计产业快速发展，走向世界。与发达国家的水平相比较，我国本土设计产业的发展还存在诸多问题。

对于我国来说，创意设计产业发展正处于孕育与初步发展成长期，伴随着经济转型发展与经济结构战略性调整步伐的加快，本土设计产业发展的程度直接影响着“中国制造”向“中国创造”的华丽转身，影响着我国经济结构调整和制造业升级换代进程。

一、我国创意设计行业的政策设计与国际环境

近年来，党和政府对于设计产业的战略地位与价值意义的重视程度日益加强，中央和许多地方政府出台了一系列促进设计产业发展的相关政策与规划指导文件，为设计企业与设计行业的发展提供了较好的发展机遇。

2010 年 8 月，工信部等 11 部门联合印发《关于促进工业设计发展的若干指导意见》，指出工业设计产业作为生产性服务业的重要组成部分，对工业竞争力起着至关重要的作用，并从创新能力、人才建设、市场环境与政策支持等角度提出发展设计产业的措施。2011 年 12 月，国务院转发的《工业转型

升级规划（2011—2015 年）》提出，要“大力发展以功能设计、结构设计、形态及包装设计等为主要内容的工业设计产业”。2013 年，工业和信息化部、发展改革委、环境保护部联合发布《关于开展工业产品生态设计的指导意见》（工信部联节〔2013〕58 号），从工业产品生态设计对于促进生产方式、消费模式向绿色低碳、清洁安全转变角度深化了设计的先导性、基础性的意义与作用，并就此提出了工业产品生态设计试点、完善评价监督机制、技术开发等方面的建议与要求。除了在宏观层面上的政策制定与支持，在微观层面，政府在如何组织、发挥设计产业的潜力方面，同样为设计产业的发展提供了坚实的支持。为推动工业设计加快发展，工业和信息化部会同相关部门联合印发了《关于促进工业设计发展的若干指导意见》（工信部联产业〔2010〕390 号），提出要建立优秀工业设计评奖制度，作为激励工业设计创新的重要手段。报经全国评比达标表彰工作协调小组批准，工业和信息化部组织开展中国优秀工业设计奖评奖活动。

2014 年 1 月 22 日，李克强总理主持国务院常务会议，提出新一届政府关于创意设计产业发展的定位与措施。会议指出，文化创意和设计服务具有高知识性、高增值性和低消耗、低污染等特征。依靠创新，推进文化创意和设计服务等新型、高端服务业发展，促进与相关产业深度融合，是调整经济结构的重要内容，有利于改善产品和服务品质、满足群众多样化需求，也可以催生新业态、带动就业、推动产业转型升级。会议确定了推进文化创意和设计服务与相关产业融合发展的政策措施。一是加强创意、设计知识产权保护，健全激励机制，推进产、学、研、用结合，活跃知识产权交易，为保护和鼓励创新、更好实现创意和设计成果价值营造良好环境。二是实施文化创意和设计服务人才扶持计划，支持学历教育与职业培训并举、创意设计与经营管理结合的人才培养新模式，让更多人才脱颖而出。三是以市场为主导，鼓励创意、设计类中小微企业成长，引导民间资本投资文化创意、设计服务领域，设立创意中心、设计中心，放开建筑设计领域外资准入限制。四是突出绿色和节能环保导向，通过完善标准、加大政府采购力度等方式加强引导，推动更多绿色、节能环保的创意设计转化为产品。五是完善相关扶持政策和金融服务，用好文化产业发展专项资金，促进文化创意和设计服务蓬勃发展。

2014 年 2 月 26 日，《国务院关于推进文化创意和设计服务与相关产业融合发展的若干意见》（国发〔2014〕10 号）发布，确立了“统筹协调，重点突破”“市场主导，创新驱动”“文化传承，科技支撑”三项基本原则。要求统筹各类资源，加强协调配合，着力推进文化软件服务、建筑设计服务、专业设计服务、广告服务等文化创意和设计服务与七大行业——装备制造业、消费品工业、建筑业、信息业、旅游业、农业和体育产业等重点领域实现融合发展。打破行业和地区壁垒，充分调动社会各方面积极性，促进技术创新、业态创新、内容创新、模式创新和管理创新，推进文化创意和设计服务产业化、专业化、集约化、品牌化发展，促进与相关产业深度融合，催生新技术、新工艺、新产品，满足新需求。依托丰厚文化资源，丰富创意和设计内涵，拓展物质和非物质文化遗产传承利用途径，促进文化遗产资源在与产业和市场的结合中实现传承和可持续发展。加强科技与文化的结合，促进创意和设计产品服务的生产、交易和成果转化，创造具有中国特色的现代新产品，实现文化价值与实用价值的有机统一。

新一届政府的这一重要举措对设计行业提出了进一步改革开放的新要求、新任务和新路径，也提供了更好的市场环境、更大更多的需求、更强的发展动力和更好的发展机遇。《国务院关于推进文化创意和设计服务与相关产业融合发展的若干意见》的发布具有以下重要意义：

一是强调了文化创意的原创性是产业发展乃至整个经济发展的核心要素与原动力；由此生发，全面带动产业经济的发展。[①]

二是首次明确地提出文化创意与设计服务要跨越产业固有边界，打破行业与区域壁垒，相互融合发展的路径；实现装备制造业、消费品工业、建筑业、信息业、旅游业、农业和体育产业等重点领域实现融合发展。“创意产业

① 金元浦：《论创意经济》，载《福建论坛》2014 年第 2 期。

的根本观念是通过‘越界’促成不同行业、不同领域的重组与合作。这种越界主要是面对第二产业的升级调整，第三产业即服务业的细分，打破二、三产业的原有界限，通过越界，寻找提升第二产业，融合二、三产业的新的增长点，二产要三产化，要创意化、高端化、增值服务化，以推动文化发展与经济发展。”①

三是明确了要为我国制造业的转型升级提供动力机制。创意产业发展的内在动力是产业发展中结构的调整、转型与提升。创意产业着力推动整体产业结构的升级、越界、调整和重组。创意产业的根本观念是通过“越界”促成不同行业、不同领域（包括文化行业内和文化产业外的经济形态）的重组与合作。西方许多学者注意到文化创意产业对优化现有产业结构的重要作用。

四是同时要为文化创意产业自身内部各部类向高端形态的升级换代发挥重要推动作用。“目前我国的文化产业依据产值、经济总量、科技层次、发展步伐的不同分为三个不同层次：第一个层次是以旅游为龙头的文化产业发展方式，这是较为初级的发展方式。第二个层次是目前我国占据主导地位的文化产业发展模式，就是文化体制改革后由事业单位转制构建的国有的广电集团、电影集团、广播电视集团、新闻出版集团、演出集团等主题模式。第三个层次是以原创设计引领的主导性产业：创意产业。创意产业的最大特点是以高科技为支撑，以全球化为背景，在产业结构、经济总量、技术引领、市场占有、金融支持等方面具有优势的高端形态。”② 文化创意与设计服务就是要在文化产业内部实现升级换代，这是我国文化产业发展自身内生的迫切需求。

本土创意设计企业将借此深改东风，进一步开拓国内外两个市场，把握历史机遇，以更加开放、更加积极、合作共赢的态度致力于提高国际市场的知名度、美誉度与影响力。

---

① 金元浦：《论创意经济》，载《福建论坛》2014 年第 2 期；参见金元浦《中国创意产业升级需两大支撑》，载《中国经济时报》，2014 年 4 月 14 日。

② 金元浦：《文化产业发展的高端形态是创意产业》，载中国经济网。

北京、上海、深圳是中国三家进入联合国教科文组织创意城市网络的“设计之都”，它们的发展状况是我国创意设计产业发展的重要标志。从宏观角度来看，我国目前专业设计公司约有十万多家，主要集中于以北京为中心的环渤海地区、以上海为中心的长三角地区以及以广州、深圳为核心地域的珠三角地区。北京、上海、深圳作为中国三大创意设计之都在发展水平、发展程度上远高于国内其他地区。这三大地区集聚了最多的设计行业资源。

二、三大设计之都引领创意设计行业发展：北京

2012 年 6 月，北京正式加入联合国教科文组织创意城市网络，以科技创新、文化创新的鲜明特色成功当选“设计之都”，确立了北京设计在全球设计领域的领先地位。

北京市创意设计产业的发展与整个文化创意产业朝着大发展大繁荣的历史性发展背景紧密结合在一起。相关统计数据显示，在资产总量、年收入与从业人员平均人数这三个指标中，北京市文化创意产业中设计服务行业稳步发展。从 2008 年以后，北京市设计服务行业发展步伐加快，五年之内，年收入值将近翻一番，如表 1 所示。

表 1　文化创意产业活动单位基本情况

单位：亿元

项　目	资产总计		收入合计		从业人员平均人数（万人）	
	2012 年	2011 年	2012 年	2011 年	2012 年	2011 年
合　计	15575.2	12942.6	10313.6	9012.2	152.9	140.9
文化艺术	551.2	470.8	237.0	217.0	7.2	7.4
新闻出版	1514.6	1260.4	883.0	755.6	15.6	15.1
广播、电视、电影	1570.7	1326.0	680.3	553.5	6.0	5.5

续表

项　目	资产总计		收入合计		从业人员平均人数（万人）	
	2012 年	2011 年	2012 年	2011 年	2012 年	2011 年
软件、网络及计算机服务	6529.0	5436.5	3888.1	3342.5	69.8	61.3
广告会展	1050.0	1002.2	1256.8	1154.9	12.5	11.5
艺术品交易	817.5	464.4	705.6	492.2	2.8	2.5
设计服务	1163.7	920.0	443.0	369.9	11.9	10.1
旅游、休闲娱乐	934.5	713.9	849.0	706.6	11.1	10.6
其他辅助服务	1444.0	1348.4	1370.8	1420.0	16.0	16.9

注：以上数据整理自《2013 年北京市统计年鉴》。

从表 1 可以看出，北京创意设计产业近些年的发展蒸蒸日上，在国内处于领先地位。经过多年的努力，该产业集聚效应日益明显，设计企业、设计院所与设计人才聚集，规模持续加大。北京 DRC 工业设计创意产业基地、国家新媒体产业基地、798 艺术区、751 时尚设计广场、中国设计交易市场等一批特色产业园区逐渐成熟。截至 2013 年，北京市共有规模以上专业设计单位 800 余家，设计产业从业人员近 20 万人，实现收入超过 1000 亿元。预计到 2020 年，北京设计产业年收入将突破 2000 亿元，北京也将建设成为全国设计核心引领区和具有全球影响力的设计创新中心。创意设计产业将逐渐成为北京经济发展的新动力和城市发展的重要引擎。同时，北京创意设计产业在国际化发展之路上也取得不错的成绩。其中，2012 年成功举办北京国际设计周、设计之旅、北京服装周等 400 余场设计活动，吸引了来自近百个国家的设计师齐聚北京。中国设计红星奖、北京国际设计周等品牌活动有效提升了“北京设计”的国际影响力。惠普、波音、英特尔、宝洁等 20 余家跨国公司在北京设立了研发设计中心。① 北京作为“设计之都”加入联合国教科文组织创意城市网络，其内部各区发展也有所不同。其中，西城区借助得天独厚的设计资源优势，成为“设计之都”核心区，2012 年，西城区设计企业总收入达到 164. 6 亿元，利润 23. 5 亿元。

2013 年 9 月，北京“设计之都”协调推进委员会印发了《北京“设计之都”建设发展规划纲要》（以下简称《纲要》），加强对创意设计产业的规划发展。《纲要》明确指出，到 2020 年北京设计产业年收入突破 2000 亿元。其中，近期目标如表 2 所示。

表 2　北京“设计之都”发展规划纲要的主要指标②

类别	序号	指标名称	单位	属性	2015 年
一、国际影响力提升	1	创建国际化设计机构	个	预期性	如北京 UNESCO 设计创新产业中心
	2	国际著名设计机构和研发设计中心落户数	个	预期性	>50
二、设计产业发展	3	培育设计企业 100 强	个	预期性	100
	4	培育优秀中小型设计企业	个	预期性	一批
	5	建设“设计之都”示范基地	个	预期性	20 ~ 30
	6	设计产业年收入	亿元	预期性	1400
	7	年均增长率	%	预期性	>15
	8	从业人员	万	预期性	35

① 北京“设计之都”协调推进委员会：《北京“设计之都”建设发展规划纲要》，2013 年 9 月。

② 根据 2013 年 9 月北京“设计之都”协调推进委员会印发的《北京“设计之都”建设发展规划纲要》整理而成。

续表

类别	序号	指标名称	单位	属性	2015 年
三、设计品牌认知度和创新能力增强	9	知名设计品牌	个	预期性	40
	10	优秀设计成果	个	预期性	一批
	11	“设计之旅”挂牌站点	个	预期性	>100
	12	外观设计专利授权量年均增长率	%	预期性	>2
	13	外观设计专利授权量	件	预期性	7000
	14	设计单位输出技术合同成交额	亿元	预期性	300
四、人才队伍建设	15	引进设计拔尖人才	名	预期性	>50
	16	复合型设计人才	名	预期性	一批

《纲要》在力促创意设计产业对外贸易发展、着力实施国际化工程、融入全球创新设计网络上提出了相应的措施与指导意见。比如，要抓住国际发展潮流和先机，积极组织设计企业全面参与创意城市网络的各项活动。通过举办全球创意城市网络北京峰会、开展设计论坛及交易活动，搭建高端对话平台，加强与全球设计企业的全方位交流互动。具体措施包括加强亚太地区设计合力、鼓励企业加入全球分工体系、吸引国际知名设计机构来京、引入国际知名品牌活动、推动建立北京 UNESCO 设计创新产业中心等等。[①] 同时，实施设计振兴贸易计划，加强设计对金融、商务、现代物流等现代服务业的提升作用，促进面向全球市场的服务外包。在人才建设方面，北京将建立相关评审制度，推出一批具有国际影响力的设计行业拔尖人才，鼓励其参与国际交流活动、开展国际合作项目、加入国际行业组织。

2013 年 5 月在北京召开了以“设计超乎想象”为主题的 2013 中国设计节暨第二届中国设计发展年会。设计节以“共建瑰谷，共赢未来”为主线，将国内外设计力量汇集于“中国设计瑰谷”，力促中国设计与各大产业产生

① 北京“设计之都”协调推进委员会：《北京“设计之都”建设发展规划纲要》，2013 年 9 月。

密切联系，实现设计专家、设计组织、行业创新、区域发展等多方共赢，成为北京建设“设计之都”的重要支撑。在设计节现场，近70家企业单位的220余件展品参展，机器人、眼动科技设备、防灾减灾无人航拍飞机等代表先进工业设计理念的展品集体亮相。北京设计产业以“中国设计瑰谷”为平台，重点发展高端电子信息产品、汽车和服装设计、建筑和工程咨询设计、家居家装设计、传播设计以及设计产品展示交易五大领域，形成完整的产业链。①

在被称为世界设计界“奥斯卡奖”的2014第61届iF设计赛上，中国北京东道设计集团继2013年一举摘得红点设计传达大奖之后再次荣获国际大奖，成为此届iF奖的大赢家。来自东道的6件作品分别荣获2014年传达设计大奖（3项）、2014年包装设计大奖（3项），获奖作品横跨品牌、产品、包装、空间4个领域。东道的获奖作品中，有把中国文化中二十四节气中的“气”与茶碳酸饮料巧妙相结合，既现代又传统的外观设计；有强调中式养生，不规则的瓶底让蜂蜜自然流淌的包装设计；有以“一花一世界、一沙一乾坤”的意韵模拟出“三香三”沉香店缥缈神秘的视觉设计。这些获奖作品，共同的特点就是打上了东方的烙印，在设计中展示东方的思想和文化，遵循“道法自然”“天人合一”的东方智慧。

三、三大设计之都引领创意设计行业发展：上海

相比较而言，上海工业基础雄厚，设计产业起步较早，发展较为成熟的主要是工业设计、时尚设计、建筑设计、软件设计等。近年来，上海依托加强工业设计相关材料、技术等研究和应用，提高了工业设计的信息化水平，提升了行业企业设计创新意识和能力。通过支持工业企业与设计企业对接合作项目、开展设计创新示范企业认定、建设服务平台、建设基地载体和设立

① 参见网页 http：//beijing. qianlong. com/3825/2013/06/03/2502@8719559. htm.

设计奖项，鼓励大型企业集团建立工业设计中心，鼓励各类企业设计服务外包，完善工业设计创新体系，推动工业设计创新成果产业化，促成设计产业与制造业深度融合，逐步打造出一批具有较强竞争力的工业设计龙头企业和品牌。比如博路工业设计有限公司、意田工业设计有限公司等。同时，重点围绕城市规划设计、工程勘察设计、室内设计等领域，积极设计规划咨询、绿色建筑设计等产业链价值高端环节业务，繁荣建筑设计产业。其中，上海市目前已拿到标识认证的绿色建筑有44项。从统计数据来看，2012年上海文化创意产业发展势头良好，从业人员129.16万人；实现总产出7695.36亿元，同比增长11.3%；实现增加值2269.76亿元，按可比价格计算，比上年增长10.8%，明显高于全市GDP增幅3.3个百分点；占全市生产总值的比重为11.29%，比上年提高0.42个百分点；对上海经济增长的贡献率达到20.2%。[①]

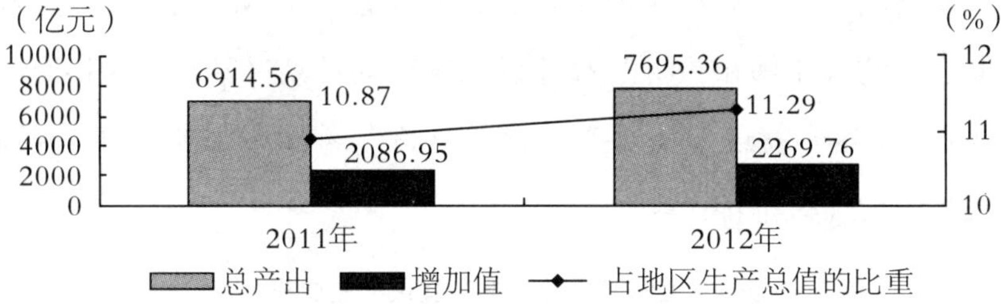

图1　上海文化创意产业总产出、增加值及所占比重（2011—2012年）

在上海文化创意产业中，软件与计算机服务业、建筑设计业经济规模较大，占文化创意产业增加值比重分别为17.4%、13.3%（合计占30.7%）。设计业持续保持两位数增长，对整个产业的发展贡献作用显著。2012年，文化创意产业中的工业设计、建筑设计业增加值分别达196.54亿元和301.93亿元，共占文化创意产业增加值总量的22%，分别比上年增长15.3%和11.8%，对文化创意产业增长的贡献率达到27.8%，带动了整个产业的迅速

① 资料来源于上海市人民政府新闻办公室网站，http://www.shio.gov.cn/shxwb/xwfb/u1ai10078.html.

发展。①

数据显示，以工业设计、时尚设计、建筑设计等为主体的设计业在上海设计之都的良好建设氛围中持续保持两位数增长，增加值平均增幅超过文化创意产业增幅，设计产业已成为上海转变经济发展方式的重要驱动力、打造城市品牌的有效手段，也逐渐成为上海文化创意产业的主力军。② 同时，上海文化“走出去”步伐加快，在全国率先建立了设计产业海外基地。

“十二五”期间，上海将致力于打造一批创意产业集聚区和创意产业服务平台，培育一批创意产业知名企业、品牌和人才，集聚全球创意资源，促进经济发展转型，形成产业要素资源集聚、市场主体活跃、产业布局合理、带动效应显著的创意设计产业发展体系，从而使上海成为更具影响力的国际“设计之都”。其中，先后出台的《上海市国民经济和社会发展第十二个五年规划纲要》《上海市文化创意产业发展“十二五”规划》《关于促进上海市创意设计业发展的若干意见》等政策性文件对创意设计给予了高度重视。结合以上文件出台的《上海市设计之都建设三年行动计划（2013—2015 年）》（以下简称《计划》）则就进一步落实“设计之都”建设发展提出了非常明确的发展步伐与主要任务指标。

表 3　上海“设计之都”发展的主要指标

类别	序号	指标名称	单位	属性	2015 年
一、设计产业能级提升	1	设计产业增加值年均增幅	%	预期性	>13
	2	设计产业增加值占全市生产总值的比重	%	预期性	>4.5

① 《2013 年上海市文化创意产业发展报告》，http：//www.shanghai.gov.cn/shanghai/node2314/node9819/node9822/u21ai761760.html.

② 参见网页 http：//roll.sohu.com/20130628/n380103768.shtml.

续表

类别	序号	指标名称	单位	属性	2015 年
二、人才结构优化	3	培育创意设计类领军人才和青年高端创意人才	名	预期性	100
	4	培育市级工艺美术大师	名	预期性	100
	5	引进有影响力的国际设计大师	名	预期性	>10
	6	引进有影响力的海外设计人才	名	预期性	100 左右
三、基地功能特色鲜明	7	创建国家级设计产业基地	个	预期性	2
	8	以行业设计为特色的设计之都特色产业基地	个	预期性	若干
	9	以设计为主要业态的文化创意产业园区	批	预期性	一批

《计划》通过立足上海市自身实际情况，大力推进设计产业发展，鼓励“设计+品牌”“设计+科技”“设计+文化”等新模式和新业态发展，从而使上海成为高端设计资源的集聚地，辐射和服务全国设计产业发展的核心驱动源，各种创意充分展现的舞台，到2015年，初步建成亚太地区领先、全球知名的设计之都，形成一批名人、名企、名牌和名品，最终将上海建设成为以技术先进、文化多元和面向国际为主要特征的知名设计之都、智慧城市、国际文化大都市。

上海在全国率先建立了设计产业“走出去”的海外基地。联合国教科文组织“创意城市”（上海）推进工作办公室与意大利佛罗伦萨市政府签订了合作协议，共同建设“上海佛罗伦萨—中意设计交流中心”。开展了首届设计之都活动周，举办了国际电影节、动漫游戏博览会、室内设计节、时装周等一批大型活动，加大文化创意产业的推介、展示、交流和交易。①

---

① 资料来源于上海市经济与信息化委员会网站，http：//www.sheitc.gov.cn/zxxx/660150.htm.

四、三大设计之都引领创意设计行业发展：深圳

同样作为“设计之都”的深圳，最早成为联合国教科文创意城市网络成员，近年在积极参与国际化交流与合作中取得新进展。珠三角地区依托制造业优势，工业设计发展尤为明显，尤其是深圳，设计产业成为支柱产业之一。作为全国第一个获得联合国教科文组织授予“设计之都”称号的城市，深圳工业设计占据全国逾50%的市场份额。按照深圳工业设计行业协会的统计，全市拥有各类工业设计机构近5000家，从业人员超过6万人，设计产值增长在25%之上，工业设计所带来的附加值超过千亿元。[①] 近三年来全市工业设计斩获国际iF大奖26项，获得红点奖26项，超过全国获奖数量的半数以上。其中值得一提的是，作为深圳市“文化立市”、建设“设计之都”的核心载体，深圳“十一五”规划重点项目，深港创新圈“三年行动计划”工业设计领域合作核心平台的中国（深圳）设计之都创意产业园共进驻以工业设计为主的创意设计企业170多家，其中全国性的龙头企业占80%，包括嘉兰图、洛可可等中国工业设计领军企业以及靳与刘设计、叶智荣设计等30多家香港及欧美龙头设计企业中国总部和机构代表处，已成为国内工业设计企业规模最大、龙头企业总部数量最多的创意产业园区，被业界誉为“中国工业设计第一园”。

2012年，在有工业设计领域奥斯卡之称的德国红点概念奖评选中，来自深圳的6件作品获此殊荣；在随后的英国百分百设计展上，深圳工业设计代表团组织的设计企业达38家，获得多个奖项。[②] 2013年5月，深圳设计首度受邀意大利佛罗伦萨设计周，深圳设计馆吸引了各方人士及媒体的聚焦关注，来自乐泡的钧、魔像、月光石，洛可可的高山流水、上山虎等近60件展品带

---

① 邓翔：《深圳设计“走出去”：核心竞争力在哪里?》，载《南方日报》，2012年5月22日。

② 资料来源于2012年11月26日《中国质量报》第5版。

有浓烈的中国风，体现了“设计融入生活”的设计潮流，贴合了“Crossing People”设计周主题。[①] 这也是继台北世界设计大会、英国百分百设计展、德国 iF 和红点奖等战略合作伙伴之后，向“深圳制造”迈向“深圳设计”的世界设计版图扩张的又一坚实步伐。2013 年 11 月 30 日至 12 月 3 日深圳主办的“2013 首届中国（深圳）国际工业设计大展”，集中展示了全球 25 个国家或地区 5000 余件呈现全新性、前瞻性、体验性、挑战性设计理念的作品，也进一步展现了深圳作为“设计之都”的国际形象。

本土设计企业积极参与国际赛事进军国际市场，获得了一系列国际奖项，提高了国际知名度。如在 2010 年第六届文博会上，嘉兰图推出了第三代老人手机，该产品获得了当年 iF 设计大奖，并且在德国、法国等多个国家畅销。嘉兰图还通过国际行业展会、客户介绍等渠道积极拓展客户范围，联合本土企业进军国际市场。2012 年 9 月 19 日，英国百分百设计展在英国伦敦 Earls Court 展览中心举行，领衔中国设计“军团”的嘉兰图备受瞩目。

同时，设计企业也借助各种平台搭建本土企业与国际企业合作机制。据统计，第九届深圳文博会欧洲设计展团、土耳其展团等 42 家海外机构的展区面积占全馆面积的 13.7%。有来自欧洲、美洲、东南亚等地区的 15890 名海外专业人士报名参会。在主展馆 2 号馆的创意设计生活馆，与法国 Maisonde-Mode，意大利 ApparatiEffimeri、LoreleiSound 等 10 余家欧洲知名设计企业的作品一起的，还有本土的洛可可工业设计有限公司、嘉兰图设计有限公司、心雷工业设计有限公司等国内知名设计企业的作品。这一方面是深圳文博会主办方在海外招商和推介方面的努力，另一方面也显示出了我国本土设计行业的发展。随着本土设计产业的设计水准、人才结构、盈利模式等方面的完善与发展，政策支持力度加大，本土设计行业国际竞争力逐步提升，对外贸易也相应获得发展。

随着越来越多海外参展商的加入，如今的深圳文博会已是世界文化集中

---

① 参见网页 http：//www.gdida.org/newsContent.do? sortOrder = 3&newsId = 572.

展示的平台，涵盖的领域也更广。如今的文博会除了在创意设计生活馆提供多项海外文化产品展示外，也组织海外投资商和参展商参加各类论坛和活动，如海外文化产业项目与产品采购合作需求发布会暨文博精品 App 发布仪式及签约仪式、深圳—欧盟文化创意产业投资推广暨企业对接会、中法文化之春专题活动等。从具体发展案例来看，多年以来，深圳市浪尖设计有限公司已经把文博会当成产品首发和拓宽海外市场的第一选择。在 2009 年第五届文博会上，浪尖展出了一批将中国传统文化与现代设计工艺相结合的新产品，其中一款名为“禅机”的手机，获得了国内外专业买家的一致肯定。近年来，浪尖设计陆续接到欧美及日本客户的订单，推出多款多系列主题产品。2009 年 11 月，浪尖设计创立了浪尖海外事业部，立足加拿大，为全球客户提供设计服务、设计咨询、模型制作、模具制造及产品集成服务。2012 年文博会结束后，韩国某品牌商十分看好浪尖设计自主研发的一款时尚防水手机，希望浪尖能够为他们设计研发一款同级别的三防智能手机。从洽谈到合同最终签订不到一周时间，该品牌就签下了 20000 台的首个订单。

五、中国创意设计行业走向世界的问题与思考

目前我国设计产业依托政府政策支持、国内外市场需求与技术发展的优势，已经有较快的发展。不过与发达国家的水平相比较，本土设计产业整体水平还远远不够。从地域发展情况、知识产权保护与品牌建设、高端人才队伍建设、投融资环境、企业发展模式与抗风险能力等方面来看，我国设计产业在面对日益激烈的全球化市场竞争中所面临的挑战较为严峻，在全球化设计行业中仍处于低端设计、低水平发展、低影响力与竞争力的不利地位，离设计产业“走出去”的真正实现还有较大差距。

从国际上看，中国设计产业走向世界，首先需要借鉴国际创意设计大国的成长历程、经验与教训。从国际设计体系发展的层面来看，成熟的设计产业发展各阶段创意设计的扶植力度、方向与参与主体等会有所差异，其体现

出来的发展规律实际上可以为后起创意设计之国加以借鉴。

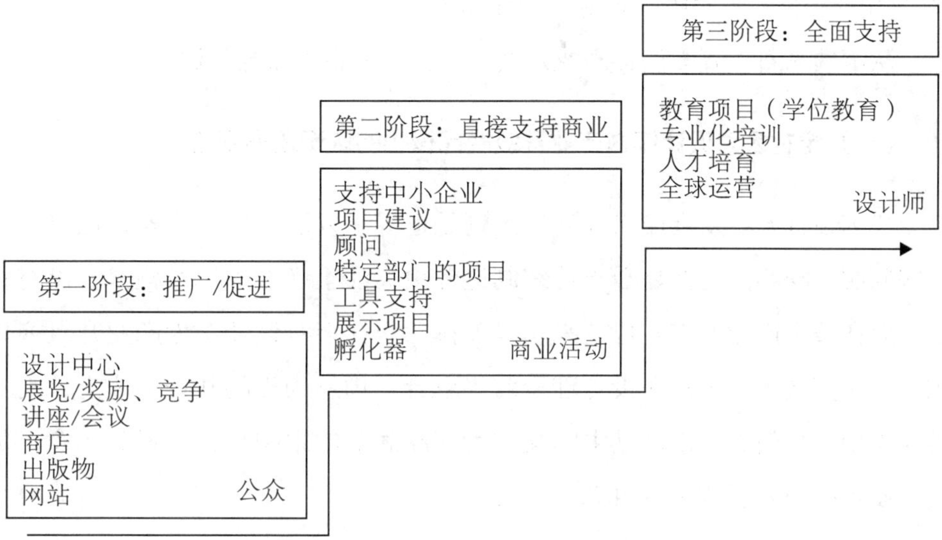

图 2　欧盟国家设计产业创新政策演化阶段①

我国设计产业可以取他山之石，针对自身所处的阶段与发展实际，优化利用经济全球化这一大的现实环境，积极采取适时的政策分步骤、分阶段予以有针对性的支持，促成国内设计企业做大、做强、做精，进而引导一些已经具备实力、国际竞争力强的龙头企业牵头走向国际市场，对接国际标准、瞄准国际市场、把握国际动态，将本土文化的元素合理、灵活、有创意性地融入整个国际设计体系中，参与国外重大设计会展，发展国际设计服务贸易，投资海外市场，打造具有“中国设计”的国际化设计企业群。

同时，我国创意设计行业还必须充分发掘自身的优势资源，合理开发保护本土文化与民族特色，融合中国元素于设计当中，这有助于缩小民族品牌在创新表现上与国际品牌的差距，对产品、产业的属性定位也要与国际品牌存在一些偏差，只有这样才能在国际日益激烈的竞争环境中获得国际传播力、

① “DESIGN 2005—The Industrial Design Technology Programme,” http://www.seeproject.org/casestudies/Design%202005%20－%20Industrial%20Design%20Technology%20Programme.

话语权，提升本土文化软实力、巧实力与国际影响力，为实现“中国制造”到“中国创造”与“中国智造”奠定基石。

从国内来看，我国设计产业发展主要存在以下困境与问题。

（一）全社会对设计作为产业升级换代核心的认识还不到位

我国设计产业发展成果显著，无疑是世界上发展最快的国家，但仍存在一些问题与缺陷。主要是囿于传统制造业更关注生产线的思维模式，没有将设计放在整个产业的中心位置来予以安排。全社会对设计作为产业升级换代核心的认识还不到位；在设计理念跨界融合、创意为王的共识达成上，尚有较大差距。如何着力推动以中国文化为深厚底蕴的中国特色的设计创意，是我国设计产业发展的主攻目标。

（二）本土设计产业粗具规模，但地域发展不平衡、产业模式处于发展探索期

我国本土设计产业近些年发展迅速，已经粗具规模。从设计产业体系来看，我国初步形成了门类较为齐全的覆盖工业设计、室内设计、时尚消费品设计、建筑与景观设计、设计与城市规划、平面设计、服装设计、软件设计等领域的设计体系。从设计的市场主体的类型来看，包括独立的专业设计机构、主要服务企业内部的设计部门以及从事设计研究和服务的科研院所[①]，类型多样。从设计发展的途径来看，主要表现为驻厂设计、专业公司设计、政府支持的设计机构以及院校工作室设计等几种形式，发展模式多元化。从设计行业从业人员来看，近些年来，设计从业人员稳步增长，人员素质有所提高，从业人员结构趋于合理。

我国本土设计产业地域发展不平衡。中国设计产业资源主要分布在东部地区，其中又以以北京为中心的环渤海地区、以上海为中心的长三角地区和

---

① 参看《设计业对外文化贸易年度报告》，载《中国对外文化贸易年度报告（2012）》，北京大学出版社2012年版，第257页。

以深圳为中心的珠三角地区发展较为成熟，竞争力比较强，具有一定的国内外市场影响力，涌现出一批知名的、有竞争力的设计企业。东道设计、正邦设计、嘉兰图、洛可可设计等本土设计公司开始在国际市场上崭露头角，在产品设计国际奖项中也屡屡获得大奖，国外市场开发模式也步入企业发展的日程。但是，其他地区的发展则相对落后。

同时，设计企业的盈利发展模式尚处于发展探索期。设计企业发展的多元化，一方面体现了中国设计企业的灵活性与适应性强，另一方面也反映了目前条件下设计行业中不同管理发展模式在各自的小领域中具有的有效性，普遍适应性不强，同时也暗含了各个模式之间难以形成合力，分散、多元、规模小的特点难以适应全球化背景下的国际市场的激烈竞争。整个设计市场体系盈利模式有待进一步发掘，也面临着行业重新洗牌来适应全球化发展的趋势。

（三）对外设计贸易稳步发展，但与发达国家相比仍有较大差距，国际化发展的路径有待进一步发掘

近年来，我国设计企业积极进军海外市场，参与国际设计赛事，吸引国际同行的关注。中国设计产业的对外贸易发展，目前主要集中于参与国际设计大赛，通过国际行业展会、网络推介、项目合作等销售渠道来拓展市场，扩大知名度，不过力度也还是不够，主要集中于少数企业。同时，对外投资与融资、参与国际设计市场项目、品牌营销等方面是本土设计企业国际化发展的软肋。国内设计企业参与国际市场的开拓，在“走出去”以及“如何走出去”之路上任重道远，相对单一的对外贸易发展的模式难以顺应时代发展要求，必须进一步加强国家合作、交流与竞争，站在未来设计产业发展的趋势与国际市场的需求角度，主动谋划，创新对外发展的方式。

（四）设计企业以中小型企业为主力军，发展限制因素多，依附性强

由于设计资源分布不均，本土设计企业发展模式多元化却规模普遍较小，

以中小型企业为主，一些设计市场主体对政府政策依赖度高，对其他行业或产业的依附性强，融资能力不强，发展限制因素多，抗风险能力差，实力不强，行业发展体系脆弱。除了少数实力较强的企业，如东道设计、嘉兰图、洛可可设计、深圳灵狮等设计公司能够依托设计技术与国际大奖的影响力，活跃在国际市场上并与国内外知名大企业进行项目合作，实现较快发展，其他诸多企业还停留在低端、无序竞争状况，自身盈利能力还较差。这就迫切需要政府的统筹规划，从设计行业发展的自身规律出发，采取多种手段，从政策、资金、法律等层面，积极扶植、引导相关企业做大做强。

这些问题只能在今后新一轮改革实践中，积累经验，不断提升。

“十二五”后期是我国工业转型升级的攻坚期。随着政府支持力度的加大与经济结构调整和产业升级换代的推进，在未来的3~5年，中国创意设计产业将继续保持快速增长的态势，同时，中国工业设计产业的规模、结构、地域发展模式和市场等均将会发生巨大的变化，进入一个新的提升发展时期。

参考文献

［1］北京“设计之都”协调推进委员会．北京“设计之都”建设发展规划纲要．2013－09.

［2］2013年上海市文化创意产业发展报告［EB/OL］．http：//www.shanghai.gov.cn/shanghai/node2314/node9819/node9822/u21ai761760.html.

［3］邓翔．深圳设计“走出去”：核心竞争力在哪里？［N］．南方日报，2012－05－22.

［4］http：//www.shio.gov.cn/shxwb/xwfb/u1ai10078.html.

［5］中华人民共和国文化部对外文化联络局（港澳台办），北京大学文化产业研究院．中国对外文化贸易年度报告（2012）［M］．北京：北京大学出版社，2012.

［6］http：//www.sheitc.gov.cn/zxxx/660150.htm.

［7］谢杜萍．中国设计产业的问题及对策研究［J］．企业导报，2011

（16）.

［8］蒋晖，周武忠．全球化语境中设计的力量［J］．艺术百家，2013（1）.

［9］DESIGN 2005—The Industrial Design Technology Programme［EB/OL］，http：//www. seeproject. org/casestudies/Design% 202005% 20 – % 20Industrial% 20Design% 20Technology% 20Programme.

原载《中国海洋大学学报》（社会科学版）2014 年第 5 期。

数字港　物联网　云计算：数字文化国际贸易的高端融合

创意产业的发展不能仅仅依靠总体的动员与政策支持，还必须有在市场中成长的企业主体的发展。当前我国部分城市创意产业的发展面临的主要问题已不是理念转换，而是如何实际运作，推动文化创意企业快速生长，并发挥集聚效应，培育创意市场，打造并完善创意产业链，形成新的产业发展群落。因此，如何合理有序而不是一哄而上地建设文化创意产业基地，创建创意产业孵化器、创意产业集聚区，是十分重要的。

在我国，文化创意产业是市场不成熟、需求不稳定、产业链尚不完整的风险产业，又是有效需求高速增长、市场前景十分广阔、经济效益非常诱人的朝阳产业。正是具有如上的这种相反相成的特点，文化创意产业才需要一个良好的创业环境、高效的政策支持机制、高技术的基础设施、相互接驳的产业链条、打破原有行业界限的重组场域、迅速顺畅交换传播的数字网络和高度市场化的交易平台。数字化网络市场、物联网和创意产业集聚区、孵化器就是满足以上需求的产业发展模式。

目前我国文化创意产业发展的一个主要瓶颈是文化创意产品流通与销售。由于面对企业和消费群体的中介服务（生产性服务业和高端消费性服务业）缺失，特别是文化创意产品的国际贸易的缺失，使创意产品的流通、销售和贸易受到严重制约，也使中国文化创意产品“走出去”停留在初级水平。在我国北京、上海、广州等中心城市总体布局中生产性集聚区逐步完善成熟的基础上，我国文化创意产业应抓住时机，大力拓展文化创意国际市场，完善国际中介服务机构建设，推动国际文化贸易快速发展。所谓数字化国际文化贸易市场，包括一个落地的文化创意交易市场，一个全球的网络虚拟文化创意产品市场，和一个相关内容产品的物联网，及文化创意市场的配套设施。与市场相关的是大量的中介服务：知识产权保护和交易服务、知识产权授权应用开发服务、文化创意产品相关法律服务、文化创意企业投融资服务和财务服务、文化产品外贸外包中介服务、文化创意内容产品的传播服务等。

销售文化创意产品，推动文化贸易发展，离不开物的传输。物联网的兴起，为创意产品的流通创造了新的模式。所谓物联网，国际电信联盟在2005年度报告中提出，信息与通信技术的目标已经从任何时间、任何地点连接任何人，发展到连接任何物品的阶段，而物品的连接就构成了物联网。物联网是移动互联网、传感网和互联网的再融合，它的意义是每一个物体都可以通信，每一种产品都可以寻址，都可以控制，它是一个泛在网。物联网将给文化创意产品的全球贸易带来革命性的变化。

数字国际文化贸易市场的建立离不开云计算的技术支持。云技术的腾飞创造了数字国际文化贸易市场的云环境，优化了工作负载，提高了在线账户交易水平和交易效率，在云环境下实现了信息快速大量的访问，大大提高了数字服务的质量和水平。

因此，在云计算技术和未来物联网基础上建设我国文化创意产品全球交易大市场，建设具有前瞻性的文化创意产品服务软平台，建设国际文化创意产业博览会常设机构，并着力建设与地上国际文化创意产业博览会相配套的无国界、多语言、全球化并拥有物联网支持的虚拟文化创意产品交易港，是当前我国文化创意产品贸易发展的一个大方向。

在线交易、电子商务、淘宝网等网上市场，依据物联网的建立，云计算的技术支持，打破了过去线上线下的截然之别，一个新的全球的商务转型的时代即将来临。未来，没有线上的商务与市场将惨遭淘汰，没有线下的物联网支持的线上信息港就只能是“门户”和媒介，而线上线下连为一体的未来数字商务市场，将在这一轮新的洗牌中独占鳌头，大放光彩。

同时，“威客”等网络创意交易形式将实物领域的交易推展到创意设计的招投标和交易，成为最活跃的创意网络虚拟集聚区，打破了地域集聚的陈规，全面改变创意人才的集聚方式，对创意集聚区模式产生巨大冲击。通过威客（如果采用多语言网络），世界各地的人才都将为我所用，改变过去为我所有的方式，建立新的“订单式创意招投与交易”。

创意产业集聚区的重要功能和特征

文化创意产品贸易的基础是建立创意产品交易集聚区。它在推动创意产业发展，催生高新文化创意企业创业，打造产业集群，甚至在就业人数等方面均有重要功能和特征。

创意产业集聚区具有聚合、从集和融合、交汇功能。产业集聚区的一个重要功能是产业集群或产业从集。创意产业的各个部门在总体上可能有很大差别，但每一部类内却有着共同的或相近的属性。比如都生产同一类产品或相关产品；共同分享同一市场；采用大致相近的销售方式、渠道；产业上游的资源需求相同；智力及人力支持的群体相同或相近；科技理念与技术支持相同或相近。总之，产业集聚区构成了共同的产业运行链条，产业间、企业间相互激荡，形成了一系列的产业优势。在产业内，企业之间展开互动；在产业外，企业可以结盟，共同为客户提供产品和服务。同时，产业集群因享有地理上的优势而有可能获得更便捷的发展。如在香港，出版、广告与媒体公司多位于铜锣湾、测鱼涌和北角。米歇尔·波特认为，这种产业的群集具有特殊的优势。地理位置接近也许会产生集群间的激烈竞争，但企业间却可以分享信息资讯，聚合特定的需求，继而降低交易成本。产业集群也能使一个个孤立的企业从较大规模的经济活动中受益，同时刺激相关产业和后续产业的发展，为产业群的发展创造一个有利的环境。波特将这种集群模式描绘为一个“钻石”形的结构。

创意产业集聚区除了一般产业集聚区的构成外，还具有如下特征：创意产业集聚区的企业集群具有较大的跨行业重新按需组合的特征；其主要构成应有相关文化艺术创意设计方面的企业，应有提供高科技技术支持如数字网络内容产业方面的企业，应有国际化的策划推广信息咨询等中介机构，应有从事文化创意产品生产的企业，还应有经济管理、商品管理方面的有经验的公司。这种构成利于开放集群内企业间的动态联系，构成立体的多重交织的产业链环，形成综合融汇的集群效应。

创意产业集聚区的这种组合对人才构成也有很高要求。一是创意产业需要大量复合型人才，受过三级以上复合教育，如文化艺术的理论与创作，网络设计或相关专业技术，工商管理或金融经贸教育。二是在企业内、行业内、创意产业集聚区内配置不同的专业人才，形成多种创意人才的互补聚合优势。一方面，创意产业集聚区无疑需要硬手：优秀的科学家、设计家、工程师、建筑师、投资人、金融家；另一方面，创意产品的一个重要特征是无形化、文化化和艺术化，所以创意产业集聚区需要“波西米亚人”：富于灵感的艺术家（包括先锋艺术家）、民间艺人、自由撰稿人、文化学者，甚至哲学家。三是创意产业集聚区还需要管理人、广告人、媒介工作者等中介人。这是文化与经济、艺术与技术、人文与科学、形而上与形而下的冲突、较量、碰撞与融合。其实，无论科学技术的创意还是文学艺术的创意，在创造的境界上是完全可以相通的。

基于创意产业的文化艺术特性，大型创意产业集聚区还应考虑创意产业人员的生活环境，包括生活质量、生活格调、生活品位、生活舒适度等，于是大型创意产业集聚区也往往配有相应的休闲娱乐区域（企业）。

创意产业集聚区的高级形态和未来发展趋势

以地理方式实体构建的创意产业集聚区毕竟受到各种条件如地域分割、传统格局、资源配置、利润预期等的限制，很难达到理想的要素构建和产业配置。这一过程本身也是一个市场选择的过程，充满了风险和不确定因素。特别是企业家、投资者对创意产业的认识尚处于初级阶段，对其前景的预期还不乐观。

创意产业的根本观念是通过“越界”促成不同行业、不同领域的重组与合作。通过越界，寻找新的增长点，推动文化发展与经济发展，并且通过在全社会推动创造性发展来促进社会机制的改革创新。而从发展来看，数字化高端融合是创意产业集聚区的高级形态和未来发展趋势。

创意产业集聚区发展的高级形态和未来发展趋势是依托一定的实体创意产业集聚区，在实物设施的创意产业集聚区基础上打造无界域国际化的虚拟创意集聚区，建设一个迅速顺畅交换传播的数字化网上市场和一个数字化的交易平台；构建“虚拟创意产业集聚区”或“文化创意信息数字交易港”。这是未来创意产业集聚区发展的崭新模式。

这一模式的要求是，网上虚拟创意产业集聚区或“文化创意信息数字交易港”应当在当代文化潮流、文化消费、文化市场、文化时尚基础上，构建某一创意产业（行业）科研、生产、流通、交易的数字化平台，吸引巨量信息汇聚，开展网上信息交换、商务交易和产品推介销售。

这一网上创意产业集聚区或“文化创意信息数字交易港”是面向世界市场的无国界的国际化平台，可以为世界各国的客商服务。它需要解决不同语言转换的问题，可设置多语种交流平台，建立完善的商务翻译服务。

与网上创意产业集聚区或“文化创意信息数字交易港”相应，地上可有相应的实体型生产、物流中心或会展中心、贸易中心。可与定期的博览会、交易会相匹配，形成网上常设数字交易与地上会展业以及直接交易的立体交易系统。

网上创意产业集聚区或“文化创意信息数字交易市场”必须联络支持风险投资的各种投资机构和诚信、高效、安全、服务良好的金融服务系统及其技术支持。第三方支付、中介评估及其公正和信誉，是网上交易市场成功高速运营的重要保证。

同时，网上创意产业集聚区或“文化创意信息数字交易港”可以更方便地集中高等院校、科研机构和个体创意者的最新技术成果，推动技术成果转让，实现科研成果向生产转换。

总之，崭新模式的立体创意产业集聚区或“文化创意信息数字交易港”将有机会全面实现官、产、学、研、投、贸等各个链环的数字化高端整合，代表着创意产业集聚区的高级形态和未来发展趋势。

原载《文化月刊》2010年第8期。

“波西米亚族”：一个创意阶层的崛起

——谈我国创意人才的选拔与培养

创意人才——有时候我们把他们称之为“波西米亚族”，他们是推动创意产业发展的原动力。如何发现和培养创意产业实践迫切需要的创意人才，满足产业发展源源不断的需求，是当下现实给我们提出的重大课题。

一

作为高度推崇个体创造性的创意产业来说，创意人才更加具有举足轻重的地位。美国学者弗罗里达在他的《创意阶层》一书中强调了创意阶层对于创意产业的极端重要性。他认为，从根本上看，文化创意产业的高速发展依靠文化创意人力资本的投入产出和文化创意阶层的崛起。今天的创意产业越来越多地被用来表述国民经济中从事利用人们的“智力资本”进行的文化服务和文化产品的生产与流通的新兴产业。事实上，几乎所有保持了长久生命力的世界著名企业都是创意高度发达的企业，而多数世界著名企业家都是富有创意、推崇创意的企业家。研究表明，从事于诸如广告、建筑、交互休闲软件、音乐、电视和电影等创造性产业职位的人们，都是受过多重教育的复合型高级人才。可见，智力资本、创新和新的信息技术之间已经建立起复杂的深刻的联系。

的确，创意产业对人才构成有很高要求。一是创意产业需要大量复合型人才，受过三级以上复合教育，如文化艺术的创作与理论教育，网络设计或相关专业技术教育与训练，工商管理或金融经贸教育与实践；这既对未来创意人才教育提出了新的要求，也是文化创意实践需求对人才品质的要求。

这种高度融合的人才可遇不可求，数量也很少，因此就需要组建多专业合作的创意团队来达到这一要求。这就是在企业内、行业内、创意产业集聚区内配置不同的专业人才，形成多种创意人才的互补聚合优势，相互启迪激荡，以期获得灵感的迸发。首先，创意产业无疑需要硬手：优秀的科学家、设计家、工程师、建筑师、投资人、金融家；其次，创意产品的一个重要特征是无形化、文化化和艺术化，所以创意产业需要“波西米亚人”：富于灵感的艺术家（包括先锋艺术家）、民间艺人、自由撰稿人、文化学者，甚至哲学家；再次，创意产业还需要管理人、广告人、媒介工作者等中介人。这是文化与经济、艺术与技术、人文与科学、形而上与形而下的冲突、较量、碰撞与融合。其实，无论科学技术的创意，还是文学艺术的创意，在创造的境界上是完全可以相通的。

创意产业是建立在教育的高度发展基础之上的。创意产业的发展依托于国民素质的普遍提高和国民创造力的激励发扬。1998 年英国国会在一个报告中指出：“人民的想象力是国家的最大资源。想象力孕育着发明、经济效益、科学发现、科技改良、优越的管理、就业机会、社群与更安稳的社会。想象力主要源于文学熏陶。文艺可以使数学、科学与技术更加多彩，而不会取代它。整个社会的兴旺繁荣也因此应运而生。”创造性的教育与开发是创意产业可持续发展的深厚基础。创意人才的崛起需要日益深厚的社会和教育基础，它是金字塔的底座。而我国当前的文化创意产业发展，却总是拔苗助长，总是急功近利，总是急于求成，往往适得其反，就像中国足球。

过去，我们一般总是从行业和部门来划分社会经济的各个产业门类，现在，当创意成为经济发展的重要推动力，创意人才和人力资本就具有了重要的意义。文化经济学家理查·弗罗里达在《创意阶层的崛起》（*The Rise of the Creative Class*）一书中，便从职业的分类而不是从部门和行业的分类来分析和定位创意产业。他认为我们不能把创意简单视为一个部门或行业的分类，创意在当代经济中的异军突起表明了一个职业阶层的崛起。弗罗里达认为，在美国，社会分化成四个主要的职业群体：农业阶层、工业阶层、服务业阶层和创意阶层。创意阶层包括一个“超级创意核心”（Super-Creative Core），这个核心由来自“从事科学和工程学，建筑与设计，教育，艺术，音乐和娱乐的人们”构成……他们的工作是“创造新观念、新技术和（或）新的创造性内容”。除了这个核心，创意阶层还包括“更广泛的群体，即在商业和金融，法律，保健，以及相关领域的创造性专业人才。这些人从事复杂问题的解决，而这包括许多独立的判断，需要高水平的教育和技能资本”。创意人才遍布于许多部门或行业。

二

目前，从全球来看，创意阶层现在在世界经济中的数量和地位不断上升。美国工业阶层的人数从1960年到2000年下降了15%。到20世纪末，非制造业在所有职业中所占比重增长至约80%（Morris and Western，1999）。弗罗里达从这些非制造业中挑选出最好的部分，将之合并成创意阶层。即使将超级创造性核心和创造性专门人才去除，剩下的服务阶层仍是最大的职业团体，约占整个劳动力的45%，创意阶层约占30%，约12%的劳动者属于“超级创造性核心”。

在美国，漂泊性的工作（软件设计师和阁楼艺术家等）占据了劳力总数的12%，一个世纪前只有5%。在英国，文化方面的专家认为“创意产业在英国价值1125亿英镑”。1994年61个申请读大学的人中有一个寻求艺术家或者设计师的职业，五年后，这个比例已经是1∶19，现在的比例就更高了。这些数据让政策制定者们把目光从那些经济学家愉快地称之为“从事单调工作的人”转向“艺术的工作者”，假定的这两者之间的区别是单调工作追求的是最大化他们的收入，而艺术化的工作追求的是最大化他们的创造力。

在当今世界全球化的环境中，创意人才开始在全世界城市间频繁流动，英语世界的流动更甚。因为不仅市场在寻求创意人才，创意人才也在寻找和选择最能够实现其价值和抱负的市场和环境。这是一个双向选择的过程。指环王总设计者约翰·豪在新西兰创作完成这部作品以后回到欧洲，到瑞士从事新的创作，我曾问他，如果中国邀请他来工作，他是否愿意，他表示，一个艺术家，只要能实现他的艺术抱负，有更好的创作和制作环境，他为什么不来呢？

除了要考虑工作环境，还要考虑创意人才的生活场所。要对创造性阶层的生活进行更全面的观察。创意团队创意能力的培养和发展需要一种适合他成长的语境和氛围，需要一种环境和组织。当然，并不是所有的创造性都需要背景，创造、创意和发明总是“不择地而出”的“神来之笔”，但毕竟宽松、惬意、自由、舒展的环境更宜于创新、创意的发生发展。创意是一个过程，是从内在精神活动、知识聚敛发散，到技术操作实践的一个复杂过程，它依据于创造者灵感的触发，独异性的张扬，和与环境间的相互作用。弗罗里达认为，创意阶层的成员“有一种共同的创造性气质，即对创造性、个性、差异和价值的重视……每一个方面和每一创造性的显现——科技的，文化的，经济的——是相互联系、不可分割的”。这种精神气质我称之为“波西米亚性”，自由，无拘无束，狂放不羁，长发飘飘或不修边幅，特立独行，这种性格特征影响着创意阶层对工作的选择，影响到他们对工作地、所工作城市的选择，对在哪里居住的选择，乃至乐于购买哪类物品，怎样将工作时间与休闲时间分开，等等。

因为创意阶层的精神气质表现于他们生活的各个方面，他们偏爱能提供多种选择、富有活力的城市和社区。那些“在技术、人才群和宽容”的程度上排在前列的城市将吸引大批创意阶层的成员，形成自我促进的良性循环。反过来，“创意阶层”也培植了艺术、音乐、夜生活、创建了新的名胜，比如纽约的“硅港”，伦敦的切尔西（伦敦的自治城市，文艺界人士聚居地），那里的房屋租金自1996年始增长了很多倍。美国国家管理者协会声称“创新产业，非营利机构和独立艺术家都是一个成功的地区居住环境的不可缺少部分”。而上海的“新天地”、八号桥，北京的“798”、宋庄、三里屯的情形也完全类似。

在最好的创意社区，你将拥有简单舒适的生活环境、宽松自由的创作氛围、便利的精神交流平台、艺术理念的实践场域。一个社区的生活质量越好，在吸引和挽留创造性人才方面成功的可能性就越大。弗罗里达对创意阶层的界定十分宽泛，其范围要比艺术家、文化企业家广泛得多。在他看来，创意阶层还包括建筑师、工程师和科学家——简而言之，在弗罗里达看来，所有产生新观念、新技术和创意内容的人都属于创意阶层。弗罗里达认为，这一创意阶层构成了美国经济发展的新动力。

三

从我国目前的现实来看，文化创意产业的发展还处在起步阶段，其基础至今仍不是十分雄厚，市场程度仍有待提升，体制弊端依然存在。但是，作为改革开放前沿阵地的广东，其经济改革和高科技产业的发展却是成就喜人，举世瞩目。所以，发展文化创意产业需借鉴和引进经济改革的成功经验，转变文化发展方式。

我国经济改革30年来，从观念、形态、体制、管理到实践操作，均积累了丰富的经验，也不乏教训。特别是在现代企业制度、股份制改造、上市金融运营、投融资、产业管理、对外贸易、相关金融、会计、法律、咨询乃至广告运营和品牌构建等方面尤著。转变文化发展方式，就要全面学习我国经济改革的成功经验，把它运用到当前文化创意产业发展的实践中来。

转变文化发展方式，发展文化创意产业，充分借鉴和引进经济改革的成功经验，最重要的是要引进经济领域、科技领域的先进人才——战略策划人才、产业运营人才、企业管理人才、金融（上市）人才、投融资人才、科技创新人才，特别是原创设计人才，培养每一专业的专门人才。由于历史原因，我国相关文化部门长期在计划经济的体制下工作，吃惯了大锅饭，市场意识和产业意识单薄，这一领域的干部在思想观念、理论准备，尤其是实践操作等前设框架上，都缺乏准备、缺少经验。因此，转变文化发展方式，要引进一批懂得市场、懂得产业经营的管理人才，全面提高我国文化产业运营的水平，缩小与经济改革的较大差距。另外，文化产业文化市场又有自己的产业的、行业的、企业的特点，需要在实践中培养既懂经济运营，又精通文化产业的复合型专业人才。

最富创造性的高端创意人才是文化创意产业发展的核心。据统计，现代财富的创造更多集中在像比尔·盖茨这样的一批最优秀的创意天才上。这样，创意就成了当代产业组构中的一种特殊的设置，它决定了产业的性质，并由此决定了产业的管理与操作。第二产业的发展靠机器、厂房、资源和劳动力，而文化创意产业不同于制造业的汗水产业、劳动力密集产业，创意产业的发展靠创意阶层，靠创意群体的高文化、高技术、高管理和新经济的“杂交”优势。

组建创意学院，建立创意人才孵化器，是培养创意人才的重要方式。目前，一批企业运营的创意学院规模很大，运行良好，如水晶石动漫学校；一批民营创意学院发展势头很好，如吉林动画学院等独立学院。创意产业孵化区经过新的发展，其功能得到进一步拓展，如归国留学生创意园等，将孵化中小企业与孵化创意人才结合起来，展现了良好的前景。

还有一种方式是实行项目招标集聚公关孵化的方式。这种方式是一些跨国企业采用的十分实用的项目和人才孵化方式：将企业发展中的大量问题一一列出，选出攻关项目，通过网络与社会招标，选择一批青年创意人才集中到孵化区工作，按难易程度确定工作时间长度，三个月、半年或一年。可以解决众多难题，并发现和培养杰出人才。

“威客”等网络创意交易形式将实物领域的交易推展到创意设计的招投标和交易，成为最活跃的创意网络虚拟集聚区，打破了地域集聚的陈规，全面改变创意人才的集聚方式，对于创意人才的培养和选拔，产生重要启示意义。威客具有低门槛、无障碍、无国界传输联系的特点，通过威客（未来可采用多语言网络），世界各地的人才都将为我所用，改变过去为我所有的方式，建立了新的“订单式创意招投与交易”。威客的展开形态，将改变市场贸易由厂家既定产品销售的单向出售模式，变成买家成为卖家，需求成为厂家选购对象的双向交互买卖的新形态。而发现和培养人才，也将成为它的重要功能。威客也将突破简单单一的家庭装饰设计等内容，成长为订单式数字交易竞争市场。

值得一提的是，2010 年 8 月文化部制定并颁布实施了《全国文化系统人才发展规划（2010—2020 年）》（以下简称《规划》），这是文化系统第一部人才发展规划，也是《国家中长期人才发展规划纲要（2010—2020 年）》颁布实施后的首个行业人才发展规划。《规划》呈现了开放的文化人才政策，提供了科学的人才培养方式，对于改变文化发展人才匮乏的现状具有重要意义。

原载《中国社会科学报》，2010 年 12 月 22 日，原题为《培养文化产业的“波西米亚族”》。

大动漫，寻找更广阔的天地①

随着动漫技术的完善及其在其他行业中的应用，动漫创意产业已经跨出原有的边界，在创意的推动下，由娱乐转向实用，由先前以“艺术内容”为核心的动漫创意产业链的打造，逐步转向“艺术内容”与“技术创新”并重，“内容衍生”与“动漫技术辐射”共同推进的全新产业格局。针对新的产业形态和发展趋势，“大动漫”的概念应运而生。

大动漫的内涵有两个梯度，第一梯度是由单纯制作动漫艺术作品，到衍生产品、周边产品和下游产品的全产业链开发运营；第二梯度是随着科学技术的进步，动漫技术广泛应用于军事、航天、科技、教育、规划、建筑、房地产、机械制造、医疗卫生、新闻、广告、会展等领域。动漫技术跨出“动漫作品”的边界，创造了三维建筑动画、医学动画、产品展示动画等“科技应用动漫”。探讨动漫技术在其他行业中的应用，重新厘定动漫创意产业的边界，对于动漫创意产业的未来发展，形成“大动漫产业”的新格局，将会有重要的作用。

近年来，在政府的大力扶持和鼓励下，我国的动漫创意产业发展得风生水起。各地的动漫公司如雨后春笋般茁壮成长，各种动漫节展举办得如火如荼，动漫作品的年产量逐年增长，由2002年的2万分钟增长到2010年的22万分钟，8年内增长11倍。动漫作品的形式日渐丰富，不仅有漫画、电视动画片、动画电影，随着互联网的普及和3G通信技术的应用，还出现了网络动漫、手机动漫等新形式和新业态。动漫的概念已经溢出原有的边界，不再是漫画和动画的统称，而是在新的技术条件下，动画、漫画等视觉艺术的文化

---

① 河南大学庄鹏涛为第二作者。

价值和美学品质的概括。动漫创意产业也不再是简单地制作和播映动漫作品，而是包括动漫创意产品的制作、动漫创意产品的市场营销、动漫创意产品的发行和播出，以及相关衍生产品的开发和下游产业的运营等，形成了一个庞大的产业链。

目前来看，关于我国动漫的未来发展存在着两种不同的观点：

一种观点认为提倡“大动漫”或者“泛动漫”的产业观，将会盲目地扩大动漫创意产业的边界，使得动漫创意产业失去本位意识，离内容远来越远，甚至会成为无所不包的大杂烩，它不仅不能推动动漫创意产业的发展，反而会使动漫创意产业乱相众生，各种新的时髦的东西，都能披上动漫的外衣。持这类观点的大多是专注于动漫作为艺术创作的业内人士和动漫迷。

与此针锋相对的另一种观点认为，“大动漫”产业观对于解决我国动漫创意产业的发展瓶颈，推动动漫产业从“娱乐”向“实用”转型，拓宽动漫人才的就业渠道，具有重要的意义，是我国动漫创意产业的未来发展趋势。持这种观点的人士往往是对动漫产业经济模式拓展企业效益等更为关注的业内投资、金融、管理和更多考虑企业效益的人群，他们对我国动漫业目前存在的诸多问题有更为理性的思考。

一、“大动漫”概念的历史性出场

动漫创意产品业已深入到人们生活的方方面面，除了在杂志、电视、电影院和电脑上经常看到的漫画和动画之外，还有根据动漫作品中的人物、道具和故事情节开发出来的各种动漫玩具、玩偶、日常用品，以及动漫游戏和动漫主题乐园。以上这些是以动漫作品的内容为核心，依靠动漫形象的知名度而开发出来的附属产品，可以称之为“动漫内容衍生产品”，其意义在于形成动漫产品的品牌效应，以上游产业带动相关产品的销售，从而获取更大的收益。

动漫创意产业的一个核心要素是技术。在“技术与艺术结合”理念的指导下，动漫创意产业的发展一直与技术手段的更新密切相关。随着计算机绘图技术的发展，三维成像技术已经在动漫创意产业中广泛应用，动漫创意产业逐渐从以“形象”为先导的传统动漫产业，向以“技术”为导向的现代动漫创意产业过渡。虽然早期的计算机绘图技术主要服务于设计、军事、教育、电影等领域，并非源自动漫行业，但是这些新的技术正是通过动漫创意产业的引入和运用而广为人知，而且动漫创意产业的发展也带动了新技术的进步，如三维影像、动作表情捕捉、虚拟现实、图层渲染等。热映的好莱坞3D特效电影《冰河世纪3》《变形金刚2》《2012》《阿凡达》，一次又一次向人们展示着3D技术的强烈魅力和汹涌之势；其后，《爱丽丝梦游仙境》，3D希腊神话巨制《诸神之战》和3D动画电影《驯龙记》相继亮相，而《钢铁侠2》亦有IMAX版。在这个以科技为先导的时代，3D，不仅在电影领域内火热，同样也成为动漫技术的主流，为动漫产业的未来提供了多种可能性。3D显示、3D投影、3D照像、3D打印等新型电子消费产品蜂拥而来；3D互联网、3D虚拟世界等也在迅速地改变着人们的生活。

由于动漫技术能够不受时间和空间的限制，直观地模拟事物的各种形态，呈现设计效果，还原事件发生时的场景，如今，图像处理和虚拟现实等动漫技术已经在建筑、医疗卫生、军事等领域内被广泛运用。作为动漫创意产业的核心要素，动漫技术已经不单是服务于动漫内容的一种简单的技术手段，它还是动漫创意产业能够取得更大发展的突破点。以动漫技术为核心，可以将动漫技术在其他行业内的跨界实践所生产出来的产品称为“动漫技术辐射产品”。与“动漫内容衍生产品”不同，此类产品主要依赖于动漫技术的优势，而不借用动漫作品的形象。

“动漫技术辐射产品”已经跨出原有的动漫创意产业的界限，是动漫产业与其他行业相互融合、共同提升的结果，是动漫创意产业的越界和扩容。先前的动漫创意产业注重动漫内容的开发和动漫产业的全产业链运营，其核心是动漫形象的塑造、升值和再利用，动漫技术只具有辅助的作用。而动漫技术的跨界应用，为动漫创意产业的腾飞张开另一只翅膀，在动漫内容与动漫技术两翼下，动漫创意产业必将取得更大的发展。

其实，作为现代动漫技术基石的计算机技术和信息技术，其诞生和发展并非源于动漫行业。计算机图形技术早期主要服务于机械、建筑等设计领域；信息技术早期主要服务于军事、教育领域；特效技术早期主要服务于电影领域。后来，这些新技术被动画领域吸收，成为现代动漫技术的关键和基础（如CG技术），极大地促进了动漫发展（如三维动画），并拓展了动漫的外延领域（如网络互动游戏）。在动漫业的直接参与或积极配合下，大量三维影像、人工智能、虚拟现实、实时渲染等方面的新技术正不断出现（如动作表情捕捉仪、自动三维成像技术、三维立体显示技术、全息投影、沉浸式头盔、数据手套等），这些动漫新科技又回过头来服务于当初诞生这些技术的领域，使动漫走入了前所未有的广阔发展空间。现在是“回归”动漫本义的时候了。

为了应对动漫产业发展的新业态，展现当代动漫技术革新与动漫产业化发展的最新成就，2009年首届中国动漫艺术大展酝酿提出了“大动漫”的概念。这次动漫艺术大展将传统的连环画、漫画，电影动画，电视动画，手机动画，三维动画，以及动漫技术的最新进展，如表情识别系统、3D互动技术、虚拟现实系统等都囊括在“大动漫”的概念下。文化部宋奇慧女士表示，首届中国动漫艺术大展给业界提供了一个思考契机——如何在“大动漫”产业观的统领下，推动动漫产业与其他产业融合发展？怎样在漫画、书、报刊、影视动画的基础上，推动手机动漫、网络动漫及与动漫硬件相关的产业融合发展？如何扩大和厘定动漫产业边界，让动漫为军事、医疗、气象、建筑、体育、规划、工艺、设计等领域服务？……①此次动漫艺术大展过后，“离开动漫谈动漫”，“大动漫”产业观，一时成为热门的话题。其实，“大动漫”的观念，并没有离开动漫创意产业的两个根本元素：内容和技术。就内容方面来讲，就是要打造高品质的动漫创意作品，根据市场需要和产业发展

① 《聚集在“大动漫”的旗帜下》，载《中国文化报》，2009年11月13日第7版。

规律，开发动漫内容衍生产品，扩大下游产业，实现动漫创意产业的全产业链运营。就技术方面来讲，就是要推动动漫技术与其他产业的相互合作，加快动漫技术辐射产品的开发。

2009年，亚洲青年动漫大赛增设了科技动画的评选，积极倡导科技动漫，展示出动漫在建筑、医学、工程、游戏、体育等领域的广泛运用前景。此次大赛收到了美国、日本、韩国、新加坡等国的许多参赛作品，美国国家地理频道也提交了最新的数码三维数字动画，大大提升了科技动画的水准，开阔了动漫领域从业人员的视野。

现今，我国有700多所学校开设有动画专业，在校学习动漫制作的学生有56万人，但是在全世界，从事动画片制作的人不过12万，虽然我国的动漫产业发展迅猛，但是可以想象，在未来的数年内，动画领域内学生就业难的问题仍然会十分严峻。将动漫和科学技术相结合，积极提倡“大动漫”的发展观念，鼓励动漫在其他行业中交叉应用，能够扩大动漫应用范围，拓宽我国动漫人才的就业渠道。

统观现代世界动漫创意产业，动漫内容的开发与动漫技术的延伸并重是整体趋势。以美国为例，美国的动漫创意产业模式是典型的大制作模式，以迪士尼、梦工厂为代表的影视巨头制作的“动漫电影”多以大投入换取高回报，近年来的动漫电影制作成本都高达上亿美元。为了回收成本，获取更高利益，美国动漫创意产业十分注重动漫衍生产品的开发，比如迪士尼公司1994年出品的原创动画片《狮子王》，被认为是至今为止迪士尼获利最大的影片。《狮子王》的制作成本是5500万美元，全球电影票房为7.67亿美元。除了电影和音乐原场带销售市场，迪士尼主题公园还把《狮子王》的动画角色制成游戏设施，并在迪士尼商店中出售《狮子王》玩具、服饰、纪念品等衍生产品，衍生产品的收入高达30亿美元，远远超出了电影票房收入。由此可见，美国动漫创意产业的“形象”开发极为发达，但是美国并没有止步于动漫内容的开掘，它还十分重视动漫技术的研发和应用。借助于计算机技术的领先优势，美国最早研发了计算机绘图技术、三维动画技术和虚拟现实技术，并将其广泛应用于教育、军事、设计等领域。如今，美国军事训练课程大部分是通过动漫技术营造的虚拟战场来完成的。可以说，美国是最早实现大动漫产业形态的国家之一。

随着电脑制图技术的进步和网络的高速发展，动漫创意产业的“技术化”趋势会愈加明显，动漫从业人员积累的图像处理经验也会愈加丰富。虽然我国的动漫创意产业起步较晚，远远落后于美国、日本、韩国等动漫产业大国，但是，相比较而言，我国动漫创意产业的发展依然具有“后起”优势，没有创新的压力与包袱。面对新技术与新的创作手段，我们与传统的动漫强国处于同一起跑线上，没有传统的动漫制作工艺的阻力与羁绊，我们能够轻装上阵，在较短的时间内普及三维和虚拟现实等新技术。

在全球化信息时代，数字媒体广泛应用、网络流行文化、娱乐文化和大众消费文化等多元文化流行的现代社会环境下，成长起来的新一代动漫消费者，对新媒介、新语言和新的动漫技术手段的需求都已经远远超出了传统动漫创意产业的范畴。如何找到动漫创意产业的“新语言”，如何让动漫创意产业与其他媒介形式结合，创造出全新的“表达方式”，如何让动漫技术与其他产业相互融合，如何使动漫创意产业的技术成果为其他产业分享，就成为需要解决的问题。树立“大动漫”的观念，正好可以扩充动漫创意产业的边界，提高从业人员对动漫的认识，使得动漫创意产业依据流行文化和各种新兴媒介的需要，尽快地实现内容和形式上的创新，所以说，“大动漫”概念的提出是回应现实的需要，是世界动漫创意产业发展的整体趋势，是以三维造型技术、虚拟现实技术为代表的动漫技术向其他行业扩展的结果，是动漫创意产业发展结构调整的结果，对于动漫创意产业的产业模式、人才模式、资金模式都具有重要的指导功能。

二、“大动漫”概念的内涵

“大动漫”概念提出之后，立刻引起了业界和学界的关注，对这一概念的阐释也不一而足。有人认为“大动漫”概念的提出很好地概括了我国动漫创意产业的发展现状，它不仅包括纸质漫画、电视动画、电影动画、手机漫画、手机动画、网络动画，还包括动漫技术在舞台剧、话剧、大型演出中的应用；有人认为“大动漫”的概念是以“内容”为核心，涵盖了动漫创意产业的各个环节，它所倡导的全产业链运营的产业观，对于动漫创意产业的未来发展具有重要的指导作用；有人认为“大动漫”倡导的是一种“平民”动漫，在互联网技术、电脑和3G通信的普及下，动漫作品的生产成本降低，动漫作品传播渠道更加多样化，只要有好的创意，一个人或者几个人就可以制作出优秀的动漫作品，而网络和手机等传播渠道的低门槛，加速了动漫作品的传播，有助于形成良好的动漫生存环境；有的人认为“大动漫”的概念是以“技术”为导向，动漫创意产业与其他产业之间的融合。这些认识在某些层面上都加深了我们对于“大动漫”概念的理解。

依照所含内容和主导要素的不同，我们把动漫分为“小动漫”“中动漫”和“大动漫”三个层级，下面分别阐释。

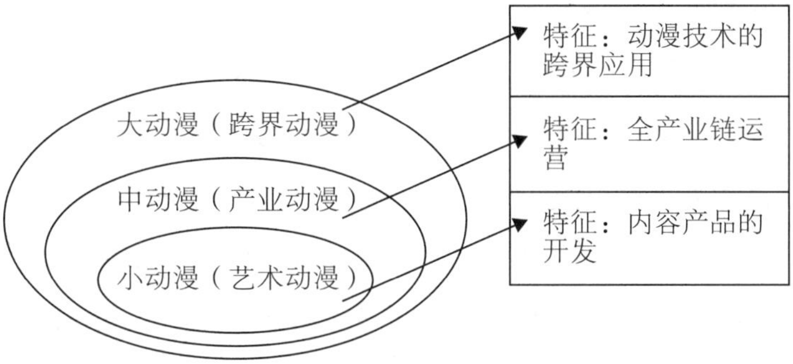

图1　动漫概念圈层结构图

“小动漫”是动漫创意产业的核心层次，离开它，动漫创意产业就成为无源之水、无本之木。传统的动漫概念将动漫看作漫画和动画的统称，这是典型的“小动漫”观，它强调动漫作品的内容和艺术性，所以也可以称之为“艺术动漫”。随着动漫技术的进步与演变，“小动漫”经历了从传统的逐帧制作到计算机二维动画，再到现在的三维动画的“三级跳”跨越式发展，动漫与技术的关系日益密切。相应地，“小动漫”概念的核心要素就成为“内容与技术”，它不仅注重动漫内容的开发，寻找动漫的“新语言”，而且注重动漫技术的提高，在新的媒介环境和技术手段下，探寻“新的表达方式”。“小动漫”是动漫创意产业的灵魂，它是起点，同时也是动漫创意产业的初级阶段，产业化程度比较低，它停留于动漫创意的实现阶段，着力于动漫创意产品的生产、制作和播映。“小动漫”的突出特点是艺术性、趣味性、风格化，具有较高的文化蕴藉。

“中动漫”是动漫创意产业的完整形态，它涵盖动漫创意产业的上下游，是以“内容”为主导的当今动漫创意产业的主流发展模式。在以动画“形象”为先导的传统动漫产业中，动画、漫画、游戏（ACG）是发端和核心，媒体、娱乐业是主体发展领域，电影、电视、图书、音像、网络、新媒体等是主要发展平台。通过传媒、娱乐业的广泛传播，通过形象和知识产权方面的使用和授权，动漫衍生产品服务覆盖了玩具、服装、食品、广告、主题公园等领域。以上这些，形成了一个完整的产业生态系统，系统中各领域相互促进、协同发展。

动漫创意产业的全产业链运营是“中动漫”发展模式的典范，是从产业视角对于动漫的发展进行统筹兼顾，注重动漫发展的长效机制和赢利模式，所以“中动漫”亦可以称之为“产业动漫”。动漫创意产品的开发制作，动漫创意产品的推广营销，动漫衍生产品的授权、生产和销售，以及动漫下游产业的开拓和运营，这些都属于“中动漫”概念的范畴。以知识产权运营为核心，“中动漫”概念十分注重“动漫内容”的价值提升和“动漫形象”的再利用。它的主导要素是创意和知识产权，它的运营策略是动漫形象的开发和衍生产品的授权。“中动漫”的典型特点是产业化运营，形成了以动漫内容开发为上游、以动漫产品的推广营销为中游、以动漫周边产品的开发和下游产业的拓展为下游的生态产业链系统。

“大动漫”是动漫创意产业的扩展形态。它是“技术”主导的动漫创意产业的新生态，是“动漫”概念的进一步扩容。与“中动漫”概念相较而言，“大动漫”概念的范围更广，所包含的内容更加丰富，它是在新媒体和新技术的推动之下，“动漫技术”在其他行业内的跨界运用，所以又可以称为“跨界动漫”。“中动漫”概念的核心是知识产权，是动漫形象的使用授权，它的整个产业链都离不开动漫内容和特定的动漫形象，而“大动漫”概念是在“中动漫”概念的基础之上，扩充了“动漫技术”的跨界应用这一环节，是从“动漫内容衍生”向“动漫技术辐射”的转向。在“大动漫”概念里，基于动漫三维技术和虚拟现实技术的应用，动漫创意产业的外延异常丰富，它可以与许多行业相结合形成跨行业的新兴动漫业态，如军事动漫、医疗动漫、体育动漫、培训动漫、教育动漫、新闻动漫、建筑动漫等，因为与科学技术的发展密切相关，这类动漫可以称之为“科技应用动漫”，它突出强调的是动漫的实用功能。“大动漫”的特点是直观性、实用性、交互性、沉浸性和体验性。

从“小动漫”到“中动漫”，再到“大动漫”，是一个逐步扩大、逐级演进的过程，这与我国动漫创意产业发展现实是分不开的。没有“小动漫”对动漫艺术品质的提升和动漫受众的培育，就不可能实现“中动漫”这样的全产业链运营模式。没有“中动漫”这样的产业化运营，动漫技术的提升也将无法想象。正是在产业发展和经济效益的刺激下，动漫从业者努力提升动漫技术，扩大动漫技术的应用前景，而动漫技术的提升，是“大动漫”产业观形成的必要条件。如果不是计算机动漫技术的快速发展和三维动漫作品给人带来的视觉冲击力，我们很难想象动漫技术竟有如此广阔的应用前景。

“大动漫”产业观的边界虽然进一步扩大，但其核心并没有离开内容和技术两个基础点，并非是对“中动漫”和“小动漫”的扬弃，而是对二者的吸收和提升。它融合了“小动漫”和“中动漫”的内涵，“小动漫”所强调的动漫作品的品质和艺术性，“中动漫”所强调的以“内容”为导向的衍生产品的开发，动漫产品与新媒介的融合，在发展漫画、影视动漫的同时，积极发展手机动漫、网络动漫和流媒体动漫，打造动漫创意产业的全景产业链，等等，这些都是“大动漫”概念的题中之意和应有之本。由于动漫具有生动活泼、直观、带入性强等特点，动漫与其他表现手段相比更容易获得受众的关注，所以动漫技术在其他行业中的应用前景极其广阔。在娱乐消费文化的带动下，动漫技术是时候借助于自己在动漫创意产业中形成的口碑和亲和度，带动相关产业的升级了，比如发展虚拟浏览技术，带动会展旅游业的升级，发展虚拟购物技术，带动传统商业的升级。“大动漫”概念的提出正是注意到动漫技术的实用功能，强调动漫创意产业的“技术”导向，离开动漫做动漫，通过动漫技术向相关行业的辐射，让动漫技术为其他行业服务，扩大动漫创意产业的边界，这才是“大动漫”概念的最终旨归。

三、动漫技术的跨界应用与动漫创意产业的未来

在西方发达国家，三维数字化技术已成为产品设计、制造、管理、市场、服务、消费等的创新基础和新的竞争高地；掌握最前沿的三维数字化技术，为这些发达国家把控产业链、获取巨额利润提供了依托。张之益指出，相关数据表明：目前全球近80%的飞机与50%的汽车使用法国达索系统的3D软件设计制造；欧特克在3D数字娱乐等众多领域引领着全球创新走向；优派、三星、LG等在3D数码产品上开辟了消费家电行业新的滩头战场；NVI－DIA、AMD等为支持3D图形运算倾力打造的GPU正在终结英特尔的CPU神话时代；IT巨头谷歌不断加大在3D地图、虚拟现实等3D前沿应用的研发投入；微软也正试图利用自己在office上的优势，成为下一代3D技术标准的制定者。

在“大动漫”产业观的指导下，我国动漫技术的应用受到了越来越多的关注。长期以来，动漫创意产业一直着力于动漫内容和动漫形象的开发，动漫产业链的打造，将技术看作内容的婢女。在“内容为王”观念的统领下，动漫技术一直未能获得独立的发展空间。而今随着科学技术的进步，动漫技术广泛应用于军事、航天、教育、建筑、房地产、机械制造、医疗卫生、新闻、广告、会展等领域。探讨动漫技术在其他行业中的应用，重新厘定动漫

创意产业的边界，对于动漫创意产业的未来发展，形成“大动漫产业”的新格局将会有重要的作用。

我们将动漫技术跨出“中动漫”的边界，为了满足其他行业的产品展示和推介、制作流程说明、教育培训等需要而制作的动漫产品，如三维建筑动画、医学动画、产品展示动画等，统称为“科技应用动漫”。科技应用动漫主要运用于以下领域。

（一）军事、航天领域

动漫技术在军事、航天领域的应用主要有虚拟战场、虚拟驾驶训练、虚拟指挥、虚拟装备训练等。现代武器系统和飞行操作系统日趋复杂，对于军人和驾驶员的使用技能的要求也越来越高，实弹训练和实际驾驶训练不仅消耗大，而且面临的风险和危害也越来越多。通过三维武器装备模型和虚拟驾驶训练器械进行实训，不仅没有危险性，而且可以反复操作，此外还可以针对不同的环境进行有针对性的训练，这样既能避免不必要的伤亡，又能节约成本。

利用动漫技术制作的三维战场环境模型，可以真实地再现战场的地形地貌、气象水文、交战状态。它通过虚拟现实的互动技术可以将受训者引入到虚拟战场环境中去，使其近距离地感受战争，参与战争，以训练其应对突发事件的能力。利用虚拟战场进行训练可以不受时空的限制，既贴近实战，又安全经济。

美国最早将动漫新技术运用于军事等其他领域，先于其他国家最早形成了大动漫产业形态。我国广州军区某集团军设计制作的3D动画训练软件，已成为我国部队教育训练的新手段，促进了多项工作的有效开展。集训骨干先后3次参与广州军区组织的演习、培训活动，极大提高了部队训练水平。与传统的沙盘、标图等作业方法相比，三维动画提供了多角度视野和动态的情况显示，达到立体展现实景状态、动态体现演习进程的效果。

图2　虚拟战场效果图

在航天领域，动漫技术主要运用于飞行员培训和模拟外太空环境。实际飞行过程中的一点小小的失误也许就会造成致命的危险，因此对于飞行器械驾驶人员的要求极为严格，不仅要熟练掌握飞行技术，还要具备应对突发事件的经验和能力，而这种经验是不能够以事故为代价来获得的，所以虚拟飞行训练也就应运而生。虚拟飞行训练操作平台与真实的飞机驾驶舱环境一模一样，配备着与真实机舱同样的仪器和操控杆，不同的是训练平台以立体环绕式的数字显示屏取代了机舱的透明玻璃。根据飞机在飞行过程中的视觉场景、运动仿真和音响效果的全方位、立体式再现，虚拟驾驶训练平台能够使学员完全沉浸在虚拟的飞行环境中，通过飞行状况的变化，构想应对的操作，调整飞行姿态，产生一种实飞的感觉和体验。如此一来，飞行员的训练完全可以在虚拟的环境中实现，一名从未驾驶过飞机的学员，也能获得数百个小时的飞行经验，从而大大提升了飞行员的驾驶技能和应对突发状况的能力。

此外，飞行器高速运行的时候，由于距离远、速度快，很难用眼睛、摄像机和雷达监测到飞行器的飞行姿态，不利于安全驾驶和地面工作人员监控。运用3D动漫技术和计算机的数据处理功能，对飞行器在飞行过程中的各项数据加以整理，可以在显示仪器上将飞行器的运行状态直接呈现出来，比如，卫星发射过程中的实时监控画面，飞机乘客在机舱内电子显示屏上看到的飞机运行姿态等。这样既有利于驾驶人员根据飞行状况准确把握飞行姿态调整的时机，又有利于地面观测人员的监控，避免意外情况发生。

图 3　虚拟飞行训练

（二）医疗卫生领域

动漫技术在医疗卫生领域的应用主要有模拟手术训练、远程诊断与手术、虚拟人体教学、虚拟实验室等。

随着医疗器械的发展，现代手术日益精密，对医生的要求也越来越高，医生在接触患者之前需要大量的精细的练习。而传统的手术训练，以现场观察和动物实验为主，不仅耗时费力、花费巨大，而且不可重复，已经远远不能满足现代医学的发展。由 3D 动漫技术和虚拟现实技术结合而产生的模拟手术应运而生。利用解剖学和生理学数据，虚拟现实技术可以制作出高分辨率的三维人体图像，营造出一个仿真的三维手术环境。在这个虚拟的手术台上，训练者使用具有输入和感觉反馈装置的机械手臂进行模拟手术训练。在切割虚拟人体的皮肤组织时，训练者可以感受到机械手臂的压力，如同接触到真实的患者一样。这种模拟手术训练既节省时间，又节约成本，而且可以重复进行，通过手术结束后反馈回来的数据，训练者可以找到手术过程中的不足，在下一次手术训练中加以改善，这样就确保了实际手术中的安全性。

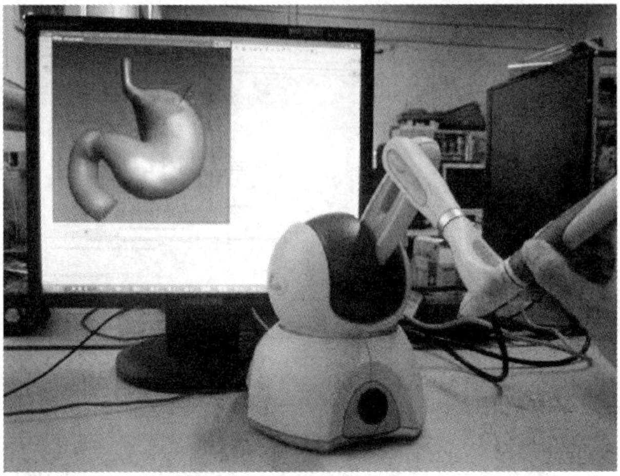

图4　虚拟手术模拟器

医学虚拟实验室是利用虚拟现实和互动技术，模仿实验室环境制作的融医学标本展示、手术教学于一体的医学教学平台。在这里，学生通过点击操作，选取动画人体的任何一个部分，就可以观察到切片造型。受工作环境的限制，学生很难亲临手术现场，通过动画手段，可以弥补这一不足，它既能够展示手术的流程和注意事项，还可以进行任意的放大缩小处理。学生借助这种方式学习，能够避开一切阻碍视觉的障碍物，详细观察到手术过程中人体器官的各种变化。

在远程诊断与手术中也大量运用了3D动漫技术和虚拟现实技术。远程手术诞生于美国航空航天局（NASA），其初衷是为了应对太空中突发意外事故，能够让地球上的医生通过无线通信技术对宇航员进行手术。在远程手术中医生对一个3D虚拟病人进行手术操作，通过网络将操作的信息传给远处的手术机器人，由机器人模仿医生的操作对病人实施手术，病人在手术过程中的各项生理数据通过网络反馈给医生，以便医生掌握手术情况，及时发出手术指令。

（三）新闻、广告领域

动漫技术在新闻、广告领域内的应用以动漫广告、模拟现场为代表。

广告的目的在于吸引注意力，以此唤起消费者的需求，从而触发消费者的实际消费行为。而动漫表现手法具有幽默、夸张、生动等品质，不仅通俗有趣易于接受，而且视觉识别率高，正好应合了广告的表达需要，所以在广告中运用动漫技术设计出独特的动漫形象，通过动漫手段进行宣传，将会取得意想不到的成功。在铺天盖地的广告中，我们早已对真人明星代言见怪不怪，相比较而言，动漫广告以它奇特的创意、活灵活现的表现手段，更能激发受众的新奇感，从而被轻松地接受，比如可口可乐的“酷儿”，易可贴的“意可仔”，光明的“牛”，等等。

随着互联网和3G通信的普及，网络动漫广告和手机动漫广告也在快速成长，动漫 Flash 广告因其制作简单，文件小，可以在网页上直接播放等特点，成为网络和手机广告中的新宠。相比需要较长时间缓冲才能看到一个完整的视频广告而言，动漫 Flash 广告能够以弹出窗口的形式，直接出现在受众眼前，快速流通和传播，同时也不会因为占用通信流量而招致受众的反感。

在新闻报道中，动漫通常被用来模拟案发现场，描述那些没有现场录像的突发性事件，比如交通事故、暴力事件、武装冲突。这些事件在短时间内发生，新闻工作者还未来得及拍摄就已经结束。相比较文字表述而言，动漫手段更加直观，很容易让观众了解事件发生的经过。

（四）教育培训领域

运用动漫技术制作出来的三维立体模型，具有直观性、生动性等特点，可以广泛应用于教育培训领域。它既可以展示宇宙空间中星球的运动轨迹、运行规律，又可以展示微观世界中分子的结构和形态，还可以展示动物在运动过程中身体形态的变化。将动漫技术运用到教育培训领域，可以使复杂的知识简单化、形象化，便于理解和掌握。比如以三维动漫技术展示的人体结构，抛开一切干扰因素，清晰地展示出人体器官分布、骨架结构以及血液循环的流程等，解决了人体教学中器官分布、血液循环呈现方式不直观、学生理解困难等难题。

美国的目标发现者网站（www. goalfinder. com），就是以动漫技术手段致力于传播知识和网络教育的优秀网站之一。该网站成立于1999年，专注于制作教学课件和复杂理论知识的动漫演示视频（science animation），它的奋斗目标是让知识传授变得有趣和引人入胜。该网站共包括化学、物理、数学、生物和人体系统5个专业门类，根据学科的需要，聘请拥有相关教育背景的专业人才从事视频的制作，比如工程师、自然科学硕士、自然科学博士、设计师、教师等。互联网用户可以在网站上免费浏览产品的内容说明和目录，以及部分演示视频，而如果用户想要获得完整的版本，就需要支付一定的费用。因为该网站采用了动漫技术这一先进的手段进行知识演示，比传统的知识传授方式更为直观，也更容易接受，所以该网站深受教师、学生和家长的喜爱，很多人愿意付费购买这些产品。

借助于动漫技术还可以制作出虚拟实验室，模仿实验室的环境和仪器，让学习者进行介入式操作训练。在虚拟实验室里，操作者可以利用各种虚拟的仪器和药品，根据教学安排完成相应的操作。由于虚拟实验室的数据库中已经贮存了现实环境中不同的操作程序、不同的化学试剂融合之后所得到的不同数据信息和实验结果，所以操作者会像在真正的实验室内一样，可以通过反复的尝试，根据虚拟实验室内得到的实验结果来调整实验步骤，以达到满意的实验效果。

中国传媒大学动画与数字艺术学院研发的“Chemical Luxury”就是这样一款集化学知识学习和娱乐于一体的优秀网页游戏。它以游戏的形式，轻松活泼地展示出化学反应的效果，既能进行虚拟的化学实验练习，学习化学知识，又能够和其他用户进行积极的互动，共同设计实验方案，交换化学试剂等。

网页游戏“Chemical Luxury”依托于初高中范围的化学知识，在游戏中为玩家设置不同的任务，比如制造氧气、提炼金属等，提供丰富的试剂和物品以供玩家作为原料，通过成功获取的物品可以放入实验室保存起来，或者到商店与其他玩家进行交易，以获得更多的反应原材料和个人装备，如果实验失败，玩家也会受到烟熏、爆炸等惩罚，甚至有生命危险。

该游戏主要的可玩点在于实时交互，玩家通过短时间判断选择，能立竿见影看到实验结果，此外借助 Flash 表现形式，化学实验全过程能够得到比较完美的展现，使学生在玩游戏的过程中学习到一些化学基本知识。

（五）体育训练领域

在体育训练领域，运动员可以运用虚拟现实系统进行虚拟动作训练，这样可以减少运动员在练习高难度运作过程中的损伤。借助于虚拟现实技术，运动员可以足不出户就获得与实地训练一样的体验，可以避免天气状况恶化、场地和器材不足等限制。动漫技术还可以用于运动员在练习过程中的运动轨迹和体态调整过程的捕捉，通过对比收集来的数据，使运动员能够选择最佳的姿态和动作调整时机。与一般的录像和运作回放相比，依靠动漫技术所收集的信息，更为直观，能够反复比对不同的完成过程中的关键点，也更加细致。通过虚拟现实，世界最高水平运动员的模拟成像也成为可能，这样一来，运动员在训练过程中就可以与世界最高水平运动员进行虚拟的对抗练习，获得与实战同样的效果，既可以积累比赛经验，也可以通过对抗发现对手的弱点和自己的不同，为实际比赛做准备。

（六）建筑、房地产领域

动漫技术在建筑、房地产领域内的运用，以建筑动画和虚拟室内设计效果展示为主，还包括古建筑复原和虚拟漫游等。所谓建筑动画就是根据楼房、园林、房间的规划设计图纸，采用动漫虚拟技术将楼盘外观、室内结构、小区环境等尚未建成的生活场景以三维立体图像的形式提前展示给观者，让人们轻松而清晰地了解楼盘建成后的样貌。利用三维动漫技术作为楼盘的展示工具，可以全方位地展示建筑物的内外部空间及功能，在宣传和销售时更容易使目标受众产生强烈的兴趣。

动漫技术还可以运用于室内装潢设计，设计者通过三维成像技术构建一个虚拟的房间，利用放大缩小工具，可以对房间的任何一个角落进行细致的设计，每一次修改变动之后的效果都直观地呈现在虚拟的房间内。设计者制作出来的三维设计图，可以让屋主清晰地看到房间装修之后的模样，设计者和屋主之间的交流沟通更加方便。

在房地产销售之外，房地产开发中的其他环节，比如设计、申报、审批等，对三维动画的需求也非常迫切。动漫技术在房地产领域中的运用，可以大大提高项目规划设计的质量，降低成本，也可以通过这种手段，加强相关部门对于项目的认知、了解和管理，极大地提升开发商获得合约的机会，便于项目的申报和中标。

图5　建筑虚拟效果图

动漫技术在建筑领域内运用的一个重要分支是古建筑复原。许多名垂千古的著名建筑，由于战火、自然灾害、年久失修等原因，湮没在历史的红尘中，我们难得再睹其壮观和富丽的容颜，比如阿房宫、圆明园、古希腊神殿等，它们只封存于各种文字记载之中。现今的三维虚拟技术为我们提供了恢复其样貌的手段。利用文字记载中的各种片断和细节，我们将这些描述形象化，通过立体成像技术制作成影像，就可以再睹其样貌，揭开其神迷的面纱。比如大型史诗型纪录片《圆明园》中就大量利用了三维成像技术，将圆明园的恢弘气势展现得淋漓尽致。此外，将三维建模技术与互动技术结合在一起，通过特殊的设备，我们可以在虚拟的场景中随意进出建筑物，穿梭时空一般，真正走进古人的生活环境。

图6　圆明园建筑复原3D成像

（七）工业制造领域

在工业、机械制造领域，动漫技术也有着广阔的应用前景，主要用于工业仿真、制作流程演示、机械设计、机械产品功能展示、机械组件构成、虚拟组装和拆卸、物理特性演示等。

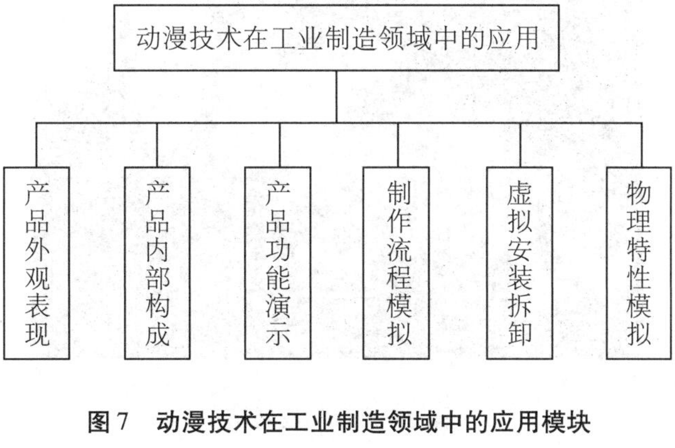

图7　动漫技术在工业制造领域中的应用模块

其运作的原理主要是采用三维立体技术模拟工业制作的整个流程，展示机械产品的外形、材料、零件和内部构成，还可以利用仿真和虚拟现实技术把机械设备的工作原理、性能特征、在不同环境下的运行特点、使用方法等一系列功能以实时动态的方式模拟出来，并能够利用互动技术进行虚拟的组装和拆卸训练。工业仿真和机械仿真系统具有展示方便、互动灵活、直观体验等特点，有利于产品的宣传和推广。它既能够灵活展示产品的外观、结构，而且可以让参观者参与互动，根据自己的需要而细致了解产品的功能。

图 8　电子产品仿真

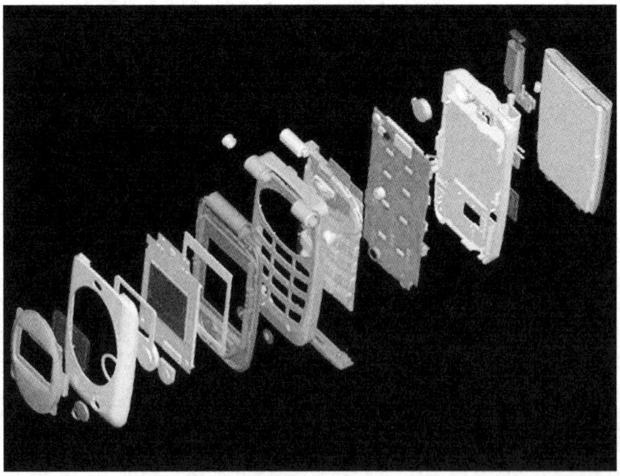

图 9　产品构成展示

通过以上动漫技术的跨界实践案例，我们可以看到动漫技术的应用前景是十分广阔的。随着动漫技术的进步，动漫这种活灵活现的表现形式将获得人们更多的青睐。通过动漫手段表现出来的传统内容，将因其现代的表现手法和展现形态，重新获得青年人的认可，比如2008年北京奥运会上，通过巨幅画轴所展现出来的美轮美奂的中国古典意象，2010年世博会上高调亮相的"清明上河图"所展现的动态汴梁古城。

在"大动漫"产业观的指导下，动漫创意产业的边界进一步扩大，它不但是以高新科技为辅助手段的内容产业，同时也是技术开发和技术应用的宝地。在强化以"内容"为主导的产业链开发的同时，我们也应认识到动漫创意产业多层次、多行业、全方位的盈利模式，形成多行业相融的大产业平台。在强调"内容"创新，打造高品质的动漫创意作品的同时，也应充分注意到动漫技术在其他行业中的应用前景，搭建动漫创意产业的高平台，让动漫技术快速高效地融入其他行业，扩大动漫技术的辐射圈。

实际上，不光上面所列的一些门类，其实包括工程设计、城市规划等一系列的部门，都十分需要动漫，特别是3D动漫的支持，动漫发展前景十分广阔。

四、结　语

需要再一次强调的是，我们提倡"大动漫"产业观，并非盲目地扩大动漫创意产业的边界，也不是要使动漫创意产业背离"内容产品开发"，而是在意识到我国动漫创意产业未来发展困境的前提下突破动漫创意产业发展瓶颈的应对之策。

"大动漫"产业观是在"小动漫"（艺术动漫）和"中动漫"（产业动漫）的基础上发展而来的。"大动漫"所强调的内容，依然包含"内容"和"技术"两个方面。就"内容"方面而言，就是要提倡内容创新，开发出更多优秀的动漫创意产品，丰富青少年群体的精神文化生活。就"技术"方面而言，就是要鼓励科技应用动漫的发展，将动漫技术广泛应用于军事、航空航天、医疗卫生、教育培训、工业设计、建筑等领域，扩大动漫技术的应用范围。这样做，一方面可以使动漫创意产业突破现有的狭小格局，不再停留于动漫创意产品和周边产品的生产、销售等环节，使动漫创意产业的发展道路更加开阔；另一方面，可以大大增加动漫人才的就业门类，拓宽动漫人才的就业渠道，缓解动漫人才的就业压力。

“大动漫”是动漫创意产业的未来发展趋势。我们相信，唯有“大动漫”才能开拓动漫创意产业的“大未来”。

原载《艺术百家》2012 年第 2 期。

国际文化创意产业伦理问题研究的内容与路径

我国文化创意产业发展迅速，而与之伴行的产业伦理的理论与实践却相对滞后，出现了与之相关的一系列道德伦理甚至犯罪问题，如文化产品的诚信问题，涉黄问题，青少年网瘾问题，电子诈骗问题，网络谣言问题，盗版泛滥问题，“有毒”信息问题，媒介职业道德失范问题，虚假新闻，新闻敲诈和新闻腐败问题，广告失德问题，明星吸毒、嫖娼、赌博等道德失范行为及对青少年影响问题，以及“人肉搜索”等一系列伦理问题，已经相当严重地影响到文化创意产业的健康发展。

面对文化创意产业伦理实践中的这些问题，我国学界与相关领域的理论和政策研究还处于落后状态。我们必须以落实中国特色社会主义核心价值为宗旨，深入研究和借鉴西方各国的相关理论成果，研究和转化中国传统伦理文化的深厚资源，全面探索我国文化创意产业伦理学的框架、概念、思路、对策和路径，并针对现实问题提出改革与发展的策略与探索。国际上对创意产业、创意经济中的伦理问题有十分深入的研究，值得我们大力关注与借鉴；这对于我们建设我国文化创意产业伦理学也具有重要意义。本文主要关注国际文化创意产业伦理问题研究的内容与路径。

我国文化产业市场化发展过程中，忽视或缺失了类似西方市场经济与新教伦理伴行的大环境，我国优秀的传统文化伦理和商业伦理被打倒或排斥，造成市场经济中文化伦理和法制观念的缺位与混乱。这一方面是由于我国市场经济发展时间短，市场化与法制化程度不高，特别是发展初期对人文价值忽视所致。另一方面，世界创意产业、创意经济的伦理问题许多也是在全球新技术、新媒介、新业态发展中产生的共同的新问题，迫切需要各国共同面对，共同解决。

国际上对创意产业、创意经济中的伦理问题有很多研究，值得我们大力关注与借鉴。比如从学术史来看，道尼尔·福雷（Donald Frey）2009 年的专著《美国的经济伦理家：竞争伦理学与经济学史》（*America's Economic Moralists：A History of Rival Ethics and Economics*）就对美国经济伦理学家以及他们对经济—伦理问题的争论进行了一番严肃的学术史的梳理，厘清了自殖民时代以来盛行于美国的“个人主义”和“集体主义”两种探讨商业和经济伦理的思维范式的发展轨迹，以跨学科的视角分析了美国经济史、宗教思想、伦理观念、政府政策以及公共文化等多方面的资料，揭示了美国这一全球最大经济体的商业、经济伦理现状的历史渊源。这本书，无论是其具体内容还是研究范式，对于我们梳理中国社会经济以及传统思想文化中的经济伦理脉络和重构应对当下现实问题的中国经济、商业伦理，特别是尝试建设一门文化创意产业伦理学，都有着重要的借鉴意义。

回到我国文化创意产业伦理问题研究这一主题，问题意识的产生，即当前我们为什么更加关注文化产业、创意产业的伦理问题，首先是问题倒逼的结果。近年来在国家的高度重视与大力扶持之下，文化产业的热度一直居高不下。然而，文化产业在急遽发展的同时也产生了诸多乱象，暴露了许多深层的结构性隐患。这些问题大多涉及产业和整个社会经济发展的伦理问题，不是单纯依赖经济或技术手段就能解决的。较我国而言，欧美国家以及日本等一些亚洲国家的文化产业和创意经济已经相对成熟，其相应的产业和经济伦理讨论与制度设计也更为先进，因此，从国内文化产业发展现状和全球文化产业的格局来看，借鉴他山之石，应该作为我国文化创意产业伦理问题研究的一个起点和重要领域。

一、国际文化产业、创意经济伦理研究对价值的追问

近年来，国内外一批文化创意产业从业者，特别是具有广泛影响力的影视明星、体育明星、网络红人、意见领袖等，大肆冲击公共伦理道德底线，

一些国际名人不断传出道德丑闻并涉嫌犯罪，严重影响了全社会的道德氛围，对青少年的影响更大。个人价值观、伦理观是文化产业、创意经济伦理学必须关注的首要问题。在当下社会伦理环境恶化的语境中，问题倒逼我们必须切实研究对策。

在这些文化经济伦理研究中，价值观、价值选择被放在文化经济学的首要位置。伦理学大师、哈佛神学院的拉尔夫－波特博士曾设计了一种道德推理模式——波特图式，或称波特方格，为我们今天文化创意产业从业者在面对困境时如何做出抉择提供了一种重要途径。波特图式是一种社会伦理模式，它将道德分析的四个方面纳入其中，即定义、价值、原则、忠诚。其核心应当是从业者的价值观、伦理准则和对谁忠诚或负责。在这里，价值观与伦理准则相对来讲具有普世价值，而对谁忠诚则是争议颇多的问题，比如新闻记者的职业责任与公共伦理的关系：对企业忠诚还是对社会负责？对更高的道德负责还是对商业和金钱俯首称臣？但更重要的是价值观和伦理准则。

为什么？戴维·思罗斯比在《经济学与文化》中提出："在经济学与文化者两个我们所关注的领域里，尽管起源不同，却都将价值概念视为事物估价的一种表述方式，不仅在静态或消极意义上，而且在动态或积极意义上，将其视为一种议价或交易现象。因此，在将经济学与文化者两个领域连在一起时，可以从价值入手，价值是链接经济学与文化的基石。"①

思罗斯比认为，我们关注文化产业、创意产业的伦理问题，是因为文化创意产品和文化服务具有特殊性质。"我们需要铭记的是，许多文化商品和文化服务事实上都是混合商品，它们兼具私人物品和公共物品的双重属性。"作为私人文化商品，消费者将为购买此商品付出相应的价格，这与购买其他类别的商品如大量的物质商品基本相同。但是文化创意产品和文化服务还有明显的公共产品的性质。它不同于一般商品，它有着极大的溢出效应。许多文化商品不是像物质商品那样在消费中被消耗掉了，像汽车，而是越消费价值

① 戴维·思罗斯比：《经济学与文化》，王志标等译，中国人民大学出版社2011年版，第20－21页。

越大，如电影、电视、文学、艺术、绘画、音乐作品，消费的人越多，商品的价值越高，而且还会产生长远的价值，包括商业价值、投资价值、增值价值，以及文化价值、社会价值、艺术价值、审美价值。作为公共产品的集体消费，就天然地具有了消费者共同关注的政治理念、社会价值、社会伦理、公民责任，乃至交往准则、道德底线、文化惯习、民族喜好和审美取向等一系列性质。另外，它的公共性质还在于与城市或社会的公共服务密切结合在一起，比如，大型剧院、体育场馆或音乐厅是作为一个城市的公共基础设施建设的，而后的运营则是市场化的——你去欣赏戏剧，就必须付费。

所以，思罗斯比强调指出："在宽泛的文化语境里界定价值需要遵循一条必不可少的原则，该原则意味着，（文化）价值代表了积极的而非消极的特征，导向了好的而非坏的、更好而非更糟的方面……用简单的享乐主义界定文化价值可能有失偏颇，甚至不够贴切。例如，价值产生于一定的道德和社会环境中，道德和社会环境可能促进人们对享乐原则的理解与接受，并可能影响人们对价值的阐释。"①

纵观国际上的相关研究，从探讨价值的角度展开的总体性研究大致包括两大类：一类是围绕文化产业的性质，特别是交叉地带带来的双重性，在产业或制度经济学以及公共管理、社会治理等学科领域内展开的针对经济伦理与相应政策、制度设计的宏观研究，例如莎拉·欧文·范德斯鲁伊（Sarah Owen Vandersluis）的专著《全球经济下的伦理学与文化政策》（*Ethics and Cultural Policy in a Global Economy*）就是在经济全球化的特殊语境下讨论文化政策的伦理维度。大卫·赫斯蒙德夫（David Hesmondhalgh）、安迪·普拉特（Andy C. Pratt）、苏珊·盖勒威（Susan Galloway）、斯图亚特·邓禄普（Stewart Dunlop）以及乔·卡斯特（Jo Caust）等人也撰文讨论过同一主题。这类研究也包括对传统文化——道德、宗教的要素对经济的影响的分析，例如《市场经济与天主教伦理》（*Market Economy and Christian Ethics*）一书就以批

① 戴维·思罗斯比：《经济学与文化》，王志标等译，中国人民大学出版社2011年版。

判的笔触分析了个体在市场经济中的身份与处境，并且指出了天主教会在市场经济中仍然扮演着重要的角色。

实际上，发达国家主要从产业经济学、制度经济学和政治经济学的范畴切入研究，涉及制度设计和公共管理、文化政策等学科和领域。对此进行了宏观和理论化研究的是彼得·格隆维根（Peter Groenewegen）出版于1996年的专著《经济学还是伦理学?》（*Economics and Ethics*?）和约翰·布鲁姆（John Broome）1999年在剑桥大学出版的《出自经济学的伦理学》（*Ethics Out of Economics*）。这两本专著从创意经济的宏观角度对经济伦理进行了深入探讨；更强调经济与产业运行中的伦理问题。萨拉·欧文·凡德留斯（Sarah Owen Vandersluis）于2003年出版的著作《全球经济中的伦理和文化政策》（*Ethics and Cultural Policy in a Global Economy*）则从经济全球化的角度讨论了文化政策的伦理维度。

另一类研究则从微观的视角讨论了一些具体的论题，例如安迪·班尼特（Andy Bennett）《后亚文化转向：十年后的一些反思》（“The Post-Subcultural Turn：Some Reflections 10 Years on”）一文在回顾青年亚文化和青少年发展的过程中对后亚文化理论（Post-Subcultural Theory）的批判。又如特里·弗卢（Terry Flew）针对发展文化产业的不同诉求所主导的两种政策制定模式：“主权（sovereignty）”和“软件（software）”的分析。

二、国际文化产业、创意经济对媒介伦理的高度关注

国内报载，21世纪网高管和少数记者以21世纪网为平台，以不报道负面新闻为诱饵，联合公关公司招揽广告客户。凡是与其签订广告协议的客户，网站就不再刊登其负面新闻，或删除已上网的负面报道。这种方式成为其经营思路，业内称之为收“保护费”。业内人士称，这种用所谓“广告费”换取“舆论安全”的行为，已经泛滥成灾，成为IPO公司、上市公司与媒体之间的“潜规则”。目前，21世纪网总裁等数人已被抓捕。

具有相当高知名度和影响力的21世纪网竟会沦落至此，着实让人震惊。21世纪网是国内公认的三大财经媒体之一——21世纪报系旗下专业的新闻网站，2010年7月16日改版上线。网站总裁刘冬兼任21世纪经济报道副主编，原21世纪经济报道财经版总监周斌任网站总编辑，网站有自己的采编团队。经过近4年的发展，21世纪网日均点击量超过200万次，成为国内最具影响力的专业财经新闻网站之一。媒介新闻道德沦丧，伦理生态恶化，灭天理，颂人欲！问题的严重性达到令人愤怒的程度。

其实，国外也有同样的丑闻。2002年3月，一位名叫米莉·道勒的13岁女孩被人绑架，以报道内幕闻名的《世界新闻报》曾雇佣私人侦探姆凯尔在案发后入侵道勒的手机语音信箱，窃听留言，还在信箱已满的情况下删除了部分留言。这一做法让警方和家属以为女孩还活着，但道勒实际上已经遇害，耽误了警方的搜救活动。

“窃听门”爆出后，英国舆论哗然，伦敦警方立即展开调查，调查包括与道勒一同遇害的女孩的电话是否也被窃听。此后有关《世界新闻报》更多的窃听行为被公之于众。伦敦警察局透露，《世界新闻报》窃听行为的受害者可能多达4000人，英国王室、社会名流、政坛要员、影视演员、体育明星、谋杀案受害者家属等都成为新闻报的窃听对象。其他如默多克新闻集团子报《太阳报》及《镜报》等都卷入窃听丑闻。

诸多主持人的性丑闻也令世界瞠目结舌。英国政府近日公布英国广播公司（BBC）已故主持人萨维尔性侵案调查报告。调查报告显示，萨维尔在50多年间性侵了数百名女性，受害者年龄最小的只有5岁，年龄最大的75岁。

过度商业化和利益至上扭曲了新闻媒介的社会公正和社会良心。大卫·赫斯蒙德夫在其著作《文化产业》中引用吉特林的研究，描述了西方媒介道德伦理的缺失：“自1990年以来NBC例行公事般地掩盖了其母公司的丑闻，《ABC新闻》的彼得·詹宁斯则掩盖了对迪斯尼的批评。在吉特林看来，最大的危险来自‘自我审查’：记者决定不追踪可能与公司文化相冲突的新闻事件；而新闻媒介则被用于宣传其所属集团的娱乐业务。”① 他指出，最近20年，从这些媒介公司所支持的利益群体以及他们在宣传或抑制社会公正追求上所扮演的潜在角色来看，一个清晰的答案就是：文化产业公司已成为其自身公司利益，特别是首要利益和整个商业利益的宣传者。②

在这里，媒介的社会公正与社会责任荡然无存，剩下的，是赤裸裸的金钱和利益。

与国内学者习惯在对媒介伦理进行研究时把伦理原则或道德规范作为首要的出路方案相比，国外的媒介伦理研究更倾向于内在德性的观念与对道德修养实践的关注。德性论认为伦理学的首要任务是告诉人们如何认识自己的生活目的，并为实现一种善的生活的内在目的而培植自我的品行与美德。

国际媒介伦理研究有丰富的理论资源和悠久的研究史。从古希腊时代开始，就有亚里士多德的中道之行的伦理观，康德的绝对律令，密尔等人的功利主义，罗尔斯的正义论，以及麦金泰尔等人的社群主义理论等。而奠基于这些原则体系的国外媒介伦理的规范建构也因其有着更为丰富的文化与价值内涵而超越了单纯的规范铺陈。

现代国外媒介伦理学的研究起步较早，并且已经基本建构起了比较完整的学科体系，媒介伦理研究中针对传统媒介的部分主要包括对传播内容的讨论和争议，媒介从业人员例如记者的职业操守；而与互联网等新兴媒介以及信息产业相关的内容，主要涉及隐私保护、信息安全以及频繁出现的媒体记者窃听等问题。

马修·基兰（Matthew Kieran）以及S. P. 裴克（S. P. Phadke）各自著有以媒介伦理为题的专著，均直面当代新媒体中诸多伦理问题和媒体人的职业道德操守，提出了关注与解决的方向与建议。斯蒂芬·沃德（Stephen

---

① 参见大卫·赫斯孟德夫《文化产业》，张菲娜译，中国人民大学出版社2007年版，第193页。

② 参见大卫·赫斯孟德夫《文化产业》，张菲娜译，中国人民大学出版社2007年版，第83－84页。

Ward)、凯特琳·隆比(Catharine Lumby)与埃尔斯佩思·普罗宾(Elspeth Probyn)的专著则分别从全球化和新媒体的新颖视角探讨了媒介伦理。

一些研究直接进入文化产业中的具体领域。以下三部著作分别从电影、摄影、电视和出版角度研究了伦理问题:霍华德·古德(Howard Good)和迈克尔·迪伦(Michael J. Dillon)的著作《关乎电影的媒介伦理学》集中探讨了作为重要媒介的电影中的道德伦理与电影突破传统、反叛创新的关系;拉里·格罗斯等人撰写了《影像伦理学:主体在图像、电影和电视中的道德权力》,更关注视觉文化中的道德伦理问题以及每一主体在创作与观影中的权力与底线;克利福德·克里斯坦等人撰写的《好新闻:社会伦理学与出版》,则从出版的角度出发,探讨出版作为媒介的伦理问题。

三、国际文化产业创意经济伦理研究关注发展与环境之间的矛盾

我国在文化产业大发展中,搭建各类旅游景点,在发展创意产业园区和小城镇建设名义下的"圈地运动",许多地方过度开发,破坏了原有的生态环境和人文环境。国际上的研究对此有强烈的抨击,并提出一系列保护环境的准则。

《联合国创意经济报告 2013》十分关注创意经济的发展与环境和文化遗产的开发、保护之间的平衡关系,该报告是教科文组织主持的特别版本,它与之前由世界贸易大会主编的《创意经济报告 2008》和《创意经济报告 2010》略有不同,更强调经济与文化的协调和平衡。它认为:"有必要在更大范围内剖析地方创意经济带来的经济及非经济利益与促成变革的各项因素之间的关系。"这也正是"联合国系统 2015 年后联合国发展议程工作组"在 2012 年的报告《实现我们希望人人享有的未来》中提出的挑战:"迫切需要找到鼓励创造和创新的发展新途径,力争实现包容、公平和可持续的增长与发展。"《联合国创意经济报告 2013》大力提倡从全球伦理和人文角度来审视创意经济,将创造力视为某种具象、灵动、能够影响多种产业和活动的特征。

提出了大量从实地经验、技术援助和项目管理活动，以及非洲、阿拉伯国家、亚洲和太平洋、拉丁美洲和加勒比的学术研究和专家论文中获取的例证，来寻求产业经济与社会公平、人文诉求的协调和平衡。联合国另一个报告《2013 年人类发展报告——南方的崛起：多样化世界的人类进程》（“The 2013 Human Development Report—The Rise of the South：Human Progress in a Diverse World”）则强调发展中国家与发达国家在经济、文化、资源上的协调和平衡：“150 年来第一次，发展中国家的三大领衔经济体（巴西、中国和印度）的总产出与北方国家（加拿大、法国、德国、意大利、英国和美国）长年工业力量的 GDP 总额相同。”这就是世界范围内的经济平衡与发展伦理问题。

开发与保护的矛盾是国际文化产业和创意经济伦理问题研究的一个重要主题，揭示出国外研究较强的政策应用性和操作，也体现了借鉴其研究成果和经验对于中国完善制度、法规和具体操作的实际价值。这方面的代表性专著如《评估自然?：伦理学、经济学和环境》（*Valuing Nature?：Ethics，Economics and the Environment*）、《经济学、伦理学和环境政策：争议性的选择》（*Economics，Ethics，and Environmental Policy：Contested Choices*）以及《环境伦理和公司》（*Environment Ethics and the Corporation*）。三者关注的都是自然生态的价值，并且在此基础上进一步讨论了产业经济和环境的协调发展以及相应的环境政策的价值选择。相关的学术论文就更多了，此处略去不述。

四、创意经济伦理学高度关注知识产权保护与盗版问题

与文化生态环境和遗产保护一样，知识产权保护是一个文化创意产业伦理学重要的研究主题，同时，知识产权和相应的反盗版问题也是文化产业发展的一个核心问题。侵犯知识产权、盗版，是世界文化产业创意经济发展的毒瘤、无形资产保护的困境；知识产权保护是文化产业发展的最重要保障；建设与维护共同参与的维护知识产权的伦理氛围和法律保护体系，是全球共

同努力的目标。

目前，盗版、信息盗取、黑客入侵、破坏网络程序、网络诈骗、设置病毒以及电子商务间谍等问题泛滥，全球知识产权保护困难重重。尤其是在数字化、互联网、移动网的现实环境下问题更是触目惊心。2013 年，斯诺登揭露美国疯狂进行信息盗取，不仅在政治上产生恶劣影响，在经济上、伦理上、道德上也产生了大量负面影响，并有可能引致全球创意经济伦理秩序混乱。

世界知识产权组织创意产业发展部副主任迪米特·甘特雪夫指出："盗版十分地猖獗，已经影响到与版权相关的行业，影响这个产业的可持续发展。当然，盗版还有很多其他的负面影响，并不能靠一个单独的政策来解决，需要一个全面的应对。当然需要很多公司、行业、网络的内容服务商还有一些法制人员的参与，一些公平的技术保护措施和完善的法律框架将会起到重要的作用。"①

甘特雪夫认为，保护知识产权对于创意产业的发展意义重大。它"在创意经济当中有三个作用，首先它是一个知识因素，可以帮助创作者获得自己作品的回报，这样创作者就有了动力，有了激励机制，创作了就可以得到回报。第二个功能，它体现了一个市场运营的框架，你需要有一定的规则，能够建立起来创意产业如何运作。版权也可以被看作是这样一个框架，或者说是建立一个游戏规则。第三，版权界定清楚，就可以把它作为一个衡量创意产业的标准，来了解它对于国际经济产生的影响"②。

国际知识产权保护的研究是中国需要重点借鉴的一个方面。2011 年，欧盟经济和社会委员会以及地区委员会发布《在知识产权单一市场化下，推动创造力和创新能力为欧洲带来经济增长和提供高质量的就业岗位，以及提供一流的产品和服务报告》（2011—2020），强调在创意经济中进一步加强知识产权保护对于欧盟各国的重大意义。

---

① 《甘特雪夫：知识产权是促进创意产业的重要因子》，载新浪网，2010 年 9 月 18 日。

② 金元浦、甘特雪夫：《创意产业·知识产权·盗版》，载《甘肃社会科学》2013 年第 5 期。

报告陈述，有组织和大规模的知识产权侵权已经成为一个全球性的现象，正在引起全世界的关注。经合组织2009研究报告估计，假冒商品的国际贸易增长在2000年刚刚超过1000亿美元，到2007年更是达到了2500亿美元，这一数额超过约150个国家的国内生产总值。欧盟委员会公布的数据显示，从2005年到2009年，欧盟边境登记在册的疑似知识产权侵权货物案件量从26704件增至43572件，5年间，同比增长超过60%。

报告指出："知识产权侵权剥夺欧盟创造的应获利益，阻碍创新，损害竞争力，破坏就业，减少公共财政，并可能威胁到欧盟公民的健康和安全。经济和商业研究中心开展的一项研究强调，假冒和盗版所造成的损失可能会使欧盟每年减少80亿欧元的国内生产总值。假冒也会为有组织的犯罪集团带来大量的利润，并且因为鼓励企业间的非法行为，扭曲内部市场竞争。"

报告还特别强调了当今高科技条件下知识产权的保护："欧洲内部知识产权的实施和它的执行范畴依然还不完善。新科技发展的时代对如何预防使用那些未经授权的受保护作品带来了挑战。到目前为止，欧盟知识产权的执法框架并没有与新数字化的环境相匹配。欧盟的政策要适应数字化时代，那些为消费者提供数码产品内容的具有吸引力和可行性的政策法规，必须与进一步加强知识产权执法的其他措施并行。而且，推动和保护知识产权不能止步在欧盟范围内。在全球化贸易流动的背景下，这些问题变得更加紧迫。知识产权是欧盟在新兴市场竞争力的重要资本构成。"①

面对当代科技发展现实的急剧变化，一些作者反复探讨技术、伦理和经济三者的关系，试图妥善处理新的现实条件下技术发展、伦理失序和经济复苏三者的关系。

保护知识产权还需法律武器。基斯·玛斯库斯（Keith Maskus）出版于2012的专著《私权与公共问题：21世纪知识产权的全球经济学》（*Private*

① 欧盟经济和社会委员会、地区委员会：《在知识产权单一市场化下，推动创造力和创新能力为欧洲带来经济增长和提供高质量的就业岗位，以及提供一流的产品和服务报告》（2011—2020）。

Rights and Public Problems: *The Global Economics of Intellectual Property in the 21st Century*）和詹姆斯·英格利士（James English）的专著《声誉的经济：奖项、荣誉和文化价值的传播》（*Economy of Prestige*: *Prizes*, *Awards*, *and the Circulation of Cultural Value*）等大量偏于法律的著作，讨论和研究了知识产权保护和反盗版措施。而肯尼斯·艾纳·西玛（Kenneth Einar Himma）的《信息伦理》（*Information Ethics*）和亚当·莫尔（Adam Moore）的《信息伦理：隐私、财产和权力》（*Information Ethics*: *Privacy*, *Property*, *and Power*）以及塞斯·海姆林克（Cees Hamelink）的《赛博空间的伦理》（*Ethics of Cyberspace*）等著作则着重研究了赛博伦理、信息伦理、信息安全、防止黑客入侵等新兴产业的文化伦理问题。同时，为提高从业人员的职业道德和伦理意识，西玛等人还编写了《信息与计算机伦理指南》（*Handbook of Information and Computer Ethics*）等通俗读本，以教育培养更多新从业者。

五、文化经济发展与文化遗产和非遗之间的矛盾

当代文化创意产业的发展一直存在着产业的发展与历史文化遗产保护之间的矛盾。现代世界以工业化为主体的现代化发展，取得了巨大的成就，但也存在着无视、损害乃至破坏历史遗产和文化传统的严峻问题，甚至犯下不可挽回的罪责。当代文化创意产业的发展，在保护人类文化遗产上也出现了一系列问题，如假造文化遗迹、景点过度开发、文化遗产失传等文化伦理问题，导致历史断裂，传统消失，地域特色文化无存，多样性人文失去光辉。

国际上关于文化伦理的研究中，有关人文传承和遗产保护的文献与著作十分丰富。这些研究针对文化遗产和非遗保护中的问题，批判过度商业化，勾画人文前景，推动了文化多样性的发展。

2001年，联合国教科文组织发表了《世界文化多样性宣言》（“Universal Declaration on Cultural Diversity”）（以下简称《宣言》），把保护历史文化多样性提升到“道德律令”的高度。《宣言》指出，文化是一个社会或族群的一

整套精神的、器物的、智力的和情感的特征，除文学艺术之外，还包括生活方式、共同生活准则、价值体系、传统和信仰。文化多样性对于人类来讲就像生物多样性对于维持生物平衡那样必不可少。从这个意义上说，文化多样性是人类的共同遗产，应当从当代人和子孙后代的利益考虑，保护、改善和传承那些记录着人类经验和理想的一切形式的文化遗产，以便促进多种多样的创造力，鼓励文化间的真正的对话。《宣言》认为，保护文化多样性意味着对人权、自由和尊严的承诺，特别是对少数族群和土著居民权利的承诺。每个人都有权用自己选择的语言，特别是用母语来表达思想、创作并传播作品。《宣言》还特别强调，目前世界上文化物品的流通和交换存在着失衡现象是对文化多样性的一种威胁，必须加强国际协作和团结，以使所有国家，特别是发展中国家和转型期国家，建立在国内和国际上都能够生存的、有竞争力的文化产业。①

与文化创意产业有着千丝万缕联系的非物质文化遗产，一开始就存在着文化性与产业性之间的矛盾。联合国教科文组织于2003 年10 月17 日第32 届大会通过了《保护非物质文化遗产公约》（“Convention For the Safeguarding of the Intangible Cultural Heritage”），使得世界保护非物质文化遗产和人类文化的多样性获得了明确的法律保证。《保护非物质文化遗产公约》认为：“非物质文化遗产，指被各社区、群体，有时是个人，视为其文化遗产组成部分的各种社会实践、观念表述、表现形式、知识、技能以及相关的工具、实物、手工艺品和文化场所。这种非物质文化遗产世代相传，在各社区和群体适应周围环境以及与自然和历史的互动中，被不断地再创造，为这些社区和群体提供认同感和持续感，从而增强对文化多样性和人类创造力的尊重。在本公约中，只考虑符合现有的国际人权文件，各社区、群体和个人之间相互尊重的需要和顺应可持续发展的非物质文化遗产。”② 在文化创意产业的市场化、商业化、产业化发展中如何关注非物质文化遗产的保护、再生、革新和创新，

① 参见联合国教科文组织2001 年《世界文化多样性宣言》。
② 参见联合国教科文组织2003 年《保护非物质文化遗产公约》。

如何适度地与当下的市场经济融合发展，并保存其历史性、民族性、人文性，及其多样化形态，是文化经济伦理学必须关注的课题。

国外对于文化产业发展的伦理问题的研究比较注重创意经济与文化的协调发展，特别关注应用领域，关注实用性和操作性。这对于中国完善制度、法规和具体操作具有很强的借鉴性。约翰·福斯特（John L. Foster）在其专著 *Valuing Nature?: Ethics, Economics and the Enviroment* 中讨论自然生态的价值，关注伦理、产业经济和环境的协调；丹尼尔·布鲁姆雷和约尼·帕沃拉（Daniel W. Bromley and Jouni Paavola）也关注同样的问题：经济、伦理与环境政策的选择（*Economics, Ethics, and Environmental Policy: Contested Choices*）。

在大量相关文献中，有两份报告特别值得关注，一是 S. 费什（S. Fisch）在 2008 年发表的《历史遗产长期保护的政府管理，一份比较报告》（"National Approaches to the Governance of Historical Heritage over Time. A Comparative Report"），其中细致总结了十多个发达国家历史遗迹保护的政策和措施。另一份则是世界银行在 2001 年发布的类似报告，不同的是其内容针对的是中东和北非地区。梅兰妮·霍尔（Melanie Hall）2011 年的新著总结了 1870 年到 1930 年间遗产保护运动的历史根源，探索了遗产、文化与身份三者间的关系，该书有助于国内学者和政策制定者理解国际文化遗产保护现状的历史和思想渊源。另外两位专家、学者则从具体问题着眼：罗伯特·谢泼德（Robert Shepherd）讨论了文化遗产地旅游开发，而基斯·霍华德（Keith Howard）则介绍东亚地区作为无形文化遗产的音乐传统并探讨了相关传统的保护。

总体来看，我们对西方的相关伦理研究，要服务于建构适用于当下中国文化与产业发展的文化创意产业伦理的制度与政策体系，更要服务于长远培育中华民族审美文化伦理结构的宏大目标。

这是一个需要几代人不懈努力的工作。

参考文献

[1] FREY D E. America's Economic Moralists: A History of Rival Ethics and

Economics [M]. New York: State University of New York Press, 2009.

[2] 戴维·思罗斯比. 经济学与文化 [M]. 王志标，等，译. 北京：中国人民大学出版社，2011.

[3] VANDERSLUIS S O. Ethics and Cultural Policy in a Global Economy [M]. London: Palgrave Macmillan, 2004.

[4] HESMONDHALGH D, PRATT A C. CulturalIndustries and Cultural Policy [J]. International Journal of Cultural Policy, 2005, 11 (1).

[5] HESMONDHALGH D. Media and Cultural Policy as Public Policy [J]. International Journal of Cultural Policy. 2005, 11 (1).

[6] GALLOWAY S, DUNLOP S. A Critiqueof Definitionsofthe Culturaland Creative Industriesin Public Policy [J]. International Journal of Cultural Policy, 2007, 13 (1).

[7] CAUST J. Putting the "Art" Back Into Arts Policy Making: How Arts Policy Has Been "Captured" by the Economists and the Marketers [J]. International Journal of Cultural Policy, 2003, 9 (1).

[8] BENNETT A. ThePost-Subcultural Turn: Some Reflections 10 Years on [J]. Journal of Youth Studies, 2011, 14 (5).

[9] FLEW T. SovereigntyandSoftware [J]. International Journal of Cultural Policy, 2005, 11 (3).

[10] WARD S. Global Media Ethics: Problems and Perspectives [M]. New Jersey: John Wiley & Sons, 2013.

[11] LUMBY C, PROBYN E. Remote Control: New Media, New Ethics [M]. Cambridge: Cambridge University Press, 2003.

[12] GOOD H, DILLON M J. Media Ethics Goes to the Movies [M]. New York: Greenwood Press, 2002.

[13] GOOD H, DILLON M J. Image Ethics: The Moral Rights of Subjects in Photographs, Film, and Television [M]. Oxford: Oxford University Press, 1991.

[14] CHRISTIANS C G, FERRE J P, FACKLER P M. Good News: Social Ethics and the Press [M]. New York: Oxford University Press, USA, 1993.

[15] FOSTER J L. Valuing Nature?: Ethics, Economics and the Environment [M]. New York: Routledge, 1997.

[16] BROMLEY D W, PAAVOLA J. Economics, Ethics, and Environmental Policy: Contested Choices [M]. New Jersey: John Wiley & Sons, 2008.

[17] LEDGERWOOD G, BROADHURST A. Environment Ethics and the Corporation [M]. London: Palgrave Macmillan, 2000.

[18] MASKUS K. Private Rights and Public Problems: The Global Economics of Intellectual Property in the 21st Century [M]. Washington: Peterson Institute for International Economics, 2012.

[19] ENGLISH J F. Economy of Prestige: Prizes, Awards, and the Circulation of Cultural Value [M]. Boston: Harvard University Press, 2005.

[20] HIMMA K E. InformationEthics [M]. Emerald Group Publishing Ltd., 2007.

[21] HIMMA K E, TAVAI H T. Handbook of Information and Computer Ethics [M]. New Jersey: John Wiley & Sons, 2008.

[22] MOORE A D. Information Ethics: Privacy, Property, and Power [M]. Washington: University of Washington Press, 2013.

[23] HAMELINK C J. Ethics of Cyberspace [M]. SAGE Publications Inc. (US), 2000.

[24] FISCH S. National Approaches to the Governance of Historical Heritage over Time. A Comparative Report [M]. Amsterdam: IOS Press, 2008.

[25] World Bank Staff. Cultural Heritage & Development: A Framework for Action in the Middle East & North Africa [M]. Washington: World Bank Publications, 2001.

[26] HALL M. Heritage, Culture and Identity: Towards World Heritage:

International Origins of the Preservation Movement, 1870 – 1930 [M] . Aldershot: Ashgate Publishing Ltd. , 2011.

[27] SHEPHERD R. Asian Thought and Culture, Volume 69: Partners in Paradise: Tourism Practices, Heritage Policies, and Anthropological Sites [M]. New York: Peter Lang Publishing, 2011.

[28] HOWARD K. SOAS Musicology Series: Music as Intangible Cultural Heritage Policy Ideology and Practice in the Preservation of East Asian Traditions [M] . Aldershot: Ashgate Publishing Ltd. , 2012.

原载《山东社会科学》2015 年第 2 期。

消费引领：补齐我国文化产业发展的短板

文化产品与服务的消费问题是当前中国文化产业发展的瓶颈，是当前中国文化产业、文化经济必须特别关注并大力解决的问题。我国公民文化消费的增长，与欧美发达国家有所不同。由于发展阶段和发展方式，我国的文化消费一直疲软。扩大文化消费，增加文化消费总量，提高文化消费水平，是文化产业发展的内生动力，是当前推动文化产业发展的关键环节和重要着力点。而文化消费引领首先要将消费者置于市场主体的位置，从市场的角度探讨消费者的文化需求，以文化消费的需求来引领文化产业的发展。

十八大后的第一个中央经济工作会议强调：要推动经济持续健康发展，要求尊重经济规律，保持有质量、有效益、可持续的速度，要求在不断转变经济发展方式、不断优化经济结构中实现增长。强调要牢牢把握扩大内需这一战略基点，培育一批拉动力强的消费增长点，增强消费对经济增长的基础作用。这对整个中国文化产业的发展无疑具有重要的指导意义。

当扩大内需成为一国经济增长的内在需要时，我们必须更加注重发挥消费的拉动作用。在汽车、住房消费经历了几年的“井喷”之后，今后我国居民消费的持续热点在哪里？作为经济改革转型升级的产业高端形态的文化产业，应当成为进一步改革的目标产业形态。发展服务业，应该发挥文化产业的“领头羊”作用。

一、文化产业如何扩大内需

从宏观经济学基本分析框架来看，影响产业增长的三大因素——投资、消费、产品输出在我国文化创意产业发展中发挥着重要作用。从目前现状来看，以创意地产和造城运动为主的投资驱动占据重要地位，文化旅游等遍地开花；文化产品的输出则呈现两极化状态：一方面是我国成为文化制造类商品的头号国际出口国，另一方面是我国原创文化产品占国际文化出口产品的份额很小。尤其需要看到的是，我国文化消费的低迷，是我国文化创意产业发展的瓶颈。按照“木桶理论”，一个产业的发展水平，是以最短的那块“木板”来确定的。文化消费作为我国文化产业发展的短板，制约了整个产业的可持续发展，也制约了产业链循环发展的运营机制。要使“木桶”盛水量增加，只有将短板加长。也就是说，我们必须改善供需关系，大力推动文化市场的“活跃度”，全面推动我国文化消费的发展。

消费是我国经济发展中最弱的一极，这与我国改革开放30多年来主要实行外向型经济和投资拉动战略有密切关系。我国的文化产业，与我国整体经济的发展一致，是自上而下、政府大力推动的结果。

推动我国文化消费的发展，首先要将消费者置于市场主体的位置，从市场的角度探讨消费者的文化需求，以文化消费的需求来引领文化产业的发展。但是，我国公民的文化消费的增长与欧美发达国家的经验有所不同。

为什么?

首先，我国的文化消费市场发育迟缓是与我国经济社会发展的阶段、层次、程度和水平相关。改革开放30多年以来，我国国民经济GDP以年平均两位数的高速度发展，创造了当今世界的经济奇迹。但是国民收入的普遍增长却低于经济增长的速度。毫无疑问，收入与消费有着直接的、确定的关联效应，而文化消费总是在消费的更高阶段、更高层次展开。由于长期贫困、经济落后，文化消费的经济支付能力薄弱，我国国民普遍将文化消费视为软消费，即可有可无的消费。文化消费很难形成必要消费、固定消费，更难成为充分消费。

根据发达国家的经验，人均GDP到达1000美元，文化产品和文化服务的消费将有一个显著提升，人均GDP到达3000美元，国民的文化产品消费将会有较大的增长，人均GDP达到5000美元以上，文化消费将有爆发式的增长。这与欧美国家高福利、高保障、低储蓄、高消费的经济运行方式以及消费环境、消费心理、消费习惯密切相关。我国的文化消费，在人均 GDP 到达 1000 美元时，几乎没有显现出文化消费的增长，在人均 GDP 到达 3000 美元时，我国消费者的文化产品消费也没有发生显著增长，更没有爆发式的增长。我国人均图书消费 20 年没有大幅度增长，图书出版业的重要支撑是各级教材特别是中小学教材及其辅导书，包括学龄前儿童的学习用书。这从一个侧面反映了我国国民文化消费的尴尬局面。

二、西方国家的文化消费状况

那么，世界其他国家的文化消费情况是怎样的呢？

《2013 国际统计年鉴》的“居民消费支出构成”提供了世界一些主要国家居民的消费状况，其中发达国家的休闲与文化消费大致占整个消费的 10% 左右，是住房水电之外最大的支出。

表 1　西方国家休闲与文化消费支出占比

单位：%

国家和地区	年份	休闲与文化消费支出占比
澳大利亚	2010	10.74
奥地利	2010	10.68
比利时	2011	9.01
加拿大	2010	9.85
捷克	2011	9.77
丹麦	2011	10.94
芬兰	2011	11.30
法国	2011	8.37
德国	2011	8.94
希腊	2011	5.63

续表

国家和地区	年份	休闲与文化消费支出占比
匈牙利	2011	7.49
冰岛	2011	10.61
爱尔兰	2010	6.86
意大利	2011	7.27
日本	2010	10.37
韩国	2011	7.79
卢森堡	2011	6.86
墨西哥	2010	4.97
荷兰	2011	10.02
挪威	2010	12.58
波兰	2010	7.76
葡萄牙	2011	7.19
斯洛伐克	2011	9.50
西班牙	2011	8.07
瑞典	2011	11.07
瑞士	2010	8.38
英国	2011	10.76
美国	2011	9.23
爱沙尼亚	2011	6.37
以色列	2010	7.77
斯洛文尼亚	2011	8.70

在欧盟文化经济统计中可以看出欧盟国家国民参与文化活动的情形：参观历史遗迹（宫殿、城堡、教堂、花园）占比最多，看电影的消费最普遍，其中体力劳动者参与最多。欧盟各国参观博物馆、画廊、去音乐会、去公共图书馆、去剧院的比例都在三四成。

表2　2007年欧盟27国文化活动参与情况

单位：%

	全部	女性	体力劳动者	退休人群
参观历史遗迹（宫殿、城堡、教堂、花园等）	54	53	53	42
去看电影	51	50	57	20
参观博物馆或画廊	41	41	35	31
去音乐会	37	36	35	25
去公共图书馆	35	37	28	23
去剧院	32	34	24	25
看芭蕾和舞蹈表演或歌剧	18	19	13	15

资料来源：欧洲统计局（2007）。

不同国家的统计机构采用不同的分类方法来统计文化消费状况。美国的文化消费不仅包括软件，也包括一些硬件，如收音机与音响设备，不仅包括有形文化产品，也包括无形的文化服务。美国的娱乐消费远高于我国国民的文化娱乐消费。

表3　2004年美国平均消费支出

单位：美元

全部娱乐消费	2218
电影、戏剧、歌剧、芭蕾舞剧入场费	92
视频游戏硬件与软件	18
录影带和碟片	43
收音机与音响设备	135
全部阅读消费	130
图书	50
报刊订阅	42
杂志订阅	15

资料来源：美国劳工部劳工统计局，消费支出调查：娱乐类选摘。

表4　2001—2005 年美国国内生产总值和文化产品与服务消费支出的百分比变化

单位:%

国内生产总值	11.7
个人消费支出	13.5
娱乐消费支出	31.1
表演艺术活动入场费	1.9
电影入场费	6.9
书籍与地图	19.6
杂志、报纸和活页乐谱	14.0
音视频产品	52.1
商业文娱活动	21.6

资料来源：美国商务部经济分析局。

表5　2003—2004 年度澳大利亚平均每周文化产品与服务家庭消费支出

单位：澳元

文学	8.43
音乐	1.65
表演艺术	1.59
视觉艺术与工艺产品	1.66
广播、电子媒介和电影	7.87
其他艺术	1.86
文化遗产	0.39
其他文化	12.94
总计	36.40

资料来源：澳大利亚统计局（2008）。

表6　2006年爱尔兰艺术活动出席情况

单位：%

活动类型	参与人口的比例
主流电影	57
戏剧	30
摇滚或流行音乐	28
露天街头剧院/公开展示	19
传统爱尔兰音乐或民间音乐	19
单口喜剧	18
音乐剧	17
杂耍表演/哑剧	16
艺术展览	15
马戏	13
乡村与西部音乐	10
传统/民间舞蹈	8
爵士乐/布鲁斯	7
古典音乐会或独奏会	7
艺术电影	5
世界音乐	5
读物	5
歌剧	4
现代舞	3
芭蕾	2
其他现场音乐演出	17
其他舞蹈表演	7

资料来源：欧洲理事会/欧洲艺术文化政策比较研究协会（2008）。

从以上数据可以看出，欧洲文化产品与服务的消费支出数据涵盖的项目几乎差不多，但不完全一样，他们是用欧元和 PPS，即能反映欧共体内部不同水平的 GDP 和价格的购买力标准来表述的。[①]

2003—2004 年度澳大利亚家庭总支出的 4% 花费在文化产品与服务上。[②]表 3 显示了澳大利亚人每周在艺术与文化方面的支出；和美国的数据一样，它们也包括了诸如乐器和电视机等项目。

从总体看，西方各国的文化消费普遍高于我国，不论是总量、个人或家庭的平均量。从类别来看，西方发达国家国民的文化需求较为旺盛、稳定；文化消费呈现多元化特征。比如爱尔兰的文化消费，既有传统的主流电影、戏剧，也有摇滚或流行音乐与露天街头剧院/公开展示，还有两成民众喜欢传统爱尔兰的民间音乐、单口喜剧，乃至杂耍表演/哑剧，表明了不同的消费趣向和选择的多样性。

同时，我们看到，西方发达国家文化消费的市场机制较为完善，国民的文化消费习惯已经形成，消费渠道畅通；各国的文化经济的链条完整，文化消费的上下游连为一体，运行有致。

三、消费疲软——中国文化消费的基本特点及其原因

我国文化需求的满足分为两个部分，即公共服务类文化产品的提供与市场化文化产品与服务的消费。这与我国文化发展的基本分类密切相关。我国文化发展分为文化事业与文化产业，从总体看是公共文化服务体系与文化创意产业市场运营体系这两个对位性的系统建构起来的。这个构架正在初步建立中。

发展公共文化服务、构建公共文化服务体系是实施以人为本、保障公民基本文化权力，提升公民文化素养，构建和谐社会的必要形式；是适应当代世界潮流，建设现代民主国家的必由之路；是提高文化软实力，实现文化大

---

① 资料来源：欧盟统计局（2007）。

② 资料来源：澳大利亚统计局（2008）。2003—2004 年度 1 澳元大约相当于 1.3 美元。

发展大繁荣的重要途径；它的主导取向是政府提供资金，以满足大多数公民的基本文化需求，提供具有普遍需求的基础文化服务；非营利、公益性是其重要特征。发展市场导向的文化创意产业则是向我国公民提供更加丰富多样的多种档次的文化商品，通过市场消费，满足不同层次公民的多样化、个性化需求。产业在市场化的发展中不断壮大，全面提升文化自身的造血功能，并为公共文化服务体系积累资金，培育文明，开拓道路。

从经济学的角度来看，文化消费主要是在市场经济的环境中实现。文化产品的购买者——听众、访客和观众都是“消费者”，他们购买了某件商品，如音乐会的门票、出外旅游观光，或者买了图书，都是文化消费行为。

为什么我国的文化消费一直疲软？特别是在我国国民较大幅度提升了收入水平之后，为什么仍然不能、不敢或不愿进行文化消费呢？这是因为我国国民一方面受制于长期的贫困、灾难、危机的集体记忆和对突发事件的恐惧，不敢多花钱，更不敢乱花钱，宁愿多存些钱以备不时之需。另一方面，我国国民在经济上的多重压力导致更“软”的文化消费没有提上日程。这些压力包括以下方面：

一是由于医疗保障和养老保障制度还不够完善，极易“一病回到解放前”，也有不少国民忧虑养老困难，必须留足资金过“奈何桥”。

二是购房压力巨大，高企的房价让人望而生畏。中国已成为全世界住房相对价格最高的国家之一。为了买房，国人倾尽几十年积蓄；为了贷款买房，人们不得不抵押后30年的生命与幸福，为银行打工，成为房奴。中国人从农耕社会走来，“居者有其屋”是最普遍最基本的诉求。这一“有”，不是租有，而是拥有。与西方不同，中国人信奉“有恒产者有恒心”，要成家、立业、立人，首先要有房。而西方发达国家的房屋自有率远低于中国很多城市。

三是家庭教育，这是另一个具有中国特色的沉重负担。血缘宗族文化的千年积淀，让中国普通百姓更看重教育，推崇教育，希望借教育改变个人身份、家庭经济与社会地位。历史上的科举制度和当今的高考制度，相对合理地拓宽了社会纵向流动的通道，给普通国民提供了上升的机会。所以，为了家族，为了后代，中国父母愿意并舍得在教育上大幅投资，愿意节衣缩食，倾尽全力，为孩子谋一个光明的前途。名目繁多的少儿教育、课外教育，择校就学的暗箱操作，特别是国外留学教育的无底深洞，让某些发达国家钵满盆溢，却让国内家长倾囊付出，致使自己不敢“自由”消费。文化这种花钱的软消费，往往都在砍削之列。

另外，长期以来，由于我国市场经济发育晚，实施时间短，我国国民总是将文化看作公共“活动”，缺乏文化的市场化消费观念。特别是长期的计划经济，文化艺术的计划供应，政府埋单，公款包揽，无偿获得文化服务与文化产品成为一种惯例，没有形成整个社会的文化艺术的市场化消费习惯。比如实行了几十年的文艺调演，多年实行赠票制，各种名目的慰问演出大都由政府筹资或摊派，延续了供给制时代的文工团演出模式。普通公民没有建立起文化艺术市场化的消费观，而把能够送票、“被送票”看成是一种特权，把通过关系搞到票看成是有办法，有“能水”。大型的、较为高端的文艺演出，甚至成为一个地区政府各机构以及个人之间的关系润滑剂和利益交换方式。这种做法甚至蔓延到国外去，我国的歌唱家、演艺团体在国外的演出常常采用赠票方式，改变了所在国的艺术消费方式，导致外国观众形成观看中国演出的“免费”习惯和“关系”模式。

同时，由于整个民族实用主义生存观念根深蒂固，市场经济又教会了人们以钱生钱，房产生钱、股市生钱，个体审美的、艺术的、文化鉴赏的教育与涵养普遍被忽视，号称文明古国的我国国民文化普遍水平和审美艺术教育处于较低状态。高考指挥棒下中学教育的偏科与“消灭”副科现象，致使我国国民相应的审美艺术与人文能力普遍缺乏。即使是今天普遍风行的高额的儿童校外班艺术教育，也具有很强的功利色彩（如考大学加分等）。

把一个有数千年历史的农业国改变为一个现代化国家，进而成为一个后工业时代的科学发展的国家，其中的跨越之巨、跨越之难，举世罕有。

四、期待一个新的文化消费时代来临

从宏观上看，我国文化产业、文化经济、创意产业的发展与西方发达国家不同。这种不同在于，西方发达国家发展文化产业是自下而上的，即由市场需求推动的；而中国文化产业是自上而下的，是通过前瞻性规划在全国全面推动的。

西方发达国家文化产业、文化经济、创意经济是在全球化背景下由市场推动的，是市场导向、需求导向的，是消费引领的，是消费者长期形成并不断创新的文化需求推动的。比如影响全球的欧美大众流行文化，美国的电影市场、欧洲的戏剧市场、日本的动漫市场、韩国的游戏娱乐市场，都是首先是社会产生了需求，需求推动消费，消费拉动市场，市场引发产业的兴旺，并激发创意的风起。

作为赶超型后发国家，中国敏锐地把握到世界文化产业、文化经济、创意产业蓬勃发展的大趋势，看到了弯道超车的重大机遇，在我国文化发展理论界的研究与呼吁下，达成了广泛的社会共识，最终在党的十六大确定了发展文化产业的大政方针。在过去的十多年中，在党和中央政府的战略决策特别是十七届六中全会的大力推动下，我国文化创意产业获得了前所未有的发展。战略决策、规划布局、党政督办、政策引导、财政鼓励是这一阶段的主要举措，政绩冲动、匆忙上马、贪大求速、短期效应往往是不少地区文化产业发展的基本态势，地产为本、大项目牵头、政商协作、各取所需是一些地方推动文化产业发展的基本方式。然而在这一方式，没有考虑或设计文化产业发展链条的根本一环——文化的市场的消费。文化产业的发展往往是城市主官选择与拍板的结果，偏于贪大求奇，偏爱面子工程，很少考虑从市场效应、消费者需求出发。在文化创意（原创）—内容生产（生产商、产品供应商）—渠道传播（传播企业、传播方式）—贸易营销（营销企业、营销途径）—消费体验（消费者）的产业链中，如何实现产业链的最终闭合，形成良性循环，取决于消费。没有人消费，没有人埋单，所有此前各个环节的努力都没有意义。比如我国许多地方建成的“古城”“古迹”等，建成之日便成“鬼城”“鬼景”。只有在市场化前提下，消费者掏出真金白银，才能使文化产品真正成为商品进入文化市场的循环之中，才能激发创意，促进产业发展。

但是，提振我国的文化消费却是十分艰难的。

从消费者个体需要来看，在我国广大地区，特别是中低收入地区，文化消费被广泛认为是可有可无的软需求。改革开放之前长期的经济发展滞后，物质缺乏，吃穿用住的基本需求得不到满足，恩格尔系数高达70%～80%，导致人们尤其是大部分1940—1960年出生的人群往往留有深重的灾难记忆，舍不得花钱，更愿意储蓄，以备各种突发危机之需。所以，这部分人群往往缺乏文化消费意愿，由于教育程度不高与审美、艺术修养缺乏，也没有建立起牢固的文化消费习惯。

同时，过去长期形成的计划经济体制，形成了文化需求可以免费获得的集体共识，长期的计划经济和宣传方式产生了强大的滞后影响。人们觉得观看艺术表演、收看电视等，都应该是免费的。

然而，在逐步解决医疗、养老、住房等事关基本需要的保障后，我国国民文化消费的意识、习惯和能力将会大幅提升。只要中国经济继续平稳发展，我国未来3～5年文化消费的较大增长甚至“爆发式”增长也是可以预期的。

2011年我国人均GDP到达5000美元，我国文化旅游等初级消费有了一个较为显著的增长。2012年，我国人均GDP到达6300美元，文化产品消费初显“爆发式”增长的迹象。这从十一长假旅游，“光棍节”“双十二”大规模网络消费，特别是电影《泰囧》《致我们逝去的青春》，甚至《小时代》系列的热映中可以看出若干端倪。

文化消费的主内容正在变化。2013年1—5月，文化创意产业创造的一系列文化消费的新形态、新目标凸显出来，如新新媒体：博客控、手机控、微博控、微信控、电商购物狂、物联网等，促使人们形成了新的消费态度和消费习惯，与传统的消费模式大相径庭。

文化消费的主力军也发生了代际转换。改变我国传统的消费/储蓄习惯是十分困难的。我国公民的文化消费是通过代际转换实现的。“75”后、“80”后、“90”后开始成为文化消费的主要组成部分，并将替代之前的我国老一代文化消费主体。掌握并利用消费的必需性、必然性、时尚性、流行性、社会性以及品位的个人性、生活质量的高追求性等已经提上议事日程。消费的取向、趣味、审美/审丑，已经很大程度上影响着消费的市场格局。

文化创意产业的消费与以往制造业产品和生活日用品消费有所不同。新文化需求需要涵养、激发和带动。它往往不是以销定产，而常常是以供给创新扩大文化消费，即以产创需、以创引需、以新导需，以产谋销。

五、消费券，促进文化消费的一种途径

消费源于需求。有消费意愿，却可能因受制于收入等因素而无法实现；有潜在消费意愿和能力，却可能由于鉴赏能力和趣味等尚未得到开发、培育与激励而不予实施。

所以，在我国目前文化消费还处于低迷的状况下，加强文化与审美教育，提升全民族的文化与审美素养，涵养文化消费市场，培育一大批文化消费者，笔者认为，发放文化消费激励券（卡），是一种可以尝试的途径。

对此，发达国家已有多年实践，已积累了不少经验。英国文化经济学的领跑者鲍莫尔和鲍恩就曾提议采用文化抵用券来培育公民文化消费习惯。而英国、荷兰等发达国家也实施过通过发放消费券促进文化消费的实践。

对消费券做出深入研究并实施的是艾伦·皮科克教授。他是英国经济学家，专攻福利经济学和公共选择理论，曾任 BBC 资助委员会主席、苏格兰艺术委员会（英国艺术委员会的成员之一）主席，并因为这一领域的杰出贡献在 1987 年被英国女王授予爵士爵位。他 1993 年出版的书《自食其果》（*Paying the Piper*）对经济与给艺术机构发放补贴的复杂性之间的张力提供了一个

独特的视角。

早在1969年，皮科克教授就已经讨论过艺术抵用券的使用，认为艺术抵用券可作为解决贫苦消费者获得艺术教育的途径。抵用券的经济依据是，在不改变资源分配的情况，获得重新分配消费力的机会，就如把补贴直接给生产商一样。作为补贴分发方式的抵用券对“古典自由主义者”如皮科克来说有几个优点：是抵用券把决定享用什么艺术的权利留在消费者手中而不是那些“家长式文化垄断机构”的手中（如艺术委员会），部分地解决了长期以来困扰人们的艺术补贴问题，即那些高雅文化艺术吸引了生活更富裕的消费者，他们从税收转移中比那些相对贫穷的纳税人获得了更多的利益。除此以外，艺术机构也不必为了有资格获得拨款而取悦资助机构，因为抵用券让它们可以对消费者索取商业价格；可以使用消费券的艺术机构从发放部门兑现消费券的价值，因而获得补贴。结果是只要艺术机构的产品能够吸引消费者就能生存下去。抵用券计划可以限制在具有资质的艺术机构里，证书是帮助消费者识别的标志。抵用券的发放可以限定一个目标群体，比如年轻人或老年人，在荷兰就是通过学校向学生发放的。

发放文化消费激励卡，有其积极意义，对于文化消费长期疲软的我国来说更有必要性。

发放文化消费激励卡，一是可以涵养和培育文化消费市场，建立正常的可持续的文化消费秩序和消费形态；二是面向中低收入人群，鼓励和支持那些支付能力差的群体，让他们获得更多文化消费的机会，体现社会公平；三是培育和提升全民族的文化艺术鉴赏能力，培育懂得欣赏音乐美的耳朵，培育能够欣赏形式美的眼睛，培育能够参与文化艺术创造的一代新人。面向儿童和青少年发放，让他们走进音乐厅、国家大剧院，走进科技馆、艺术馆，走进画廊，购买书籍，观看电影、电视、动漫，培育文化消费的意愿、习惯，建立畅通的消费渠道。但是，发放文化消费激励卡是否会加剧非市场文化消费因素，对于文化产业的健康发展是否大有助益？对该问题，西方国家在实行中也是争议不断。

如何解决这一悖论？北京在全国率先进行了尝试。

北京文资委按照计划，将于 2013 年 9 月中旬，向市民发放 100 万张“文化惠民卡”（简称“文惠卡”），完成 1000 家商户加盟；未来三年内，将发放 300 万张，实现 3000 家商户加盟。今后北京地区消费者持文惠卡可在电影剧院、书店、图书馆、博物馆、文化景点、教育培训、电子商务等多类文化消费场所使用，并可享受特定折扣，获得相应数额的积分。积分累积到一定额度可兑换礼品，还可参加月度、季度和年度抽奖。消费者可通过“文惠卡”网站、手机客户端、微信平台来申领“文惠卡”，也可就近到办卡点直接申领。

这一措施希望通过为企业搭建更宽广的销售平台来惠民。问题是，参与“文惠卡”活动的企业都必须打折，这一要求是被迫的，还是自愿的？如果是被迫的，谁有这样的权力？这一平台的广告效应和经济效应如何实现？如果是自愿的，那加盟后的必须打的最低折扣是多少？如果折扣很大，厂家达不到效益，如果折扣很小，消费者是否买账，因而能否达到惠民的最初目的？

可见，消费券的发放必须根据实际情况，根据文化艺术消费状况，选择合适的阶段、不同的激励内容和不同的方式。我们还是期待北京的尝试结出丰硕的成果。

参考文献

［1］TOWSE R. A Textbook of Cultural Economics［M］. Cambridge：Cambridge Unversity Press，2010.

［2］詹姆斯·海尔布伦，查尔斯·M. 格雷．艺术文化经济学版［M］．詹正茂，等，译．北京：中国人民大学出版社，2007.

［3］大卫·赫斯蒙德夫．文化产业［M］．张菲娜，译．北京：中国人民大学出版社，2007.

原载《同济大学学报》（社会科学版）2013 年第 5 期。

2014 北京市文化消费指数实证调查与分析[①]

消费是我国经济发展的短板，文化消费是文化创意产业发展的短板。补齐这一短板，促进文化消费，是贯彻十八大三中全会精神，加快转变首都经济发展方式的重要支撑，是发挥首都全国文化中心示范作用的重要抓手，也是满足和塑造北京市民精神文化需求的重要途径。

为此，中国人民大学文化创意产业研究所“文化消费指数与调研课题组”完成了北京文化消费指数研究和文化消费现状调查。本项目的指标设定从数据的获取方式来分主要分为定量指标和定性指标。全部的总量指标和大部分的相对指标主要是定量指标，这些指标值根据统计报表与普查统计资料，采取直接计算法（对研究对象用直接的计数、点数和测量等方法，登记各单位的具体数值加以汇总）与间接推算法（采用社会经济现象之间的平衡关系、因果关系、比例关系或利用非全面调查资料进行推算的方法）获得。本调研中的定性指标，主要是通过调查问卷和专家访谈咨询的方式获得：通过对定性问题进行分析，设计调查问卷，对问卷获得的数据进行统计分析，得到定性指标的指标值。

一、北京市文化消费指数研究设定与调查分析

文化消费指数既是把握北京文化消费特点，多角度寻求文化消费发展突破点的必然选择，也是充分考量文化消费主客体，构建文化消费要素链模型，全方位把握北京市文化消费结构，立体式为政府文化产业政策制定提供依据

① 刘敏博士为第二作者。

的创新之举。北京市文化消费指标体系的确立和北京市文化消费指数的拟合，对于摸清消费现状，抓住特点、问题，全面指导和推进北京市文化消费和文化创意产业的整体发展具有重要作用。

课题组从哲学、经济学、文化学、心理学、商品学、营销学、消费学等跨学科综合研究的高度，以首都当前文化消费的现实为出发点，从主客体多方面进行考察和设计：既考虑到文化消费的客观环境、文化产品和服务及其供给，也充分考虑到文化消费者的需求，从而引申出文化消费主体的实际文化消费行为、满意度以及后续的消费信心。课题组综合社会心理学的“消费行为模式理论”，消费者行为学的“消费者购买意愿与消费能力理论”“供给涵养和影响消费理论”以及“消费者满意度理论”，提出“文化消费要素链”（见图1）。

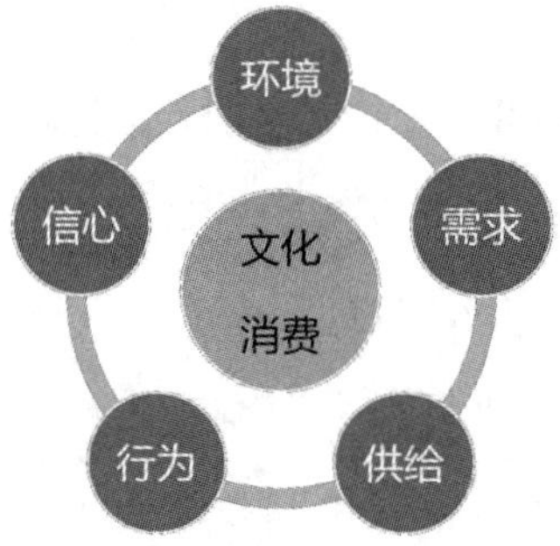

图1　需求—供给—行为—信心—环境

“文化消费要素链”着眼于文化消费的关键因素，借鉴管理学中的供应链要素管理，旨在将文化消费的关键因素形成完整的一个“链”，以生动反映文化消费过程中文化消费主体与客体之间复杂的相互联系与作用。在此基础上构建了由“需求、供给、行为、信心和环境”五大部分构成的北京市文化消费水平评价体系。

总的来说，五大一级指标既从宏观视角出发，把握了文化消费的整体情况，又从微观角度着眼，关注了个体的文化消费行为；既从环境、供给、行为三大方面综合刻画、度量文化消费的客观情况，又加入了需求和信心指标，以反映文化消费主体的主观意愿、消费体验和评价。而贯穿于五大一级指标之中的，则是“文化消费要素链”，即典型的文化消费个体的文化消费进程：处于某一宏观环境，观察到文化消费需求，考虑自身的文化产业供给，做出文化消费抉择，对文化消费体验做出评价，并对后续文化消费形成预期。如此，五大一级指标的设计是完备的、充分的，可以涵盖文化消费的各个方面。

二、2014北京市文化消费综合指数

（一）作为全国文化中心，北京文化创意产业一直领先于全国

2013年，北京规模以上文化创意产业收入达10022亿元，同比增长7.6%，从业人员达到104.7万人，是引领全国文化创意产业高速发展的“火车头”。北京的文化消费也在全国基于领先地位。

2013年末，北京市常住人口2114.8万人，其中，城镇人口1825.1万人，占常住人口的比重为86.3%。按照北京市居民月均文化消费支出（不含家庭子女义务教育费用）为355.47元，北京市常住人口居民文化消费总量为902.1亿元，其中，城镇居民文化消费总量为795.01亿元。北京作为全国的文化政治中心，流动人口来京的文化消费量不可小估，2013年国内来京旅游人数达到1.475亿人次，考虑到探亲访友、就医疗养、购物、参加会议或从事经济、文化、体育、宗教活动的来京人数，北京市文化消费总量应不低于2000亿元。

（二）文化消费占地区生产总值的比重

2013年，北京市地区生产总值19500.6亿元，经测算，2013年北京常住人口居民文化消费占地区生产总值的比重为4.63%。考虑到北京作为全国的文化政治中心，流动人口来京的文化消费量不可小估，因此，北京市文化消费总量占地区生产总值的比重不低于10%（不含教育费用）。一方面，北京

正在推出文化惠民消费季和“文惠卡”等一系列措施，推动文化创意产业和文化消费发展，促进居民各项文化消费有序进行；另一方面，作为亚洲新兴经济体——中国的首都，北京也正在逐步缩小与亚洲四小龙之间在经济、文化特别是消费等方面的差距。

（三）潜在文化消费量与文化消费缺口

2013年末，北京人均GDP已经达到15052美元，恩格尔系数进一步降低。文化消费潜力巨大。经测算，北京市目前拥有2280.42亿元的潜在文化消费量和1378.38亿元的文化消费缺口。本研究中将居民储蓄量纳入潜在文化消费量的计算，衡量了北京市整体的文化消费潜力。党的十八大指出，建设小康社会更多要依靠消费拉动，采取各种措施激发市民的消费潜力。北京市拥有如此巨大的潜在消费量和消费缺口，这些潜在的消费量对北京的文化消费市场乃至北京整体经济发展有巨大的拉动作用。深入挖掘居民的文化消费潜力，使居民能够将“储蓄”转化为“消费”，真正实现“文化消费需求拉动经济增长”的目的。

（四）财政支持度

北京市文化消费市场的财政支持度为0.1086，即每扩大一单位文化消费市场产品生产，分享政府财政投入0.1086单位。2013年，财政下拨用于支持文化产业发展的专项资金为48亿元，比2012年增长了41.18%，大多用于文化消费产品全产业链和市场建设。随着财政支持度不断增大，将为文化消费市场建设带来利好信号。

（五）北京市文化消费五大特征

北京市文化消费主要呈现出以下五大特征，一是城镇居民家庭文化消费水平逐年提高，二是教育支出占文化消费支出的比重最大，三是文化娱乐用品支出呈现下降趋势，四是文化娱乐服务支出增长迅速，五是高低收入家庭文化消费水平差异变化较大。同时，北京市不同群体文化消费能力呈现出以下一些显著特点。第一，不同区县居民每月文化相关活动消费支出集中在50～300元区间；第二，城镇居民每月人均文化消费支出363元，农村居民每月人均文化消费支出335元，城镇居民的月均文化消费支出高于农村居民，但差别不大；第三，低收入居民的人均每月文化相关活动消费支出仅为214.16元，而中等收入和高收入的消费支出则分别为336.53元和566.67元，不同收入组居民之间消费支出差距较大；第四，26～35岁年龄组居民月均文化消费支出最大，消费支出达到389元；第五，北京市常住和流动人口的文化消费支出总体存在显著差异，常住人口的月均文化消费支出为356元，高于流动人口的319元。

北京市文化消费指数综合得分71.91，其中文化环境指数得分81，需求指数得分72.66，供给指数得分65.16，行为指数得分72.88，信心指数得分66.11。从综合指数情况来看，北京市文化消费指数综合得分71.91，朝阳、西城、东城和海淀四区处于领先地位。从环境来看，北京市文化消费环境指数得分最高，为81，与北京丰富的文化资源和文化氛围、良好的经济环境、稳定的治安环境高度关联，同时，空气污染、拥堵等问题也成为北京市文化消费环境的不利因素。分区县来看，西城区、昌平区及朝阳区文化消费环境较优，各区县得分几乎都在70分以上，且差异较小。从需求来看，北京市文化消费需求指数得分为72.66，石景山区、朝阳区和西城区的需求指数领先于其他区县，高于北京市平均水平。从供给来看，北京市文化消费供给指数得分最低，为65.16，供给作为文化要素链上的重要一环，反映北京市文化消费市场供给不足、供给效率偏低或文化产品消费不对路的状况。城六区供给指数领先于其他区县，城六区中仅石景山区得分相对较低。从消费行为来看，北京市文化消费行为指数得分为72.9，仅低于环境指数。其中，怀柔区的行为指数明显领先于其他区县，高出第二名昌平区5.38分，门头沟、海淀、朝阳、延庆、平谷和东城的行为指数得分较高，在北京市平均水平以上。从消费信心来看，北京市文化消费信心指数得分为66.14，仅高于排名最低的供给指数，信心指数较低与北京市居民对当前全国的经济形势乐观度以及当前的文化消费满意度有较大关系。分区县情况来看，信心指数最高的区县基本上都是位于城市发展新区和生态涵养区，城六区文化消费信心指数反而较低。

经测算，第一，按照北京市居民月均文化消费支出（不含家庭子女义务教育费用）为355.47元，北京市常住人口居民文化消费总量为902.1亿元，其中，城镇居民文化消费总量为795.01亿元。考虑到北京作为全国的文化政治中心，流动人口来京的文化消费量不可小估，北京市文化消费总量将不低于2000亿元。第二，北京市地区生产总值19500.6亿元，经测算，2013年北京常住人口居民文化消费占地区生产总值的比重为4.63%（未计入流动人口消费），加上流动人口消费，北京市文化消费总量实际上占地区生产总值的比重为10%以上。第三，北京市常住人口居民拥有2280.42亿元的潜在文化消费量和1378.38亿元的文化消费缺口。第四，北京市文化消费市场的财政支持度为0.1086，即每扩大一单位文化消费市场产品的生产，分享政府财政投入0.1086个单位。

基于以上分析和判断，我们认为，尽管北京市文化消费增长存在抑制影响因素，经济下行压力较大，但是在北京人均GDP已经达到15052美元，恩格尔系数进一步降低的背景下，新一代青年消费者成为消费主力，习惯性储蓄传统正在改变，新的更适合对路的文化创意产品正在迅速增多。未来三年，北京文化消费将迎来新的高增长期。一方面，高学历和高收入人群对文化消费拉动大；另一方面，文化消费的精神需求属性越来越明显。因此，全方位、多层次的文化消费政策对于优化和改善全市文化消费总体环境、调整和升级全市文化产品供给结构，以及全面提升居民文化消费信心和能力具有积极影响。

三、北京市各区县文化消费综合指数分析

（一）朝阳、西城、东城和海淀四区文化消费指数处于领先地位

从文化消费综合指数情况来看（见表1），朝阳、西城、东城和海淀4个区县同属第一梯队，综合得分指数大于74，其中，朝阳以77.2位列第一，西城、东城和海淀分列二到四位，相互差距不大，高出北京市平均水平3～4分；通州和石景山依靠较高的文化消费需求跻身综合排名前十；丰台和昌平在文化消费环境方面优势明显，并且这两个区县分别在文化消费供给和文化消费行为上表现较好；顺义和房山两区则是依靠较高的文化消费信心带动综合排名进入前十。延庆县名列最后，文化消费能力综合指数不足69分，低于得分最高的朝阳区将近10分，同北京市平均水平相比也低3.68分。说明北京市各区县文化消费综合指数存在较大差异，各区县文化消费能力有明显不同。

表1　北京市各区县文化消费指数结果表

综合得分排名	综合得分	地区	环境	需求	供给	行为	信心
	71.91	北京市	81.00	72.66	65.16	72.88	66.11
1	77.20	朝阳	84.11	74.85	78.93	76.28	69.58
2	75.30	西城	87.89	73.89	77.99	67.64	67.73
3	75.02	东城	75.39	65.52	80.82	73.58	58.86
4	74.76	海淀	76.00	66.19	65.64	76.33	67.67
5	72.93	通州	76.32	72.65	69.13	67.17	65.98
6	72.64	丰台	82.80	70.88	80.77	66.87	65.25
7	72.32	昌平	86.65	70.55	57.66	79.25	61.94
8	71.73	石景山	78.75	75.05	58.81	71.74	69.88
9	71.68	顺义	76.41	68.62	55.86	73.12	71.82

续表

综合得分排名	综合得分	地区	环境	需求	供给	行为	信心
10	71.25	房山	71.36	67.77	53.95	68.93	68.99
11	71.08	密云	79.19	63.18	48.47	67.80	59.54
12	70.97	大兴	83.66	63.23	48.09	70.47	84.93
13	70.07	怀柔	71.91	63.40	51.17	84.63	71.82
14	69.44	门头沟	72.89	68.18	49.55	78.79	70.30
15	69.22	平谷	82.90	70.16	51.66	74.91	78.92
16	68.23	延庆	75.20	63.05	53.59	75.38	71.17

（二）文化消费水平与经济发展同步

经济较发达和人民生活水平较高的城区在文化消费水平方面同样也有一定的优势。北京市城六区经济相对最为发达，文化消费水平表现也最为突出。而对于平谷区、延庆县等生态涵养发展区，经济较城六区和城市发展新区相对落后，其文化消费综合指数排名也都相对较低。对于这些城区来说，充分挖掘自身资源，打造特色文化产业，有助于推动文化消费能力的提升，从而增强其经济实力。

（三）北京市中心六大城区文化消费差异较大

根据北京市中心六大城区的文化消费综合指数来看，各城区也表现出来的较大的差异。朝阳区以 77.2 分远高于其他城区，而排名最后的石景山区的文化消费能力综合指数仅为 71.73 分，与朝阳区相比低 5.47 分，而且石景山区得分更是在北京市平均得分之下；丰台区得分也相对较低，仅有 72.64 分，略高于北京市平均得分水平。

从文化消费指数的二级指标来看，北京市城六区各区县之间也存在较大的差异，得分极差都在 10 以上，文化消费供给得分更是高达 22.01。朝阳区是中心六城区中各二级指标得分最均衡的城区，虽然各二级指标得分没有位列第一的，但是在各区中排名均优势较为明显，巩固了在六城区中文化消费能力排名第一的地位；西城区的文化消费环境得分在中心六城区最高，但是在文化消费行为指标处于落后地位；东城区在文化消费供给上拥有绝对优势，但是在文化消费环境、需求和信心这三个方面存在短板；海淀区在文化消费行为方面拥有较强驱动力，但是在文化消费环境、需求和供给这三方面略显不足；石景山区在文化消费需求和文化消费信心这两个方面优势明显，但是在文化消费供给方面制约明显，与城六区其他地区差距较大。由此可以看出，北京市中心六大城区的文化消费能力存在较大差异，为推动各城区文化消费能力的提升，需要各城区分别整合相关文化产业资源，突出城区特色，同时，需要政府加大文化消费宣传力度，根据各地区的短板所在，出台针对性强的政策，支持文化产业发展，从而推动城区经济发展。

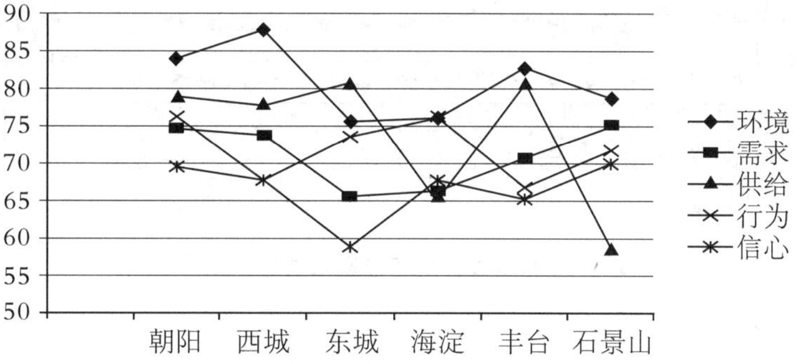

图 2　北京市中心六大城区居民文化消费指数结构图

四、北京市文化消费指数的结构分析

一地区居民的文化消费能力决定于这一地区的文化消费指数，主要包括文化消费环境指数、文化消费需求指数、文化消费供给指数、文化消费行为指数以及文化消费信心指数等。北京各城区的文化消费指数情况见图 3。

（一）各区县居民文化消费指数具有一定的区域特征

从总体上来看，北京市各区县居民的文化消费指数存在一定差距，区域特征较为明显，经济发展水平较高的区县各文化消费二级指数相比具有较为明显的优势，特别是文化消费供给指数，与经济发展水平存在较高的正向相关关系，而且在各区县之间差异较大。但我们也可以看到，文化需求指数的差异在各区县之间较小，说明各区县居民均对文化需求存在较为相似的诉求，这正是政府大力发展文化消费产业的基础。文化消费环境指数、文化消费行为指数以及文化消费信心指数也呈现出一定差异，表现出了较为明显的区域特征。

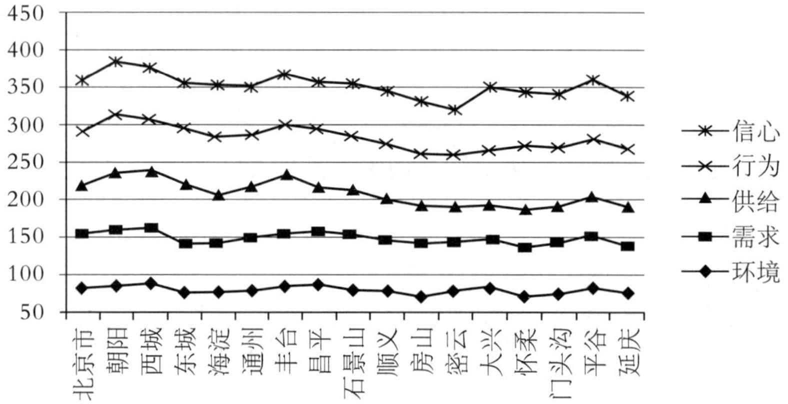

图3 北京市各区县居民文化消费指数分析

（二）北京市各区县居民文化消费环境指数差异较小

北京市各区县居民的文化消费环境指数得分几乎都在70以上，各区县差异较小。西城区的文化消费环境指数领先于其他区县，达到87.89分，高出北京市平均水平6.89分，与排名最低的房山区相比，也只高出16.53分。昌平区、朝阳区、大兴区、平谷区和丰台区的得分均在80以上，高于北京市平均水平，与其良好的空气环境和愈发便捷的交通有着重要关系。这主要体现为各区县对北京极为丰富的文化资源、历史资源、非遗资源和浓厚的文化氛围的自信，另一方面也反映了对包括自然环境、文化市场环境的期许。

表 2　北京各地区环境指数结果表

地区	环境	排名	经济环境	排名	政策环境	社会环境	排名	自然环境	排名
西城	87.89	1	81.04	3	90.00	63.14	10	67.50	8
昌平	86.65	2	70.99	9	90.00	66.31	9	60.75	9
朝阳	84.11	3	82.38	1	90.00	39.83	16	54.00	13
大兴	83.66	4	72.59	8	90.00	42.68	14	83.70	1
平谷	82.90	5	69.00	11	90.00	77.18	3	83.25	3
丰台	82.80	6	74.00	7	90.00	50.75	12	74.25	6
密云	79.19	7	65.75	16	90.00	45.41	13	87.75	2
石景山	78.75	8	76.86	5	90.00	74.27	5	60.00	11
顺义	76.41	9	68.30	13	90.00	76.09	4	69.00	7
通州	76.32	10	76.19	6	90.00	73.64	6	38.25	16
海淀	76.00	11	81.11	2	90.00	89.40	1	54.00	14
东城	75.39	12	80.14	4	90.00	40.48	15	51.00	15
延庆	75.20	13	66.50	15	90.00	73.34	7	81.00	4
门头沟	72.89	14	68.46	12	90.00	69.26	8	76.50	5
怀柔	71.91	15	70.28	10	90.00	80.91	2	56.25	12
房山	71.36	16	68.24	14	90.00	57.88	11	60.75	10
北京市	81.00		78.34		90.00	63.01		66.00	

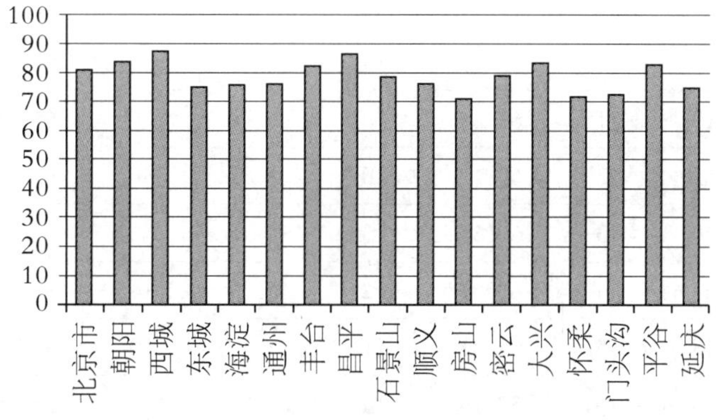

图 4　北京市各区县居民文化消费环境指数分析

（三）北京市各区县居民文化消费需求指数差异不明显

北京市各区县居民的文化消费需求指数大都集中在60～70分之间，各区县差异较小。石景山区的文化消费需求指数领先于其他区县，达到75.05分，仅高于北京市平均水平2.39分，与排名最低的延庆县相比，高出12分。朝阳区和西城区的得分略高于北京市平均水平。说明北京市各区县居民均有较大的文化消费需求，区域特征并不明显。

表3　北京各地区需求指数结果表

地区	需求	排名	能力	排名	意愿	排名	组织化程度	排名
石景山	75.05	1	80.40	2	69.94	5	79.20	1
朝阳	74.85	2	74.09	4	67.17	11	77.40	3
西城	73.89	3	69.23	8	70.69	3	67.50	6
通州	72.65	4	83.81	1	54.81	16	65.25	9
丰台	70.88	5	69.45	7	66.95	12	78.75	2
昌平	70.55	6	74.37	3	71.25	2	72.00	4
平谷	70.16	7	55.00	16	64.16	15	60.75	14
顺义	68.62	8	69.63	6	69.24	8	72.00	5
门头沟	68.18	9	70.02	5	71.35	1	65.25	10
房山	67.77	10	59.01	14	66.34	13	67.50	7
海淀	66.19	11	63.83	9	69.74	6	65.25	11
东城	65.52	12	62.12	10	68.75	9	65.25	12
怀柔	63.40	13	60.35	13	70.12	4	58.50	15
大兴	63.23	14	60.51	12	65.57	14	58.50	16
密云	63.18	15	61.41	11	68.11	10	67.50	8
延庆	63.05	16	57.14	15	69.38	7	65.25	13
北京市	72.66		79.14		65.92		69.89	

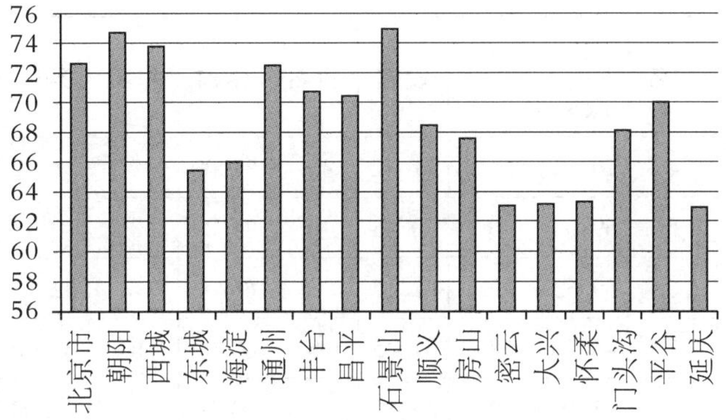

图5　北京市各区县居民文化消费需求指数分析

（四）北京市城六区文化消费供给指数领先于其他区县

北京市城六区的文化消费供给指数领先于其他区县，城六区中仅石景山区得分相对较低，仅为58.81，其他五区均在65以上，东城区和丰台区得分更是在80分以上。东城区得分较高，达到了80.82，位列16各区县的第一位。大兴区得分最低，仅为48.09分，低于最高的东城区32.73分。可以看出，城六区可以凭借良好的文化消费供给能力，积极发展文化产业，通过政府加大支持力度以及加强市场化运作程度，充分发挥其资源优势，实现文化消费能力的飞跃性提升。同时我们也能看出，各区县虽然有着较为相似的文化需求水平，但是在文化供给方面则存在较大的差异，各区县政府应该努力解决文化供给不足的短板，保障居民文化消费需求。

表4　北京各地区供给指数结果表

地区	供给	排名	产品/服务	排名	设施	排名	结构	排名	渠道	排名	市场化程度
东城	80.82	1	74.26	2	80.22	4	45.00	16	80.22	4	90.00
丰台	80.77	2	78.47	1	84.13	2	72.00	5	84.13	2	90.00
朝阳	78.93	3	71.14	3	85.50	1	90.00	1	90.00	1	90.00

续表

地区	供给	排名	产品/服务	排名	设施	排名	结构	排名	渠道	排名	市场化程度
西城	77.99	4	70.63	4	71.42	5	78.00	2	71.42	5	90.00
通州	69.13	5	59.03	6	70.43	6	75.00	3	70.43	6	90.00
海淀	65.64	6	59.33	5	82.17	3	66.00	8	82.17	3	90.00
石景山	58.81	7	45.41	8	51.45	8	60.00	10	63.00	8	90.00
昌平	57.66	8	43.19	9	53.80	7	60.00	11	63.00	9	90.00
顺义	55.86	9	42.46	12	46.80	10	63.00	9	65.25	7	90.00
房山	53.95	10	43.18	10	50.87	9	54.00	14	50.87	10	90.00
延庆	53.59	11	48.59	7	41.09	16	69.00	6	41.09	15	90.00
平谷	51.66	12	41.01	15	43.20	11	48.00	15	36.00	16	90.00
怀柔	51.17	13	41.90	13	42.55	13	69.00	7	42.55	12	90.00
门头沟	49.55	14	41.18	14	41.87	14	60.00	12	41.87	13	90.00
密云	48.47	15	42.79	11	42.95	12	57.00	13	42.95	11	90.00
大兴	48.09	16	40.12	16	41.87	15	75.00	4	41.87	14	90.00
北京市	65.16		58.78		61.20		65.06		60.75		90.00

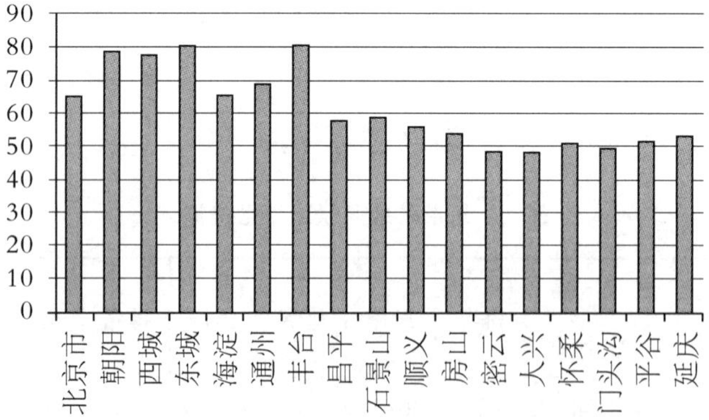

图6　北京市各区县居民文化消费供给指数分析

（五）怀柔区文化消费行为指数领先于其他区县

北京市怀柔区的文化消费行为指数明显领先于其他区县，高出第二名昌平区5.38分，与北京市平均水平相比高出11.75分，得分最低的丰台区要比怀柔区低17.76分。门头沟、海淀、朝阳、延庆、平谷、东城和顺义区的文化消费行为指数得分较高，在北京市平均水平以上。密云、西城、通州和丰台的文化消费行为指数排名最低，均不到68分。可以看出，经济发展水平的差异对一个地区的文化消费行为指数并不具有显著影响作用。

表5　北京各地区行为指数结果表

地区	行为	排名	消费水平	排名	消费方式	排名	消费内容	排名
怀柔	84.63	1	81.00	13	79.94	1	83.28	1
昌平	79.25	2	85.00	7	78.62	2	68.27	8
门头沟	78.79	3	80.23	14	77.58	3	72.99	4
海淀	76.33	4	87.22	4	63.76	10	76.67	3
朝阳	76.28	5	89.99	1	67.69	8	81.02	2
延庆	75.38	6	77.00	16	75.56	4	63.06	11
平谷	74.91	7	79.69	15	72.59	5	69.24	6
东城	73.58	8	87.97	3	71.37	6	68.34	7
顺义	73.12	9	83.00	9	66.12	9	63.40	10
石景山	71.74	10	83.00	8	61.07	13	65.00	9
大兴	70.47	11	81.22	12	57.59	14	69.26	5
房山	68.93	12	82.74	10	68.02	7	56.26	16
密云	67.80	13	82.00	11	63.70	11	61.53	13
西城	67.64	14	89.59	2	62.92	12	57.11	15
通州	67.17	15	87.21	5	53.89	16	62.94	12
丰台	66.87	16	86.17	6	55.05	15	60.54	14
北京市	72.88		83.69		65.96		67.65	

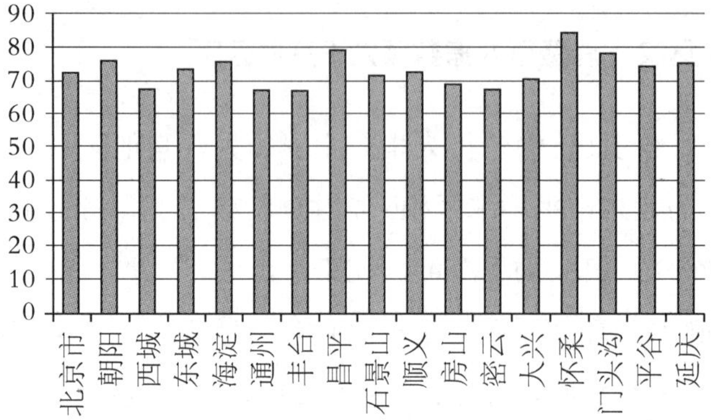

图7　北京市各区县居民文化消费行为指数分析

（六）大兴区文化消费信心指数领先于其他区县

大兴区文化消费信心指数得分高达84.93，明显高于其他区县；平谷区以78.92位列第二；密云县和东城区的文化消费信心指数最低，均不到60；其余区县均在60～70之间，差异不大。城六区中没有一个区县的文化消费信心指数排名进入前五，最高的石景山区也仅列第七位。可以看出，文化消费信心指数最高的区县基本上都是位于城市发展新区和生态涵养区，这与城郊型休闲旅游快速发展直接相关，更多的城郊休闲旅游产品和形式的出现以及大量文化消费产品涌入城郊，激发了北京市周边区县的文化消费信心。

表6　文化消费信心指数结果

地区	文化消费信心	排名	当前满意度	排名	预期乐观度	排名
大兴	84.93	1	84.42	1	72.15	5
平谷	78.92	2	74.52	5	85.53	1
怀柔	71.82	3	79.13	3	66.38	8
顺义	71.82	4	75.46	4	60.87	11
延庆	71.17	5	64.65	13	80.97	2
门头沟	70.30	6	73.50	7	65.50	9
石景山	69.88	7	70.26	9	69.30	6

续表

地区	文化消费信心	排名	当前满意度	排名	预期乐观度	排名
朝阳	69.58	8	65.85	12	75.16	3
房山	68.99	9	80.73	2	51.39	15
西城	67.73	10	71.64	8	61.88	10
海淀	67.67	11	74.03	6	58.13	12
通州	65.98	12	59.97	16	75.00	4
丰台	65.25	13	63.45	14	67.95	7
昌平	61.94	14	66.05	11	55.76	13
密云	59.54	15	66.26	10	49.48	16
东城	58.86	16	62.86	15	52.88	14
北京市	66.11		64.43		68.63	

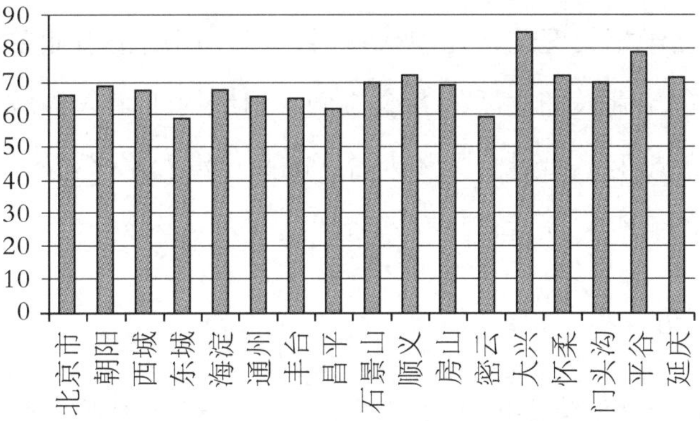

图8　北京市各区县居民文化消费信心指数分析

五、北京市文化消费特色指标分析

（一）组织化程度

1. 各区县组织化程度差异不大

由图9可以看出，北京市各区县的组织化程度差异不大，反映了各区县居民参与组织消费程度的不同，也说明北京市居民组织型消费越来越普遍。

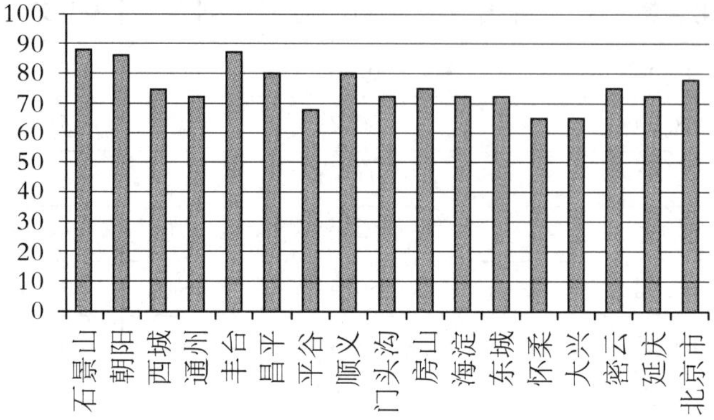

图9　各区县组织化程度

2. 石景山区和丰台区的组织化程度较高

石景山区和丰台区的组织化程度较高，平谷、大兴和怀柔的组织化程度稍低。根据社会学相关理论，在现代社会，当公司或企事业单位成为社会最典型的组织并参与到人们生活的各个方面，组织对于个人的成长和社会活动决策具有重要的影响。石景山区和丰台区的文化消费水平排在北京市前八位，这与这两个区的组织化程度较高有着密切关系。

（二）供　给

“供给”作为文化消费的重要源头，在市场经济中是一个不可或缺的研究对象。供给指标本身就是一个鲜有的研究指标，与之相应的二三级指标也力求能全面反映市场的供给能力和效率。这主要从产品/服务、设施、结构、渠道和市场化程度五个方面衡量。

1. 城六区文化消费市场产品/服务供给状况明显优于边郊区县，城六区差异较大

各区县文化消费市场产品和服务的供给状况，从总体来看，城内六区整体水平高于边郊区县，通州和延庆的文化产品和服务的供给成长性高，在10个边郊区县中领先。城六区的结构差异仍然存在，石景山区的产品和服务的

供给落后于其他五区。

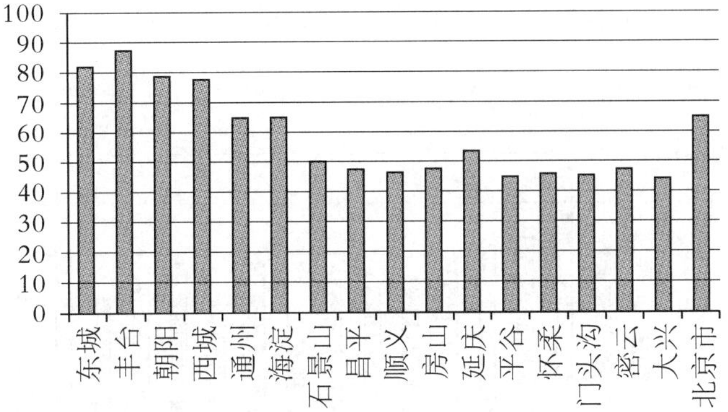

图 10　各区县产品/服务供给状况

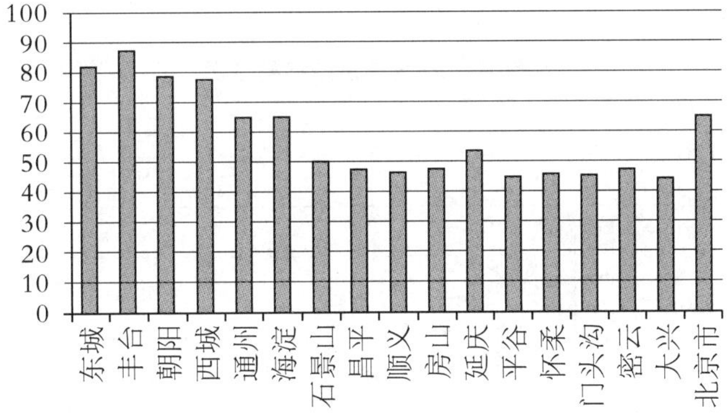

图 11　各区县文化类设施供给状况

2. 文化类设施城六区供给状况优于边郊区县

北京市各区县文化消费设施的供给状况总体呈现以城六区为中心，边郊区县为外围的结构。其中城六区中，石景山区的文化类设施供给较低，房山和昌平的文化类设施供给较其他边郊区县显示稍强。

3. 文化消费市场供给结构朝阳区最优，各区县差异较大

文化市场的供给结构主要考量文化艺术、新闻出版、广播、电视、电影、软件、网络及计算机服务、广告会展、艺术品交易、设计服务、旅游、休闲娱乐八大类产业提供的文化产品和服务在文化消费市场中的结构问题。由图

12 可以看出，各区县高低走势不一，朝阳区的供给结构最优，文化消费市场规模也较大。城六区中东城区的供给结构最单一，各产业门类结构问题仍有改善余地。

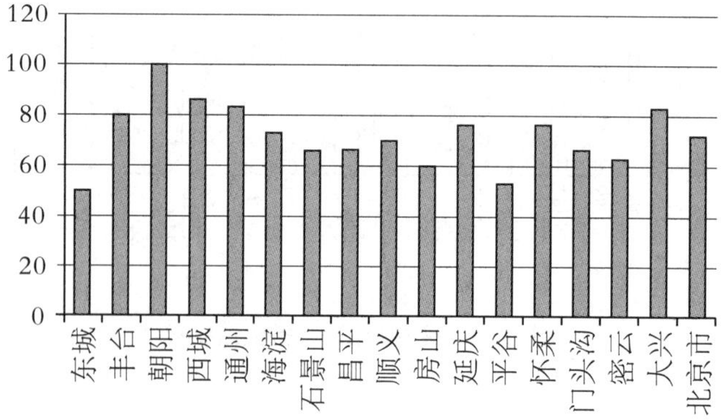

图 12　各区县供给结构状况

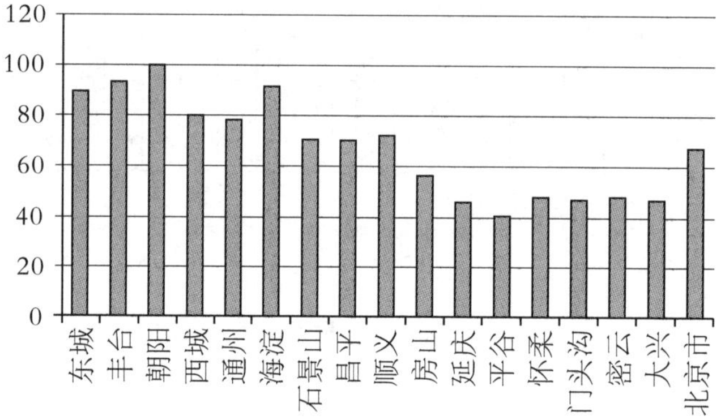

图 13　各区县供给渠道状况

4. 各区县文化消费市场供给渠道状况差异较大，朝阳区显示为优

文化消费产品供给的渠道通畅与否直接关系到产品和服务能否传达给受众。由图 13 可以看出北京市各区县的供给渠道状况，朝阳区以其较高的经济发展水平和高水平的广告会展业排在第一位。平谷、延庆的渠道状况稍差，没有形成有效的宣传和沟通渠道，使消费者能够便捷和及时地在该地区进行文化消费。

（三）文化消费信心

1. 各区县文化消费市场满意度存在差异，边郊区县的满意度较高

消费满意度是个相对指标，不一定消费水平高、供应足、区位好的区县就满意度高。相反，综合创意、行业服务水平、质量和价格满意度可以看出北京市各区县文化消费综合满意度排名不再呈现城六区高于边郊区县的走势。房山区、大兴区和怀柔区等边郊区县的满意度均超过了城六区。这反映了各区县消费者不同的心理预期与期待值。积极发展文化产业，需要从各个方面不断满足不同时期、不同群体、不同年龄段的文化消费者日益提升的文化需求，提升满意度，这是一项长期的任务。时代性、阶段性、群体性、创新性是其必须考虑的特征。

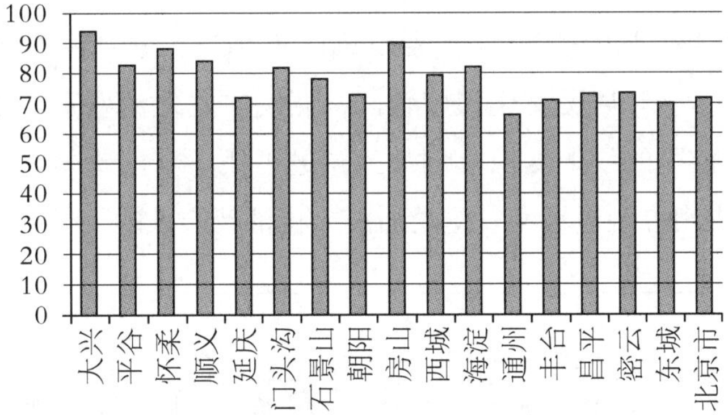

图 14　各区县文化消费满意度

2. 各区县居民预期乐观度差异较大，平谷区最高

各区县居民预期乐观度差异较大。平谷、延庆和通州区居民的预期乐观度最高，房山和密云居民的乐观度则较低。各区县居民对于文化消费的预期乐观度反映出居民对未来一年内加大文化消费支出和对文化消费市场繁荣的乐观度情况。

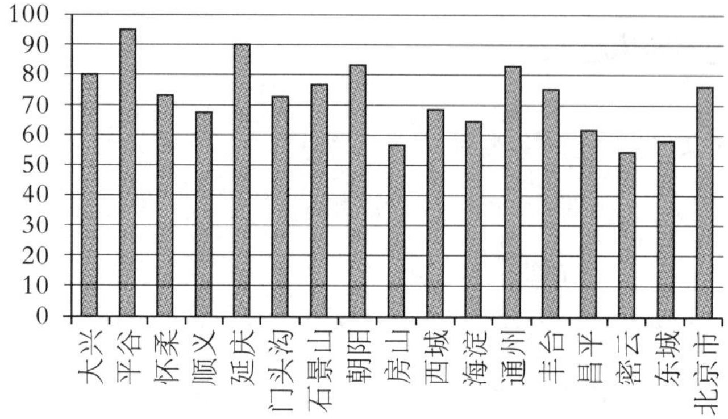

图 15　各区县文化消费预期乐观度

（四）线上/线下文化消费支出比例

1. 城六区线上/线下文化消费支出比例相当

城内六区的线上/线下文化消费支出比例相当，分别占 50% 左右。城内六区经济发展水平和居民文化程度较高，居民在文化消费支出上线上支出的比例较大，海淀区的线上支出比例甚至超过了线下支出比例，其他城内五区的线上/线下支出差距也较小。这是居民文化消费方式的一个新动向。

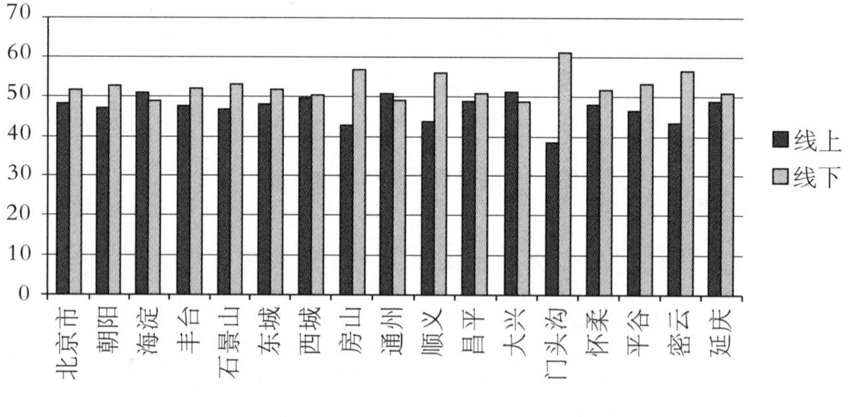

图 16　各区县线上/线下文化消费支出状况

2. 边郊区县的线上/线下支出比例差异较大，总体仍以线下文化消费为主

边郊区县的文化消费方式总体仍以线下的文化消费为主，各区县的支出方式差异较大。门头沟区、密云区和房山区的文化消费方式差异最大，但通

州区和大兴区的文化消费支出方式差异较小，线上文化消费支出超过了线下文化消费支出比例。可见边郊区县居民的文化消费方式正逐渐摆脱以往单纯地以线下的文化消费支出为主的局面，文化消费支出方式更趋科技化和现代化。

（五）支付方式选择的比例

1. 北京市文化消费的支付方式以现金为主

北京市居民文化消费的支付方式仍以现金为主。现金支付方式占居民各类支付方式的42%左右。石景山区、密云和门头沟区的现金支付方式比例最高，为45%左右。

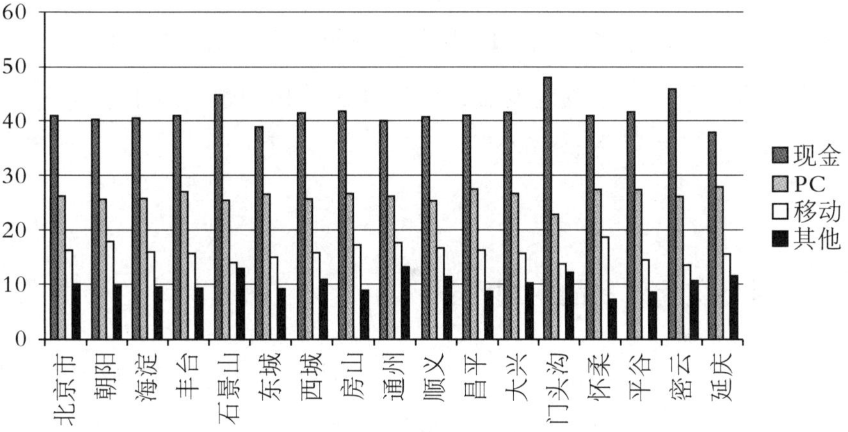

图17　各区县支付方式选择状况

2. PC端支付和移动支付各区县差异不大，移动支付发展迅速

各区县PC端支付方式占居民支付方式的比例达到了25%左右，移动支付的比例达到了15%左右。其他的支付方式包括组织购买的支付方式以及购物券、各种支付券等支付方式也占到了将近10%左右。在这些众多的支付方式中，移动支付的迅速发展使各区县居民有了更新、更快的支付体验，伴随着移动互联网以及互联网金融的发展，移动支付文化消费支出的方式是文化消费领域一个新的变化，应得到充分重视。

本文为北京市文资办课题，2015年3月。

积蓄势能　寻求新的突破[①]

——我国2012—2013年对外文化贸易发展总报告

党的十八届三中全会《中共中央关于全面深化改革若干重大问题的决定》（以下简称《决定》）提出，要提高文化开放水平，坚持政府主导、企业主体、市场运作、社会参与，扩大对外文化交流，加强国际传播能力和对外话语体系建设，推动中华文化走向世界。按照三中全会精神指引，回顾和盘点近年来我国对外文化贸易的发展，反思其成就和问题，对于落实全会精神，进一步改革创新，是十分必要的。

一、我国对外文化贸易的宏观背景

2012—2013年，在国际经济持续走软，国际金融危机影响持续，国际需求特别是发达国家的贸易需求大幅下降的宏观背景下，原本处于逆差状态的我国对外文化贸易面临着较为严峻的局面。

从国际情况来看，2013年9月，联合国贸发会议在厦门发布的2013年《贸易与发展报告》指出，世界产出增长率持续下降，并可能进一步下跌。发展中国家需由过度依赖出口实现增长转向更多依靠内需。据介绍，世界产出增长率已经从2010年的4.1%下降到2011年的2.8%，继而再降至2012年的2.2%。联合国贸发会议预测，2013年世界产出增长率不会回升，反而可能进一步跌至2.1%。发达国家将继续落后于世界平均水平，其国内生产总值的增长率只有1%。

① 本报告由笔者撰写，由分报告撰稿人提供相应研究资料。

根据这份《贸易与发展报告》，发展中经济体与转型期经济体将以与2012年类似的速度增长，分别略高于4.5%和2.5%，因此仍将是经济增长的主要动力，约占全球产出增长的2/3。

《贸易与发展报告》预测，由于来自发达国家的外需仍然疲软，发展中经济体和转型期经济体的增长将更多由内需而不是出口所推动。

联合国贸发会议表示，由于发展中国家的经济增长速度快于发达国家，因此它们在全球经济中的比重显著增加。发展中国家在世界产出中所占的份额从2000年的22%上升到2012年的36%，它们对世界出口的参与额也从32%提高到45%。

从国内来看，2012年中国经济增速回落，经济危机带来的余震还在持续，上半年GDP同比增长7.8%，其中，二季度增长7.6%，创三年来新低。我国经济正处于调整经济结构，调低发展目标，推动稳增长，惠民生的新的发展阶段，新一轮的全面改革开放的热潮正在兴起。对外文化贸易面临着新的挑战。

十六大以来的十年，是我国经济快速融入世界经济的十年，也是我国对外贸易发展最快的十年。2003年至2011年间，我国货物进出口贸易年均增长21.7%，其中，出口年均增长21.6%，进口年均增长21.8%。2011年，我国外贸出口额和进口额占世界货物出口和进口的比重分别提高到10.4%和9.5%。2011年我国货物贸易进出口总额跃居世界第二位，连续三年成为世界最大出口国和第二大进口国。我国紧紧抓住加入世界贸易组织的机遇，坚持扩大内需与稳定外需相结合，积极应对国际金融危机带来的冲击与挑战，继续推进对外开放，全面参与经济全球化进程。

我国着力促进贸易基本平衡，切实提升外贸发展质量和效益，进出口商品结构进一步优化。外贸顺差在2008年达到2981亿美元的最高值后开始逐年回落，贸易差额占进出口总额的比重从2002年的10.1%，逐年下降到2009年的8.9%、2010年的6.2%和2011年的4.3%。

我国深入实施“走出去”战略，对外经济合作驶入良性发展轨道。截至

2011 年末，我国累计非金融类对外直接投资达 3189 亿美元。2011 年，我国非金融类对外直接投资达 601 亿美元，比 2003 年增长 19.7 倍，年均增长 46.4%。

2013 年我国货物进出口总额为 4.16 万亿美元，其中出口 2.21 万亿美元，进口 1.95 万亿美元。据世界贸易组织秘书处初步统计，2013 年中国已成为世界第一货物贸易大国。这是我国对外贸易发展道路上新的里程碑，是我国坚持改革开放和参与经济全球化的重大成果。其实，自 2009 年起我国已成为世界第一出口大国。目前中国已经是 120 多个国家和地区最大的贸易伙伴，每年进口近 2 万亿美元商品，为全球贸易伙伴创造了大量就业岗位和投资机会。但我国目前尚不是国际贸易强国，要实现这一目标仍然任重道远，贸易大国仅是建设贸易强国的基础。我国出口产品特别是文化产品和文化服务的附加值较低，拥有自主品牌尤其少，营销网络不健全，出口文化产品缺乏原创，质量不高，统筹两个市场、两种资源的能力需要进一步提高。当前我国对外开放面临新的形势和挑战，需要进一步转变方式、调整结构，培育参与经济全球化的新优势，加强与贸易伙伴的务实合作，努力实现互利共赢和共同发展。

十八大以来，我国对外开放由出口和吸收外资为主转向进口和出口、吸收外资和对外投资并重的新形势，实行更加积极主动的开放战略，加快完善更加适应发展开放型经济要求的体制机制，有效防范风险，以开放促发展、促改革、促创新。

十八届三中全会《决定》确立了市场在资源配置中起决定性作用，指出经济体制改革是全面深化改革的重点，核心问题是处理好政府和市场的关系，使市场在资源配置中起决定性作用和更好发挥政府作用。建设统一开放、竞争有序的市场体系，是使市场在资源配置中起决定性作用的基础。这一原则的确定，指出了我国对外文化贸易发展的总的方向。

《决定》以更加开放的姿态来提高文化开放的水平，进一步扩大对外文化交流，加强国际传播能力和对外话语体系建设。多年来西方社会习惯于妖魔化中国，唱衰中国，中国国家形象在他们那里屡屡扭曲变形。要增强中华文化的软实力，要推动中华文化走向世界，我们必须从文化事业和文化产业两个方面来全面拓展，同时发力。一方面，要加强中国传统文化和当代文化的传播弘扬，理顺内宣外宣体制，支持重点媒体面向国内国际发展；鼓励社会组织、中资机构等参与孔子学院和海外文化中心建设，积极承担人文交流项目。另一方面，要从国际市场出发，支持文化企业到境外开拓市场，培育一批外向型的文化跨国企业，作为“国家队”，参与全球文化市场的“红海竞争”。

从实践层面看，新一届领导集体更加注重文化创意、设计服务、产业融合等高端形态的发展。2014 年 1 月 22 日，国务院总理李克强主持召开国务院常务会议，部署了推进文化创意和设计服务与相关产业融合发展的新战略，对我国文化贸易与文化服务发展有重要指导意义。会议指出，文化创意和设计服务具有高知识性、高增值性和低消耗、低污染等特征。依靠创新，推进文化创意和设计服务等新型、高端服务业发展，促进与相关产业深度融合，是调整经济结构的重要内容，有利于改善产品和服务品质、满足群众多样化需求，也可以催生新业态、带动就业、推动产业转型升级。会议确定了推进文化创意和设计服务与相关产业融合发展的政策措施。一是加强创意、设计知识产权保护，健全激励机制，推进产学研用结合，活跃知识产权交易，为保护和鼓励创新、更好实现创意和设计成果价值营造良好环境。二是实施文化创意和设计服务人才扶持计划，支持学历教育与职业培训并举、创意设计与经营管理结合的人才培养新模式，让更多人才脱颖而出。三是以市场为主导，鼓励创意、设计类中小微企业成长，引导民间资本投资文化创意、设计服务领域，设立创意中心、设计中心，放开建筑设计领域外资准入限制。四是突出绿色和节能环保导向，通过完善标准、加大政府采购力度等方式加强引导，推动更多绿色、节能环保的创意设计转化为产品。五是完善相关扶持政策和金融服务，用好文化产业发展专项资金，促进文化创意和设计服务蓬勃发展。这一决策既是我国文化贸易进一步发展的更高要求和有力支撑，也是进一步发展的未来方向与目标形态。

二、我国 2012—2013 年对外文化贸易发展概况

对外文化贸易作为最广泛的文化交流途径和特定的商业性交流模式，对国家文化发展具有强大的内驱动力和可持续性。2012—2013 年，我国对外文化贸易在国际经济持续走软，国内处于调整经济结构、调低发展目标的宏观背景下，依然有不错的发展。

从总体来看，2012 年我国服务进出口贸易总额约 4706 亿美元，比上年同比增长 12.3%，占世界比重 5.2%；服务贸易出口额约 1904 亿美元，同比增长 4.6%，占世界比重 4.4%；服务贸易进口额约 2801 亿美元，同比增长 18.2%，占世界比重 6.8%。

2011 年我国核心文化产品进出口总额 198.9 亿美元，出口额 186.9 亿美元，增长 22.2%，进口额 12.1 亿美元，增长 10.4%。其中，一般贸易进出口额 108.3 亿美元，出口额 101.0 亿美元，增长 40.5%，进口额 7.3 亿美元，增长 14.8%；加工贸易进出口额 74.7 亿美元，出口额 71.3，增长 3.4%，进口额 3.4 亿美元，增长 1.9%；其他贸易进出口额 16.0 亿美元，出口额 14.6 亿美元，增长 21.0%，进口额 1.4 亿美元，增长 10.6%。随着统计类别和方法的变更，我国文化贸易的各项数据将有较大变化。

从对外文化贸易的各项分类行业的发展状况来看，我国对外文化贸易依然显示出总体向好的态势。

（一）以游戏、广告、设计和动漫为代表的新业态已经替代出版、电影等传统产业形态，成为我国对外文化贸易的第一军团

1. 游戏在对外文化贸易中增长最快，前景广阔

作为整体游戏市场中的“领头羊”，网络游戏已成为我国最成功的文化“走出去”市场。2011 年国产网络游戏的出口额达到 4.03 亿美元，相比 2010

年的2.29亿美元增长了76%。2012年国产游戏出口规模继续稳步增长，收入达到5.87亿美元，同比增长45.7%。由于2011年的爆发性冲高，2012年的增速有所回落。尽管如此，2012年新增54家公司共计66款国产网络游戏出口海外，2010年至2012年间，累计出口国产网络游戏产品数量已经突破260款，参与出口的网络游戏企业接近100家，国产网络游戏海外出口收入稳步增长。

从产品结构上看，2012年出口的国产原创网络游戏中，网页游戏数量增加，达到103款，比2011年增加46款，同比增长78.9%。

值得注意的是，随着移动互联网的发展和移动上网设备（主要指智能手机、平板电脑等）的爆炸式增长，一种全新的从制作商直接到平台运营商的（主要指各大移动设备商的网上应用商店）移动网游戏运营模式日渐成熟。借助应用商店的全球性和网络的全球性特点，国内游戏制作商的产品一旦成功上传到应用商店，产品就具备了进行海外推广，并获取海外收入的能力。这种模式除了传统的网络游戏巨头的加入外，更多的吸引那些资本实力不足、不具备海外直接发行能力、不被代理商采购的中小游戏企业。它的存在为丰富网络游戏产品、提升中小企业的开发热情提供了不可多得的机遇。一些优秀的国内原创移动网游戏作品，如《捕鱼达人》《二战风云》等在进行相应的本地化后，在海外拥有着不错的市场销量。

2. 广告产业总体市场规模发展迅速

广告服务贸易既是现代服务贸易的重要内容，也是文化贸易的主要组成部分，在服务生产、引导消费、推动经济增长和社会文化发展等方面发挥着重要作用。近年，服务贸易的国际发展趋势表明，传统服务贸易在服务贸易中的重要性正在逐步减弱，而以广告等为代表的新兴服务贸易出口亮点纷呈；服务进口由降转增，贸易顺差持续稳步扩大，在国际服务贸易中的重要性日益增强。

截至2012年底，广告业市场总体规模已跃居世界第二位。中国广告经营额占国内生产总值的比重达0.9%，比2011年上升了0.24%。2012年经济发展相对缓慢，对广告市场造成一定的冲击，广告市场增幅明显放缓。但出口依然快速增长，比2011年增长18.2%。从进口的情况看，2002—2006年的5年进口额分别达到3.94亿美元、4.58亿美元、6.98亿美元、7.15亿美元、9.55亿美元；2003—2006年4年间的年增长率分别为16.08%、52.51%、2.42%、33.52%。2002—2006年的5年进口额分别达到3.73亿美元、4.86亿美元、8.49亿美元、10.76亿美元、14.45亿美元，2003—2006年4年间的年增长率分别为30.42%、74.52%、26.76%、34.33%。从总差额的情况看，近年来我国广告、宣传服务的国际服务贸易由逆差迅速转变为顺差，我国的广告、宣传服务的国际竞争力显著增强。

随着世界经济全球化进程的加快和中国经济的不断发展，中国广告产业迎来前所未有的发展机遇的同时也面临着来自跨国广告公司新一轮强势扩张的冲击。从总体来看，2012年，电视仍是国内第一大广告投放媒介。电视广告受众范围广、传播效果强、灵活度高等特点使其拥有庞大的观众群，其规模仍占据广告市场的最大份额。不过近三年来其媒介份额有逐年下滑的趋势。软硬件设备的不断优化，IPTV用户量的稳步增长，促进了电视搜索和电视媒体定向广告的发展，在网络电视这一平台上，可以实现更为精准的定向广告投放。据央视市场研究（CTR）报告，2012上半年传统媒体的广告刊例花费同比增长3.9%，低于2008—2011年的同期水平；互联网广告花费持续快速增长，继续引领媒介花费市场的增长。根据引力传媒的报告，2012年上半年，中国互联网广告保持了25.7%的稳定增长。艾瑞咨询最新数据显示，2012年第三季度网络广告规模为213.7亿元，同比增长43.8%，环比增长16.1%。前三季度累计中国互联网广告市场规模539.1亿元，2012年全年中国互联网广告市场预计突破750亿元。在网络广告市场份额中视频广告增幅最大，已成为网络广告市场增长的主力。电商平台在网络广告中的份额不断提升，以淘宝（含淘宝网和天猫）、京东商城为代表的电商企业，不仅仅为企业提供了销售平台，更提升了企业的营销空间，电商行业的发展颠覆了传统市场营销和商品销售的局限。新的营销形式不断诞生，如淘宝TANX平台、淘宝联盟等都进一步推动了网络广告的发展。

2012 年，中国的移动互联网市场正在进入一个高增长期，以移动应用广告平台发展最快，市场规模增长到 12.6 亿元，预计未来几年还会保持高增长率。移动营销中（App）应用营销是目前移动网民最主要的使用媒介，引起了广告主的极大关注，市场规模增长很快。2012 年社会化营销的大趋势仍在继续。社会化营销中的微博、微信营销等已然颠覆了大众传播的方式，并成为企业营销新动向。伴随着大数据时代的到来，数据库营销将引发营销变革。

3. 我国设计创意产业对外文化贸易快速全面发展

近年来，在国家提倡产业转型升级、经济结构战略性调整以及发展文化产业的大环境下，伴随着金融危机的爆发，创意设计产业获得长足发展。“设计”在中国政府高层推动下，创造力、影响力对整体经济转型升级的带动力日益显现，“设计”将成为中国文化创意产业文化贸易实现“远航”的重要突破口。

目前，我国专业设计公司约有十万多家，主要集中于以北京为中心的环渤海地区、以上海为中心的长三角地区以及以广州、深圳为核心地域的珠三角地区。北京、上海、深圳作为中国三大创意设计之都，发展前景、发展程度与水平远高于国内其他地区。从近两年的创意设计产业发展实际情况来看，“设计之都”的发展状况客观上可以看作是我国这一产业发展的风向标与硬指标。

2012 年 6 月，北京正式加入联合国教科文组织创意城市网络，以科技创新、文化创新的鲜明特色成功当选“设计之都”，确立了北京设计在全球设计领域的领先地位。截至 2013 年，北京市共有规模以上专业设计单位 800 余家，设计产业从业人员近 20 万人，实现收入超过 1000 亿元。预计到 2020 年，设计产业年收入将突破 2000 亿元，惠普、波音、英特尔、宝洁等 20 余家跨国公司在北京设立了研发设计中心。北京将被建设成为全国设计核心引领区和具有全球影响力的全球设计创新中心。以“设计超乎想象”为主题的 2013 中国设计节暨第二届中国设计发展年会于 2013 年 5 月在北京大兴亦庄开幕。设计节为期3天，以“共建瑰谷，共赢未来”为主线，旨在将国内外设计力量汇集于“中国设计瑰谷”，力促中国设计与各大产业产生密切联系，实现设计专家、设计组织、行业创新、区域发展等多方共赢，这些，都将成为北京建设“设计之都”的重要支撑。

上海作为“设计之都”，工业基础雄厚，设计产业起步较早，发展较为成熟的主要是工业设计、时尚设计、建筑设计、软件设计等。近年来，上海依托加强工业设计相关材料、技术等研究和应用，以提高工业设计的信息化水平，提升行业企业设计创新意识和能力为抓手，通过支持工业企业与设计企业对接合作项目、开展设计创新示范企业认定、建设服务平台、建设基地载体和设立设计奖项，鼓励大型企业集团建立工业设计中心，鼓励各类企业设计服务外包，完善工业设计创新体系，推动工业设计创新成果产业化，促成设计产业与制造业深度融合，逐步打造出一批具有较强竞争力的工业设计龙头企业和品牌。在上海文化创意产业中，软件与计算机服务业、建筑设计业经济规模较大，占文化创意产业增加值比重分别为17.4%、13.3%（合计占30.7%）。设计业持续保持两位数增长，对整个产业的发展贡献作用显著。2012年，文化创意产业中的工业设计、建筑设计业增加值分别达196.54亿元和301.93亿元，共占文化创意产业增加值总量的22%，分别比上年增长15.3%和11.8%，对文化创意产业增长的贡献率达到27.8%，带动了整个产业的迅速发展。①

深圳作为全国第一个获得联合国教科文组织授予“设计之都”称号的城市，在积极参与国际化交流与合作中取得新进展。深圳工业设计占据全国逾50%的市场份额。按照深圳工业设计行业协会的统计，全市拥有各类工业设计机构近5000家，从业人员超过6万人。设计产值增长在25%之上，工业设

① 《2013年上海市文化创意产业发展报告》，http://www.shanghai.gov.cn/shanghai/node2314/node9819/node9822/u21ai761760.html.

计所带来的附加值超过千亿元。[1] 近三年来全市工业设计斩获国际 iF 大奖 26 项，获得红点奖 26 项，超过全国获奖数量的半数以上。深圳设计之都创意产业园共进驻以工业设计为主的创意设计企业 170 多家，其中全国性的龙头企业占 80%，包括嘉兰图、洛可可等中国工业设计领军企业以及靳与刘设计、叶智荣设计等 30 多家中国香港及欧美龙头设计企业中国总部和机构代表处，已经形成国内工业设计企业规模最大、龙头企业总部数量最多的创意产业园区，被业界誉为“中国工业设计第一园”。2012 年，在有工业设计领域奥斯卡之称的德国红点概念奖评选中，来自深圳的 6 件作品获此殊荣；在随后的英国百分百设计展上，深圳工业设计代表团组织的设计企业达 38 家，获得多个奖项。[2] 2013 年 5 月份，深圳设计首度受邀意大利佛罗伦萨设计周，其中深圳设计馆吸引了各方人士及媒体的聚焦关注：来自乐泡的钧、魔像、月光石，洛可可的高山流水、上山虎等近 60 件展品带有浓烈的中国风，体现了“设计融入生活”的设计潮流，贴合了“Crossing People ”设计周主题。[3] 这也是继台北世界设计大会、英国百分表设计展、德国 iF 和红点奖等战略合作伙伴之后，“深圳制造”迈向“深圳设计”的又一坚实步伐。

4. 我国动漫产业对外文化贸易稳步发展

从 2008 年起，我国核心动漫产品的出口每年都大幅度持续增长，表现了很好的发展势头（见表 1）。

表 1　2009—2012 年中国核心动漫产品出口情况

年份	2009	2010	2011	2012
金额（亿元人民币）	3. 19	5. 1	7. 14	8. 3

另据国家广电总局在 2012 年 5 月 1 日第八届中国国际动漫节上公开的数

① 邓翔：《深圳设计“走出去”：核心竞争力在哪里?》，载《南方日报》，2012 年 5 月 22 日。

② 资料来源于 2012 年 11 月 26 日《中国质量报》第 5 版。

③ 参见网页 http：//www. gdida. org/newsContent. do？sortOrder = 3&newsId = 572.

据，2011 年，全国各影视机构共出口动画片 146 部 20 万分钟，金额 2800 多万美元。而 2010 年出口时长为 17 万分钟，2006 年只有 4. 5 万分钟。

根据国家统计局的统计资料，2011 年我国对外出口动画电视的总金额为 3662. 39 万元人民币。韩国市场成为我国动画电视出口的第一大市场，大约占动画电视总出口额的 1/3，遥遥领先于其他市场，表现最为抢眼。而且在过去的四年中，保持了大幅增长的态势（见表 2）。

表 2　2008—2011 年中国动画电视出口情况

出口情况	2011	2010	2009	2008
动画电视出口总额（万元）	3662. 39	11133. 19	4455. 99	2947. 79
向韩国出口动画电视总额（万元）	1246. 74	271. 82	7. 00	—
向中国香港出口动画电视总额（万元）	757. 16	—	—	—
向东南亚出口动画电视总额（万元）	511. 09	—	—	—
向欧洲出口动画电视总额（万元）	365. 27	2199. 04	520. 03	64. 00
向美国出口动画电视总额（万元）	380. 55	369. 19	800. 00	—
向中国台湾出口动画电视总额（万元）	218. 60	—	—	—
向日本出口动画电视总额（万元）	78. 00	—	—	—

数据来源：国家统计局网站。

东南亚与我国文化相近，地理相邻，文化折扣相对较小，是我国文化产品的传统市场。美国、欧洲和日本等市场，是传统的动画产业消费国，观众欣赏动画产品的品位高。这些国家和地区市场竞争激烈，是世界各国动画产业的必争之地。我国动画电视片对美国、欧洲和日本的出口，从金额看，近 4 年的波动较大，我国动画电视在这些市场还没有建立稳定的市场地位。例如对欧洲市场出口额在 2010 年曾达到 2199. 04 万元，但在 2011 年大幅降低，只有 365. 27 万元。在美国市场，2009 年曾达到 800. 00 万元，但在 2011 年只有 380. 55 万元（见表 2）。

但是，从这些国家和地区进口我国电视剧、电视节目和纪录片的情况来看，这些市场对中国文化和中国文化产品保持着浓厚的兴趣，从长期的角度看，是我国动画电视出口主力市场。例如面向美国市场的电视剧出口额和电视节目出口额都居于我国两类电视产品出口的首位。中国动画电影主要出口国为韩国和中东国家，与动画电视的出口市场相类似。

国内漫画出口主要面向代表着不同漫画风格的东南亚市场和欧美市场，成绩斐然。在向东南亚市场出口的公司中，以天津神界漫画公司为代表。2011 年以来，神界漫画公司在经营模式上进行了创新尝试，从原有的版权出口发展到全球同步全产业化跨媒介授权。2011 年推出的《济公》系列，授权领域包括期刊连载、平面图书、苹果商城、手机动漫、网络付费漫画、动画片改编、周边衍生品、电视动漫画八大跨媒介领域；图书同步授权中文简体版、中文繁体版、越文、意文、泰文、韩文、日文等 7 个不同形式版本，为国产漫画产业化推广及“走出去”提供了新的思路。

在向欧美市场漫画出口的公司中，以北京天视全景文化传播公司为代表。与天津神界漫画公司力推本公司作品形成对比的是，该公司以漫画版权出口为主营业务，处于中国漫画作者和国外出版社之间，为国内众多漫画作者提供代理服务。具体的业务方式主要有三种：参展签售、版权授权和合作创作。具体有两个方向：与国外出版社一起协助国内漫画作者的创作，使作品更加适合海外漫画市场；根据国外出版社及漫画编剧提供的漫画脚本，寻找国内漫画作者，合作创作漫画作品。这些方式均以市场需求为导向，逐次递进，不断贴近市场，适应市场，实现了中国漫画作者、中介公司、国外出版社和国外消费者的创作和消费的统一，为中国漫画“走出去”探索了成熟范式。

（二）传统文化产业图书出版、电影、电视、文艺演出稳步前行，并通过数字化、网络化、移动化实现升级换代，大力提升行业竞争力

1. 版权贸易有一个较大的飞跃，版权引进输出比也在不断变化

我国版权引进输出比从 2003 年的 8.2∶1 缩小到 2012 年的 1.9∶1。由于版权输出数量的大幅增长，我国版权贸易逆差现象出现了明显改观。在国家大

力发展文化“走出去”战略下，版权贸易取得显著的成效，2003—2012年我国版权输出总计38455种，占这10年版权贸易总量的21.2%。

我国图书版权输出获得高速发展，是在国家文化“走出去”战略的推动下实现的。改革开放以来，我国对外图书版权贸易逆差严重。2003年全国新闻出版局长会议正式把中国出版“走出去”战略作为我国新闻出版业发展的五大战略之一，一系列重点工程相继从2005年被推出，对我国图书版权输出起到了重要的促进作用。如“中国图书对外推广计划”自2006年起，已同美国、英国、法国、德国、荷兰等56个国家和地区的351家出版社签订了资助出版协议，资助出版图书1690种；分别于2009年和2010年启动的“经典中国国际出版工程”和“中国出版物国际营销渠道拓展工程”，为我国2010年图书输出种数的高增长起到了至关重要的作用。正是在“走出去”政策以及一系列具体项目的推动下，我国版权输出量从前5年的12197种变为后5年的34774种，增长了将近2倍。从近年的输出情况来看，主要输出地已经从东亚逐渐扩展至欧美地区。根据国家版权局公布的2003—2012年的统计数据来看，亚洲地区的输出地主要集中在韩国、日本、新加坡三国，以及我国的台港澳地区，10年中，对这6个国家或地区的版权输出数量达17420种，占总数的52.92%。欧美地区的输出地主要集中在美国、英国、德国、法国、加拿大、俄罗斯，对这6个国家的版权输出数量达7787种，占总数的23.65%。这说明，我国内地的图书版权从华人核心文化圈向东亚文化圈，乃至西方主流文化圈拓展，成绩显而易见。

从目前看，我国图书与版权贸易的进口与输出在总量上还有一定差距，质量上差距更大。由于多种因素影响，我国版权贸易逆差在日后还将持续一段时期，形势依然严峻，版权贸易还有很大的成长空间。但从发展趋势看，贸易逆差正在逐年缩小，进口与输出正在走向平衡。如图1所示。

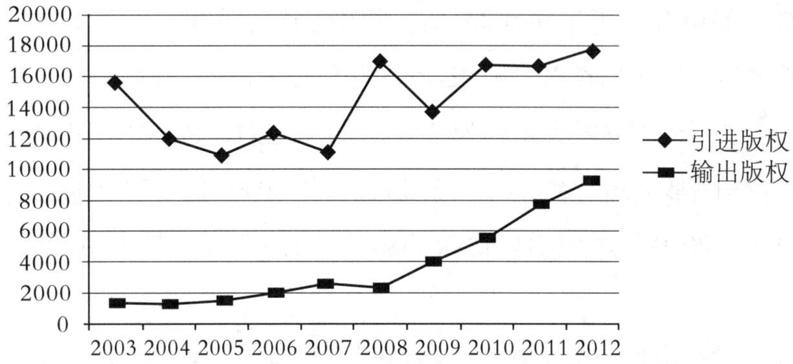

图 1　2003—2012 年我国版权引进和输出变化表

2. 电影对外贸易呈下降趋势

在诸多文化产品中，电影是比较容易被跨文化受众接受的产品之一，应该也必须在对外文化贸易中发挥重要作用。近年来，尽管中国电影票房快速增长、电影市场呈现急剧膨胀的发展态势，依旧难掩国产片输出困难的尴尬局面。国产电影国内收入与海外收入差距之大，折射出中国电影国内外市场发展严重不均衡的实际情况。如何确保国内票房保持稳步发展，同时又能开拓海外市场，扩大对外贸易量，是中国电影长期面临的难题。

自 2001 年中国加入 WTO 以来，中国电影的海外票房从 2003 年的 5 亿元增长到 2010 年的 35. 15 亿元，越来越多的影视作品在国际市场上崭露头角。然而自 2010 年以来，对外电影贸易逐年递减，发展态势不容乐观。

根据中国电影海外推广公司的数据，2010 年中国电影海外发行的总收入为 35. 17 亿元（人民币，下同），销往 61 个国家和地区，共计 205 部次，而 2011 年中国电影海外发行的总收入为 20. 24 亿元（其中影片票房收入 10. 42 亿元，影片后产品收入 9. 82 亿元），销往 22 个国家、地区，共计 163 部次。2011 年中国电影海外收入比起 2010 年下降了 42. 42%。2012 年我国电影年产量达 700 多部，但全年只有 75 部中国影片销往 80 多个国家和地区，共计 199 部次，数量不足总产量的 10%，其中海外票房和销售收入仅有 10. 63 亿元，不到国内票房的 10%，比起 2011 年海外营销的 20. 24 亿元大幅度滑坡，同比减少48%。2013年上半年共有23部影片销往19个国家（地区），共计88部次，海外票房及销售总收入5.41亿元，约为国内上半年总票房的5%。

我国电影对外贸易以合拍片为“走出去”主力，合拍比例不断增加。从总体看，合拍片收入占比继续呈上升趋势，从2006年的58.8%上升至2010年的99.9%。2010年达成出口协议的影片共计47部，其中46部为中外合拍片。

2011年销往海外的影片共计52部影片（合拍片50部），合拍比例高达96.15%。其中14部影片销往美国（合拍片13部），销售收入8.59亿元，占全年总和的42.44%。7部合拍片销往欧洲地区，总收入1.75亿元，占全年总和的8.64%。此外，国产大片的出品公司主要集中在几家较大公司：中影集团在海外发行10部影片（均为合拍片），票房发行总收入为6.68亿元，占全年票房发行销售总额的33.00%；上影集团在海外发行5部电影（均为合拍片），票房发行总收入为2.73亿元，占全年票房发行销售总额的13.49%；新画面在海外发行4部电影（均为合拍片），票房发行总收入为2.71亿元，占全年票房发行销售总额的13.39%；光线影业在海外发行4部电影（均为合拍片），票房发行总收入为1.23亿元，占全年票房发行销售总额的6.08%；银都机构在海外发行3部电影（均为合拍片），票房发行总收入为1.03亿元，占全年票房发行销售总额的5.09%；保利博纳在海外发行4部电影（均为合拍片），票房发行总收入为0.90亿元，占全年票房发行销售总额的4.45%。

2012年销往海外的影片共计75部，合拍片为46部，比例高达61.33%，销往80个国家（地区），共计199部次，海外票房销售总收入为10.63亿元。华谊兄弟（均为合拍片）在海外发行9部电影，票房发行总收入为3.38亿元，占全年票房发行销售总额的31.80%；乐视影业（均为合拍片）在海外发行3部电影，票房发行总收入为1.13亿元，占全年票房发行销售总额的10.63%；中影集团在海外发行5部电影（均为合拍片），票房发行总收入为1.11亿元，占全年票房发行销售总额的10.44%；保利博纳在海外发行4部电影（均为合拍片），票房发行总收入为1.04亿元，占全年票房发行销售总额的9.78%；银都机构（均为合拍片）在海外发行4部电影，票房发行总收入为8637.46万元，占全年票房发行销售总额的8.09%。

从影片类型来看，传统动作类型片逐渐衰落，其余类型片发展不完善。从发展态势来看，我国电影“走出去”呈下降趋势。由于国外试水屡屡失败，而国内电影市场十分火爆，市场收入增幅显著，一部分主力片商“走出去”的动力不足，将更多精力放在国内，目标直指国内市场。

3. 电视剧全球生产、消费全球领先

近年来，中国政府在金融、知识产权保护、文化产业扶持、文化产品出口等方面出台的一系列利好政策支持中国电视剧市场迅速扩大，目前中国已成为全球生产、消费电视剧最多的国家，电视剧对外出口出现了喜人的增长。

表3　2008—2011年中国电视剧进出口额

年份	2008	2009	2010	2011
进口额（万元）	24293	26887	21450	34564
出口额（万元）	7524.95	3583.6	7483.5	14649

2012年来，国产电视剧集中涌现出一批精品，在国际上赢得了较高的声誉。《媳妇的美好时代》红遍非洲，《金太郎的幸福生活》缅甸热播，《甄嬛传》《还珠格格》将亮相美国主流电视台。价格方面，《甄嬛传》打破了低价格局，在美国的卖价比国内卫视首轮播出的价格高。剧集热播的同时涌现出了一批具有海外号召力的演员、导演，为后续产品的海外影响力奠定了良好的基础。

电视剧出口主体格局与发行模式有所变化。首先是影视节目出口主体企业有了明显变化。除中国国际电视总公司在出口数量和金额上依然发挥着主渠道优势外，北京、上海、江苏、广东、浙江、湖南等地的一些民营影视机构，上升优势逐渐显现。2010年上市的华策被业内誉为中国“电视剧第一股”，其盈利模式恰恰在于将电视剧制作的种种中间环节全部交给市场，重点放在剧本与发行两头。其“左手发行优势，右手海外资源”的海外发行模式，开创了一条影视产业“走出去”的新路。随着国产剧的影响力日益扩大，国外出现了不少中国电视剧的忠实粉丝，他们借助新媒体接受中国电视剧，新媒体渠道悄然崛起。

但是，虽然有如此庞大的产量和市场，我国电视剧进出口情况却常年呈现贸易逆差。近年来，我国电视剧年对外出口额度都徘徊在一个亿左右，2009 年受国际金融危机波及，更是暴跌至仅三千余万；而进口量却稳定维持在二三亿元，达到出口量的 2.5 倍甚至 3 倍，贸易逆差虽然在逐年缩小，但仍相当严重。比较美、日、韩等影视产业发达的国家，中国电视剧的输出量和影响力仍然相形见绌。以 2008 年为例，我国电视剧出口总额约 7525 万元，这仅与韩剧出口到中国的金额基本持平，而当年韩国电视剧出口总额达 1.05 亿美元。近几年，国产剧输出有所提升，2011 年我国电视剧出口额达 2000 万美元，但同年韩国的电视剧出口额高达 2.52 亿美元。

4. 文艺演出在探索中发展

我国的对外文艺演出，是一个影响大、盘子小，市场规模局限，各方期望值超高的行业。其最大特点是文化宣传交流与商业演出交错，甚至冲突。与游戏、电影等行业在内容、渠道、运营等环节的日渐成熟相比较，对外文艺演出宣传性积习很多，完善的市场化机制尚未建立。

2010 年，共有 302 项演艺类产品（项目）走出国门（境）进行商业演出，演出总场次为 25908 场，出口总收入约为 2765.6 万美元；2011 年，共有 126 项演艺产品（项目）走出国门（境）进行商业演出，演出场次为 8090 场，出口总输入约为 3171.9 万美元。2011 年国家艺术院团演出推广交易会上，国家京剧院、中国国家话剧院、中国歌剧舞剧院、中国东方演艺集团有限公司等 9 个国家级艺术院团，分别与相关单位签约各类演出共 571 场，金额 1.15945 亿元。可见，中国演艺公司在对外演出贸易这条路依旧面临着非常激烈的竞争和压力。

目前中国对外演出贸易主要呈现出两重格局。中国演艺公司对外演出贸易的主体可以分为以对外演出集团为代表的国有演艺院团和以天创国际演艺公司为代表的民营演艺剧团两大类。其中，国有院团的对外演出活动多偏于促进文化交流和提升文化影响力，而民营演艺院团则以对外演出赢利为主要目的。

民营剧团在对外演出贸易中更为艰辛，以天创演艺为例，其自成立起便专注于大型演艺项目策划制作与国际演艺项目经纪，先后曾制作了《天幻》《梦幻漓江》《功夫传奇》等7大常态品牌剧目。《功夫传奇》是其对外演出的首部剧目，于2005年在北美进行了长达5个月的巡演，共计150场，观众人数达11万人次，票房总收入300万美元。2009年，《功夫传奇》进入英国伦敦大剧院，连续演出27场，观众上座率为60%。2009年底，天创国际投资354万美元在美国密苏里州布兰森市收购了“白宫剧院”。2012年1至4月，《功夫传奇》在西班牙、葡萄牙两国巡演112场。对于大部分的民营剧团而言，现在依旧处于探路和积累经验的阶段，对外演出贸易整体实力依旧非常弱。2009—2012年主要民营剧团对外演出的剧目主要有《龙狮》《功夫传奇》《云南映象》《大梦敦煌》等。

民族演艺产品表现突出，但以剧目输出贸易为主导。中国对外演出贸易目前依旧以杂技、功夫剧和民族舞台剧为主，国际演出市场主流的音乐剧和歌舞剧演出则显得较为缺乏。国家文化部外联局数据显示，以杂技为主的民族演艺产品的对外演出创汇额比重达到了80%，表现极其突出。2002年赴美商演的14个团组中11个为杂技团。中国对外演出的剧目类型普遍性地集中在了杂技和功夫剧方面。

（三）艺术品、音乐产业异军突起，成为我国文化贸易的新亮点

1. 艺术品贸易已经成为世界经济舞台上一个蓬勃发展的新兴领域

经济全球化的日益深化更加速了艺术品的跨国流通，形成一个全球性巨大的艺术品市场。由文化部文化市场司出炉的《2012中国艺术品市场年度报告》中指出，2012年我国艺术品市场在国内文化产业9大类中排名第一，占据重要地位。

从2012年1月到2013年6月，我国艺术品进出口总额逐年递增，且增速较大，艺术品进出口额总体顺差。

从国际艺术品贸易市场的发展来看，2012年国际商品贸易中，第97章商品进出口数量为14951855件，金额共622182098美元。2013年上半年，第97章商品进出口数量为6053254件，金额共453962129美元。海关统计数据显示，第97章商品2012年和2013上半年国际出口额中，日本、美国、中国香港、英国、加拿大及荷兰仍占据大部分出口市场；而进口额变化较大，2012年进口额最大的国家或地区为中国、英国、印度、美国、中国香港和法国，较2013年上半年则变为泰国、法国、美国、俄罗斯、中国香港。泰国进口数量及金额得到较大提高，中国进口金额总排名略有下降，印度则被挤出前20位之外。2013年第97章商品的交易金额远远超过2012年。

从统计出来的数据来看，国际艺术品进出口市场，美国、日本和英国等国家仍为艺术品贸易大国，中国保持较大的贸易顺差。而我国香港地区始终占据了巨大的艺术品贸易市场份额，其今后的贸易力量总体看涨。

总体来看，2012年，我国艺术品出口增速远大于进口增速。但2013年2月份以来，艺术品进口额飞速发展，进出口贸易差额逐步缩小。与我国文化贸易总体逆差的状况不同，艺术品的对外贸易总体为顺差，且与发达国家的顺差有逐年扩大的趋势。

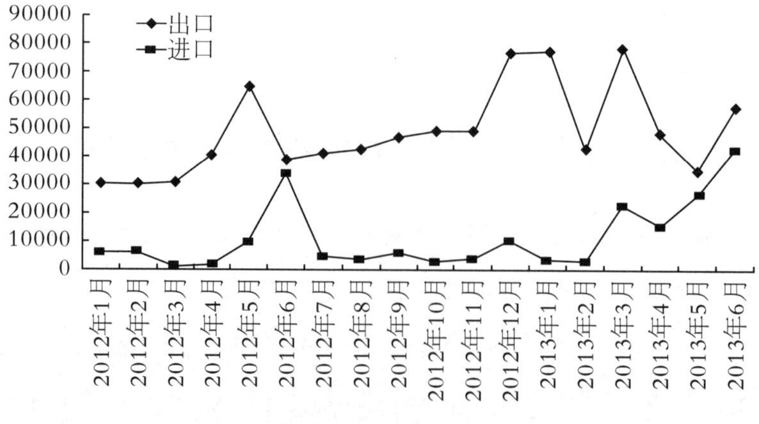

图2　2012年1月至2013年6月中国第97章商品进出口额变化（单位：千美元）

我国艺术品进出口总额虽逐年递增，但波动较大。2011 年艺术品出口份额大增，仅 1—7 月，出口额达 42. 8 亿美元，同比增长 27. 6%；2012 年，艺术品的出口经历了两个飞速发展阶段，一个是 3 月到 5 月，另一个则发生在 11 月至 12 月，月际出口额在 12 月达到了顶峰，为 76597000 美元。而 2013 年，艺术品的出口额月际波动较大，且整体出现下滑趋势。2012 年，艺术品进口额变化不大，虽在 5 月至 7 月经历了较大的波动，但整体发展平稳。3 月为最低 1024000 美元，6 月为峰值 34086000 美元，与 2011 年各月相比都有所增长，5 月增幅最大，为 144. 9%。

2. 音乐产业：高科技带来技术突破，技术突破带来迅猛增长

从整体发展来看，我国传统方式的音像、电子出版物出口种数呈逐年下降趋势，2008 年为 16521 种（次），2009 年为 19771 种（次），2010 年为 10352 种（次）。录音出版物出口种数下降更为明显，2009 年为 1878 种（次），2011 年为 347 种（次），这与数字音乐产业冲击有关，与国际传统音乐产业整体呈下降趋势相符。出口金额也明显下降，2008 年为 101. 32 万美元，2009 年 61. 11 万美元，2010 年为 47. 16 万美元。

与在线音乐的困局相比，无线音乐业务展现了巨大的市场潜力，市场规模在很短的时间内快速扩大。根据国际唱片业协会（International Federation of the Phonographic Industry，IFPI）2013 年的全球数字音乐报告显示，全球传统唱片行业连续 11 年下滑，但数字音乐却连续 10 年上涨。2012 年全球数字音乐的贸易总额值达 56 亿美元，2011 年为 52 亿美元，2010 年为 46 亿美元；2012 年数字渠道收入占唱片公司全球收入的比例为 34%，2011 年为 32%，2010 年为 29%。2004 年至 2010 年全球唱片业价值的跌幅达 31%，而数字音乐市场价值的增长达 1000% 多。传统的唱片业不断地向数字音乐市场领域调整，数字音乐已成为全球音乐产业发展的必然趋势。

自 2003 年数字音乐在中国开展以来，发展迅猛。根据文化部官方网站《2011 中国网络音乐市场年度报告（摘要）》显示，2011 年我国数字音乐总体市场规模已达 27. 8 亿元（以网络音乐服务提供商、内容提供商总收入计），

较2010年增长20.8%；获得文化行政部门审批、具有网络音乐业务经营资质的企业达到452家，比2010年增加了28.7%；在线音乐收入规模达到3.8亿元，比2010年增长了35%；在线音乐用户规模为3.8亿，较2010年增长了6.5%；中国无线音乐市场规模达到24亿元（内容服务提供商总收入计），比2010年增长18.8%；电信运营商无线音乐相关收入达到282亿元（包含功能费）。至2011年底中国无线音乐用户数近7亿，在移动用户中渗透率为45.7%。如中国唱片公司数字收入的百分比达到71%，音乐销售大部分来自于数字音乐，市场潜力巨大。但也受到高达99%的数字音乐盗版的困扰。

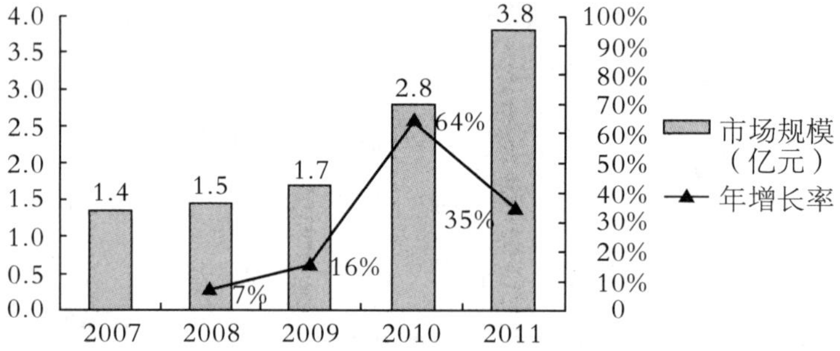

图3　2007—2011年中国在线音乐市场规模发展状况

2011年7月，百度和三大唱片公司（环球、索尼BMG及华纳）签署One Stop China协议，百度承诺会关闭深层链接的数字音乐侵权搜索服务，音乐用户可以通过受广告收入支持的合法服务免费下载音乐或在线听。One Stop China协议的破冰之举是中国最大音乐公司专业经验及创作能力与中国最大互联网公司影响力的深度结合，是中国音乐产业发展史上的里程碑事件，标志着中国合法在线音乐的进步与进展。

三、我国对外文化贸易的问题与思考

我国对外文化贸易获得了很大成就，但也存在不少问题、困境和危机。有些问题还十分严重。

（1）当前国际文化产业中，发展中国家、新兴国家异军突起。它们高度重视文化创意产业对国家经济的拉动作用。新兴国家向全球出口的文化产品日益增多，南南交易额也大幅上升。因此，我国文化贸易在全球整体布局上要下功夫，细安排，调整结构。《媳妇的美好时代》在非洲热播，启示我们要在全球重新缜密布局。

（2）我国文化产品出口数额巨大，但是这些产品主要是文化制造业产品构成，如玩具、纸张、文具等，高附加值的文化原创作品很少，在总出口额中占比很小。这些产品的优势主要是低价、低质，并不能代表高端文化创意产品所具有的低碳环保、高附加值等行业特征。文化产品出口与文化服务出口二者极度不平衡。

（3）我国文化贸易目前仍然更多地以传统思维来指导产业发展，整体落后于国内高科技指引的文化创意产业的发展。在“走出去”上缺乏高科技与文化融合的高端创意产品，更缺乏这一类“走出去”的领军企业、大型跨国企业。在互联网思维以及大数据、云服务、移动化的产业发展背景下，如何让互联网金融、网络购物、数字商务、创意设计等具有先导性的产业“走出去”，以及通过“触网”实现传统产业的升级换代，新兴产业，文化创意新业态以及新的发展模式是目前文化贸易发展必须考虑的紧迫问题。

（4）我国文化贸易的综合环境不配套。文化贸易的发展离不开宏观环境的建构，它是影响我国文化贸易行业和企业发展的重要因素。这些因素包括法律政策环境、人口经济环境、社会文化环境和科技环境等四个方面（PEST模式）。我国文化贸易的大发展需要建立完善的政治法律环境，从社会制度、政治和经济体制、政府的方针政策及国家的法律法规的不断改革上，获得政策红利。关注人口经济环境要进一步关注人口数量和人均国民收入等宏观经济指标，关注贸易国的消费者收入水平、消费强度等因素；也要考虑贸易国消费者的社会生活方式、风俗习惯、审美、价值观等因素，产品要适应目标国的文化、语言、审美等传统，要尽量减少“文化折扣”。

（5）行业短视，单纯逐利，缺乏长远大局观。电影等贸易额下滑，电影产业“走出去”动力不足。由于国内市场的火爆，许多电影制片机构放弃海外发展的计划。这种现象一方面是企业的国家、民族和社会责任缺失，另一方面是忽视更为广大的全球市场，小富即安，对产业长远发展不利。

（6）如何协调文化贸易与国内文宣部门的矛盾和冲突，解决好市场化的文化贸易与国际文化传播文化交流的关系，相互支持，相互融合。在全球文化贸易中，要按市场规律推动文化产品“走出去”，防止干扰和破坏所在国文化消费的市场逻辑。比如中国演出团体长期形成的赠票制惯例对中国国外艺术商演市场规则造成极大冲击。

（7）我国文化“走出去”的企业出口平台缺少，“走出去”的渠道和路径不畅。文化的跨国作业探索刚刚开始。王健林万达集团收购美国第二大院线 AMC，天创集团收购美国白宫剧院，在“走出去”的渠道、途径方面做了很好的探索。如何建设一批文化贸易“走出去”的平台，如完美时空建构的游戏出口代理模式，是我们需要持续关注的课题。我国民营企业瀚海智业在美国、加拿大和德国建立了 5 个产业园区，致力于建设国内外创意经济交流交易的基地和平台，致力于文化创意企业的孵化器运营，具有重要开拓意义。

四、我国对外文化贸易的政策设计

经济全球化深入发展，国际文化市场已成为各国文化竞争和交流的重要渠道，成为提升国家软实力的重要平台。随着我国综合国力日益增强和文化产业的发展，近年来文化出口发展迅速，越来越多的文化企业进入国际文化市场，文化产品和服务的贸易逆差初步扭转，中华文化影响力不断扩大。但由于我国文化产业刚刚起步，在资本、技术、市场等方面与西方国家相比还有一定差距。进一步加大对文化出口重点企业和项目的支持力度，有利于率先培育一批中国文化出口品牌企业和品牌项目，加快提升文化出口企业的国际竞争力，推动我国文化贸易实现跨越式发展。

2007 年，商务部会同中宣部、外交部、文化部、广电总局、新闻出版总署、国务院新闻办等有关部门共同制定了《文化产品和服务出口指导目录》（以下简称《指导目录》），根据《指导目录》评选并发布了《国家文化出口重点企业目录》（以下简称《企业目录》）和《国家文化出口重点项目目录》（以下简称《项目目录》）。各部门、各地区依据有关规定在市场开拓、技术创新等方面，对国家文化出口重点企业和重点项目创造条件予以支持，有力地促进了我国文化出口。

2010 年，商务部联合中共中央宣传部、财政部、文化部、中国人民银行、海关总署、国家税务总局、国家广播电影电视总局、国家新闻出版总署、国家外汇管理局等十部门发布《关于进一步推进国家文化出口重点企业和项目目录相关工作的指导意见》（商服贸发〔2010〕28 号），这是迄今为止我国关于对外文化贸易的最权威的文件。它确定了对外文化贸易的领导机制：建立由商务部牵头管理，联合中宣部、财政部、文化部、人民银行、海关总署、税务总局、广电总局、新闻出版总署、外汇局组成的文化出口重点企业和项目相关工作部际联系机制，制定规划，研究政策。

《指导意见》的主导精神是进一步扶优扶强，加大对文化出口重点企业和重点项目的支持力度，着力培养一批国际文化市场竞争主体，鼓励、支持和引导各种所有制文化企业开拓国际市场。培育和发展一批实力雄厚的外向型大型国有文化企业，使之成为文化出口的主导力量。创造公平的市场环境和良好的政策、法制环境，保障符合条件的非公有制文化企业依法获得出口经营资格，从事国家法律法规允许经营的文化产品和服务出口业务，并与国有文化企业享有同等待遇，以全面推动我国对外文化贸易的发展。

国家政策支持的主要任务是深入挖掘和整理民族文化资源，鼓励文化企业开发具有自主知识产权的原创性产品，加快培育一批具有国际竞争力的文化贸易品牌。积极发展市场中介营销机构，扶持其开展国际市场调研、咨询和营销业务，支持建立中国文化的海外直接营销渠道，减少单个企业的对外贸易成本。提高企业国际市场营销能力，建立适合企业特点的营销网络，不断拓展营销渠道。

这一政策的重点是提升对外文化贸易中现代高新技术的运用水平和积极发展新兴业态。包括加强文化领域数字化、网络化等技术的研发和应用，提高文化企业的装备制造技术水平。加大对与文化出口相关的共性技术研发的扶持，积极开发拥有自主知识产权的关键技术和核心技术，加强对国外先进技术的引进、消化、吸收和再创新工作，着力发展文化电子商务。采用高新技术和现代生产方式，改造传统的文化创作和生产方式，推进文化产业升级，延伸文化产业链条。发展现代影视内容产业，满足境外多种媒体、多种终端发展对我国影视数字内容的需求。发展高新技术印刷、特色印刷和光盘复制业，开发电子娱乐，创新娱乐业态。

《指导意见》的核心内容是推动对外文化贸易的十大保障措施。包括：①加大资金支持力度。②实行税收优惠政策。③提供金融支持，多方面拓宽文化企业融资渠道。④提高出口便利化水平。海关在有效监管的前提下为文化产品进出口提供通关便利。⑤加强国际营销网络建设。⑥建立并完善文化贸易中介组织。⑦支持企业赴境外投资。⑧支持技术创新。⑨加强信息平台建设。⑩建立表彰奖励机制。这 10 项重大措施站位高，认识准，目标清晰，措施有力，是推动我国文化贸易快速发展的重要保证。其关键在于进一步细化，适宜操作，并贵在全面落实，讲求实效。

2012 年商务部公告《文化产品和服务出口指导目录》（2012 年第 3 号），进一步确定了我国文化产品和服务出口的政策扶植方向：通过支持重点企业和重点项目的方式推动我国对外文化贸易“走出去”。该指导目录确定了重点企业的标准和重点项目的范围，确定的重点项目的范围包括：文化出口公共服务平台；文化产业境外投资和合作项目；入选国家、世界非物质文化遗产等名录并实现出口的文化项目；其他具有代表性的项目。

2013 年，商务部、中宣部、财政部、文化部、广电总局和新闻出版总署组织认定 2013—2014 年度国家文化出口重点企业共 364 家，重点项目共 118 项。

2014 年 4 月国务院发布《关于加快发展对外文化贸易的意见》，这是新一届政府全面推动对外文化贸易的动员令和路线图。该意见指出：要加快发展传统文化产业和新兴文化产业，扩大文化产品和服务出口，加大文化领域对外投资，力争到2020年，培育一批具有国际竞争力的外向型文化企业，形成一批具有核心竞争力的文化产品，打造一批具有国际影响力的文化品牌，搭建若干具有较强辐射力的国际文化交易平台，使核心文化产品和服务贸易逆差状况得以扭转，对外文化贸易额在对外贸易总额中的比重大幅提高，我国文化产品和服务在国际市场的份额进一步扩大，我国文化整体实力和竞争力显著提升。

那么，如何进一步建立健全对外文化贸易政策体系？我们认为：

随着十八届三中全会《中共中央关于全面深化改革若干重大问题的决定》的发布，如何发挥市场在对外文化贸易中的决定性作用，以新的改革开放、机制创新的视野和魄力，根据国际文化贸易市场的发展趋势和需求，和我国文化产业的发展情况，重新调整《指导目录》，具有重要意义，必须抓紧进行。目前，《指导目录》是以2004年国家统计局发布的《文化及相关产业分类》为基础和框架，根据各部门提供的文化产品和服务入选条目及入选标准予以确定的，2012年国家统计局已经调整和重新制定了《文化及相关产业分类》，故需依据新的分类框架调整《指导目录》。

（1）要坚定地贯彻执行国务院文件精神，放宽限制，下放权力，鼓励和支持国有、民营、外资等各种所有制文化企业从事对外文化贸易业务，并享有同等待遇。坚决落实国务院《关于加快发展对外文化贸易的意见》精神，减少对文化出口的行政审批事项，简化手续，缩短时限。对国有文化企业从事文化出口业务的编创、演职、营销人员等，不设出国（境）指标，简化因公出国（境）审批手续，出国一次审批、全年有效。对面向境外市场生产销售外语出版物的民营文化企业，经批准可以配置专项出版权。

（2）要根据我国对外文化贸易大发展的宏观态势，制定和调整《企业目录》和《项目目录》。要对《企业目录》和《项目目录》入选的标准重新进行评价与修订，改变目前基本上以出口总量为基准的入选标准，兼顾成长性、技术先进性、国际化程度、可持续性、市场发展潜力等评价要素，以更全面地激发企业积极性，鼓励国际化大项目引领、推动对外文化贸易的快速发展。进一步完善《文化产品和服务出口指导目录》，定期发布《国家文化出口重点企业目录》和《国家文化出口重点项目目录》，加大对入选企业和项目的扶持力度。

（3）鼓励和引导文化企业加大内容创新力度，创作开发体现中华优秀文化、展示当代中国形象、面向国际市场的文化产品和服务，在编创、设计、翻译、配音、市场推广等方面予以重点支持。

（4）支持文化企业拓展文化出口平台和渠道，鼓励各类企业通过新设、收购、合作等方式，在境外开展文化领域投资合作，建设国际营销网络，扩大境外优质文化资产规模。推动文化产品和服务出口交易平台建设，支持文化企业参加境内外重要国际性文化展会。

（5）要大力支持文化和科技融合发展，鼓励企业开展技术创新，增加对文化出口产品和服务的研发投入，开发具有自主知识产权的关键技术和核心技术。目前我国文化出口重点企业出版业占据一半以上，互联网创意型企业、科技型文化出口企业，创意设计类国际化的领军企业占比很少，必须加快改变这一现状。按照国务院2014年2月26日发布的《关于推进文化创意和设计服务与相关产业融合发展的若干意见》，推进文化创意和设计服务等新型、高端服务业发展，推进文化软件服务、移动互联服务、建筑设计服务、专业设计服务、广告服务等文化创意和设计服务与装备制造业、消费品工业、建筑业、信息业、旅游业、农业和体育产业等重点领域融合发展，不断创造国际文化贸易的新方法、新领域、新模式。根据不同国家地区的实际需要，依照不同产业“走出去”的特点，大胆鼓励先行先试，发挥中国文化创新成果的特色优势，促进多样化、差异化发展。要促进互联网与高科技企业和实体经济深度融合，大力支持文化企业积极利用和研发国际先进技术，消化、吸收、提升和再创新。

（6）统一标准，加强数据的申报与统计。我国对外文化贸易的重点企业和重点项目是我国文化贸易的重头戏，占据我国文化贸易的较大份额。按照规定，企业每年填报一次《文化企业进出口情况申报表》，作为下一年度参加重点企业和重点项目评审的依据。文化出口重点企业及重点项目的承担企业（简称目录内企业），须认真填报《文化企业进出口情况申报表》，这是指导和推动我国文化贸易发展的基础工作和依据，也是理论和实践研究的必要资料，必须予以高度重视。

（7）加强各部门、各地域、各行业之间的协调。一方面，因为对外文化贸易的涉及面广，需要商务部与中宣部、文化部、广电总局、新闻出版总署加强协调；另一方面，也明显存在九龙治水、多头管理的条块分割的弊端，行业壁垒、部门壁垒、地域壁垒以及所有制壁垒实际上一直存在。“婆婆”很多，审批程序复杂，挫伤了一些企业申报的积极性。在新一轮国务院减少和取消审批的总思路下，市场能做的事情要让市场来做。在下一步“走出去”的热潮中，如何借鉴苹果公司、三星公司、脸谱网、索尼等全球跨国文化企业成长并获得支持的经验，集中支持一些特大型的文化企业进行跨国发展，是当前这个阶段我们必须面对的问题。

总之，在新一轮改革开放的热潮中，我们必须创新思路办法、拓宽途径渠道，形成全方位、多层次、宽领域的文化“走出去”格局。要坚持市场在资源配置中的决定作用，坚持市场化、商业化、产业化的道路，毫不动摇地发挥国有文化企业的骨干作用，毫不动摇地鼓励非公有制文化企业“走出去”，加快培育一批有实力、有竞争力的外向型跨国文化企业；要研究国际受众的文化需求，认真了解国外受众的文化需求和消费习惯，增强文化产品和服务的表现力、吸引力，形成核心竞争力强、附加值高的国际知名品牌；必须积极探索符合国际惯例和市场运作规律的营销方式，推进出口平台和海外营销渠道建设，加大国际文化市场开拓力度；要充分利用高新科技改造传统文化产业，大力发展新的文化业态，努力形成对外文化贸易新的增长点。

原载《2014 中国对外文化贸易发展报告》，中国社会科学文献出版社 2014 年版。

2012—2013年度中国电视剧对外贸易发展[①]

2012—2013年度中国电视剧对外贸易发展迅速，成就斐然。然而从整体来看，相对于美欧与韩日的电视剧产业，我国电视剧产业的文化影响力，主题适应性、运营市场化、题材多样性、电视剧制作水平等都存在着较大差距。探索中国电视剧对外文化贸易的市场化的运作方式，规划其切合实际的"走出去"的最佳路线图，是我们必须努力完成的任务。

习近平同志最近指出，提高国家文化软实力，要努力提高国际话语权。要加强国际传播能力建设，精心构建对外话语体系，发挥好新兴媒体作用，增强对外话语的创造力、感召力、公信力，讲好中国故事，传播好中国声音，阐释好中国特色。这是对我国文化工作者发出的新的动员令。无疑，只有改革和创新，才能突破瓶颈，开创崭新局面。

一、中国电视剧行业的发展现状

电视剧行业在我国是一个具有行政许可的垄断行业。对外，外资涉足影视行业的形式只有联合摄制、协作摄制、委托摄制三种。而对境内资本从事电视剧制作业务已基本放开。从整体来看，电视剧行业的政策准入门槛较低，产量丰富，市场需求广阔。

（一）电视剧制作企业数量众多

截至2013年，持有广播电视节目制作经营许可证的机构数量已达6175

① 中国传媒大学硕士研究生王瑞津为第二作者。

家。电视剧制作许可证分为电视剧制作许可证（甲种）（俗称甲证）和电视剧制作许可证（乙种）（俗称乙证）两种：乙证由具备制作电视剧申请资格的上述机构按管辖权范围向广电总局或省级广播电视行政部门申请并批准取得，其仅限于该证所标明的剧目使用，有效期一般不超过 180 日。电视剧制作机构在连续两年内制作完成 6 部以上单本剧或 3 部以上连续剧（3 集以上/部）的，可向广电总局申请并批准取得甲证，甲证有效期为 2 年，期内对持证机构制作的所有电视剧均有效，期满持证机构可以申请延期。

表 1　2007—2013 年持有电视剧制作许可证（甲种）的机构数量

年份	2007	2008	2009	2010	2011	2012	2013
机构数	117	117	132	132	129	—	137

业内一般认为，只有取得甲证的公司才有可能是致力于行业深耕的专业户，而不是出于投机、洗钱、捧人、玩票等目的进场的“游资”“混混”和“票友”。由此可见，虽然持有甲证数量的机构在不断增多，但就总量而言，在电视剧领域真正具备资质和企图心的专业机构其实并不多，增长也日渐趋缓。

（二）行业产量连年增长

从电视剧制作量来看，2012 年，中国国产电视剧产量创纪录地达到 1.7 万集。这一数据较之 2011 年国产电视剧 14942 集的数量继续增长 13.77%。事实上，自 2003 年起，国产剧年产量已过万集，产量之大，连续多年稳居全球第一。

从电视剧发行量来看，2012 年，中国电视剧总发行部数大幅增加，达到 612 部，同比增加 50 部；总发行集数达到 19659 集，同比增加 2941 集。同期，中国国产电视剧发行部数为 506 部，同比增加 37 部；发行集数 17703 集，同比增长 18.48%。2006—2012 年发行的国产电视剧中，每部电视剧平均集数从 27.58 集增加到 34.99 集。

（三）交易额与市场前景广阔

近年来，随着中国电视剧行业的相关政策放宽以及各种扶持政策的出台，电视剧产业得到了迅速发展。2006—2010 年，中国电视剧交易额从 48.5 亿元增长到 59.2 亿元，年复合增长率只有 5.11%。

2011 年，中国实现电视剧交易总额 76.0 亿元，同比增长 28.37%。2012 年，中国国产电视剧交易额达到 110 亿元，同比增长 44.74%。在这 110 亿中，电视剧播出版权交易额 80 亿元，电视剧网络版权交易额 30 亿元。2011—2012 年中国电视剧交易额大幅增加，主要原因是售价较高的精品剧数量不断增多以及网络渠道的强势崛起。

表 2　2007—2012 年中国电视剧交易额

年份	2007	2008	2009	2010	2011	2012
交易额	51.4 亿元	50.7 亿元	54.8 亿元	59.2 亿元	76 亿元	110 亿元

但从市场前景看，虽然国内市场巨大，但行业天花板已然初现。新近崛起的视频网站和传统的实体音像制品能够提供一定的发行，但现阶段电视剧发行渠道 90% 以上靠电视台，而电视台的播出时间与相应的电视剧容纳量相对固定，其中珍贵的黄金档更加有限。同时，已然接近发达国家水平的电视网络覆盖、寡头式竞争与对外出口乏力，已基本封杀了行业新增量的可能。

（四）产能过剩，存在泡沫化趋势

从整体看，我国电视剧产量虽高，但出于各种原因，质量表现参差不齐，存量更是惊人，国家广电总局同期发布的数据显示，中国每年电视剧产量和播出比为 5∶3，近 3 年来电视剧审批数目和已播出数目比为 10∶1，存在着严重的产能过剩。

同时，随着国家对宏观经济的调控，能源、房地产领域的收缩，以及对文化产业的扶持与鼓励，越来越多的资金涌入电视剧行业。煤老板、房地产老板转身投资电视剧行业的例子，屡屡见诸报端。盲目跟风、一哄而上的游资涌入，一方面加剧了行业的泡沫，另一方面也导致行业的利润不增反降。

总体而言，我国虽然是名副其实的电视剧大国，但同时也存在着巨大的隐忧，可以说是“大而不强”。对内，产业结构亟待调整；对外，加快“走出去”的步伐不失为解决供需失衡的一种选择。

二、电视剧行业对外贸易的发展

（一）贸易逆差大

电视剧的对外贸易是我国文化“走出去”工程中的重要内容。虽然新世纪以来我国政策保障不断加强，但我国电视剧对外贸易领域“西强我弱”的状况仍未得到明显改善。

无可否认，目前中国已成为全球生产、消费电视剧最多的国家。然而，虽然有如此庞大的产量和市场，我国电视剧进出口情况却常年呈现贸易逆差。

表 3　2008—2011 年中国电视剧进出口情况

年份	2008	2009	2010	2011
进口额（万元）	24293	26887	21450	34564
出口额（万元）	7524. 95	3583. 6	7483. 5	14649

由表 3 可见，近年来，我国电视剧年对外出口额度都徘徊在一个亿左右，2009 年受国际金融危机影响，更是暴跌至仅三千余万。与此相对的，进口量却稳定维持在二三亿元，达到出口量的 2. 5 倍甚至 3 倍，贸易逆差虽然在逐年缩小，但仍相当严重。

横向比较美、日、韩等影视产业发达的国家，中国电视剧的输出量和影响力更是相形见绌。以 2008 年为例，我国电视剧出口总额约 7525 万元，这仅与韩剧出口到中国的金额基本持平，而当年韩国电视剧出口总额达 1. 05 亿美元。近几年，国产剧输出有所提升，2011 年我国出口电视剧出口额达 2000 万美元，但同年韩国的电视剧出口额高达 2.52 亿美元！

2012 年来，国产电视剧集中涌现出一批精品，在国际上赢得了很高的声誉。但从根本上讲，我国电视剧贸易逆差、出口乏力等重大问题，在很长一段时间内将持续存在。

（二）合拍片一冷一热

近年来，为了确保节目的制作质量与文化元素能吸引跨国受众，并在产品的发行环节可以享受外国政府制定的支持性政策，近几年中外合拍电视剧成了海外市场拓展的新方式。比如上海新文化传媒投资集团、上海文广新闻传媒集团与西班牙加泰罗尼亚电视台合作拍摄的《情陷巴塞罗那》，北京华录百纳影视有限公司与日本 NHK 合作拍摄的《苍穹之昴》，北京中北电视艺术中心有限公司与俄罗斯 RENTV 合作拍摄的《猎人笔记之谜》等作品，都是中国电视机构与非华语区主流传媒机构深度合作的结晶。其中，《苍穹之昴》更是在日本取得空前成功，并斩获亚洲彩虹奖。

但是，由于广电总局的相关规定，合拍剧不能进入黄金档播出，这种“保护政策”无疑在某种程度上削弱了外资进入的积极性。近几年，纯粹意义上的合拍片已经不太多见，海外合作多以剧本引进或导演、演员单个加盟的形式进行。

值得一提的是，自 2008 年 1 月 1 日起，台湾、香港和内地合拍的电视剧在符合一定要求的前提下，各项政策与内地制作的剧集同等对待，这意味着黄金档将为陆港、陆台合拍剧敞开大门，与内地剧享受“同等待遇”。政策松绑之下，合拍剧持续升温，电视剧领域的各个环节，台湾、香港等地区与大陆的交流与合作都已常态化，资源配置与优势互补值得期待。

（三）行业传统难题有所突破

曾经有人笑言，国产电视剧出口一直“卖的是白菜价”，“播的是东南亚”，“影响是巴掌大”。但现如今，这三大传统问题有了新的突破。

目前，我国电视剧出口至亚太地区的数量占我国电视剧出口比例的2/3，也就是说，我国电视剧出口地区仍主要集中在与我们文化背景接近的国家和地区，对于市场更广但是文化相差较大的欧美地区我们的市场比例不大。但是就在2013年，中国电视剧海外市场可谓亮点频出：《媳妇的美好时代》红遍非洲，《金太郎的幸福生活》缅甸热播，《甄嬛传》《还珠格格》将亮相美国主流电视台。价格方面，《甄嬛传》更有望打破低价格局，在美国的卖价会比国内卫视首轮播出的价格高得多。在剧集热播的同时涌现出一批具有海外号召力的演员、导演，无疑为后续产品的海外影响力奠定了良好的基础。

（四）出口主体格局与发行模式有所变化

影视节目出口主体企业有了明显变化。除中国国际电视总公司在出口数量和金额上依然发挥着主渠道优势外，北京、上海、江苏、广东、浙江、湖南等地的一些民营影视机构的上升优势逐渐显现。2009年数据显示，湖南快乐阳光互动娱乐公司、浙江华策影视公司在出口总量上分别占6.1%和5.1%。

2010年上市的华策被业内誉为中国“电视剧第一股”，其盈利模式恰恰在于将电视剧制作中间的种种环节全部交给市场，重点放在剧本与发行两头，其“左手发行优势，右手海外资源”的海外发行模式，开创了一条影视产业“走出去”的新路。

（五）出口题材偏窄，但正趋向于多元化

由于中华文化的辐射，我国向境外输出的剧种曾经以古装为主，包括武侠剧、历史剧和名著改编剧等，六小龄童版《西游记》是最早出口海外并产生广泛影响的国产剧，随后，《三国演义》《红楼梦》《雍正王朝》《笑傲江湖》《天龙八部》先后在很多国家，尤其是东南亚国家引发收视热潮。

近几年，走出国门的电视剧题材更加多样化，涵盖了都市剧、家庭伦理

剧、话题剧等。《蜗居》《杜拉拉升职记》《裸婚时代》《媳妇的美好时代》等反映中国现代人日常生活的都市剧，不仅使国外的电视观众更加了解现在中国人的日常生活和追求，而且与古装剧版权售出价格的差距逐渐缩小。

（六）新媒体渠道崛起

网络电视、移动电视是我国电视剧产业对外贸易发展的最好途径，具有极大的增值空间。目前，随着国产剧的影响力日益扩大，国外出现了不少中国电视剧的忠实粉丝，甚至在论坛中建立了专门讨论中剧的版块。由于语言障碍，国外观众欣赏我国电视剧必须借助于字幕翻译，国外目前有一些类似国内“字幕组”一样的专门志愿者为大家做义务翻译。但是，由于这些翻译都是义务工作，翻译水平参差不齐，进度更是难以保障，仅靠这样的国外民间力量毕竟不是长久之计。同时，由于版权问题，海外的观众观看中剧往往只能选择“翻墙”，长此以往，必然影响中剧在海外的发展，特别是影响经济效益。

三、我国电视剧对外贸易中存在的问题

（一）政府管理、政策设计与市场取向

政策问题无疑是中国电视剧产业发展瓶颈之一。党的十八届三中全会提出，使市场在资源配置中起决定性作用，而过去的表述是市场在资源配置中起基础性作用。从“基础”到“决定”，两个字的改变，意义十分重大。这是我国社会主义市场经济内涵“质”的提升，是思想解放的重大突破，也是深化经济体制改革以及引领其他领域改革的基本方针。就电视剧行业而言，既然承认电视剧市场化、承认电视剧也是一种商品，那么与我国经济发展方式需要转变一样，我国电视剧行业的发展同样需要转变，在政府的管理上也要尽量尊重市场经济的规律与产业发展的规律，尽量不用简单粗暴的一刀切

等行政手段进行干预。

除了管得太多，还存在一个问题，那就是帮扶不够。韩国政府补贴支持韩国电视剧出口，随后利用市场机制取得长线效应的做法无疑值得我们借鉴。

（二）电视剧认知定位与产品制作

长期以来，我国影视界一致达成这样一种“共识”：电影是艺术，需要精心打造艺术精品，电视剧则是大众娱乐，不必那样呕心沥血；电影需要大投入、大制作，在编剧、配乐、服装道具、拍摄手法上必须由具有专业水准的团队来完成，电视剧则不需要大投入、大制作，在编剧、配乐、服装道具、拍摄手法上可以降格以求。所以我国电视剧跟风之作多、粗制滥造的“神剧”多，一哄而上的抗战剧、脑残剧比比皆是，“非主流”“洗剪吹”造型雷倒众生，以至于韩国观众经常吐槽中国电视剧服饰老土、演员不够美型。

从技术角度看，欧美市场电视剧采用大投入、大制作方式，创作精良，拍摄技术精湛，有充足的成本保证每一集电视剧制作的规模和质量。观众对剧集质量也要求较高。因此，出口门槛高、电视剧技术不达标，也是造成我国电视剧出口不畅、市场乏力的重要原因。

（三）文化价值与正能量诉求

要实现跨文化认同，电视剧的题材不是决定性的，类型也不是决定性的，关键是如何表达，以及如何实现人性的共鸣，也就是大家常说的“重要的不是拍什么，而是怎么拍”。拍得好了，即使是《甄嬛传》这样的“辫子戏”，依然在全球范围内具备相当的现实感与人性的深度；拍得不好，即使所谓现实题材，也难免显得轻浮做作、不合时宜。

习近平同志指出，提高国家文化软实力，要努力传播当代中国价值观念。当代中国价值观念，就是中国特色社会主义价值观念，代表了中国先进文化的前进方向。要加强提炼和阐释，拓展对外传播平台和载体，把当代中国价值观念贯穿于国际交流和传播的方方面面。《人民日报》也曾刊文指出，同样是讲述女性成长的宫廷剧，《大长今》比《甄嬛传》的价值观正确。“甄嬛刚刚入宫时还是一个心地善良、简单纯朴的女孩，但在残酷的宫廷环境中，经历了一系列惨痛教训之后，她终于懂得了一个‘真理’：在残酷的宫廷斗争中，你必须学会比对手更加阴险毒辣，你的权术和阴谋必须高于对手，才能立于不败之地。也就是说，你必须更坏才能战胜对手。最后，甄嬛终于通过这种比坏的方式成功地加害皇后并取而代之，这就是《甄嬛传》传播和宣扬的价值观。”而与之相对的，是大长今虽然同样在宫廷中受到了恶势力的破坏，但她“没有通过比坏的方式战胜后者，而是始终坚持自己的道德立场和做人原则”。这样，作品的主题就是“只有坚持正义才能最终战胜邪恶”。

事实上我们知道，无论是长今始终如一的“正能量”，还是甄嬛异化蜕变的“血泪史”，绝大多数观众都拥有辨别是非的能力。在这里我们更需要探讨的一点是，电视剧作为一种传播意识形态的特殊商品，在满足观众心理需求之余是否需要倡导更为积极向上的价值观的问题。特别是涉及文化输出的时候，我们的艺术作品还肩负着向海外的观众传递国家价值、塑造国民形象的重大责任，这一问题就更应当严肃对待。

用文艺作品提升国家形象、实现政治诉求的做法其实早有先例。当年日韩关系紧张的时候，韩国就将热门剧《冬季恋歌》引到日本，极大地缓和了民间的对立情绪，促进了两国人民的交流与亲善。

对于《甄嬛传》“比坏”的价值观问题，制片人曹平曾解释说：“《甄嬛传》的成功，还是因为我们有批判主义色彩，揭露封建王权对社会和人性的摧残。很多年轻人看完电视剧都说不要回到从前，要珍惜现在的生活。这就是我们拍戏的诉求。”但即便如此，不可否认的是，电视剧在全球化和本土化两极趋向的全球传播格局中，扮演着文化使者和商业赢利机器的双重角色，以经济波及效益和对国家形象的构建等方式表现出来，从而使政府偏好和经济效益偏好不谋而合。单从国家形象构建而言，相比较《大长今》给人留下的阳光、励志的形象，《甄嬛传》予人的感觉无疑是晦涩而阴暗的。

总而言之，《甄嬛传》无疑是近年来国产电视剧难得的佳作，在很多方面的成功经验都值得国内同行学习效仿。但就对外文化输出而言，在满足受众需求的同时，如何进行有效地、正面地价值观输出，也是值得进一步深思的问题。

四、探索我国电视剧产业“走出去”的对策

（一）制度帮扶+市场化运作

目前我国电视剧营销方式还不够多元化，更多地还是依赖版权交易和少量的植入广告。笔者认为，邻国韩国通过制度帮扶支持韩国电视剧出口，随后利用市场机制取得长线效应的做法值得借鉴。

1997年亚洲金融危机使得韩国经济遭受重创，为了尽快摆脱经济危机，韩国政府根据市场的发展变化，迅速调整国内产业结构，开始向文化产业进军。1998年韩国政府正式提出“文化立国”发展战略，将文化产业作为21世纪发展国家经济的战略性支柱产业。1999年至2001年韩国政府先后制定《文化产业发展5年计划》《文化产业前景》和《文化产业发展推进计划》等一系列战略政策，明确了文化产业发展战略和中长期发展计划，并相应推出一系列重大举措来推动文化产业发展。

就电视剧领域而言，韩国政府采取了强力干预与扶持政策，具体措施包括：通过立法对国内电视台播出进口剧目进行限制（主要针对日本电视剧）；对出口电视剧实行补贴政策；设立产业振兴基金，通过政府出资、融资、社会团体捐助等多种渠道筹集基金，形成官民共同合作的投融资运作方式等。就这样，通过立法保障、政策引导、资源协助三种方式管理，2003年，韩剧出口额这已经达到3698万美元，成为韩国电视最大的输出品。而据一些分析人士指出，如果加上一些合拍剧、盗版等因素影响，韩剧的实际出口额现在已达数亿美元。其出口市场以中国、日本、新加坡等亚洲国家为主，一些经典剧目甚至还出口到俄罗斯、埃及和阿拉伯半岛等地。

同时，韩剧中常重复出现饮食、旅游、时尚、服装、科技等类型的植入广告，比如《大长今》掀起了全球范围内的韩国美食风，《想你》女主角尹恩惠的发型、衣饰乃至唇膏颜色都成了潮流女生的效法对象，韩剧中反复出现的咖啡屋和汗蒸幕成了韩剧迷必去的旅游胜地，甚至《冬季恋歌》中裴勇俊标志性的眼镜和短发，都成了当时亚洲女性的择偶标准。这些“韩流”现象的背后，离不开政府发展服务业、旅游业、时尚业产业链的一整套“组合拳”。

这种跨产业链的整合方式，国内近年来也多有尝试，比如电视剧《男人帮》，除了常见的广告植入、版权收入之外，还增加了后续产品开发环节。赞助商也围绕着剧情和主演孙红雷的微博做了不少营销活动。但是在我国，这只是小范围内的盈利模式尝试，缺乏宏观环境的对接与整体性战略把控。

总之，若能通过恰当的制度帮扶和充分的市场化运作，使政府偏好和经济效率偏好不谋而合，使得二者以一种互动的方式向前发展，最终完全可以达到共赢甚至取得事半功倍的效果。

（二）中国电视剧“走出去”路线

1. 市场划分

严格按照地域或既有市场格局进行中国电视剧海外市场划分都是不科学的，或可按照文化要素进行划分，依此，可划分为以下五级市场。

（1）优势市场：中国香港、中国澳门、中国台湾、新加坡、马来西亚等华语国家和地区。

划分依据：同文同种，不需要翻译；历史沿革、社会习俗、伦理结构比较类似，容易取得理解并唤起共鸣；大中华资源整合优势……

1999 年，香港本港台用《还珠格格》挽救收视率，从此陆续引进内地电视剧如《大宅门》《人间四月天》《康熙王朝》等；翡翠台也先后引进《康熙微服私访记》《宰相刘罗锅》《雍正王朝》等。内地剧近年越来越抢眼，《步步惊心》在香港播出时被编排到夜间十点半，但收视率丝毫不受影响。

曾有香港业内从业者评价道："香港地方小、人又少，各方面非常安定，电视剧能做的大题材、时代背景的东西基本上没有，只有生活上的小品，题材选择上内地电视剧宽很多。内地电视剧的场景也丰富很多。"在台湾，从两岸合拍琼瑶剧开始，台湾观众已经开始注意大陆的演员和制作。近些年，台湾本土由于制作成本极度受挤压，只能拍小制作的青春偶像剧。而内地的《康熙王朝》《雍正王朝》《少年天子》等电视剧开始凭借大时代、大场面、大演员"征服"了台湾观众。最极致的是《甄嬛传》，这部戏2012年4月在台湾开播，此后就不断被重播，和在大陆一样，"一开电视就是甄"的效果已经快持续一年了。

（2）相似市场：东亚、东南亚国家。

划分依据：文化背景相似，受儒家文化影响，承接港剧影响力。

近日，中国国际广播电台与缅甸国家广播电视台就电视剧的缅甸语版译制、推广及播出事宜达成协议。《金太郎的幸福生活》成缅甸首部缅甸语配音的外国电视剧。《辣妈正传》也将陆续在中国香港、中国台湾、韩国、新加坡、越南、柬埔寨等多个国家和地区首播，展现中国新一代"辣妈"的风采。

（3）高地市场：欧美国家。

划分依据：本土行业水平高，竞争激烈，并在全球具主流话语权，存在一定的文化隔膜。

（4）新兴市场：巴西、印度、俄罗斯以及众多伊斯兰国家等。

划分依据：人口多，经济发展迅速，文化背景各异，市场潜力巨大。

（5）待开发市场：非洲国家等。

划分依据：文化种族差异较大，但由于本土制作尚不成熟，政治关系稳定，所以并非全无机会。

上海广播电视台下属五岸传播有限公司总经理何小兰告诉记者，2012年末，在原国家广电总局牵头下，包括中国国际电视总公司等联合到南非参加当地电视节，仅"五岸"一家收到的非洲各国"看剧意向"就有近20项。

而且中国都市情感剧格外受宠。一些坦桑尼亚观众曾告诉中国记者，看《媳妇的美好时代》，不存在理解障碍，而且中国家庭的情感纠葛、婆媳关系等与非洲家庭故事有相似之处。由此可见，非洲市场尚存极大潜力。

2. “走出去”路线图

巩固优势市场，主攻相似市场，洞察欧美市场，培育新兴市场，不忽视待开发市场。

对于优势市场，要发挥资本、制作等独到优势，同时兼收并蓄，注意吸收各地精华，构建一个影响力辐射整个华文世界的“大中华文化圈”。比如大卖东南亚的电视剧《倚天屠龙记》，就集合了新加坡知名演员郭妃丽、陈秀丽，中国台湾知名演员苏有朋、贾静雯，内地实力演员张国立、张铁林、王刚、高圆圆，以及中国香港知名导演赖水清等各路在亚洲范围内都极具号召力的明星大腕，为后续的出口打下了坚实的群众基础。

对于相似市场，要通过政府介入、国际合作等方式打破贸易壁垒，同时利用地缘优势，召开推广会，运用市场化的宣发手段，推高人气，实现突破。

对欧美市场，要学习其成熟经验。先投放地面频道投石问路，然后逐步让真正适合欧美观众口味的国产好剧落地。

新兴市场值得重视，但俄罗斯、印度以及众多伊斯兰国家文化差异的确较大，更多需要提高产品的多元化属性，以适应不同的文化需求。

待开发市场的经济回报或许有限，但隐形收益和长久效益值得期待。最大的障碍就是语言问题，建议培养专门的翻译人才，力求将中剧原汁原味地传达给非洲观众。

需要注意的是，按照文化要素分为五级市场格局之后，每一级市场的内部依然需要细分。因为地区不同，老外的收视习惯、对于中国电视剧的喜好也不一样。

相对于美剧一周一集的“龟速”，还要苦等“冬休”，中国电视剧一股脑全部出完，博得了欧美粉丝的好感。所以虽然主流电视台引进中国电视剧的数量微乎其微，但欧美观众特别喜欢在网络上观看国产武侠剧、琼瑶剧。《步步惊心》《还珠格格》《甄嬛传》《仙剑奇侠传》《倾世皇妃》《天外飞仙》等剧以及金庸武侠剧的人气都很高。除了古装剧，琼瑶剧也有不少忠实的欧美粉丝，即使没有配音、没有字幕，许多观众会被琼瑶剧里缠绵悱恻的感情感动得泪流满面。

所以，国产剧若想成功逆袭欧美，网络是一个不错的缺口，若能有组织地翻译一些优秀的国产剧目放到论坛上，待引起较大反响时候，进入主流电视台就不是梦。

日本和韩国偏爱武侠剧或历史剧。日本对中国电视剧的一大引进方向是深具中国特色的武侠剧，尤其是金庸同名小说改编的作品更是广受欢迎。日本引进中国电视剧的另一大方向是历史剧，《三国演义》《水浒传》《大明王朝》《孙子兵法》等也都拥有稳定的观众。《还珠格格》《情深深雨濛濛》《包青天》《步步惊心》《宫》等在韩国也有大批的粉丝。

东南亚观众则对偶像剧和武侠剧毫无抵抗力。由于早期的港台优秀剧目《上海滩》《我和僵尸有个约会》《包青天》在当地已拥有良好的观众基础，再加上后来的《宰相刘罗锅》《孝庄秘史》《天外飞仙》《倚天屠龙记》《三国演义》等的热播，国产剧在东南亚的影响力与日俱增。

虽然从目前来看部分国产剧目的优势显而易见，但“酒香也怕巷子深”，我国电视剧要“走出去”还是急需成熟公平的市场机制和专业的海外发行平台、发行团队。

原载《艺术百家》2014年第4期。

中国对外出版及版权交易年度报告[①]

加强图书版权输出，不但对于我国出版业打破单一市场现状，赢得国际图书市场有着极为重要的意义，更关乎中华文化在全球的影响力和国家软实力。长期以来，版权贸易逆差严重、版权输出乏力，一直是我国出版人面临的重大难题。面对难题，我国出版人努力奋斗，扭转局面，对外出版和版权输出获得了长足进展。2003—2012 年我国版权输出获得较大增长，国家在政策、资金、税收等各方面对我国版权输出提供了强有力的支持，构建了“走出去”的政策体系。我国当前版权贸易中还存在着版权资源合理利用率低等一系列问题，解决这些问题，需要政府、行业、出版社齐抓共管，协同解决。

一、2003—2012 年 10 年间我国版权输出分析

2003—2012 年 10 年间我国版权贸易取得了显著成绩。主要输出地从东亚逐渐扩展至欧美地区，国家政策的大力推动，使 2007 年后的版权输出量大大增加。

（一）我国版权贸易现状分析

在国家大力发展文化“走出去”战略下，版权贸易取得显著的成效（见表 1、表 2、图 1）。

① 崔春虎硕士为第二作者。

表1　2003—2012年我国引进版权汇总表

计量单位：册、盒、张、件、部、集

年份	合计	图书（期刊）	录音制品	录像制品	电子出版物	软件	电影	电视节目	其他
2003	15555	13058	1068	564	180	478	132	10	65
2004	11746	10451	331	159	143	483	176	2	1
2005	10894	10131	90	114	155	401	0	3	0
2006	12386	11490	150	108	174	434	29	1	0
2007	11101	10255	270	106	130	337	1	0	2
2008	16969	15776	251	153	117	362	—	2	308
2009	13793	12914	262	124	86	249	0	155	3
2010	16602	13724	439	356	49	304	284	1446	0
2011	16639	14708	278	421	185	273	37	734	3
2012	17589	16115	475	503	100	189	12	190	5

表2　2003—2012年我国输出版权汇总表

计量单位：册、盒、张、件、部、集

年份	合计	图书（期刊）	录音制品	录像制品	电子出版物	软件	电影	电视节目	其他
2003	1427	811	473	0	35	0	0	108	0
2004	1362	1314	4	4	39	0	0	0	1
2005	1517	1436	1	2	78	0	0	0	0
2006	2057	2052	0	0	5	0	0	0	0
2007	2593	2571	0	19	1	0	0	2	0
2008	2455	2440	8	3	1	3	—	—	—
2009	4205	3103	77	—	34	—	—	988	3
2010	5691	3880	36	8	187	—	—	1561	19
2011	7783	5922	130	20	125	5	2	1559	20
2012	9365	7568	97	51	115	2	0	1531	1

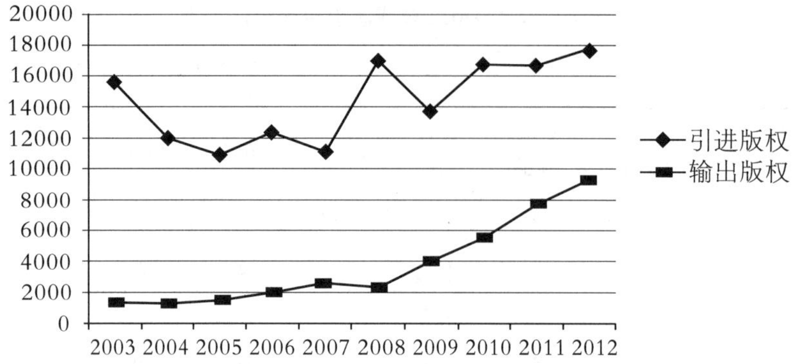

图 1　2003—2012 年我国版权引进和输出变化表

（二）我国图书版权输出特点分析

从这 10 年的输出地情况来看，可以总结出以下三个主要特点。

1. 主要输出地从东亚逐渐扩展至欧美地区

从国家版权局公布的 2003—2012 年的统计数据来看（见表 1、表 2），我国图书版权输出亚洲地区的输出地主要集中在韩国、日本、新加坡三国，以及我国的台港澳地区。10 年中，对这 6 个国家或地区的版权输出数量达 17420 种，占总数的 52.92%。欧美地区的输出地主要集中在美国、英国、德国、法国、加拿大、俄罗斯。对这 6 个国家的版权输出数量达 7787 种，占总数的 23.65%。这说明，我国内地的图书版权从华人核心文化圈向东亚文化圈，乃至西方主流文化圈拓展，成绩显而易见。

2. “走出去”政策的推动使后 7 年的输出量大大增加

自从 2003 年全国新闻出版局长会议正式把中国出版“走出去”战略作为我国新闻出版业发展的五大战略之一，一系列重点工程相继从 2005 年被推出，对我国图书版权输出起到了重要的促进作用。如“中国图书对外推广计划”自 2006 年起，已同美国、英国、法国、德国、荷兰等 56 个国家和地区的 351 家出版社签订了资助出版协议，资助出版图书 1690 种；分别于 2009 年和 2010 年启动的“经典中国国际出版工程”和“中国出版物国际营销渠道拓展工程”，为我国2010年图书输出种数的高增长起到了至关重要的作用。正是在“走出去”政策以及一系列具体项目的推动下，我国版权输出量从前5年的12197种变为后5年的34774种，增长了将近2倍。

版权贸易逆差在一定时期依然会存在，但贸易逆差逐年缩小。21世纪初，我国图书版权贸易逆差严重，随着国家文化“走出去”战略的实施，加上我国出版人的共同努力，我国版权输出在数量上和种类上都在逐年增长，2012年贸易逆差缩小到1.9∶1，但因为各种因素影响，我国版权贸易逆差在日后还将持续一段时期，形势依然严峻，版权贸易还有很大的成长空间。

表3　2003—2012年我国图书版权输出地概况

单位：种

年份	美国	英国	德国	法国	俄罗斯	加拿大	新加坡	日本	韩国	中国香港	中国澳门	中国台湾
2003	5	2	1	11	1	0	9	15	89	178	0	472
2004	14	16	20	4	0	0	30	22	114	278	94	665
2005	16	74	9	7	6	0	43	15	304	169	1	673
2006	147	66	104	14	66	25	47	116	363	119	53	702
2007	196	109	14	50	100	13	171	73	334	116	38	630
2008	122	45	96	64	115	29	127	56	303	297	47	603
2009	267	220	173	26	54	10	60	101	253	219	10	682
2010	1147	178	120	121	11	86	375	214	360	534	6	1395
2011	766	422	127	126	40	15	131	161	446	366	19	1644
2012	1021	606	352	130	104	104	173	401	282	440	1	1781

表4　2003—2012年我国图书版权引进地概况

单位：种

年份	美国	英国	德国	法国	俄罗斯	加拿大	新加坡	日本	韩国	中国香港	中国澳门	中国台湾
2003	5506	2505	653	342	56	39	132	838	269	335	2	1319
2004	4068	2030	504	313	20	80	156	694	250	264	15	1173

续表

年份	美国	英国	德国	法国	俄罗斯	加拿大	新加坡	日本	韩国	中国香港	中国澳门	中国台湾
2005	3932	1647	366	320	49	39	140	705	554	204	43	1038
2006	2957	1296	303	253	38	40	156	484	315	144	2	749
2007	3878	1635	586	393	92	33	228	822	416	268	0	892
2008	4011	1754	600	433	49	59	292	1134	755	195	4	6040
2009	4533	1847	693	414	58	73	342	1261	799	398	0	1444
2010	5284	2429	739	737	58	111	335	1766	1027	877	24	1747
2011	4553	2256	881	706	55	133	200	1982	1047	345	1	1295
2012	4944	2581	874	835	48	122	265	2006	1209	413	5	1424

（三）我国图书版权主要输出地分析

我们将2003—2012年我国主要图书版权输出地分为英美，法德，东亚，我国台港澳，以及俄罗斯、加拿大和其他地区5组，分别分析其10年来版权输出量变化的情况。

1. 英美地区

从图2可以看出，2003—2012年，我国在英美地区的图书版权输出量增长迅猛，从2003年的7种上升至2012年的1627种，增长232倍，10年的总量达到5439种。其中增长较快的是英国，从2003年的2种增至2012年的606

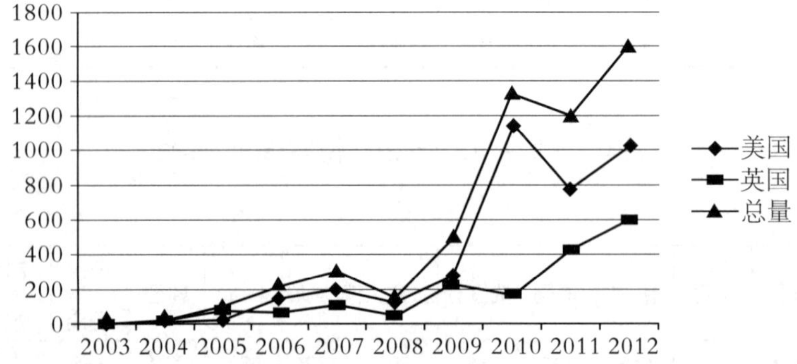

图2　2003—2012年10年间英美地区我国版权输出量变化表

种，增长了303倍，对美国的输出量大多时候多于英国，10年间增长了204倍（从2003年的5种增至2012年的1021种）。10年中后5年的输出量明显高于前5年，前者共4794种，是后者的7倍有余，除2008年有明显降低和2011年有小幅回落外，其余几年上升明显。

2. 法德地区

从图3可以看出，2003—2012年，我国在法德地区的图书版权输出量虽然与英美地区有一定的差距，但是增长的速度亦非常迅猛，从2003年的12种上升至2012年的482种，增长40余倍，10年的总量达到1569种。输出法国的书种数除了2009年有明显降低，总体处于稳步上升的态势，从2003年的11种增至2012年的130种；对德国的输出量则时有升降，起伏较大，最高的2012年有352种。10年中后5年的输出量明显高于前5年，后5年共1335种，是前5年的5倍有余，除2007年有明显降低和2005年有小幅回落外，其余几年都处于上升状态。

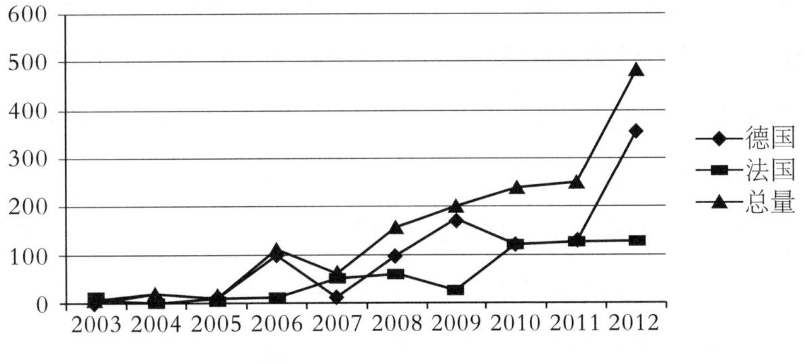

图3　2003—2012年10年间法德地区我国版权输出量变化表

3. 东亚地区

如图4所示，2003—2012年，我国在东亚地区的图书版权输出量高于法德地区，低于英美地区，从2003年的113种上升至2012年的856种，增长7倍多，10年的总量达到5188种，分别是英美地区和法德地区的0.95倍和3.3倍。其中对韩国的输出量一直高于日本和新加坡，处于稳步上升的态势，最高的2011年达到446种，是2003年的5倍；日本和新加坡则旗鼓相当，处于交替上升状态，2012 年日本达到最高，为 401 种，新加坡则为 282 种。10 年中后 5 年的输出量明显高于前 5 年，后 5 年共 1745 种，是前 5 年的 2 倍，除 2007、2008、2011 三年有明显降低外，其余几年基本处于快速上升状态。

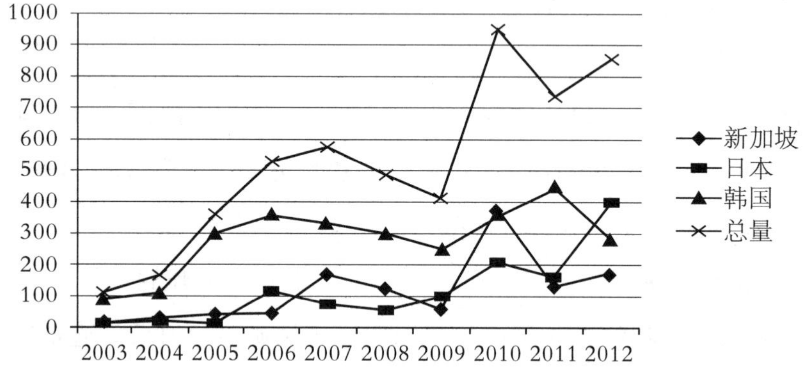

图 4　2003—2012 年 10 年间东亚地区我国版权输出量变化表

4. 加拿大、俄罗斯和其他地区

从图 6 可以看出，由于加拿大和俄罗斯地广人稀，我国在这些地区明显版权输出量比较低，但 2003—2012 年，版权输出也取得长足的进步，加拿大和俄罗斯从 2003 年的 0 种和 1 种到 2012 年的 104 种，增长了 100 多倍。随着中国文化在全世界的提高，文化“走出去”战略的推动，对其他地区的版权输出同样迅猛，从 2003 年的 28 种到 2012 年的 2173 种，增长了 77 倍之多。10 年中后 5 年的输出量高于前 5 年，与上述几个地区增长的幅度相比并不处于劣势，其中后 5 年共 7108 种，是前 5 年的 5 倍多。

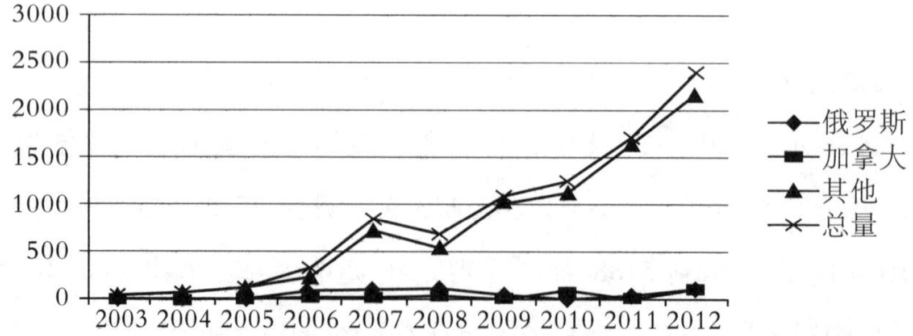

图 5　2003—2012 年 10 年间加拿大、俄罗斯及其他地区我国版权输出量变化表

5. 我国台港澳地区

由于我国台港澳地区的文化和语言与祖国内地同根同族，一直以来是我国内地图书版权输出的重要地区，输出量大大高于上述三个地区。2003—2012 年，内地在台港澳地区的图书版权输出呈现出“两头快、中间稳”的态势，即 2003 年和 2012 年的增长明显，中间几年各自的输出量相差不大，总量达到了 12232 种。其中香港和澳门地区的输出量 10 年来变化不大，处于小幅升降态势；台湾地区输出量的曲线变化与总量相仿，2010 年总和 1395 种，是前一年的 1.8 倍。10 年中后 5 年的输出量高于前 5 年，但没有上述三个地区增长的幅度明显，其中，后 5 年共 8044 种，不到前 5 年的两倍。

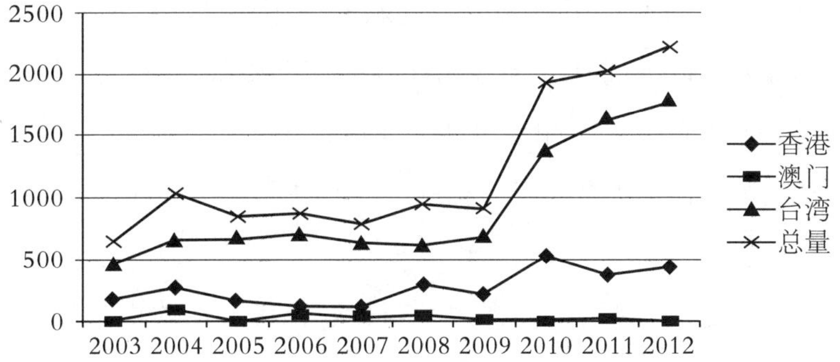

表 6　2003—2012 年十年间港澳台地区内地版权输出量变化表

二、国家政策推动我国版权输出力度状况

我国版权输出取得的成绩离不开国家政策的支持，国家在政策、资金、税收等各方面对我国版权输出提供了大力支持。

（一）全面构建“走出去”政策体系

2010 年 1 月 11 日，国家新闻出版总署出台《关于进一步推动新闻出版产业发展的指导意见》（新出政发〔2010〕1 号）（以下简称《指导意见》）。

《指导意见》首次明确界定了新闻出版产业涵盖的领域，并提出了推动新闻出版产业发展的五大重点任务。为保障发展目标任务的顺利完成，《指导意见》明确提出了六大主要措施和九项政策组织保障，包括细化了非公有资本参与新闻出版产业的方式和渠道，提出了打造“双百亿企业”的战略设想等。

2010年6日，在国家新闻出版总署办公楼，总署出版产业发展司司长范卫平针对《指导意见》为记者做了解读。范卫平表示，《指导意见》是2009年4月总署出台的《关于进一步推进新闻出版体制改革的指导意见》的姊妹篇，是落实《文化产业振兴规划》的实际行动，也是新闻出版产业体制改革全面推进、产业快速发展的必然要求。

2011年4月，新闻出版总署出台《新闻出版业“十二五”时期“走出去”发展规划》（以下简称《规划》），这是新闻出版系统第一个“走出去”五年规划，《规划》从定性和定量两个角度提出了“走出去”的具体目标、重点任务和政策举措，为今后新闻出版“走出去”工作勾画了蓝图，指明了方向。

值得一提的是，《规划》在提出六项核心指标、八项重点任务后，还从加强财政金融税收支持、优化资源配置、实施重点工程、强化会展平台、加强信息服务、改进统计指标、培育中介机构、加强人才培养、完善奖励机制和加强组织领导等方面提出了切实可行的十项措施，亮点纷呈，措施得力。

根据《规划》，“十二五”时期我国将实现版权引进与输出比例降至2∶1。鼓励企业生产更多的外向型新闻出版产品，保持出版物出口持续增长，到2015年实现出版物出口金额4200万美元。重点支持企业以动漫、网络游戏、期刊数据库、电子书等数字出版产品和服务开拓海外市场，进入国际主流市场，到2015年数字出版产品和服务出口金额超过10亿美元，年均增长32%。

为鼓励和支持文化企业“走出去”，新闻出版总署2012年1月9日发布了《关于加快我国新闻出版“走出去”的若干意见》（以下简称《意见》）。《意见》在系统梳理已有政策、措施的基础上，将进一步加大支持力度，涵盖了十大门类50条扶持政策。《意见》提出，对实现“走出去”的新闻出版企业，在出版资源上给予优先配置和政策倾斜；支持出版集团公司和具有一定版权输出规模的出版社成立专门针对国外图书市场的出版企业，经批准可配备相应的出版资源；对列入“走出去”重点工程中的出版项目所需出版资源给予重点保障；对“走出去”成效显著的完全外向型的非公有制企业给予特殊扶持政策。

事实上，近年来，国家非常重视“走出去”，从文化产品和服务出口、文化出口重点企业和重点项目等方面提出了一系列鼓励和支持文化“走出去”的政策措施。而新闻出版总署也持续加大政策的支持力度。

（二）政府搭台拓宽合作通道

2011 年是新闻出版总署对外签署战略合作协议最多的一年。从 7 月与古巴共和国图书委员会签署合作谅解备忘录，推动中古两国互译经典开始，新闻出版总署分别与越南、印度、伊朗、克罗地亚、罗马尼亚、斯洛文尼亚、亚美尼亚、赞比亚等多国政府签署了合作协议。这些协议的内容，多数强调互派代表参加对方国家举办的国际书展，大力实施经典图书互译，加强人员交流等方面。签署协议的对象，多是一些以往与中国业界开展交流合作不多的国家。协议的签署，大大扩展了中国文化“走出去”的半径，使新闻出版单位在关注欧美主流市场的同时，兼顾了周边国家和拉丁美洲主要国家、非洲地区和伊斯兰国家。而以实施中外图书互译计划为抓手，又使得这些协议显得更加务实，一方面使中国传统文化提前一步“走出去”，另一方面通过具体项目运作促进双方单位紧密合作。

2011 年还是总署与国际知名出版传媒企业开展战略合作的“丰收年”。这一年，总署与美国康泰纳仕、美国国家地理学会、美国国际数据集团、美国赫斯特集团、南非 MIH 集团等签署了多项战略合作协议。与国际出版传媒企业签署的这些协议，更侧重于借鉴其国际运作经验，充分利用其出版物渠道，使更多中国内容“走出去”，同时进一步拓宽合作领域、拓展合作内容。

（三）争取资金切实支持“走出去”

无论是推动中国文化“走出去”，还是去海外找市场，“走出去”的性质都决定这是一项需要较大投入的工程。为了进一步鼓励“走出去”主体的积极性，新闻出版总署通过各种方式，加大投入，争取各方支持，预计直接投入、争取各方支持的“走出去”扶持资金总额可达1亿元。

2011年，在与政府直接资金扶持有关的项目中，仅采用项目管理方式资助外向型优秀图书选题的出版和翻译的“经典中国”国际出版工程资助资金就超过1000万元。此外，中国图书对外推广计划每年的资助额也都在1000万元以上。此外，在扶持企业参加重点国际书展方面，有关部门也在展位、展台装修等方面给予了持续的帮助。

更多的优惠和扶持来自政府在其他方面的推动。新闻出版总署密切关注各渠道有关“走出去”扶持政策性项目，积极引导企业争取利用。2011年，为重点文化出口企业争取获奖资金超过4000万元，占商务部该项奖励总资金的三分之一强。另有三家“走出去”企业获得财政部资助资金2700万元。此外，总署还向商务部推荐了一批“走出去”项目，以拓展“走出去”的空间和渠道。

三、版权输出存在的主要问题及其原因分析

我国当前版权贸易中的主要问题有：版权资源合理利用率低、版权贸易结构不合理、版权贸易的市场定位模糊不清、操作模式不灵活、引进与输出比例严重失衡、运营思路和手段与国际惯例相冲突、版权贸易从业人员素质偏低、量质失衡等。

（一）宏观层面原因分析

宏观分析，我国的经济实力还不足以影响全球，文化感召力弱，科学技

术不够发达，运用市场的能力不高，出版业对世界图书市场把握不够，版权管理也存在一定问题，省市版权管理部门对版权贸易重视不够，管理力量不足，对新技术产生的新内容和形式还没完全适应。中西文化上的差异，图书阅读习惯、阅读心理的不同，给我国的版权贸易特别是版权输出造成了障碍。

贸易的发展有赖于市场化分工，而我国实现版权贸易国有专营，行政垄断导致版权贸易低效，版权贸易不可能完全遵循市场经济体制的规则有效交易和竞争，导致版权市场化程度不高，版权代理门槛过高，市场优势难以发挥，代理业务狭窄等不利因素，国家文化输出政策支持力度有待进一步加强。另外，几个政府部门分管文化产业，导致条块分割、行业壁垒重重。

（二）中微观层面原因分析

版权输出的弱势反映出版界乃至民族原创力的缺乏，以及在国际文化交流中的弱势地位。我国出版业特别是出版集团创新能力差，没能实现资源的有效整合，未实现集团内部一体化，也没能按现代企业经营制度来运行，结构不合理，不利于品牌效应的发挥。版权贸易工作与出版工作机制不匹配、发展速度与出版发展速度不匹配、发展战略和定位与出版发展的战略和定位不匹配。

从行业来看，版权贸易的专门机构和人才严重匮乏。版权市场信息不畅通，版权作品的产生和使用发生“断链”，版权要素市场发育不健全，版权价值未能得到体现，版权增值能力差。版权贸易人才缺乏，我国目前从事版权贸易的人才多为编辑或总编室人员的兼职身份，很多出版社没有专门的版权机构，难以完全适应国际化专业分工的高要求，高素质翻译人才的缺失也极大削弱了版权的价值，另外，从业人员的收入和处境（职称、晋级等受到限制）都比较尴尬，人员流失比较严重。

版权代理不成熟成为限制我国版权输出的“瓶颈”。无论机构数量、从业人员、提供的服务及介入的流程都十分有限，无法满足需求，无法同国外的版权代理抗衡。版权委托代理人市场还没有形成，输出版权未形成规模，版权代理资源需求不足，缺乏经验和操作规范，对版权信息的把握能力不足。

版权市场不规范，无序竞争和违规操作情况严重，诚信意识和法制观念淡薄，还没有完全按照市场经济的规律运行起来，我国的版权贸易观念是“以产定销”，而国际上是“以销定产”。此外，有的出版社不熟悉版权贸易的流程，大部分出版社受利益驱使，不维护市场，导致市场混乱、无序。

另外，对外出版的信息沟通十分薄弱。出版者和读者之间的信息不通；出版者相互之间的信息不通，选题雷同，相互撞车；中间服务商（图书公司）与出版者之间、与消费者之间的信息沟通也不畅通，很少提供客户的需求信息，难做到个性化服务。

四、促进版权输出发展——政府、行业、出版社齐抓共管

促进版权贸易健康发展的对策建议归纳起来有如下三个层面。

（一）政府层面着重政策体系建设，促进市场体制的完善

1. 继续加大扶持力度

政府在文化输出方面的支持和推动作用，很大程度上决定着“走出去”的速度与强度，特别是在海外中文图书市场开发难度较大、单靠出版企业自身力量难以实现大规模突破的情况下。外国许多政府都扶持文化产业，如韩国提出“文化立国”的方针，设立文化产业振兴基金、出版振兴基金等，德国、法国设立国家基金资助翻译出版。借鉴国外成功经验，适时制定明确的扶持版权输出的规章制度及资助办法，也可以委托有关部门根据海外读者的需求，策划选题，让出版社竞标，多途径保证版权输出的规模和力度。

出版“走出去”是新闻出版总署的五大战略之一。政府积极鼓励图书出口、版权贸易、合作出版、开设境外书店。版权输出是出版单位开展版权贸易和“走出去”的传统形式和主要形式。国内一些出版单位已与境外有实力的出版集团结成战略合作联盟，走联合出版发行之路取得了成效。到境外举

办书展、开办公司或与境外的出版单位合资办出版、发行等也可以促进“走出去”，但在相当长的时期内，版权输出和合作出版将是走向世界的主要形式。我国政府管理部门在对外版权贸易竞争中主要是如何保护本国出版企业的利益和如何搞好对外宣传，增强中华文化在世界范围内的影响力。虽然可以通过制定“倾斜性”甚至“不对称性”政策帮扶本国媒介获取优势以保证和保护本国政治利益，但又需要考虑全球一体化背景下的多边利益平衡。此外，政府除了政策上的扶持，也采用经济手段，以财政、税收、融资、投资等经济政策为杠杆，运用多种措施鼓励出版企业参与国际竞争，激励版权输出。

2. 建立市场化机制

政府应加大市场经济体制建立和完善的步伐，打破贸易壁垒和行业垄断，营造开放有序的市场新格局；建立科学、合理、规范的市场化运作机制，打破垄断经营，实现公平、公正、公开竞争。此外，政府应进一步完善版权贸易统计制度和统计口径，使统计数据能客观准确地反映版权贸易引进和输出的真实情况。

（二）行业层面着重在版权机构、版权代理和人才培养

1. 整合出版资源，发挥规模优势

我国出版业应该发挥出版集团的规模优势，从调整产业结构和产品结构入手，推进集团化建设，塑造新的市场竞争主体。产品开发要打破条块分割，实现跨行业、跨媒体的开发，转变规模化经济模式，最大限度地开发和利用资源。主张出版企业输出版权时组建版权集团，以壮大输出版权的资源、人员、渠道力量；联合共同参加大型国际书展，集体推出自己的版权；联合共同策划对外宣传的方法、手段、策略和渠道；联合外设机构。出版集团自身也要引进先进版权及版权贸易运营理念，实现版权定位与出版定位统一：集约化发展，以集团为平台进行部署；专业化发展，规划专业领域和强势方向；多元化发展，围绕品牌建设进行相关衍生品的开发。不盲目引进与输出，利

用国外出版商的产业链资源，立体开发经营，实现国内外出版资源统一整合，共同开发。

2. 促进版权代理的发展

版权代理要健全法律体系，并不断修订。同时，也需规范化建设，对版权代理人员实行资格准入制度。行业力量要促进版权代理的专业化发展，应介入选题的策划、营销，与出版社和著作权人深度合作，为图书、报刊、音像、广播、影视等多媒体全方位版权代理，由代理出版社为主变为代理国内外作者为主。出版社可与版权代理机构实行专业化分工，避免不正当竞争。

3. 加强人才培养

一方面，要加强与文化、教育、外宣等部门合作，举办各种形式的学习班、辅导班、研究班等，选择重点院校培养专门人才，提高从业人员的综合素质和业务水平；选用海外学成归国专业人才，增加人才储备；有的放矢地选派一些外语基础好、业务素质强的人员赴欧美等地考察或短期进修。另一方面，不断加强国际化人才的集聚，大力推进引进人才方式的多样化，开创多形式、多层次、多渠道的创新模式，扩大人才国际化的流动趋势，聘用“洋教练”，取长补短，从工作实践中积极加快国际化的接轨与运行。

4. 建立版权贸易协会，发挥行业协会作用

出版行业协会是政府和出版社之间的桥梁，组建一个全国性的版权贸易协会，建立信息完备的专业网站，深入交流，维护我国出版社的合法权益，尤其是规范和解决我国目前出版社版权输出的盲目问题，使版权贸易更趋理性。

5. 建立文学海外推广基金

由海外汉学家们向中方递交申请，如果认为提交的被翻译的作家、作品很好，也希望进行介绍，接下来就审查译者的水平，让其试翻译一部分，让国内资深专家进行审读。如果翻译到位，能满足要求，就可以让文学海外推广基金资助对方翻译、出版。如此有选择性、有的放矢地进行文学输出，可以有效提高中国文化的软实力，提升其国际话语权。

（三）出版社层面着重经营管理战略和策略的确立

1. 实施外向型战略

我国出版业“走出去”的关键是出版企业走出去，以资本输出带动文化输出，参与国际资本竞争。出版企业“走出去”的关键是实施外向型战略，要放眼国际市场，从海外市场需求的角度统筹规划产品的内容和形式；在中国优秀文化的基础上进行深度开发；进行版权产品的综合立体开发、跨媒体开发和深度加工，实施图书出版产业与其他传媒产业的联动。要建立市场主体，组建业务范围立体化的文化企业集团，多渠道融资，推进文化创新。注重开发有利于中国移民了解祖国的图书；开发外国人学中文和介绍中国成就的图书；以多种形式译介中国的古典名著。

2. 利用视觉文化传播输出版权

视觉元素在跨文化传播过程中比语言符号传播失真少，有其优越性。可以充分发挥图片、绘画、音乐、影视等形式作品的优势促进版权输出。针对不同文化背景的国家和地区，使用生动的视觉形象取代部分纯文字内容，如以漫画或连环画的形式推向国际市场，利用图解传达信息，开发音乐作品输出文化，等等。

3. 注重宣传营销

图书版权贸易的宣传包括出版社总体实力的宣传，出版专业特色宣传和品牌图书的宣传，以及寻找理想的版权代理，等等。可以借助区域文化合作、多边文化会议、各类国际性书展主动地向外推销优秀出版物；有计划地组织国外重要媒体人士来华进行专题文化采访，组织驻华外国记者参加国内举办的各种涉及出版业务的文化活动；积极与旅游部门合作，促进对外出版物进入旅游市场，直接面向国外游客，可以开发衍生版权产品，发挥各方面优势，多层次、多渠道推介我国出版物。

五、结　语

我国版权贸易受诸多因素影响，引进与输出之间的差距在一定时期内还会持续，版权贸易逆差的扭转还需经过一定的过程。政府不仅要加强政策宏观指导和扶持力度，也要增大资金投放力度。行业协会和业界必须认真贯彻政府的各项政策，根据市场运行规律，整合资源，做大做强，加强对外贸易宣传和贸易渠道的建设，推进版权贸易特别是版权输出的发展。从目前的研究现状来看，有关版权输出的研究正在崛起，并不断深化，能够揭示一些规律，但仍处于尝试阶段，在这个阶段，版权输出必然会继续经历失败以吸取经验才能成功。可以预见，今后的版权输出会保持增长的趋势，但因为其不稳定和不畅通，可能是螺旋式上升，受大的事件或政策的影响，版权输出也容易震荡。但随着国家政策扶持的加大，市场机制的不断完善，行业层面的建设和规范，出版集团规模效益的发挥以及出版单位在具体操作层面的成熟，版权输出会有大的突破，最终会平衡发展。

原载《同济大学学报》（社会科学版）2014 年第 5 期。

对话与访谈

对话是当今哲学社会科学研究的重要方法与途径。从哲学上看，当今的世界已将对话上升为“主义”的高度，把它看成人类存在的本体论概念，同时又是根本的方法论途径。今天，不同国度、不同传统、不同实践背景、不同思想流派的研究主体，在对话中沟通、交流，在对话中冲突、碰撞，在对话中不断寻找理解和共识，又保有各自的基点、特色和传统，形成新的主体间观念。这里辑录的文字力图在对话中为我国文化创意产业开拓新的视野，生发新的启示。

文化创意产业："新的十亿人"的时代[①]

——与约翰·霍金斯[②]对话

当前国内外文化创意产业发展迅速，但是也存在着一系列问题与困境。一是概念的混乱带来了认识的困难，也带来了管理的困难：这是否是文化产业或创意产业发展的主要困境？是否影响创意产业实践？二是发达国家创意产业发展已经具备丰富的经验，如何甄别、借鉴、改造、创新，解决中国当下产业实践中的现实问题？三是中外二三线城市如何发展文化创意产业，政府做什么，该如何做？四是艺术作为文化创意产业的重要基础，在创意产业的发展中居于什么位置？我们该如何发展艺术创意和艺术产业，需求在哪里？为破解这些难题，两位理论家进行了讨论、对话，努力探索解决当前文化创意产业发展的最佳方法和路径。

金元浦（以下简称金）：又见到老朋友了，2004年在上海一起参加上海创意论坛，2005年我请你到北京，参加我们北京人文奥运研究基地主承办的"创造的多样性：奥林匹克与创意产业国际论坛"，你做了主旨发言，产生了很大影响，可以说，通过此次论坛发言，霍金斯先生在中国获得了广泛的声誉。

约翰·霍金斯（以下简称霍）：的确如此，谢谢金先生。

金：我清楚地记得，你在报告中提出，从2000到2015年，我把这个时代叫一个"新的十亿"的时代，会有十亿年轻人结束自己的学业，寻找自己的第一份工作。对他们而言，有些人出于文化、经济、社会的原因，希望在

---

① 本论文属于国家社会科学重大招标课题"国家文化中心建设的历史现状与未来设计"的中期成果，课题编号为12&ZD163。

② 约翰·霍金斯，英国BOP顾问公司总裁，伦敦城市大学客座教授。

全世界的范围内发挥自己的想象和创造，他们希望用自己的头脑和创造力提升自己的地位，包括他们的心理、社会和经济的地位。这一趋势成为创意产业的支柱和基础。

霍：是的，我们会后进行了一场深入的研讨，我和你以及你的博士生们一起就创意产业、创意经济的问题展开了很好的讨论，此后我还和他们保持着经常的联系。

金：你的见解对他们有很好的启示和指导意义。谢谢你。

在英国，概念的统一并不那么重要

金：我们当年讨论的一些论题今天仍然没有结束。当前中国文化创意产业的发展遇到的一个重要问题是概念的混乱无序、杂乱无章，导致思想的混乱、产业发展的混乱和经营管理的混乱。

霍：的确，在中国，目前的问题之一是概念的混淆。什么是创意，何为创意产业？没有一个统一的标准。所以导致有些地方政府也不知道应该做什么。

金：英国在 20 世纪 80 年代也曾经用过文化产业这个概念，现在用创意产业，其中包含 13 类。那么旅游观光、足球等应该如何归类？你认为英国人在这些概念方面清楚么？

霍：英国人基本接受政府的定义，但是在实际的产业发展和市场贸易中，我们很少使用这种分类，尤其是体育类，它就是体育，体育可以成为体育产业，并不是创意产业，但通过传播等方面它可以与创意产业联系在一起。

金：作为一个大一统的国家形态和多样化的巨大市场，中国很想把这些不同的提法统一起来，有一个标准。英国作为创意经济的领军国家，是否可以厘清各种不同的说法，帮助我们进行概念上的统一？

霍：对于中国来说，概念的统一可能十分重要，但对于我们来说，概念不统一并无大碍。你们可以使用英国的标准，也可以加入自己的东西，中国的一些城市也把会展业纳入其中，还有的人认为不光是体育，在外面跑跑步也是创意产业，但这肯定就不算创意产业了，甚至在某些电影的制作和发售环节中也不存在创意。但这些都无所谓，我们不必在概念上这样“斤斤计较”。

金：但至少有一个问题是存在的：在文化创意产业的评估和测度方面如果没有标准的话是很麻烦的，尤其是对于中国这样一个大国的产业、行业的管理，城市之间的比较。

霍：如果有统一标准固然好，中国的各个城市的确没有一个统一的标准。如果能像工业生产那样有一个标准，那会对创意产业很有帮助。但问题是没人能够定义艺术、文化和创意的标准。所以大可不必对创意、创新概念上的多元感到失望。

金：目前在欧洲很多人主推文化经济，提出文化经济学，联合国贸发会议在提创意产业与创意经济，英国人使用创意产业，美国人用版权产业和娱乐产业，还有很多国家以及联合国教科文组织用文化产业，传媒产业方面还有注意力经济、眼球经济的概念，此外还有文化旅游与休闲产业、时尚产业、体验经济，以及与高新科技相关的数字化、网络化、移动化的新媒体如Facebook 这样的社交网站新业态。你认为这些不同的概念之间有什么区别？是否可以统一？

霍：版权产业更侧重法律方面的概念。但我不觉得这一系列的概念同时存在有什么问题。有时我们总想要整齐划一，但生活并不是那么单一化的。尤其是管理者，他们总想通过统一的概念更容易地进行控制和管理，但创意是不可控的。创意灵感不可控，创意人才很难控，创意企业的发展也很难预测和确定。如果政府完全没有概念，那么我们有责任帮助他们认识了解，但在未来的发展中，我们会愈加认识到概念的统一这个问题其实并不重要，因为创意产业总是融合了很多行业。

金：从某种意义上讲，我同意你的观点。文化创意产业的发展不是一个固定不变的概念，而是在现实社会经济中发生、发展并且不断变化着的现实实践。作为一种实践形态，它有不同的发展阶段，每一阶段、每一层次、每一特定方面又会产生与之相应的不同指导理念、核心概念。关键是没有任何两个国家他们的创意行业的架构是完全一样的，因为人类的文化是多元的，文化的核心、创意产业的核心是相异的，我们可以把它叫作不同国家的文化DNA。所以每一个国家的文化创意产业都是不同的。

总体的文化创意产业与“文化经济”“创意产业”“内容产业”“版权产业”“休闲产业”“体验产业”“注意力经济”“文化贸易”有着密切关联，又有各自不同的切入角度，显示了各自的区别，而每一种概念的提出又是产业发展现实呼唤的结果。文化经济作为一个重要的宏观总体概念，表明了文化产业区别于一般文化的根本性质；它体现了当代文化与经济的相互交融，体现了文化的经济化和经济的文化化的当代趋势，表明了文化对于当代世界经济发展的重要意义。它的歧义在于是文化渗透于经济——文化化的经济（经济是主词），还是经济化商品化的文化及其产品（文化是主词）。其实，它最主要的特征就在于经济与文化的相互交融。创意产业是从创造者、策划者、设计者出发的理念，它强调创意者的个人创造力，同时又倾向于各国政策性的设计、规划和推动，它的主导理念是“创意为王”，它是文化创意产业的真正源头，真正的“王”；而内容产业则立足“产品”，是从产品自身的内容出发考虑的理念，是知识经济浪潮中以网络高新技术、互联网与数字化为基础产生的理念，它关注当代数字类产品的文化内容，它标榜内容为王，是互联网高速公路内容恐慌阶段的产物，当然也是产业链最关键的环节。再好的创意，如果不能具备产品形态，它就永远只能烂在创意家的肚子里；版权产业是从知识内容、市场权益出发做出的分类理念，主要是美国（北美）采用的对总体文化产业的概括性表述，它高度关注知识产权的归属，与美国这个版权大国的国家利益有着密切的关联；与创意产业高度关注创造者个人创造力不同，注意力经济、眼球产业依据当代媒介革命的巨大成果，更关注文化产业的当代传播方式，它推崇“渠道为王”；而体验产业、娱乐产业与休闲产业则更突出了当代文化产业满足人们精神性、文化性、娱乐性、心理性需求的特质，更关注文化产品或文化商品的消费者、体验者与当代文化消费、文化体验的独特方式，它的口号是“体验至上”“娱乐至死”；文化贸易、数字市场、电子商务等则是文化经济链条上的相关环节，如果说文化产业直接关注产品的生产的话，文化贸易则关注文化产品的下游，关注与文化产品制造紧密连接的文化产品的流通、交易与销售领域。数字网络文化贸易是当代创意经济的重要增长极。数字化的网络贸易呈现极快的增长速度。最后是体验产业、娱乐产业和休闲产业的发展，它诉诸消费者、接受者、游戏者，解决谁埋单的问题，有人埋单，有人消费，文化创意产业的产业链就能够闭合了。

霍：大家都知道，英国将创意产业分为13个行业。当年英国文化媒体和体育部想要为艺术争取更多的资金，他们说服了财政部，让他们相信艺术也像商业一样可以赚钱。他们将文化活动重新定义为“创意产业”，其中还包括了一些以前没有被视为文化的产业，如广告与软件业。他们收集了一些关键的数据，证明这些行业对经济的贡献和所雇佣的人数比有些制造业要多。所以那时候布莱尔说，我们的国会不仅要讨论造船业的衰退，还要讨论“设计”“创意”问题。英国是世界文化创意最关键的中心之一。

创意经济在中国：热情、经验与问题

金：那我们看看中国文化创意产业发展的状况，你在中国多年，非常了解中国的情况，你怎么看待中国目前文化产业、创意产业的发展?

霍：目前中国的创意产业发展很快，到处都在发展文化经济、创意经济。在我看来，中国政府在发展创意产业上有很高的热情，但没有太多经验。现在虽然制订了很多计划、规划和支持的优惠政策，但往往不太奏效。幸好中国有很多从事创意产业的公司和个人，他们处在市场之海中，在这方面具有更多的发言权。

金：是的，我记得你说过，对于丑陋的震惊让我们警醒。我明白，你是说政府的强力推动太多，忽略了市场要素。但是你是否忽略了一个重要的“英国特色”。美国的版权经济、娱乐产业的发展，的确是完全建立在市场需求的基础之上的。但英国不同。与美国相比，英国政府特别是伦敦市政府对英国创意产业的发展发挥了至关重要的作用。从理念、策划、口号和运行都有政府的介入。比如到中国的许多城市宣传“创意英国”大型活动等。政府介入强力推动英国创意产业的发展，恰恰是布莱尔政府当年的重要特色。那你认为英国有什么经验教训值得中国，特别是北京、上海汲取的？

霍：在我看来，英国在创意产业的很多领域都有很好的经验，像音乐、戏剧、艺术、电影、时尚等等，很多。当然，在中国也有很多很好的范例。但是我怀疑，中国政府不是很有信心放手让人们自由地发展创意产业。比如创意产业中的媒体产业，它就需要更多自由，市场需要更具竞争性。但是政府却似乎不一定希望这样，政府总想要牢牢地控制媒体、控制市场。这是政府的抉择，对创意价值和控制的抉择，同时也在两者中形成了阻碍，因为二者是冲突的。的确，某些领域需要政府的控制，但在一些领域控制过强，尤其是传媒产业，需要更大的空间。

金：对于这个问题，你显然有自己的看法。如何发挥市场作用，让文化创意产业在市场中健康成长，不要将文化创意产业仅仅当作各级官员的政绩工程，一哄而上，拔苗助长。你的看法是值得我们深思的。

霍：比如在我看来，中国的动漫产业发展得不好，政府管得太多，或者叫资助太多。为什么不让市场自己说话呢？

金：总体上看中国动漫企业的确存在着一些问题，特别是亏损面很大。但也有一些企业的发展势头很好。这次创意论坛就有一位企业家专门介绍浙江中南集团动漫产业发展的成功案例，他们已经成功地将自己生产的动画片卖到了全世界70多个国家。

同样，英国的创意产业也并不都是成功的，也有教训吧？我曾经和英国的一些人，包括BBC的专家菲利浦·多德，还有媒体观光部长布莱恩爵士等人谈过这样的问题。他们认为二线城市，包括中国的许多二线城市，不一定要做成创意城市，包括中国一批比较不错的较大二线城市在内。英国的谢菲尔德，多德就认为它不是英国创意产业的一个成功的案例。我的一个问题是，像谢菲尔德这样的城市发展创意产业是一个成功的案例还是一个失败的案例？你怎么看？

霍：谢菲尔德是一个很大的大学城，这个城市有很多年轻人，失业率也较高，城市有几个不错的剧院，正在寻求生存和进一步发展的空间，这里并不是创意产业的中心。你为什么要问及这个城市？

金：我们在研究二线城市的创意产业发展中，有人认为像谢菲尔德这样的城市并不一定要发展创意产业，而且从效果来看也并不是很成功。一些英国朋友也持这种态度。这就是为什么我要问及这个城市的原因。

霍：这也验证了一件事情，就是小的城市想留住高级人才是很困难的。人才都是愿意去大城市的。

金：之所以问这个问题，是因为在中国，上层一旦有统一的号召，各个地方便会纷纷开展工作，发展创意产业。也就是说，中国的文化创意产业是在国家经济整体转型升级的宏观背景下前瞻性地提出的。如果说英国、美国的创意经济是在市场需求的强力推动下自下而上由市场推动的，中国则是自上而下通过先进的理念和政治的决策来推动的。它的目标也是通过文化体制的改革更好更快地走向市场。但是从消费基础来说，在中国这的确很难，特别是二三线城市。中国人要存钱做更重要的事：买房啊，养老防病啊，孩子教育啊，二三线城市的文化消费基础还很薄弱。

二三线城市如何发展文化创意产业？

金：我这次请你来，给你的题目就是“二三线城市如何发展文化创意产业”。二三线城市从哪些方面入手来发展创意产业，这是我们很想探讨的难题。国家要把创意产业发展成为支柱型产业，对于北京、上海来说并不困难，但是对于像西部城市或二三线城市这样的地方来说是相当困难的。所以我们要思考这些城市发展创意产业的思路。

霍：我倒是认为只要条件具备，哪里都可以发展创意产业。这些条件包括提供相应的教育和创意工作机会。但是我们无法阻止人才流动，也不应该阻止他们。如果你想进入国际化竞争中，就应该允许人才流动。当然，目前中国好像并不想介入国际化，但总会有那么一天的。在西方，发展二线城市与发展一线城市的方式是一样的，我们并不进行厚此薄彼的选拣。也许二线城市与一线城市相比在经济上不太平衡，二者有贫富差距，但在一些基础性的条件方面是一样的，谢菲尔德与伦敦享有同样的教育资源，工作创新的机会也是均等的，这点很重要，还有整个社会的政策体制。但现实是，创意经济就是商业，而商业注重的是竞争。任何城市、任何企业只有具备竞争力才能在市场竞争中脱颖而出。但目前在中国，人们并不关注这点，不过总有一天，人们会很关注市场化的商业环境中的自由竞争的。

金：我理解你的观点，你的前提是，英国一线和二三线城市的基础条件相差不大，所以在英国哪里都可以发展创意产业。但是在中国可能情况会很不同。你认为在中国这样一个发展很不平衡的国家，二三线城市适合将创意产业作为支柱产业来发展么？从理论上讲，我们一直认为创意产业是发达国家的一种后工业时代发展的模式，发达国家产业转型的成功实践也证明了这一点。那么，在发展中国家、发展中地区，是否有条件发展创意产业？

霍：如果有一样的基础、一样的条件，我想是可能的。平等的教育、平等工作创新机会、相同的法律法规、平等的市场等等，就有可能发展创意产业。但现实的问题是，二三线城市发展创意经济很难成功。

金：在西方国家，创意产业也是在后工业时代，在已经积累了相当财富的基础上进行的一种转型。但我们也看到，最近联合国贸发会议的《创意经济报告》显示，发展中国家也逐渐成为世界创意经济的重要组成部分。报告指出，尽管国际贸易全面衰退，2008 年创意产品与服务的全世界出口额达到了 5920 亿美元，比 2002 年的水平 2670 亿美元的两倍还要多，就是说，在连续六年中，其年平均增长率达到 14%。从全球发展中国家出口到世界其他国家的出口额，平均以每年 13.5% 的速度增长，2008 年达到 1760 亿美元，约占创意产业全部贸易额的 43% 。这清楚地表明，发展中国家在创意产业领域的活力日益增长，市场份额正在扩大。创意产品的发展中国家之间的贸易额合计约为 600 亿美元，在同一时期以年均 20% 的速度增长。你怎么评价目前作为发展国家的中国，特别是其中西部想要发展创意产业的这种努力？在你看来，很多西部的落后地区也适合发展创意产业么？

霍：英国转移和减少制造业有产业发展的国内环境的众多原因。这些年来，英国公众的受教育程度不断提升，人力成本和生产成本上升，造成英国在制造业领域的竞争力每况愈下。而中国应该继续发展制造业，尤其是在西部。这是中国的优势所在，不应该停下来，反而应该更加重视。

金：中国是在科学发展观指导下自觉进行产业转型的。目前北京的经济发展迅速，金融业占 GDP 的 14% ，创意产业占 12.4% ，在经济结构上已经和伦敦趋同了。国家“十二五”规划也提出，文化创意产业要在未来占到 GDP 的 5% ，成为支柱型产业。你认为这是可行的么？

霍：北京创意产业的数字其实已经超过了伦敦，说明北京的创意产业发展是十分成功的。但是，如果中国想把北京的发展模式推广到全国，我认为是非常困难的，也许需要很长时间。我觉得中国需要更加关注就业机会和文化创意产品的出口问题。

政府做什么、如何做?

金：北京、上海、深圳这样的城市，主要依托高科技产业来发展创意经济，而中国西部的创意经济可能仅限于一般观光旅游等较为低端的文化产业业态。你认为在西部发展高端创意经济是可能的么？

霍：我认为这是可能的。因为随着东部城市生活成本的提高、工资水平的提高，公司可能更愿意在西部这样的地方建立基地，减少成本。不过这需要政府相应的介入，完善硬件设施，改善生活条件。这些也会随着资源配比、人才流动自然而然地发生。

金：我想目前还不行，中国作为一个发展中的大国，它和英国最大的不同就是国内产业的发展很不平衡。东部城市人均 GDP 已经达到一万多美元，西部一些县市刚过一千美元，差距非常大。需要因地制宜，各地应根据自己的发展条件选择适合的发展模式，不必一刀切。

其实英国和美国在发展创意产业上也不相同，美国的版权经济和娱乐经济更多的是在自由市场中发展起来的，而英国的创意产业在布莱尔上台之后，政府有很大的推动，特别是伦敦市政府，在设立了市长（尤其是第一任市长利文斯通）之后对创意产业的发展不遗余力，政府发挥了很重要的作用。中国的发展更接近于英国，尤其是在政府支持的层面。你认为中国政府目前应该如何推动创意产业的发展？做什么，如何做？

霍：我认为中国在机制上还存在一些问题。中国的市场缺乏竞争，政府说了算，市场竞争不充分，政府和大家也都喜欢这样的市场——关系市场。（**金：**托门子、找关系。）政府一直在社会稳定和创意经济之间寻找平衡。但创意需要更开放、更自由的环境。政府干预要进一步减少。中国现在是在靠政策发展创意产业，这终将有限。

金：英国政府对创意产业的支持对中国是有借鉴意义的。在中国如果等待市场自发性的创意产业发展会很遥远也是很困难的。因此目前很多地方，政府的第一推动是十分重要的。目前中国的研究者和政府力推创意产业的发展，我们研究者也一直在告诉政府，要在第一推动之后退出，让企业自身成为市场竞争的主体。因此要有一个退出机制，不能又做裁判员又做运动员。如何退出，何时退出，你有什么告诫？

霍：这要看情况。政府现在还有需要继续努力改善的方面，比如现在动漫产业之所以在中国很不景气，其中一个主要原因就是付给动漫制作公司的价格太低，所以动漫公司很难盈利。应该使媒体、杂志的出版发行变得更加容易。在对艺术家的监管方面，应该尽量减少不必要的控制，电影也不需要太多的监控。而中国的艺术及艺术品市场则需要政府更多的努力。在中国，艺术品市场分为两部分，一部分是由政府导向的，第二就是凭借画廊机制。但是后者在中国非常欠发展。政府花费很多精力在工业设计、会展、体育等方面的监管上，但其实这些领域没有太多政治风险，应该放得更开。虽然在国内，这些公司发展得还可以，但在国际上依然没有影响。我的印象中还没有一家中国公司在创意产业方面在全球脱颖而出的。但我相信这一切都是会改变的，毕竟现在中国正在飞速发展，很多事情都需要时间，不必寻求速度，这些问题的出现都是正常的。况且中国人才济济，随着不断地探索和时间经验的积累，这些问题都会解决的。

金：当然，时间既是历史的裁判官，又是历史的见证者。

中国未来的艺术在哪里？

霍：还有一个问题我很感兴趣，那就是中国未来的艺术在哪里？中国人现在不会购买中国的艺术品，年轻人不喜爱艺术，也根本不购买艺术品，那么艺术家从哪里来？创意经济是需要生产、销售、消费的，即便有成百上千的艺术家，如果没人买艺术品，那么艺术家画给谁呢？

金：有一些业内人士很看好中国未来的艺术品市场，但是目前国人在意识上、观念上还比较落后。但是这种情况也在改变。现在中国有7个城市共同致力于尝试艺术品的份额式上市，作为股市交易。这应该在世界上是首次尝试。

霍：我还没有听说过。

金：这种情况源于这两年以来文物艺术品拍卖业的飞速发展。在中国股市低迷，政府大力调控房地产的情况下，不少投资者转向了文物艺术品拍卖。中国文物艺术品拍卖业以300%～400%的速度“火箭式”上升。先前以收藏家为主的基本格局被一批投资家替代。他们可能并不是艺术品的珍爱者、欣赏者和收藏者，而是冲着资本的升值而来的。你所说的年轻人不购买艺术品确实存在，但也有一批年轻人在现代艺术、流行艺术与时尚艺术上已经有了自己的追求。

霍：我是说像今天参观的富阳画家村的规划建设，它的产出——艺术作品是需要市场的，没有市场的规划和建设是有很大风险的。

金：今天我们开会的富阳就是一个艺术人文底蕴非常深厚的地方。这里风景很好。我给他们设计了一句广告语，叫“天堂里的山水，山水中的极品”。富阳自古就是文人墨客眼中最美好的江南水乡之一。最近这里声名鹊起，因为一幅叫作“富春山居图”的画作。作者黄公望一千多年前住在富阳，在此作画，画富阳山水，留下了千古名作《富春山居图》。但后来此画被烧成两半，一半留在大陆，另一半被带到台湾。前些时候两岸刚刚将两半放在一起在台北合并展览，因此大家都很关注这个事情。最近这里有一个风情小镇正在建设。《富春山居图》的作者1000多年前的住所，也是当时作画的地方，被开发成为一个风情小镇，下午我们将去那里参观。同时，富春江也是非常著名的，随着一天时间的变化，江水会呈现出不同的颜色，也是古今文人争相赞美的地方。政府希望吸引艺术家、画家来这里进行艺术创作。

霍：为什么艺术家要来这里？因为秀丽的风景么？

金：是的。政府想把这里做成像798、宋庄这样的地方。

霍：可是798那里是零售业，并不是生产业。而这里建设画家村，它的消费者在哪里？我觉得把艺术家请到这里很难。很多中国的小城市都有美丽的风景、深厚的文化，也都想吸引艺术家，但是艺术家的去向不是政府能决定的，尤其是这里，杭州近在咫尺，有那么棒的地方，画家又何必来这儿呢？

金：这里就是杭州啊，是天堂里的山水嘛。富阳就是杭州管辖的一个县级市，翻过那座山就是杭州。你今天不是一直主张“二线城市，一线人才”吗？看来二线三线城市的创意产业的实质性发展，还是困难重重，没有人才，一切都是空谈。

霍：是的，没有人才，一切都是空谈。这是创意产业发展的根本嘛。

金：我记得，2005年你曾说过，创意经济比传统制造业有更高的竞争性。它的失败率也比传统的制造业更高。当我们停止学习的时候，我们就会失去创作力，一个企业也就会死掉。我们要永远有这种迎接挑战和风险的准备，我们应该有愿望去进行不同的尝试。永远的探索，这就是创意产业的特点。

祝愿全球创意产业在探索中不断发展吧。

原载《福建论坛》（人文社会科学版）2013 年第 6 期。

创意产业：夜色朦胧中的美丽女人？

——基于当下中国与英国文化创意产业现状的讨论（与菲利普·多德[①]对话）

菲利普·多德（以下简称多）：这两年来，创意产业在全球都发生了巨大变化，中国的变化最大最快，势头很猛。英国也发生了重大变化，尤其是英国政府的创意产业政策有了较大变化。

金元浦（以下简称金）：是因为布莱尔下台后英国政府政策发生了变化，还是全球金融危机带来的变化？

多：有三件事情需要说明。其一，在创意产业中很难找到可靠的数据信息，因此在这些数据的基础上确立政策也是困难的。其二，正如我所说过的，虽然伦敦很成功，但除此以外的英国其他城市却存在很多问题。

金：那么你说英国政府转变政策是因为拿不到可靠的数据而不愿对其进行支持推动么？是政府对此没有作为还是确实没有办法？

多：我们很难搞清楚英国政府确切地在做什么，关键问题是很多中小企业在构建创意产业中遇到很多困难；加之英国的人口少，只有 6 千万，所以出口显得尤为重要。而在竞争愈加激烈的今天，出口也越来越难了。现在，英国首相更加关注生物科技。英国一直以来将创意产业比作一个夜色朦胧下美丽的女人，大家都想娶她，但清晨醒来后突然发现她并不是想象中的那么美丽，因此就将注意力转向生物科技，因为这个领域更实际，它有确凿的数据。

---

① 菲利普·多德，原布莱尔政府创意产业首席顾问，英国 BBC 广播主持人，伦敦政治经济学院、国王学院等大学客座教授，多德创意机构主席。1998 年作为英国首相布莱尔顾问来中国访问，自此与中国结缘。

金：我明白，这里的关键是高科技更实际，更能见实效，更能看得见抓的着。那么第三点是什么？

多：第三就是现在的英国政府政策的转移与变化。主导方针变化了，具体怎样做就会变。尤其在如何处理创意产业和教育的关系上立见区别。原来的政府对教育中的创意产业学科、学位补贴较多，虽然学费高昂，但政府会承担一部分。但新掌权的政府不再给各相关学科以资助，这就产生了很大的问题。

金：那么，关键是创意产业到底是不是昨晚那个漂亮的新娘，为什么今晨不怎么漂亮了呢？

多：比较卡梅伦之前的两届政府，我看到，他们的观点不一。布莱尔认为创意产业这位新娘的确很美丽，而布朗认为生物科技更美丽。新政府想要回归金融服务业中。在英国，创意产业被当作拯救国家的一个重要途径，但其实只有伦敦和曼彻斯特的一小部分在全力推动英国创意产业的发展，好比中国北京和上海与三线城市的区别，我们对它们的期望值太高了。伦敦确实发展得不错，但伦敦不是全英国。

金：是的，这使我想到中国的文化产业、创意产业。中国的文化创意产业发展也是这样。如果说北京、上海、深圳、广州、杭州等中国一线城市文化创意产业发展良好的话，中国在中央号召之后就全国大动员，所有城市齐步走，都大力发展文化产业，因此出现不问需求、不问基础、不问条件的一哄而上的局面。中国文化产业的发展不像西方是市场导向、需求导向的，而是自上而下，通过前瞻性规划在全国全面推动的。其实中国经济和文化产业最大的特点就是发展的不平衡。当北京广州人均 GDP 到达 12800 美元的时候，一些西部的县市却只有 800 美元，差距是极大的。

昨天你提到英国的一个并不成功的例子——谢菲尔德市的创意产业。但是，在我看来，在布莱尔在任的十年中它的发展应该说还不错，我们也能听到英国人对它在工业、体育等方面成功改造的介绍。那么你认为对谢菲尔德来说，你认为它的不成功是因为金融危机还是因为它先天就不适合发展创意产业呢?

多：除了伦敦和个别城市，英国创意产业一直都发展得不够好。这有关城市规划的问题。谢菲尔德是一个较为边远的城市，政府规划中包含在本市发展创意产业、建博物馆、主办音乐会等等。但问题是人们没办法或不习惯到这个边远的地方去消费。应该说从一开始决策就没规划好。其次，谢菲尔德是另一个问题的典型案例，那就是政府在这里对创意产业的发展事无巨细，大包大揽。这在英国其他城市是不可能的。

金：你提到规划的问题，我觉得是不是还有一个原因，就是像谢菲尔德、曼彻斯特这样的城市在产业转型时过早地在产业结构中消除了大量的制造业，这种消除在金融发展中是自然的，但现在看来，是不是不应该将如此大量的制造业加以转型和消除?

多：目前在英国确实有这样的争论：是不是过早放弃了工业？之前大家都是将各个产业分开看待的，但如同昨晚我讲到的，创意产业其实存在于其他所有产业的中间，制造业的发展有利于创意产业，金融业的发展也有利于创意产业，这样思考就会好很多。

金：利物浦这样的城市因为没有了工业和以往的港口贸易，所以衰落了，之后转型发展创意产业，类似的例子也不少。你认为转型效果是不是也不容乐观呢?

多：这个问题是系列性的。首先，这里有制造业，然后是创意产业，之后就放弃了工业，关键是要照顾各个产业，提供共同发展、多样化发展的空间。我相信现在所有英国人都已经认识到这一点了。现在的关键是出口问题。中国不必一定要出口，因为通过鼓励国内消费就能发展。而英国太小了，只有出口才能发展，而在这方面我认为做得还不够。

金：在制造业方面，英国在历史上曾经是出口最多的国家之一，是工业帝国，而今天不可能在这方面回到旧日的辉煌了。那么创意产业或金融产业可以作为实现出口目标的途径么？如果不行，还有什么可以呢?

多：现在应该是一个混合经济的时代，我们不能单靠创意产业，单靠金融产业，而是要相互依赖。我对中国在这一点上很担心，因为中国政府将创意产业视为救命稻草，其实各个地方的实际条件相差甚远。应该像玩杂技一样，让每个部分都活动开来，看哪种类型更适合这个地方的发展。

金：以英国的经验，英国在这种混合经济的情况下，与中国有很大不同。比如深圳、珠江三角洲，有大量的制造业，现在制造业也开始升级换代，所以要发展“设计之都”，这个发展也是顺其自然的。英国已经走过这一阶段，要重新复兴制造业已经很难，因为制造业所剩无几，所以以创意设计为核心的创意产业对工业的发展也没有太大的意义。那么拥有世界级水平的工业设计、建筑设计等创意产业的核心，如何实现带动其他产业发展的目标呢？

多：虽然英国不造钢，不产煤，但仍有很多制造业，汽车、衣服等等，当然没有传统制造业的那种辉煌了。

金：很多数据显示，像伦敦这样的大城市，有80%以上的产业属于服务业，而制造业只是散布在非中心城市的一些地区。那么有如下三种情况，一是一度没有了，现在又恢复了；二是发展像汽车这样的高端制造业；三是可能我们理解上有出入，认为由于创意产业，伦敦这样的大城市才会出现80%的服务业，这样的比重自然会让人认为制造业所剩无几，而实际上如果还有制造业，那么它们在哪？是不是在郊区或其他城市？是否可以说英国还是一个制造业占非常重要比重的国家？美国也是一样的情况，与中国不同，中国更多的是低端制造业。

多：一定不要将伦敦和英国混淆起来。在伦敦没有太多制造业，这种情况持续很长时间了，但在城市和城镇中是有的。如果将伦敦等同于英国是相当危险的。制造业在英国不是那么非常重要，但还是相当重要的。

金：当中国以及东南亚四小龙，包括越南，已经成为世界大工厂的时候，我们在考察时了解到美国的飞机制造、军火等制造业依然占整个发展中非常重要的比重，可以说英、美依然是世界制造业或高端制造业的大国，毫不逊色于中国这样的制造业大国。

多：不是的，在中国可以说是一个制造业大国，在英国有这样的争论，即是否应该保留一定的制造业。因为英国也面临来自于其他国家的挑战，如果上海成为金融中心了，中国、印度成为创意大国了，那么假若英国只有创意产业，或只有金融业，怎么与之抗衡？所以我们不能“金”鸡独立，现在有一个说法是分散风险，不能将赌注全下在一匹马上。

拿德国来说，它依然是全球闻名的高水平的制造业国家，同属欧洲的英国就认为德国能做得到，我们为什么不可以呢。

金：美国掌握一些低端制造业，但更掌握着飞机制造、航空航天制造、军火制造、汽车制造等这些高端制造业，实际上中国生产2亿件衬衫才能换一架波音飞机。

多：没错。这也是为什么中国需要更高端价值的生产。你比我更了解，中国人口正在老龄化，所以劳动力成本会比以往更高，所以中国政府将生产价值升级是正确的，但并不容易。

金：难在哪里？以英国的经验来看，中国提升高端制造业会有哪些困难？

多：首先教育就是一个难点，先要培养有创意的人，其次是要将公共部门，或国家部门与私营部门联合起来，但难的是这两个部门没有多少共同语言。第三是寻找市场，为产品找到合适的市场是最难的了。不幸的是，在中国，很多人不购买创意产品。

金：首先看你提出的第一个问题，教育问题。在中国整个发展过程中有很多来自于农村的劳动力，但教育的结果是大家都不愿去做职业工人，技术工人反而成为最缺失的人才。因此，技术工人的价值越来越高，据说一些技能性强的工人收入甚至超过白领，如数控机床的操控人员，月薪达到2万元，而刚毕业的注册会计师只能拿两三千元。这就显示了一个问题，我们看起来高端的服务业形态，目前是人员过剩，而制造业的技术工人却很缺乏。

多：这很像是一个英国政治家在说英国的情况。在英国的情况一样，受过良好教育的人也找不到工作。

金：这是教育层次出了问题？

多：很难回答这个问题。因为所有的政府，英国也好，中国也好，都和人民签了一个合同，合同上承诺人民会过上更好的生活，可以得到工作，帮助孩子得到更好的教育，所以政府不可能对人们说，你不能上大学，这在政治上是不可想象的。

金：那么是通过市场调节还是政府对教育的管理来改善这种现状呢？

多：可能在中国可以用这些方案解决。但在英国，有两大观点，一是需要培养一定数量的高等人才，因为从长远来看，英国的经济生存需要这些人，所以现在要忍耐目前的艰苦状况，如果不培养这些力量，英国就没有未来了。另外一种观点，认为上大学的人太多了，应该有更多的人通过学徒式教育掌握技能，这同样是一个非常难解决的问题。

金：在中国可以简单地将其分为三个层次，一是受过大学教育的人，以服务业、上层工作职务为努力方向，也包括一些农村人，他们在竞争中获得更高的教育和学历，或者工作，可以改变生活；二是城镇中间大量从事蓝领职业的人；三是进城的农民工，一部分有技术，但大部分做的是技术含量很低的工作。这三个层次对英国也适用吗？英国大部分人受良好教育，而也有一批人在城市里从事蓝领工作，包括阿拉伯人、黑人、印度人以及其他亚洲国家的人依然处于受教育程度较低的状况，从事相对廉价的劳动。

多：现在情况有所变化，这样的少数民族大都在从事着比白人好的工作，除了非洲裔的，但确实从农村来的白人、黑人、印度人等从事的工作比较廉价。但相对中国农民人口的数量，英国农民的数量很少，所以问题也不那么明显。

金：第二个问题是，英国一直是自由市场经济条件下发展的发达国家。同美国相比，政府对市场的干预是较多的，从创意产业到其他产业。在政府干预的过程中，利是什么？弊是什么？

多：从1945年以后，英国就成了混合国有市场经济，而1945年以前，是自由市场经济。1979年后撒切尔夫人就将市场全球化了，这个问题的回答有一个立场问题。有人说，政府介入市场后，由政府运营的经济部门的效率降低了，竞争力下降了。

金：美国一直讲自由市场经济，英国与美国相比有什么区别？如果从1945年的转型来看，政府的介入不是代表自由市场经济退步了吗？

多：是有这种说法。对于撒切尔夫人来说，肯定是这样的。但如果持另一种政治立场，也可以说政府的介入过早地削减了钢铁、煤矿等产业，而我们看今天的德国，他们并未停止这样的产业，并且发展得很好。如果政府想法不一，也无法为经济发展设定一个具体日期：到那天为止就该做什么了。

金：中国正试图从完全的政府干预经济走向市场经济，尤其在当下，中国的有部分人士一直在追逐自由市场经济，他们认为在这方面还不够，政府干预还是太多。现在英国在趋向计划经济，而中国在努力迈进市场经济，那么可不可以说二者正处于一个计划、市场主导比重相当的时期呢？二者有什么相似之处么？我们一直在向英国学习，那么在现在这种情况下我们应该学习什么呢？是学习这次金融危机中的贸易保护主义，这种非市场经济方式么？从某种角度讲，英国是大幅度退后了，开始对本国市场进行保护。当中国正想通过市场竞争的方式进入世界的时候，英美都做出了保护市场的举动，尤其是美国。

多：中国拥有一个巨大的优势。你们不必向英国学习什么，你们有一个庞大的市场，这是其他国家梦寐以求的。依我看来，中国的关键问题是能否刺激国内市场需求。英国无论怎么刺激，都无济于事，因为人口少，市场小，要想发展只能靠出口。这也许就是最大的区别，也是能够拯救中国的途径。但是中国政府必须解决好健康和教育的问题，这两个问题也是导致人们不愿消费的原因。因为人们对健康、教育有很多后顾之忧，所以总是买一些不得不买的东西，或把钱存起来以备不时之需。如果中国能在这两方面更加完善，那么人们就能更大胆地消费了。

金：以我对英国的观察，利文斯通作为伦敦第一位市长，对创意产业的贡献很大，但伦敦西城的大部分“贵族”对他十分厌恶。这是因为伦敦西部的贵族对创意产业毫无兴趣造成的么？还是有什么其他原因？再有，那些富有的伦敦人是认为没有市长的大伦敦政务院时期伦敦发展更好，还是有了市长更好？虽然利文斯通做了很多事情，但为什么这么多人反对他呢？

多：还是有市长比较好。利文斯通在创意产业方面确实做了很多贡献，他设立了伦敦发展局专门扶持创意产业。在开始的阶段，大家对他好评如潮，因为他为人们勾勒了一幅伦敦发展的美好蓝图，政治家都需要讲好听的故事给人们听。但后来，大家就开始不喜欢他了，因为他的所作所为好像要把伦敦据为己有，人们不喜欢这样，而且不仅仅是西部的人们，应该说除了像我这样住在伦敦市中心的人之外，都开始不喜欢他。原因有很多，一部分是因为创意产业，也有人认为他对穷人的扶持太多了，还有他太照顾少数民族，像黑人、亚洲人等，他的为人也比较傲慢。他的政策涉及很多方面，因此不能只用创意产业来分析他不受欢迎的原因。

金：伦敦有了市长以后，那么多人反对，那么回到大伦敦政务院那种更自然的、不受管束的状态更好么？

多：人们期待有不同的市长，而不是没有市长。

金：有市长是大家公认可以的？

多：是的。一切数据都表明伦敦人希望有市长，当然这只是伦敦的数据。

金：中国的创意产业有一个问题就是大多是自上而下的，往往是政府推动的，这和英国有相似之处。比如说，我们研究者提了很多关于北京的创意产业发展问题，但最后还是要政府全面推动。问题是是不是政府干预得太多？我提出了一种理论，在当下，作为一个发展中国家，等待文化创意产业发展的条件成熟是有困难的，因此我也赞成政府做第一推动，这是“中国特色”；但是在最初的大力推动后，政府应适时而退，使其回归市场调节环境中。这是我们理想中的发展模式。我们有像北京这样的成功案例，但也有因为决策者的错误而导致不少城市发展困境的案例。那么你对中国政府的这种大量介入持什么观点？

多：首先我想补充一点，就是中国还是有一小部分创意产业是政府不加干预的，比如798，它就是自然生成后发展得很好的。

金：是有一些，但大多数都是由政府干预的。

多：我要是有更多的智慧就能更好地回答你的问题了。就中国目前的发展，我认为政府做第一步的工作是正确的，这也符合中国的做事方式。据我所知，中国的北京、上海、广州、成都都是具备发展创意产业的城市，但其他城市就不得而知了。每一个政府应该考虑的是，是否每个城市都适合发展创意产业，谢菲尔德就不适合发展。政府对此应有足够的智慧和理智来判断这条路能否走通。第二步我也同意，就是当政府敲开了这扇门后就应该交给市场来运作了。市场需求则是至关重要的，如果没有需求就没有长远的发展。即便政府给我钱让我买，这又能维持多久呢？

金：我在英国时看到这样的问题，20 世纪 80 年代的时候，英国也把该产业称为“文化产业”，包括旅游观光业、英超足球，还有唱片业等，后来布莱尔提出了“创意产业”，很多人认为他是坐享其成的人，但是现在的英国，创意产业又不包括旅游观光业、体育休闲产业等。因此，我们在研究中提出把文化产业和创意产业结合起来，叫作北京的文化创意产业，既包括文化产业又包含创意产业，尤其是一些新业态。你如何看待文化创意一体化的这种概念？

多：我认识在英国列出 13 种产业的人，他说当时这个列表做得很仓促，但它一旦出炉就好像一种金科玉律的东西，不能轻易改变。我认为你是对的。

原载《中国文化研究》2012 年第 3 期。

创意产业·知识产权·盗版

——与迪米特·甘特雪夫对话[①]

创意产业是当代全球最有发展前景的产业之一。在创意产业的发展中，知识产权具有无可替代的重要地位，它是原创力生发推动和产业持续发展的根本保证。创意产业的决策是否合理成功，需要对其发展思路、规则框架、基础设施和创意人才等四大条件进行认真评估。中国的文化创意产业发展态势良好，独具特色，但也存在着不可忽视的问题。知识产权的保护将对创意经济的发展发挥重要作用，需要我们认真研究和完善创意产业的测度指数与评估。

创意产业是当代全球最有发展前景的产业之一

金元浦（以下简称金）： 我们今天要讨论的问题是知识产权与文化创意产业的关系：二者怎样相互影响？你怎样看待当前的创意产业的发展态势，它的影响力及表现力是什么，它真的有那么大的潜力和推动力么？为什么知识产权对于创意产业非常重要，它的角色何在，作用何在？

迪米特·甘特雪夫（以下简称甘）： 创意产业是当代全球的一个非常好的发展方向，每一个国家都希望能够在创意产业方面有所作为，取得成功，最近我们发现这个焦点已经从发展的元素、创意产业如何来支持经济发展转变到了一些和发展指标相联系的事宜，各国政府都力图找到一些头绪：创意产业怎么能在知识经济方面促进我们社会的发展？是不是创意产业的发展真

① 迪米特·甘特雪夫，世界知识产权组织创意产业发展部副主任。

正能促进我们人类的发展?

金: 从目前联合国贸发组织、英国和欧洲一些组织提供的数据来看，创意产业发展的相关数据都是相当可观的，包括巴西、中国这样的国家。联合国贸发会议2010《创意经济报告》披露，尽管国际贸易全面衰退，2008年创意产品与服务的全世界出口额达到了5920亿美元，是2002年2670亿美元的两倍还要多，就是说，在连续六年中，其年平均增长率达到14%。从全球发展中国家出口到世界其他国家的创意产品与服务的出口额，平均每年以13.5%的速度增长，2008年达到1760亿美元，约占创意产业全部贸易额的43%。这清楚地表明，发展中国家在创意产业领域的活力日益增长，市场份额正在扩大。创意产品的南南贸易额合计约为600亿美元，在同一时期以年均20%的速度增长。在这种趋势下，中国发展创意产业，积极推动文化产业走出去是顺应大势，势在必行。

甘: 至少可以说创意经济是推动现在世界经济增长的一个典范，但需要指出的是，它只适合于一些国家，并非适合于所有国家。我认为有些国家并没有考虑其必要条件就确定了这样的发展政策，这是危险的。所以在确定采纳这种战略之前，需要仔细考量自己的国家是否有足够的条件来发展创意产业。

创意产业的决策是否正确的四点评估

甘: 那么每个国家创意经济的决策是否正确，可以从四方面来进行评估：首先我要评估的是政府对此是否严肃认真，是否有严肃的政策承诺，是否有相关的发展战略，是否有相关文件，政府上下是否能够对此政策具有认同性。第二就是是否具备规则框架，是否有相关法律保障创意产业的发展，不仅仅是版权法，如果想要让创意产业各个领域内的企业、创造者繁荣发展，就必须提供这样的法律保障。在我看来第三点是是否有配套基础设施。比如说，中国已经有版权了，但是否有足够的法律系统来贯彻执行这些法律呢？有足够的懂版权的法官么？有足够的公司专门处理相关业务么？换言之，创意这个概念是否能贯彻，关键在于社会上是否有必需的因素支撑，这其中也包含执行、实施——你能不能执行版权？这也许也是中国目前面临的问题。第四个条件，中国是否具有重要的创意专家，把创意转换为行动，执行创意。人类创意投资，今天上午也提到的。当世界知识版权组织要支持某个国家时，在技术上我们会考虑这四个条件。非洲有一些国家想用创意产业作为国家发展战略，来和 WIPO 谈，但我觉得有的国家一个条件也不具备。所以创意这个概念不是适用于任何一个国家的。但我认为中国现在虽然也有问题，但创意产业在中国发展是合宜的。实际上，创意产业已经在一定程度上提升了中国的国家竞争力。

金：你说的这四个条件中国基本上都可以达到，有的方面稍强，比如说政府的执行力是很强的，很多地方都无法与中国相比，这是中国特色；有的方面则较弱，比如原创、创意人才，就是你说的创意专家。当然，各种条件也是在不断变化中。那么可以说中国是适合发展创意产业的吗？

甘：当然。关于政府的执行力有一个文化差异问题，中国的确是可以做到在其他一些国家不可能实现的事情。比方说发展的规模、自身的市场，还有征地、发展的高速度，等等。

如何评价和改进中国文化创意产业的发展

金：你能否根据你对中国的了解对中国目前的创意产业发展做一个评价？尤其是中国目前的文化创意产业存在哪些问题，潜在的危险是什么？尽管直言。

甘：这真是一个棘手的问题，很严肃。我其实没有更多的发言权，也不知道在这个领域中国是否存在危机。我认为中国正在为创意产业的发展准备良好的条件，创造较好的发展环境。大量的投资为创意者提供了良机，全球很少有能对创意产业提出承诺的国家，中国政府是一个例外。这正像一把双刃剑，中国为创意产业提供了丰富的资源、日益完善的基础设施、法律保障等各种优厚条件，但这似乎意味着创意从业人员比如国有企业无须通过竞争来获取资源，比方说原来国有事业单位的转企改制。而其他国家的创意从业者则必须要将创意转变为生产力并相互竞争才能获得这些资金等资源。在中国，你们有一个人造的环境，国有企业似乎无须再去争取。

金：我明白你的潜台词：在中国，文化创意产业的发展并不是在激烈的市场竞争中实现的。从某种程度看，中国文化创意产业是借鉴发达国家经验前瞻性的设计规划自上而下推动的。当然，金融危机、环境污染、制造业衰退、出口低迷、人力成本高涨是中国经济转型的重要推动力量。但是，当我们把文化创意产业作为未来中国经济社会发展的支柱性产业的时候却存在着两个问题：一是文化创意产业作为一个新兴产业是应该在市场环境中相互竞争，杀出一条“血路”，这样的企业才可能拥有强健的生命力，以应对市场竞争的严峻环境。尽管文化创意产业在其发展初期作为幼稚产业可以进行适当的扶助，但不能坏了市场运营的规矩。我国目前动漫类的企业80%赔钱，一些企业紧盯各级政府的各种补贴，房租优惠到期了，换一个城市再接着忽悠。这会造成你所说的一系列问题。二是文化创意产业是经济转型升级的目标形态，是比制造业更具前景的高端产业形态，它对产业发展在投融资、上市、现代企业管理、知识产权与法律、国际国内的会计制度等方面都有更高的要求。产业发展对此要素的要求一哄而上的中国各级政府还没有做好充分的准备。

甘：第二个我认为中国可以改进的方面就是：尽量给创意者提供条件让他们能够比较容易地将创意转变为商业产品。我曾经和创意从业者有过细致的交流，去了解他们在这当中到底有什么具体问题。如果你有一个大胆的想法，把它写成书想要出版，当然，大多数时候你可以出版任何书籍，但在中国还是有一些出版方面的限制，这也许是言论自由的一种限制。你说让我直说，那我就直言不讳了。

金：其实将创意转变为产品是一个重要的跨越。创意产业发展初期，许多国家都认识到了创意创新的重要性，提出所谓“创意为王”的全球共识：当代世界财富的增长已经从工业时代的日积月累、积沙成塔方式转变为天才创造者的创新和创意带来的新财富的爆发性增长。比如比尔·盖茨对电脑软件的创造性开发，比如 Facebook 对社交网站的创意，都给世界带来巨大财富。但是其中的问题是，光有创意的想法是不行的，创意必须落实到产品，到一种可以供消费者消费的现实形态，一定要有内容产品。于是就有了欧洲乃至全球的“内容产业”的兴起，和“内容为王”的一轮理论的和实践的热潮。在这一轮热潮中，日本一跃成为全球领先的动漫大国，韩国成了世界网游的顶级大国。而像芬兰这样的小国，则成了“诺基亚”大国，今天又成了全球最火爆的手机游戏《愤怒的小鸟》的发祥之国。你可以每天有一万个创意，但有可能一万天你也没有创出一个享誉全球的内容产品。

那么，第三点呢？

甘：第三点，我认为，中国一定要提高执行力度，这主要是指打击盗版，保护知识产权方面。不幸的是，中国在这方面并没有多少美誉。研究证明，如果知识产权能够有较高的执行力度，人们能够普遍认同版权问题，那么对于创意产业会有意想不到的效果。中国尤其可以在数字领域多做一些这方面的工作，当然这是一个很大的话题了。如果你问我中国在创意产业方面的问题，那么我认为保护知识产权就是一个关乎创意产业成败的重大问题。

知识产权是一个非常重要的概念，它可以让我们所有人去评估创意产品的供求关系，同时它还可以让创意的概念更适应于市场需求，能够把它商业化，最近我们还发现，它对于我们企业的决策也有很大影响。

知识产权与创意产业的发展

金：谈到创意产业，我们必须要考虑到创意产业的产业链。它首先由创意者、艺术家或作者创造出来，然后有一个生产产品的过程，然后是产品的营销，最后由消费者来消费，所以我们说创意产业不仅仅是在说创造这个部分，如果我们去评价一下这个创意的总体影响，我们必须牢记，各阶段都对经济产生影响，它还可以创造就业机会，可以产生经济交易总量，所以我们必须全方位研究和实施创意产业，而不是仅仅把它误解为“点子”。创意产业是和知识产权密不可分的。在创意产业的每个环节，都存在知识产权保护问题。保护知识产权是创意产业发展的核心话题。

甘：知识产权就是为了保护创意产业与创意成果，它也是个很好的工具，供大家来使用，主要是能为大家提供一种文化的安全，就是为创造者提供一种财富的安全，因为他们毕竟在创造的过程当中投入了很多时间和精力。同时还可以保证这些知识产权的所有者在市场上的专有权。

金：谈到创意产业，或者说文化产业，必然会想到版权保护，因为之所以要有版权，一方面是为了保护这些创造者、文学家、艺术家们的作品不被滥用，不被歪曲剽窃和抄袭，同时也要保护创作者、策划家、艺术家、文学家的个人财富。创意者没有了版权保护就断绝了主要财源。另一方面，这种保护也保证了行业的生存平衡和持续发展。打击盗版，就是保护创意企业，鼓励了创意企业的发展。如果一个行业/企业，总是投入资金、精力、创意、才智、时间和生命，但却没有回报，这个行业/企业的持续发展就很难了，后继者会将之视为畏途。结果是它必然面临全面溃败的局面。这是行业的创意生态平衡所必然要求的。我国的动漫产业就面临着盗版等知识产权方面的众多严重问题，对行业的发展形成了巨大的压力。

甘：所以我们就希望能够用版权来帮助各国更好地去定义创意产业的范围，帮助其创意经济的发展。这也是我们国际版权组织的工作职责和工作方式。过去九年中，世界知识产权组织做了一些研究，希望能够进一步明确版权行业对于经济做出了哪些贡献。到目前为止，我们完成了一个在 24 个国家进行的调查，另外，我们还在 15 个国家继续展开一个新的调查，从平均水平来看，这些行业都非常依赖于版权的保护，版权行业大概占了 GDP 的 5% 到 6%，在 6% 以下意味着它能提供 6% 左右的就业机会。最近我看到在中国展开的一项新研究的结果，实际上中国的这个比例大概是占了 6.4%，就业的

6.5% 都是版权行业，也就是说这些行业都是以版权的保护为基础的，中国现在这个水平要比其他很多国家做得还要好，大家可以看到，中国是处于平均线以上的。当然，在价值的创造上，还有其他方面中国跟发达国家还有一些差距，发达国家似乎在这些方面做得更好，他们在这个行业创造就业机会也更多。

金：是的，尽管像弗罗里达等创意专家都出自美国，但美国不用创意产业概念，他们直接把相关创意产业的内容命名为版权产业，更加直接，对创意产业的核心价值更为关切。他们在国际上大力呼吁保护美国的知识产权，极大地鼓励了美国创意阶层的工作热情，推动了它的可持续发展。同时极大地保护了美国在全球的国家利益和文化影响力。毕竟，美国是当今世界最强大的知识经济输出国，也是最大的知识产权债权国。

甘：知识产权实际上不仅仅限于投入和产出之中，当你创造了一个具有原创力的产品的时候，你是经过了一个过程的，在这个过程里会有很多的知识产权的权利产生，被创造出来，被转移，然后在每一个阶段可能都会有新的知识产权产生，所以它产生的是一个乘数效应，不是说你简单地投入了，最终就出来一个单一的产品，所以我们必须要去研究整个创造过程。所以知识产权是在不同的阶段，比如说在生产创造、传播、交换，还有归档存储这些方面都存在，都需要保护。

金：是的，版权对于创意经济发展有巨大推动与贡献。其实中国目前创意产业的发展，迫切需要加强知识产权的保护。

版权在创意经济中的三个作用

金：那么版权究竟是什么概念呢？对此，每一个国家的法律中都有定义，其中还包含道德的权利。什么样的作品可以在什么样的情况下允许别人使用，这也是一种经济的形态，版权成为当代衡量经济活动的一项重要指标。

甘：所以在我看来，版权在创意经济当中有三个作用。首先它是一个知识因素，可以帮助创作者获得自己创造作品的回报，这样创作者就有了动力，有了激励机制，创作了就可以得到回报。第二个功能，它体现了一个市场运营的框架，你需要有一定的规则，让创意产业按规则运作。版权也可以被看作这样一个框架，或者说是建立一个游戏规则。第三，版权界定得清楚，就可以把它作为一个衡量创意产业的标准，来了解它对国际经济产生的影响。

金：是的，版权的保护肯定了创造者、作家、艺术家、发明家的高价值的劳动，维护了整个行业、城市、国家对于创意和发明的永久的崇尚，是推动整个社会创新风尚形成的动力机制。而且，除了经济之外，版权保护了文化、艺术、科学和哲学本身，孕育大师，创造人类文明的新境界、新高度。它不仅是经济的，更是精神的、思想的和人类心灵的。

知识产权保护的另一种声音

金：还有一个问题，我想你是绝对的专家。知识产权的保护有没有负面的作用？全世界很多人士都是反对知识产权的拥有的，很多人往往也认为这种知识产权保护是发达国家度过了它的最初阶段之后又在制订新的规则，这种规则总是适用于或者是有利于发达国家的。就像美国曾经是最激烈的反对贸易保护的国家，主张自由贸易，现在却大搞贸易保护。世界知识产权组织是不是有责任对发展中国家提供一些优惠政策呢？你认为很多人反对知识产权保护有什么合理性或者意义？如果你不同意，那么重大的理由是什么？再有，知识产权的保护也制造了一些世界文化传播的重要障碍。比如我是西方文学艺术的教师，想做一本这样的教材，但这种资源被世界上很多机构分割版权；我想做一个“世界短篇小说100篇”几乎是不可能的。那么我怎样才能进行知识的传播呢？在教育领域，版权不是鼓励了文化的传播，恰恰是抑制了文化的传播。在当今数字化发展领域中很多人坚持让人们共同地享有资源，有些发明家或创造家把他们的成果公布在网上，认为分享才是这个世界最重要的理想。网民更是激烈地反对版权的壁垒。你认为这种大众的诉求合理吗？在全球化交流中，版权保护会不会成为文化交流的障碍呢？

甘：的确，有些人是反对版权的。一些欧洲的盗版组织提倡废除版权，所以我们现在如果在这种环境下要把版权和每日的商业活动联系起来，实际上还是面临着很多挑战的，而且我们还必须要考虑消费者的视角，在我们处理版权的时候必须要考虑消费者，因为消费者现在比以前有更大的权利。从法律层面来看，还有一些问题，要把法律框架和互联网联系在一起。因为互联网的出现让社会有了重大变化，而很多法律框架都是在100年前制定的，所以现在我们必须要对这个法律框架进行调整。还有技术上的问题，比如说现在有很多行业都出现了融合，平台也在出现融合，这是我们现在所面临的一个新的局面，这是版权行业面临的新局面。我们必须适应网络时代新的网络民主的诉求。

不能认为版权是文化传播的障碍。我们有很多证据证明这一概念一直到现在仍在世界各地发挥着重要的作用。在过去的大约150年间，世界上最大的盗版问题其实发生在发达国家，美国、瑞士、德国，充斥着盗版。但有一天，你发现如果你从属于某一制度体系，就可以赚到更多的钱，于是出于经济利益的考量，多数国家愿意共同协调法律，在全世界范围内执行并促进版权交易。

金：我声明一下，我是坚决支持版权保护的，作为一个著作者，我的至少十几种书都被一些网站复制了，而我没有收到任何费用。同时我也觉得，从文化的角度来看，完全用金钱的方式来解决传播也是非常不公平的，主要是发达国家对发展中国家的文化贸易出现了较大的顺差，很多发展中国家正在处于低发展或初期发展的阶段。

甘：版权的建立是在150年前，因为问题发生在发达国家，因此这种保护体系也就产生在发达国家，在那个时候并没有发展中国家的声音介入，在这点上我同意你的说法。随后发展中国家参与进来，那么势必要接受这些由发达世界提出的新的发展概念。如果你想进入全球贸易，那就要接受全球的框架体系，遵守游戏规则。这也是我认为建立更广泛认可的版权框架体系的主要原因。但是我们今天讨论中比较激烈的问题恐怕是数字发展领域，或者说是互联网，在这些领域有一些极端的观点，我们应该尽量避免这种极端的立场。是的，发展中国家比起发达国家，购买能力有限，发展程度不同，所以文化产品的价格不应该以发达国家的标准来制定。但最后还是市场说了算，如果有需求，那么价格就会提高。我们在全球已经设定了市场原则，很不幸，虽然这不公平，但这就是市场经济。我认为版权并不是人们分享的障碍。你可以与人分享你的财产，你来决定怎样处置你的所有权，但你不能决定别人的所有权怎样分配处理。

金：也不见得，比如谷歌把许多著作者的著作和文章收走没有付钱，著作者一样没有办法，他们还是强势的。

甘：但是谷歌是与出版商有协议的，他们需要付钱给出版商的。问题是你如果想与人分享你的创意，放弃你的所有权，那就不要考虑经济回报，只追求道德价值，这样没问题，这是你的所有权，随你处置。历史上的不同时期都存在着人们负担不起的产品，恐怕这种状况也要存在一段时间。每个人只能拥有他能负担得起的东西，这是生活中的一般法则。所以很不幸，事情就是这样的，人们因为购买力的差异而导致获得不同的文化产品。也许数字世界可以改变这一现实吧，我也不能确定。

文化创意产业的评估测度指数问题

金：你作为一个欧洲人，作为世界版权组织的官员，有着宽广的国际视野。你知道中国目前在世界上的文化形象还不能令人满意。你也多次来到中国，对中国的知识产权与文化创意产业有相当深入的了解。你认为中国应该如何打造“文化中国”的国际形象？

甘：我认为在营销中国形象方面你们可以做得更好。比如说你们可以提出 5 项或者 7 项中国在创意产业方面的强项，然后在海外重点宣传强化这些特点。中国现在已经在一些市场领域有一些品牌了，我指的不是“中国制造”，而是中国创意企业的品牌。应该让人们通过企业的实力、商品的质量认识中国品牌，进而让人们可以将中国与更有创意的文化形象联系起来。

金：我们近年一直在研究文化创意产业的指数问题，它关乎对产业发展的评估、统计、预测、预警，关乎产业总体的发展趋势、各地各城市的比较，意义还是很重大的。

甘：我很想看到你们所做的中国创意产业指数的英文版，这对我来说很重要，也可以给你们提点建议。但是在我看来，指数的主要意义并不是将中国的各个城市进行比较。我认为指数的真正意义在于关注中国的发展进度，研究它的变化所在以及未来趋势，这样就能指导政策做相应的调整。当然，这都是我个人的非官方的想法而已。

金：2002 年，我在中国国内提出和推动“创意产业”这个理念。回顾 20 世纪 90 年代，我一直在关注世界文化产业的发展。我注意到，1995 年澳大利亚提出“创意产业”，1997 年英国布莱尔政府提出“创意英国”理念。在此期间中国一直使用“文化产业”这个概念。但进入新世纪，文化产业的发展遇到了瓶颈。条块分割的体制，文化部门单打独斗“文化产业”的种种困境，文化与科技、文化与经济的割裂，文化产业的越界、扩容，与其他产业的重组与融合都呼唤新的理论和实践。我们在研究过程中发现中国的文化产业发展遇到了瓶颈，文化产业主要被定义为一些传统的与文化相关的内容，对创意关注不够，对高科技、数字化技术以及产业的跨界现象也认识不足，尤其是忽略了囿于创意产生的一大批创意新业态。所以我从 2002 年起在中国推动创意产业的发展。我认为创意产业是文化产业发展的一个更高阶段，也提出了高科技以及数字化传播作为基础的更新、更高端的产业运营方式。这一推动是适应世界创意产业创意经济发展的潮流的。

你怎样看中国目前这种“文化创意产业”发展的序列？我们想把文化产业和创意产业连通，让它从低端到中端再到高端这样循序发展。你如何评价这一思路？目前中国的领导人也都认识到了文化创意产业的核心是创意，以及要以高科技为基础等等，也已经形成了一些变化，至少以前那些批评的声音听不到了。所以现在这种形势下中国的创意产业的发展推动得更快了。你如何评价我们这样一种发展的层次和态势？

甘：我赞成你讲的中国目前的这种发展方式。高科技是基础，但其实创意产业最初可能都不是以高科技为展现平台的，在其初期，创意在很大程度上还是来自于传统。当然，传统成为产业是需要再创造的。一些视觉艺术、建筑艺术、新媒体等形式的创意则需要高科技支撑。文化结合高科技确实能够更具创造力，也更有表现力。

要认清不同地区的先决条件和发展阶段

金：你可能有所不知，中国的发展极为不平衡，东部、中部和西部之间的差异性很大。你可能对东部的了解比较多，但其实文化创意产业在西部这种比较贫穷的地区发展，还有很多问题，很多地方都不具备创意产业发展的条件。因此在中国文化创意产业上我提出了东部、中部、西部不同的发展模式，其中每一种行业都必须有不同的对待方式。可以选择后发甚至不发，后发有后发优势，不发有不发的必然。一切都要遵从“具体问题具体对待”的原则。你觉得这样一种探讨有意义么？

甘：当然，认清不同地区的先决条件和发展阶段是很有价值的，这对于区别发展的方法有重大意义。有时设定太高的目标是不现实的，没有足够的潜能和条件则无法达到。如果这个地区首先要解决的是贫困问题，那创意产业肯定不是优先选择项。因此我完全同意根据本地的环境条件区分不同地区的发展步骤，也许每个地区都有它的优势所在。

金：文化创意产业包含了很多种类，其中的每一种之间也有巨大的差距，我们提出了“一业一策”的对待方式，即每一个产业都应有自己的发展思路和政策。你们在这方面有过什么研究么？

甘：我们在这方面还没有具体的研究。我认为如果中国能够在省市层面找到足够可信的数据，那么就可以展开这项研究，这并不是常有的情况。我们在介入其他国家时，只展开第一步，即对创意产业部分的调查和制定。你们需要建立一个最小值的研究基础，来提供有效证据。大多数情况不是这样的，我说过我们做过24个不同国家的研究，明年将会有40个。这个研究在大多数国家都是第一次，当然是在宏观经济层面，而不是微观经济。如果想构架具体不同的政策，就要拿到不同省市的各项数据。

当代创意产业的未来发展与宏观趋势

金：你如何看待当代创意产业的未来发展？讲讲它对基础消费水准的要求，它对产业发展水平的要求，它对人们生存状态和文化素养的要求，等等。

甘：创意产业未来的发展趋势是方兴未艾。毋庸讳言，在有一些国家我们已经看到了衰退。但是在全球市场来看，我们即使是在衰退期，对于创意产品的需求仍然非常强劲，人们仍然听音乐，仍然买书，仍然去看电影。创意行业和经济其他部分联系非常紧密，在经济衰退过程中它们表现也都不一样。看中国、巴西，或者说澳大利亚，并没有受到经济衰退太大的影响，所以这个需求仍然非常强劲。而在有些国家和城市、地区，文化创意产业受到了一定的影响，因为它们是和整个经济有密切关系的。比如像广告行业，广告行业是为很多行业服务的，像保险行业，又为建筑行业提供服务，所以它们都是相互联系的，一损俱损，一荣俱荣。所以我们看到未来创意产业的发展趋势，它有非常强的适应性，即使遇到了一些问题，也可以通过调整政策来进一步推动。现在，一些国家已经提出了新的战略，都是围绕着进一步促进对于文化产品的需求，推出不同的智力平台，希望能够通过在这些消费平台的活动来应对创意行业在全球环境中面临的挑战。

金：今天花费了你很多时间，谢谢你如此丰富的真知灼见，使我们深受启发。再次谢谢老朋友。

原载《甘肃社会科学》2013年第6期。

世界城市网络与活力城市

——与彼得·泰勒[①]对话

彼得·泰勒（以下简称泰）：我们的对话就先从现代性开始吧。我们是现代人，现代性与以往传统社会的批判性的不同之处在于现代社会平衡了经济与政治之间的关系。从历史上来看，在人类社会早期，无论是欧洲国家、美洲国家、非洲国家，还是中国、印度，所有的决策都是政治家完成的。当现代性出现以后，争取政治则提升到了同等地位，这使得现代性独一无二。政治把国家与国家分割开来，而经济则把国家与国家联系起来。但是经济状况会有起伏。在经济好的时期，经济的力量会超越甚至会削弱政治的力量，起到决定性的作用；相反，在经济衰败时期，政治对经济就有直接性的影响。经济提供短期投资，而政治给经济增长提供长期投资。

金元浦（以下简称金）：中国和西方的发展是不同的。它们的不同在于，中国的政府、决策者在城市发展中具有非常重要的地位和意义。从某种角度来说，我们整个城市的改革，虽然有基层变革的要求和动力，但更关键的力量则很可能来自政府核心机构的决策和推动，并坚持执行，保证每一个决策得以实施。这就是我们今天上午谈到的话题。你上午说到，城市的发展是一个过程，并且一直处于过程之中。我赞成你的观点，但是我认为城市的发展存在着常态的发展时期和突变的飞跃的发展时期。常态的发展时期是自然状态的、有序的、人口和经济缓慢增长的时期。而突变的发展时期则是反常规的、跨越式的、充满了大规模变革的时期。中国改革开放的30年，就是这样一个巨大变化的转型时期。尤其是近十多年来，中国城市的发展进入了举世

① 彼得·泰勒，拉尔夫堡大学“全球化和世界城市”研究小组负责人与网络联合主管，英国皇家科学院院士，拉尔夫堡大学地理学教授，美国弗吉尼亚大学客座教授。

瞩目的城市化突变时期。这一变革虽然有一条自下而上的基础，但在中国特定的制度体系下，每一个城市改革的关键都是由城市高层决策者发挥着主导性的作用，即所谓“一把手工程”。城市化变革实际上是自上而下的一种过程。从策划、决策、推动发展，强化执行力，到最后城市发生较大变化，官员创立了辉煌的“政绩”。

泰：一个成功的国家能够处理好政治与经济之间的互动关系。我们用这个背景来看中国，对于当代中国来说，你们有自己的方式，从 1978 年以后，我们明显感觉到经济的力量比过去大了很多。当然与发达国家相比，中国还是一个政治为主导的国家。实际上中国在过去的十年中达到了经济与政治的平衡。尤其体现在中国的投资、基础设施建设、城市改革进程等方面。另外一方面，我们一般趋向于把政治和经济区分开来说，它们是相互独立的，但其实应该将它们合在一起。所谓政治经济学谈的就是这一点。政治和经济更多的是一种交叉的关系。如果将二者分开，政府会认为他们自己比想象中的更加重要。

金：中国的政治和经济确实是联系在一起的。中国改革开放这 30 年，确立了把经济放在首位，放在政治之前，经济发展是第一位的，这是一个中心；两个基本点是讲政治的，但这两个基本点也是为了经济发展。因此所有的政治也变成了 GDP 经济，GDP 政治，发展政治。所以这个政策实际上是为了经济，以经济为内容的政治。这是 30 年来政治主要扮演的角色。

泰：这也正是与以往现代性不同之所在。现代化过程的方式是多样化的。共产主义也是一种现代性发展方式。列宁在 1920 年就开始尝试现代化，只不过是通过计划经济的方式。邓小平同样也是一个通过不同的道路实现现代化的发展者。所以当我们谈到是“政治经济学”还是“经济政治学”的时候，首先要肯定的是，名词部分比形容词部分更为重要。在经济上升的时期，我们更多的提到“政治（的）经济学”，因为经济更为重要，政治起辅助作用；而经济不好的时候，我们用“经济（的）政治学”，因为政治干预在这时对投资等经济行为十分必要。

金：联系到我们世界城市的主题来说，你认为城市的发展与政治是否有很大的关系？中国30年来的城市化运动在很大程度上是由政府和主要决策者的力量来推动的，这与它的自然渐进的过程很不一样。中国经历了这么长时间的计划经济，如果我们等着它自然渐进到市场经济是很难的。

泰：这与我的观点有一定联系。城市是一个复杂的体系，复杂到不可能完全控制。如果你认为你已经控制了它，那很有可能你正在毁掉它。政策严格地规定城市的成长，以为成长就意味着成功。苏联政府控制莫斯科的发展，导致莫斯科提供就业的能力停滞。因此城市政府很重要。但城市中的基于小范围的多项决策是无法控制的。想想我们现在的世界，想想上海，目前有这么频繁的交易和商业活动，是不可控的，如果真的去管控它，可能就会毁了它。因此城市政府是很重要的，它着眼于长期发展，而市场的问题是只关注短期，所以单由市场来决定一切就有可能毁掉市场本身。政府的必要性在于它可以规划，但这并不完全适用于城市发展。我现在在成都也是在向这方面做努力。

金：我上午也提到关于弗里德曼、萨森、科恩等人提出的测量世界城市指标的观点，他们从测量的角度衡量哪些城市可以进入世界城市。比如弗里德曼于1986年在《环境和变化》杂志上发表了《世界城市假说》一文，把世界城市的特征概括为："主要金融中心；跨国公司总部（包括地区性总部）；国际化组织；商业服务部门的高速增长；重要的制造中心；主要交通枢纽和人口规模。"① 萨森于1991年适时提出了全球城市（global city）假说。萨森认为："全球城市在世界经济中发展起来的关键动力在于其集中优良的基础设施和服务，从而使它们具有了全球控制能力。"② 她将全球城市的基本特征总结为如下四点：（1）高度集中化的世界经济控制中心；（2）金融和特殊服务业的主要所在地；（3）包括创新生产在内的主导产业的生产场所；（4）作为产品和创新的市场。你认为这些不是完全对的。那你能否详细说明为什么

---

① J. Friedmann, "The World City Hypothesis," *Development and Change*, 1986（17）.

② S. Sassen, *Cities in a World Economy*, London: Pine forge press, 1994.

不赞同？

泰：分类与分类学不是社会科学家和科学家他们研究的中心目的。弗里德曼强调空间等级体系，世界城市只能产生在核心国家。而萨森好多了，她已经认识到了城市的发展是一个过程。但是，她使用了“全球化城市”这个概念，那么就会有“全球化的”和“非全球化的”之分。但是她并未论及非全球化城市的问题。虽然彼得·霍尔提出使用过“全球化”和“非全球化”这样的概念，但我们更倾向于使用“正在全球化的城市”或“全球化进程中的城市”。在对25个城市的研究中，我们没有提出一个硬性的指标，也没有掘出一条鸿沟来界定哪一个是，哪一个不是，从圣地亚哥到都柏林，没有这样的鸿沟。如果有，也是纽约、伦敦这样的顶级城市与其他城市的区分。相反，我们运用的是一条较为模糊的界限。我们的理论从萨森的“过程”中来，但并不是她所说的那个概念。因此，依我的看法，像中国这样的国家，绝不仅仅希望拥有一两个世界城市，而是希望建立起一个国际城市网络，尤其是更大城市的网络，而在网络中存在的并不仅仅是单个的城市。所以，我的团队主要通过城市间的联系来研究世界城市网络。

金：但是中国发展得很不平衡，北京、上海的发展程度较高，成都属于中等水平，而西部的一些城市则非常落后。另外，在城市化的过程中，中国政治的重大特点是各个城市都要为自己的城市找到特点进行规划，在和其他城市互相竞争的过程中获得自己的中心或接近中心的地位。因此，每一个城市的领导者都在绞尽脑汁思考：我的城市怎样可以超过别的城市而成为更中心化的城市？这是中国发展的现实，每个城市都在努力寻找自己的强项，拉动经济，使城市得到高速发展，甚至从规划到整个实施过程中采取非常规的跨越式发展手段，进行大规模的建设。

泰：我们一直以来的工作任务之一就是寻找历史上的和当代的有活力的城市。在任何一个时期，一个城市都有可能从不活跃变成活跃，有持续的发展，但这并不是一成不变的。所以在历史上，有很多城市相当闭塞，但其实它们也曾经活跃过，不然的话就不会有这座城市了，可是后来它们就不求改变，长此以往，渐渐失去了活力。从我们的研究中也可见一斑。全球化也是这样的道理。举例来说，欧洲与中国之间的丝绸之路造就了许多伟大重要的城市。但很明显，活力在这条路本土化之后消失了。闭塞的城市需要获得机会，从具有活力的城市中获得成长的机会。简・雅各布斯曾使用一种比喻，将城市发展比作爆米花机，如果一直有米花爆出，那么这座城市就是生龙活虎的，而机器停了，整个城市也就归于平静。这种爆发力就代表一个城市的活力。埃塞俄比亚也是一个很好的例子，多年前，埃塞俄比亚是信奉基督教的，但后来受阿拉伯帝国的影响，阿拉伯人割断了埃塞俄比亚在印度洋上的贸易，埃塞俄比亚的城市也渐渐失去了活力，整个国家也开始变得贫穷，尽管它也曾经富有过。

金：目前中国的问题是，无论是大型、中型还是小型的，几乎每一个城市在总体发展中都在爆发，它们处在爆米花的“嘭”的那一刻。中国的城市化从过去的10%的城市率上升到50%，正处于这种爆发当中，这和欧洲有很大不同。面对中国现在这种“活跃”和“爆发”，你觉得这其中会暗藏什么样的危机？比如说“千城一面”的现象，由于大家都往一个方向发展，所以都发展成了一样的城市。

泰：你说的最后一点很重要。很多城市在同一时间快速发展这种情况在历史上也有过，像17世纪的英国北部，18、19世纪的美国等等。但在中国这是前所未有的，所以也没有人知道该如何面对。也没有任何鲜明的理由表明我们应该立即停止现在的发展或去继续支持这样的发展。“千城一面”这个问题很值得担忧。人们趋向于模仿成功的典范，比如伦敦和纽约，世界上有很多小伦敦。中国有可能模仿的是像上海这样各方面发展得比较好的城市，当然，如果成都、哈尔滨发展得好的话也会被模仿。有证据表明欧洲的城市也越来越相像，这令我很是担忧，但这主要表现在他们的就业结构相似性。

金：从现代性研究中的发展和速度的关系来说，中国受西方的一些观念影响，认为速度是非常重要的因素，使得中国现在成为最忙碌的、最辛苦的国家，速度被我们看作是经济的生命线，保持发展速度也成为国家一个中心的经济政策。虽然我们也在做调整，但对于速度的“神化”，对于发展就是经济发展，就是 GDP 发展的这种“神化”实际上一直在延续。

泰：“商业”——“business”就是从“忙碌”——“busy”这个词来的。所以发展商业肯定是要忙碌的。我想说明的一点是，每次来中国，我都能看见一个列表，上面列着“什么什么之城”，比如成都要建立“花园之城”，我对此很感兴趣。所以虽然每个城市都在快速发展，但每个城市也都尽量使自己与众不同，这是很积极的现象，同时也是政府为了突出不同城市特点所采取的积极政策。

我有一个问题：中国城市是自己来宣布命名还是由中央政府来决定?

金：凡是可以进行全国性比较的，都需要有相应机构来认定授予，比如历史文化名城、文明城市等；但如果是突出自己品牌特色的，就可以自行命名，比如成都就说自己是“一个来了就不想离开的城市”。现在来说说发展观的问题。中国的发展观现在已经全部被欧美俘虏了，拼命发展、追求速度、追求 GDP，这是欧美的老师教的：“时间就是金钱，效率就是生命。”在这个过程中人们的平稳的生活被打乱了，欲望被激发出来了，人们希望获得更多的物质利益和物质享受。目前这种无限制的发展与我们中国传统文化的发展观念相去甚远。传统观念追求人与自然的和谐，天人合一，与自然为友，过舒适、平静、安逸的生活，而不是现在这种物质极大丰富膨胀的生活。那种传统生活方式引起了现在很多人的向往，可是现在反而成了富人才能享受的奢侈生活。比如有钱人住庭院式别墅、四合院，而四合院是容积率较低的住宅，所以成了富人享有的特权。

泰：和谐和物质主义的存在在现代性中是相对新鲜的事物，它出现在宗教的复苏和世界政治中。现在全世界的范围内都出现了一个潮流，就是人们在追求物质之后开始归于宗教。不是在中国，也不是在西方，而是在伊斯兰国家，现代性受到了挑战。即使在伊斯兰国家，虽然人们的穿衣习惯还是传统的，但依然追求时尚。记得时尚是什么，时尚就是增加消费的一种方式。但是在不现代的时代，人们追求物质的时尚，同时也追求使用性。时尚引导人们增加消费，这就是生产、消费。近20年中，宗教发展如火如荼，很多宗教，比如印度教，都卷土重来，但是这些力量完全不足以改变现状，只能引起一小部分人的生活方式的改变。还有一个人们比较反感的问题就是政治的过多干预。

金：现在回到你们所致力于的全球城市网络的问题。中国国内有人与我有相同的质疑，你上午讲你们世界城市网络研究选择公司从五个方面来进行测定，我所想知道的是：第一，信息化城市是通过什么来检测的？第二，低碳的发展指标通过什么来表现？第三，创意城市通过什么途径来表现？第四，城市与城市之间、新城与旧城之间差异很大，文化要素如何体现？第五，交流、交往、NGO这些社会性组织的完善程度如何表现？这五个方面如何成为你完善测量系统中的要素？

泰：我们曾提出“活力城市”的概念。我们所寻找的有活力的城市肯定是有创意的城市。当然，没有网络等现代化设施、没有高科技也不可能成为活力城市。在研究中，无论是城市内部的还是城市间的联络，我们都运用了传播学的理论。举一个例子来说，人类自古以来都是生活在由150个人左右组成的小群体当中。从某种程度上讲，我们现在仍然生活在这样的小群体中，比如网络上交往的朋友群体，也差不多有150人。在最初，这是一个150个人的小群体，然后就出现了城市网络。最初的那个小群体很少与外界进行沟通，就好像现在的小人猿，它们有自己的圈子。突然间，交流的程度就变成了另外一个世界。在城市出现之后，在一个小城市中，交往范围扩大到7000人。想象一下，有多少这样的小群体，在群落内部以及群落之间又会发生多少沟通，那么城市与城市之间互相带来的信息交流量以及潜在的联系，肯定不是几倍，而是成千上万倍地爆炸式增长。这是城市之间有无交流、联系、网络的很鲜明的对比，也是为什么现在的人在很多方面远远超过了前人的原因。小群体之间的交流和城市之间的交流完全不是一个层面的。

金：通过研究这个项目，你觉得在你去过的中国城市中都有什么样的问题，未来的危险在哪里，有什么困境？首先是中心城市，其次是最中心的像北京、上海这样的城市。

泰：我去过的北京、上海，还有很多城市都有严重的空气污染。当然，这是一个普遍的问题，在世界很多其他城市也有，洛杉矶、墨西哥城等等。但是很明显，这是一个现代社会发展缺乏可持续性的问题。所以一旦社会需要进行经济扩张，需要就业机会，另外两个因素就不为人们所重视了。一个是产品的分配，包括养老金、健康服务等；另外一点就是可持续性。西方曾在曼彻斯特做出了一个很糟糕的示范。作为英国工业革命的基地，曼彻斯特曾面临相当严重的污染问题，如果全世界都变成了曼彻斯特，那全球变暖等问题也就不足为奇了。因此我们一直在追问：现代性中的政府是否从建立之初就是微弱的，并且彼此分隔的呢？我们的世界不是一个王国，而是由不同国家组成的，那就不可能有全球化的政府，也不可能有任何全球化的决定。那么，各自为政的这种政治体系有可能解决现在的全球可持续性危机么？看来不行。所以当我看待中国的城市时，我也在想其他城市，它们都很相似，包括曼彻斯特，在160年前，欧洲制造了上千个曼彻斯特，都是不可持续发展的例子。政府缺乏强有力的政策支持，当然这不是中国政府不能解决，或者英国政府不能解决的问题，因为如果美国不同意，或者中国、印度不同意，都没有办法解决。因此其实我们需要一个全球化的“帝国”，一个可以为全世界做主的王国。

金：在你的城市网络的标准中放入了以上三个要素中的哪个？

泰：我们不太关注生产方面，但有一部分是关于分配方面的，而且现在和未来趋向于更多关注可持续发展。我们目前没有相关的模板和研究项目，但是我们的注意力已经开始转移。近三年内我们会在网络上开始进行。

原载《北京联合大学学报》（人文社会科学版）2010年第8卷第3期。

建设世界城市：这是一个中国式的问题

——与本·戴鲁德[①]对话

在全球化背景下，随着中国经济社会的高速发展和中国城市化的快速推进，建设国际化城市成为中国近200座城市未来发展的目标。而北京、上海、广州、深圳等城市也提出或趋向于建设“世界城市”或“全球城市”。在中国，建设全球化城市存在一种现实化的实践的需求，它是打破原有城市框架与局限，重新规划、设计城市新的格局的需求，是城市急剧扩大、功能升级换代的需求。但这一发展道路与西方发达国家的不同，是具有中国特色的城市国际化的发展之路。

设在英国拉夫堡大学的“欧洲全球化和世界城市”研究小组（GaWC）是全球权威的世界城市研究中心，他们创造了一种以数量方式研究世界城市网络的方法。其大多数研究是关于城市内部结构和城市间相同性的比较分析。本文对话专家本·戴鲁德是这个研究小组的重要成员。这个小组认为，世界城市网络是在高级生产性服务业的全球化进程中国际城市之间形成的关系。世界城市网络的形成被模型化为全球服务性企业通过日常业务“连锁”城市而形成的一种连锁性网络，跨国公司是此连锁过程的代理人。一个城市融入世界城市网络的程度往往说明这座城市的国际化程度，也与城市未来发展前景相关。GaWC研究小组提出了用现代服务业中的财务、广告、金融和法律等四大产业来区分城市的地位和作用，作为划分全球城市的方法，并运用于实际监测。据此，他们列出四大产业全球排名前几十位的跨国企业，考察它们子公司和分公司在世界城市的分布情况，根据公司个数的多少和信息化程

---

① 本·戴鲁德，比利时根特大学教授，英国拉夫堡大学“全球化和世界城市”研究小组重要成员。

度将世界城市划分为三个层次：10 个 Alpha 级城市，10 个 Beta 级城市，35 个 Gamma 级城市。

赞成与反对：建设世界城市的必要性和必然性?

金元浦（以下简称金）：这次你参加北京世界城市论坛，听取了各方面的发言和其后的提问，你也许能够感觉到，在中国，各界人士对世界城市的看法实际上有很多不同意见，并不是都认可像北京、上海、广州、深圳这样的城市去争取或建设世界城市。你怎样看？欧洲有很多市民拥有很强的公民自主意识，他们不想把城市建设得像纽约、伦敦一样，他们认为他们的生活、环境、方式是他们熟悉的习惯的方式，他们不愿意变动。中国也有一些人持这种态度。你认为中国北京、上海建设世界城市是否具有必要性和必然性?

本·戴鲁德（以下简称戴）：首先，我认为没有什么事情是唯一的，不可更易的。这要看中国自己怎样决定，怎样抉择，对此我倒没有发言权。今天上午嘉宾的演讲和主持人的介绍给我印象比较深刻，我感觉到这其实是一个整体愿望的问题。北京不想成为第二个纽约，而是要成为中国化的城市。我从三个演讲中能体会到中国想要建设中国特色的，而不是第二个伦敦或纽约的世界城市。我不大确定这个想法是不是所有人都认可。西欧的社会科学认为城市的发展是一个纯资本主义的事情，而欧洲的社会科学是比较左翼的，也不会有人关注是否要建设世界城市这种讨论。而有意思的是，中国将此话题视为非常重要的事情大加讨论，这的确是“中国特色”。在中国经常会谈及美国纽约这样的城市，而对于欧洲来讲，却很少使用美国作为范例，因为美国人在欧洲人眼中是一个负面的、愚蠢的形象。不过纽约可能是一个例外，因为它具备欧洲的某些味道，有更开阔的思维。

金：在中国建设全球化城市存在一种现实化的实践的需求，不仅仅是社会科学的理论研究课题。我们过去对于批判学派、法兰克福学派、阿多诺、霍克海默等社会学界的人是非常熟悉的。也从过去的那种理论转到现在更具建设性、建构性的理论上来。在20世纪90年代初期以前，中国的知识分子，像我们这一代人，大多持与法兰克福学派相同的社会科学的左派观点。但在那之后，我们发生了很大的变化，即知识分子日益介入到实际的社会建构中，尤其是在中国特定的转型时期。他们希望通过自己对社会建构的设计，使社会变得更美好。这个研究领域更实用，更具有现实性，而不是在高处空谈。因此很多知识分子和高校的学者与政府间建立了一种合作的方式。即借鉴现在的美国和欧洲，建立社会发展的“智库”，为当下社会发展做些事情。在中国，智库的人数增加得很快。当然有些是市场化，有些是制度化，总之从事实践性研究的人数量越来越多。中国借鉴了许多欧洲政府“智库”发展的经验，包括NGO组织，有更多的人介入到这种研究中来。在建设世界城市的问题上，中国有独特的国情，政府是最大的推动力量。

回到我们的论题，上午你也看到，在建设世界城市的过程中有一个重要的问题，就是管理者的思路和实际生活中的市民的思路总是不一致。你怎样理解这种紧张的关系？是不是越民主，世界城市的建设越没有可能？

戴：当然是越民主，做一个统一的决策就越难。但是要自由民主并不是要停止规划。说到民主的确比较复杂了，它涉及民主是好还是不好的问题。欧洲现在很多人在与中国相比较时，也会将中国视为榜样，因为只要政府决定了，那么民众就会开始行动。不像欧洲，无论政府做出什么决定，总有很多人是反对的、不满意的。欧洲150年的民主和立法并不是很复杂，每一个公民都可以参与决定或终止一件事情。当面对建设世界城市的时候，自然就会产生很多问题。昨天晚上还看了一则数字报的新闻，是关于欧洲一个小城市扩建的提案，可以看出，管理者提议一个规划后，可能会有若干个社会组织和若干公民出席法庭，阻止整个程序，如果要大家都通过的话可能要等上10年，或者更长。因为制造阻力的方式方法太多了。当然，这只是一个小城市的扩建问题，但在世界城市建设问题上也是一样的，在欧洲会有很多人反对建设世界城市。而在中国，这种阻止的可能性就小一些。在欧洲建设世界城市的难度其实不是民主的问题，而是个人主义的社会，人们遇到问题时首先考虑到的是自己。举例来说，在西欧和美国有一个很著名的观念——NIMBY，意思是“Not In My Backyard”，这是一个形容新发展计划受到该区或邻近地区居民反对的贬义词语。人们都认可全球化的城市建设及其好处，但是一旦这种建设危及他们的个人生活，就不同意了。就如同人们都喜欢快速列车，但轨道必须建造在离他们20英里以外的地方。

金：看来这种情形在各个国家都是一样的。另外，从城市化、城镇化发展的速度和决策力角度来说，中国可能是一个好例子，但从另外一个角度来看，中国的快速发展也成为西方媒体反复批评的内容。你对此怎样看待？

戴：这个问题太尖锐了，我只想表达一下我的个人观点，不想让其他人认为我在这里批评谁。事实上，从经济发展的角度来看，中国的快速发展和建设没有问题。很多人都说中国发展快是好事，因为这种观点至少说明经济结构有所不同，效果不一样。比如欧洲的经济就不能与中国的经济相提并论。所以很多人对中国的发展持积极的态度，并且通常的观点都认为中国只要发展好了，对我们也有好处。中国改革开放后，确实有更多的欧洲产品出口到中国。但我不这样认为，也许我是错的，我反而觉得中国的快速发展存在问题。在快速发展的中国，很多人时有怀疑，可能这并不是趋势，但或多或少都有这种倾向。不是对经济的怀疑，而是对政治的怀疑，我的说法可能会令一些人不悦，举例来说，Facebook在中国被关闭了，这对于欧洲人来说是不可理解的。同样无法理解的是，不同的意见在中国会成为问题。中国越发展，地位就会越重要，那么需要解决的事情也就越多。人们很难将这些与他们不理解的事情勾连起来。当然，这也可能是文化分歧造成的，西方人不能理解中国的思维方式，同样，中国也不太能欣赏西方人的思维方式。

建设世界城市有标准吗或评估方法？

金：现在让我们进入另一个问题。我今天在发言中阐述了在不同层次上进行世界城市的建设的标准或评估要素，最初都是以经济要素为主的观念，后来不断加上了其他因素，比如市民及民生保障、生态与环保，近年更多地强调了文化的要素、体验的要素、信息的要素等等。国际上建设世界城市的主要指标有不小变动。文化因素在城市发展中的作用越来越重要，文化创意在世界城市中的作用与地位日益提高。文化创意体现了世界城市主题文化的精髓，是促进世界城市实现产业结构不断升级的助推器和催化剂；也是现在和未来较长一段时间范围内体现世界城市全球价值的有效工具和载体。世界城市过去主要依托世界经济网络和周边城市体系两个载体，主要体现在管理和控制两大作用上，创新是永恒的主题，文化是持续的力量，资本、人才和技术的有效集聚和扩散是确保世界城市两大作用高效发挥的两大载体，而国际金融、文化创意等持续创新的新业态，又是体现世界城市的全球管理和控制作用的有效工具。

与你的研究方法不同，2008 年 10 月，美国《外交政策》杂志、A. T. Keamey 咨询公司和芝加哥全球事务理事会联合发布了全球城市的排名，征询了萨斯基亚·沙森和维托尔德·雷布津斯基等学者的意见。外交政策杂志指出，这个排名中基于对 24 个度量方法的评估，分为五个领域，包括商业活动、人力资本、信息交换、文化体验以及政治参与。这里谈到了信息交换在信息社会中的重要意义。特别是文化体验也再次得到了强调，重新提出了政治参与问题。总排名里面可以看到，纽约、伦敦、巴黎、东京在总排名中居于前列。从分项看，巴黎在信息交换上是世界第一，伦敦在文化体验上是第一，纽约在人力资本商业活动上和整体上都是第一。中国香港在人力活动上居世界第五位，它在总体上也居世界第五位。北京是总排名第十二位，但是在政治参与方面在世界上排名第七，是比较靠前的。上海在总排名上居第二十位，商业活动排名第八。它体现了评价要素的变化。你能不能谈谈这样阶段性的发展理论有什么样的进步性？

戴：我不知道用“进步”这样的说法是否合适，但从科学上讲，考虑到多种要素这样的方法肯定是更好也更全面的。今天你的报告是一个很好的概述，虽然是中文的，我只能听翻译，但是通过 PPT 上的英文我可以推测下一个时期和人物会是谁。这是我们学术研究史的角度相通的地方。总之，从单一的经济因素到多元要素，从新的要素和维度来考量这个问题，这是一个社会科学运用的典范，也很容易让我们与之前的那种以经济为单一考量要素的方法形成对比。举个关于文化的例子，文化这个领域很广泛，文化研究、文化服务、文化产业、文化经济都是文化，但却相差很远。如果你关注到这个方面的话就会找到更好的方法。我有一个博士生，开始研究“中东的全球城市信息”，他的研究表明，在迪拜、阿布扎比、科威特这样的地方，如果你不考虑伊斯兰教文化，那你就无法理解这种地方的全球城市信息。虽然无须十分细致地理解（因为那很难做到），但至少做到基本了解。比如从银行贷款要收利息，对于我们来说是很正常的事情，可是在伊斯兰教文化中利息是被禁止的。当然，银行有其他赢利方式。这就说明要了解这个城市，你就要了解在这里经济是如何运行的，城市是如何运行的。这个道理也适用于中国。过去几年间，以北京和上海为代表的中国内地城市进一步融入世界城市网络，在“世界城市”中的地位有了明显的提高。而如果想要了解中国的全球城市信息，那就还必须了解中国和纽约、伦敦有哪些不同。这就是在方法中借鉴的文化因素的考量的重要性，所以，在经济要素外加上文化、生态等要素，是更科学、更有效的方法。

金：你们的 GaWC 研究小组创造的以数量方式研究世界城市网络的方法的明显优势是它的信息化、实操性、客观性和简洁性。

戴：我们欧洲全球化与世界城市研究组（GaWC）运用网络模型测量 2000 年和 2008 年间世界 307 个城市的全球连接情况。结果显示：最显著的变化是全球城市网络的连接度普遍提高；美国和南撒哈拉非洲城市的全球连接度变弱；南亚、中国和东欧城市的全球连接度加强。从 2000 年和 2008 全球网络联系程度最高的 20 个城市和在这个时段主要排名的变化看，一个显著的特征是 WCN 世界城市网络的顶端保持稳定：伦敦、纽约和香港保持了最具连接度城市的位置，其中纽约、伦敦两极仍然占据统治地位，紧随其后的是巴黎、新加坡和东京，只是排名稍有变化。在顶部六大城市之下，变化则非常显著，有 8 个城市新进到 6 至 20 名之间的 14 个位置，而芝加哥、洛杉矶和阿姆斯特丹这样的城市则被上海、北京和首尔替代，这是一次东西方的转换。在这一分析中，特别突出的一个特征是，美国城市的排名跌落和相伴的中国城市的上升。这一现象，显然指向了一个整体的“世界—区域”趋势，因为在 2000 年时，连接度前 20 名的城市中有 5 个北美城市和 5 个亚洲城市，而在 2008 年，前 20 名中北美城市仅占 3 席（纽约、多伦多和芝加哥），亚洲城市则增添至 9 个。许多研究表明，世界体系正在经历一场从西到东的地理转化过程。而且，这些变化在国际金融危机发生前就已经开始了，并进一步表明这一变化实际上是随着城市的连接度的变化而展开的。

全球化时代的城市存在于全球城市网络中，而网络是通过合作互补存在着。这一分析与普通的组织原理相符合。这种网络和合作与先前的竞争和层级关系是不同的，它更强调合作共赢。总的来看，307 个城市中有 179 个城市大致都比它们在 2000 年的连接性更高。这表明，服务公司的全球化已经成为一个动态的、不断增长的行业，而世界城市网络正在逐渐融合。

上海和北京在 2000 年至 2008 年间的连接度提升最为引人注目。从某种意义上来说，这是研究的一个重要发现：在研究期间，尽管环太平洋亚洲地区所有的城市尤其是中国的城市连接度更强，但是规模起着更为重要的作用，因为这一地区的主要城市已经变为资本、商品、知识和人才的跨国流动的主要通道关口。

这些发现实际上并没有让人感觉出乎意料，纽约和伦敦在世界经济中的重要性是由它们作为特大全球服务中心的功能决定的，而连接度上升明显的上海、北京则与人们对当前世界经济发展变化的基本预期不谋而合。

总之，我们试图通过描述世界城市网络的地理变化增强对经济全球化的理解。我们没有把“全球化力量”局限在这个固定的“世界城市”模式上来，而是将许多城市融入到一个全球城市分析的体系中来。当代的经济全球化本身不是终点，而是一系列不断持续发展的过程。我们不知道未来情况会如何，但我们明白，只有当我们对现代城市网络发展有一个实证性的理解，才能正确评价这些变化，以及不断了解网络对现代城市发展的重大影响。

金：我明白并赞赏你们这一研究。但是从这四个方面考察，似乎仍然不够全面。问题是它依然是市场为导向、经济为主的评判方式。

2009 年 10 月，东京莫里会的城市战略研究所发布了对全球城市的一次全面研究结果。全球影响力城市指数排名依据分为六大类 69 个个体指标。这六大类是：经济、研究与发展、文化活动、宜居度、生态和自然环境、容易接近的程度。该世界城市的标准设定比过去的研究又前进了一步，强调了“研究与发展”“文化活动”的重要性，这是以前的世界城市评价中很少考虑的。根据这样的排名依据，得出纽约依然是第一、伦敦第二、巴黎第三、东京第四、新加坡第五，中国香港排名第十。2010 年总部在伦敦的世界城市咨询公司 Knight FrankLLP 和花旗银行一起发布了对 40 个预选世界城市的调查结果。有四个参数：经济活动、政治权利、知识和影响、生活质量，排名依然是纽约第一、伦敦第二、巴黎第三、东京第四，北京政治权利排第九，香港排名第十四，上海依托经济活动优势排名第十九，这是 2010 年的排名。这里对政治权利、知识和影响以及生活质量的影响因子的提出和强调都是超越经济唯一论的。这些研究展示了一个对世界城市、全球城市或国际化都市评价的方向的转变。你认为这种评判方式较之你们过去的评价方式有哪些优势，比起后来的像指数评判系统等等又有何缺陷？比如文化依据度、低碳指数、体验指数等等。

戴：这个观点很好，也确实如此。但我们并不是完全以经济为主导的，公司只是社会和城市经济中很小的一个碎片，也许只占 1% 或 2%，但银行业、存款、管理咨询业等这些数据可以说明城市运行的总体性情况。比如我们可以从几个有限的指标看出由于近十年来有更多的公司进驻，使得北京和上海在银行业等方面有了很大增长，排位也随之上升。我们认为经济可以更大范围地描述社会发展情况，尽管经济只是一个部分，而且如果有人反对这种方法的话，我们没有太好的反驳理由。打一个生态的比喻，有一个湖，如果我们想要知道这个湖的水质情况，生态学家会看有什么样的鱼类、昆虫等动物生活在其中，也许就能对湖水进行判断了，而不会对整个湖的湖水进行检验。这就是我们所采取的研究方法，如果经济上出现问题了，则预示着社会深层一定存在更大的问题。你当然不必赞同我们课题组的研究方式，可能我们选择其他的因素和指标来研究也能得出一定的结果，但我觉得选取几个有代表性的因素就能够说明问题了。

市场主体、共赢关系、信息采集方式

金：中国的成语——见微知著、一叶知秋，应该是你们的宗旨。我很赞赏 GaWC 的一个方面就是它的实证性、实用性。你今天说到的几个问题我很感兴趣，首先，你说现在不是城市之间的资本资源的合作，而是市场主体的公司之间的合作；其次，现在更多的不是你死我活的市场竞争关系，而是联系、连为一体的共赢关系；最后，我认为你们的信息采集方式至少与现在全球化条件下的信息社会的发展方式结合到一起了。你能否对这三点进行深层次阐述?

戴：我很高兴金教授对此感兴趣，因为对于我们项目的大部分批评都是针对这个问题。我们之所以这样做是因为，城市本身只是一个地域名称，除了城市间人们的旅游、时尚、代表团的互访，它们之间其实是不存在什么根本性联系的，真正发生关系的，其实是作为实体存在的公司之间。很多人都明白这个道理，只是没有人说出来而已，这并不重要。由此引向第二点，为什么是合作关系而不是竞争关系。就一个银行或管理咨询公司而言，它们要在城市之间进行选择，虽然这种情况并不常见。比如我们只设立一个办公地点，设在北京或是上海，这时二者就构成了竞争关系。如果在两个城市都能够盈利，那公司会选择分别设立两个办公地点。有很多数据说北京和纽约是竞争关系，但其实根本不是。公司不会把北京的办公点撤掉然后在纽约开设一个。我认为城市间完全不是孰胜孰败的关系，它们是互相合作的。在第三点上我们利用了大城市中信息获取相对容易的优势，同时公司地点的设置也是一项重要战略，他们会炫耀自己在伦敦、纽约、北京、上海这样的大都市有公司，以此提升公司形象。我们正是利用了这些在别处可能无法获得的数据和资料，通过信息社会获取信息。

中国与欧洲：现代化发展模式的反思

金：我在欧洲时发现欧洲的传统文化，包括法国、英国和比利时的传统文化都保护得很好，但也存在问题。比如在信息、设施上，在布鲁塞尔，我看到它的街道上的楼面永远是歪七扭八的，很多旧楼也保护得很好，换在中国可能早就被拆掉了。那么你怎样看待中国这种快速城市发展和欧洲的慢节奏、非高度的城市缓慢发展模式的不同？中国的发展模式会激起欧洲人的思考么？欧洲的城市会因此改变么？在17、18世纪，欧洲有很多人来中国学习园林建筑，法国巴黎的丘园就是一个例子。可见那时中国是各国学习效仿的一个典范。那么，现在中国发展的模式对欧洲人会有影响么？欧洲人会思考改变城市的面貌么？还有，现代化的发展模式源于西方，我们的发展模式就是学习西方的，而正是这种模式恰恰受到西方人的批评。你认为是西方很大程度上影响了中国么？

戴：首先回答第一部分的问题，我认为中国的建筑模式对欧洲是不会有任何影响的。现在中国的建筑或是城市的建设是由城市快速发展决定的，而在欧洲不会有太多巨大的建设工程，因此不需要考虑大型的规划。另一方面，在欧洲有一个我称之为从欠规划到过度规划的转变。比如说20年前完全没有空间规划方面的政策，任何一片土地都可以被任意处置。后来问题产生了，乡村的地域所剩无几，我来自于法国，那时小村镇也越来越大，或多或少地发生了城市化，土地空间也变得狭小了，这是欠规划时期。现在进入了过度规划期，在很小的一片区域内也要清晰地划分农业区、森林、建筑区等地域，而一旦被规划变成法律后就很难再改变了。这也是为什么中国的模式在欧洲是不太可能被借鉴的，因为没有什么大片的空地以供建设，所有的功能都混杂在一起，受到严格保护，所以中国的城市建设模式不会对欧洲的建设有影响。第二个部分我认为并不是西方的现代化对中国产生了负面影响。中国模仿了欧洲的建筑，并不代表欧洲是强迫中国来模仿的，如果说欧洲的建筑有重复性，那是另外一个问题。我相信中国自己会有很美的建筑。

金：中国和欧洲在相当长的时间里好像是一种学生和老师的关系。中国在现代发展中大量借鉴了欧洲的思想，而目前看来效果不是很理想，所以招来了西方的很多批评，我们也是这样批评自己的。但同时西方国家好像忽略了，我们现在的现代化发展模式恰恰是从欧洲那里学到的。因此看来中国照搬欧洲的发展思想是不恰当的。当然，西方自身的后现代思潮对欧洲现代性的批判也对中国当代反思现代性模式产生了重要影响。

戴：我在欧洲人看待中国的态度这个问题上持不同意见。这是我的个人意见，有的批评可能是正确的，有的是错误的，但是欧洲人指责别的国家应如何建设这件事肯定是不对的。不只是建筑，还有很多方面都是如此。比如欧洲人说你不应该开车，因为污染环境，如果中国十多亿人每人都开一辆车，或者每一个中国人都和欧洲人吃一样多的肉，那是很可怕的。而这些事情又恰恰是欧洲人正在做的事情。我给大学一年级学生上课时提出过，欧洲看待中国的方式是不公平的，因为我们不让你们做我们曾经做过的事情，不只是建筑方面，是更广的范围。比如说到利用环境，谁给环境造成了更大的压力呢？我也曾经问过学生一个问题：中国城市人口多还是比利时城市人口多？聪明的学生会回答，是比利时，这是正确答案。事实是，虽然中国城市的人口密度很大，可能是比利时的一二十倍，虽然中国的城市化进展很快，但整体化程度上并不及欧洲，因为在欧洲基本上每个人都居住在城市中。现在，中国快速发展城市，大楼越盖越高，虽然不是好的方式，但我们不应该对此品头论足，我们应该闭嘴。

金：所以中国在融入世界、进入全球化的过程中，也在寻找所谓的“中国特色”的世界化城市建设道路。你在中国去过很多城市了，北京、上海、深圳、成都等，从一个城市专家的角度，你认为这些城市有哪些问题？你最喜欢哪座城市？它们整体的问题是什么？个别的问题是什么？

戴：谈到对城市的偏好，我只能谈个人感受，不能用城市学家的观点来说明。每个城市学家应该都会有不同的喜爱的城市。对于我来说，首先我要说世界上我最喜欢的城市是纽约，走在当中会感到城市永远保持着鲜活和动感，但是北京就不同，如果晚上走在街上，就会感觉这个城市快要死了。在中国，上海让我有类似在纽约的感觉，所以在中国我最喜欢上海。说到中国城市的普遍问题，我同样认为不必非要从专家的角度来说。交通问题是亟待解决的。现在中国人的购买力越来越强，越来越多人买车，人们认为这是中产阶级的一个标志。所以交通拥堵是中国做规划要面临的最主要的问题，需要有特别的方法解决。城市建设的扩大是容易实现的，但中心城区的交通枢纽是否顺畅是影响一个城市的重要因素。北京还好，至少车子在动，深圳就完全堵死了，总是这样。这也应该和经济相联系，经济需要向前进行，人们要工作，要购物，等等。香港在这方面解决得就很好，它们的公交系统很发达，大部分人出门不用开车，乘坐公交工具就可以了。

金：在西方，不同年龄层次的人对中国的态度也各不相同，有很多年轻的外国人到北京、上海、深圳来，他们可能喜欢在中国的生活。那么欧洲的年轻人现在对到中国来居住有什么态度？你会愿意来中国求职么？

戴：这是个好问题，因为与我密切相关。其实去年我申请了一个欧盟的项目，可以在国外工作一段时间，申请通过了，而且最初的计划是来中国，但后来又改变主意选择了墨尔本，原因之一是，给我们的资助是有限的，而中国的物价又比较高，所以在中国生活的成本并不会比在比利时低，相应我能拿到的钱就少，而在澳洲就会高，这是一个客观原因。第二个原因是澳洲比较容易融入其中，因为都是英语国家，而中国则很难融入。除了语言障碍外，北京这个城市太大了，太挤了，存在很多城市问题，不是最适合居住的，而墨尔本的生活就会比较惬意。也许我这样理解比较片面，也许在北京的郊区也可以找到墨尔本的惬意，但就城市而言我是这样认为的。

金：其实你不了解北京的夜生活。你可能没去过三里屯、蓝色港湾和

798 吧?

戴：798 去过。这个问题很好，因为它从一个角度说明了文化因素的重要性。在排行上北京、上海和阿姆斯特丹可能不相上下，但当问到想在哪里生活时，可能所有人都会选择阿姆斯特丹。

金：是所有欧洲人么?

戴：其实阿姆斯特丹是一个非常自由的城市，比如它是世界上唯一一个吸食大麻合法的城市，不只如此，还有很多种可能性，这种近乎于为所欲为的自由会吸引很多人，不只是欧洲人。

金：坦率地说，这在中国是不可能的，也很危险，就像美国的枪支私有，能说是民主和自由的象征吗?

原载《新疆师范大学学报》（哲学社会科学版）2014 年第 3 期，原题为《建设世界城市：中国路径?》。

后发国家：创意产业与体验经济

——与金迈克、梦露西[①]对话

金元浦： 迈克，我们是老朋友了。从第一次我请李怀亮翻译你的文章在我和陶东风主编的《文化研究》上发表，你就给我留下了深刻影响。你对于法兰克福学派的态度——法兰克福学派的哀鸣——当时对我们有很大的震撼。

金迈克： 我知道，法兰克福学派在中国一度影响很大，但在我进行文化研究的案例搜集而向人们问起这个学派时，很多人都回答说不知道，因此我认为，这个学派在欧美和澳大利亚的影响的确已经式微了。

金元浦： 实际上，在中国，有一批知识分子的研究兴趣早在20世纪90年代初就开始从法兰克福学派转移到了其他领域，比如说，我们就是从20世纪90年代初由法兰克福精英主义文化观念转向对大众流行文化的研究，从那时开始推动来自英国伯明翰学派的“文化研究”。

金迈克： 是的。我个人认为——当然这也许并不正确——法兰克福学派之所以在中国影响很大，可能与长期以来中国主流文化意识形态对马克思主义的倡导，和对人们思想的严格控制有关。一旦这种文化控制得以松动或被解除，人们必然会急于寻找一种理论来解释身边快速发生着的市场变化，法兰克福学派可能就是在这样的情况下被拿来用的。

金元浦： 不光这些，在改革开放的初期，法兰克福学派的思想的确对中国影响很大。这一学派的批判精神和否定理论曾激励中国数代学者反思历史，寻找改革开放的新的思想武器。

① 金迈克，澳大利亚昆士兰理工大学创意产业研究中心教授；梦露西，博士研究生。

“MATE”项目：研究从案例调查开始

金元浦：这些年你一直在研究中国文化创意产业，作为一个中国女婿，我知道你对中国有着浓厚的兴趣，恐怕也有了相当的感情吧。请介绍一下你这几年研究中国文化产业或者创意产业的情况。

金迈克：我这两年参与了澳大利亚的一个研究项目——中国创意产业研究。研究过程为期三年，今年已经是第二年了。“创意产业”的提法最早出现于1995年的澳大利亚，1997年，英国首相布莱尔上台，他所在的英国工党认为应该对“文化产业”的概念予以改变。与文化产业相比，创意产业更加强调知识产权在创意过程当中所起的重要作用。创意产业包括广告、建筑、设计、电影、电视、广播、时装、电子游戏以及出版等，因而它有时也被称为内容产业或版权产业。这个为期三年的研究项目共由六个人组成，我作为该项目的成员，所承担的任务是，在服务经济和知识经济引领世界经济发展的大背景之下研究创意产业给中国带来了怎样的变化。

金元浦：这个研究意义重大。你们的研究和我们的研究角度不同，从外国专家的角度看中国创意产业，一定会有新的见解。那么，这个项目是怎么设计的？

金迈克：这个项目包含四个组成部分：媒体（media）、广告（advertising）、旅游（tourism）和教育（education），可简称为“mate”项目。这四种产业都属于服务产业，它们之间既相互关联又各有不同。在每一个组成部分之下，都配有两个案例，一个是较为宽泛的大众市场研究，一个是较为特殊的专门市场研究。拿媒体来说，其中一个案例是对中国足球产业及其相关球赛转播情况的大众市场研究，另一个则是对于《财经》杂志经营和运作现状的专门研究。

金元浦：两个案例我们都很感兴趣。当然不止我一个人，像足球产业，恐怕有很多人关注吧。《财经》杂志已经是名刊了，在财经界影响十分广泛。

金迈克：我们走访了《财经》杂志的经营管理人员。该杂志的管理人员声称，鉴于某些国际客户的需要，他们试图把《财经》办成一份品牌杂志，并借此在中国同行业中确立一个与国际接轨的标志。我认为，要实现这一点，“诚信”原则至关重要，也就是说，在读者与杂志之间必须要形成一种诚信关系。一些国际媒体之所以能拥有自己的品牌优势，关键就在于此。例如美国的迪斯尼和C&N，它们都在其品牌树立和保持方面投入了大量的人力和财力。《财经》杂志要想形成堪与国际同行相抗衡的品牌，就必须与国际接轨，并对自身经营中那些不符合国际惯例的做法加以修改。比如说，据该杂志的广告部经理所称，广告招徕中的“杀价”策略是中国同行在媒体经营中的一个关键砝码，但对于迪斯尼这样的公司来说，他们是绝对不会轻易降价的。因为某个品牌一经形成，其品牌价值也必将随之固定下来。

金元浦：你提到的品牌运营和诚信原则，都是产业运营中的影响方式和商业营销的普遍原则。我国目前堪与国际同行相抗衡的文化品牌可以说少之又少，在品牌“走出去”上我们还有很长的路。现阶段首先是创造一批能够“走出去”的产品，经过长期努力，才有可能逐步建立国际品牌。由于语言上的隔膜，中国文化产品的国际交流比起澳大利亚来困难得多。澳大利亚毕竟是英语国家。那么广告方面呢？

创意产业的产业链与创意大众

金迈克：在广告方面，我们关注中国的手机市场。手机产业及其相关服务产业在中国发展很快。据统计，中国目前拥有三亿手机用户，为世界第二大手机市场，而且非常有望发展成为世界第一大手机市场。然而在这里，存在着一个利弊双存的市场现象。由于市场巨大，中国成为世界上许多跨国公司对其新产品、新创意进行测试的“试验场”。服务行业一个最基本的特点就是理念更新极快，这使得中国市场也不断进行着层出不穷的花样翻新。站在商家的角度，他们必须得不停地调整自己的产品以抢占市场。这样，问题出现了：一方面，在这个巨大的测试市场当中，每一个商家都能分得一部分属于自己的市场份额，因而他们大都相对满意；但另一方面，这个测试市场对于产品的更新速度要求很高，因而一旦某个商家获得成功，其他同行就会对其产品争相效仿乃至进行复制。这里存在着一个产业链问题：

创意（知识产权）→ 生产 → 分配发行 → 促销 → 市场营销

创意就是一个主意产生的原创阶段，世界上许多大的跨国公司都在这一阶段投入很大的精力。创意只发生在第一个环节，它需要调研和开发来支撑。在这个环节，知识产权的作用非常关键。

金元浦：产业链的确十分重要。严格地说，中国文化产业还没有形成成熟的产业链，它在很多地区还处在幼稚产业的阶段。创意产业非常重视产业链当中的第一个环节，也就是以研制开发和知识产权为重的原创阶段，是创意产业的核心环节。创意为王嘛。

金迈克：霍金斯所说的“创意经济”，对于中国来说十分重要。中国必须首先解决好依靠点子来谋求经济收益的“创意经济”和创意人才问题。创意者在施展自己创意才智的同时要注意维护本国社会结构的稳定。美国旧金山的许多创意很可能就不适用于中国。中国政府要允许人们自由表达自己的创意，但同时它也要制定出相应的方针政策来对创意产业的具体运作予以调节。

金元浦：在中国，我从前几年就开始推动“创意产业”这个理念，因为我看到文化产业的发展遇到许多问题，比如高科技数字化介入文化产业，文化与科技的高度融合问题，运用现代金融手段发展创意产业的问题，打破部门壁垒，解决文化产业越界、重组的问题，文化企业的现代企业制度管理和海外上市等问题。结果引来了很多批评意见，说我把人们的思想搞乱了。但我坚持创意产业是文化产业发展的更高阶段。我们必须向这个方向迈进。

迈克你很清楚中国的现实环境与西方不同，从目前来看，文化产业的产业准备还不足，市场化程度还不高，法制环境还需加紧建设，特别是各级领导和商业人士还不习惯于文化产品的激烈的市场竞争，而总是希望找到政府的资助和支持。我们要培养一大批敢于在市场经济大潮中搏击的弄潮儿。

金迈克：所以在中国提升业界对“创意”重要性的认识是非常必要的。全球创意产业中有一个“创意大众”的理念，就是在互联网时代鼓励更多的人参与创意。政府应该打破任何组织或团体对于知识的垄断，并保证所有大众都能通过互联网来实现对知识的共享和发表自己的创意见解。因为只有这样，21 世纪的人们才能变得更有创见，我们生活其中的整个社会才能变得更加富有创意。

金元浦：那你觉得，作为后起的发展中国家，中国现在的政策和创意产业都存在哪些问题？应该朝什么方向发展？

金迈克：可以说，中国是一个很有革新精神的国家，但其创意却相对欠缺。以电视节目形式为例，中国的许多电视节目形式都是依靠“照搬”“效仿”“复制”或“抄袭”，而不是自己开创出来的。比如“开心辞典”就是对美国一个叫作“他想成为百万富翁”的电视节目的复制。原创节目通常需要花费大量的人力、物力、财力以及时间去加以开发，进行测试，它的风险很高，据说该行业的失败风险率高于 80%，特别是在音乐制作方面尤其如此。正是由于创意产业中所存在的巨大风险，好莱坞才总是特别强调对知识产权的保护，因为它不希望看到自己投入大笔资金所制作出来的节目被盗版。中国有几千家电视台，它们都想拥有自己成功的主打节目，于是它们便放眼国际电视节目市场，并搜寻那些可以拿来借鉴或效仿的节目形式。

中国电影，真正的创意还比较缺乏

金迈克：在中国，小的革新很多，但真正的创意却比较缺乏。以电影业为例，我对中国与澳大利亚和新西兰的市场状况进行比较。我认为，与澳大利亚相比，中国更有创意也更富革新精神；而与新西兰相比，新西兰是小国小市场，中国则是大国大市场。在中国这样广阔的土地上，随时随地都有不可思议的事情在发生。但从另一个方面来看，澳洲和新西兰地理上的相对封闭、孤立及其本土市场需求的相对有限，要求它们必须通过出口来获取利润和拉动国内经济发展。因此，它们的电影必须进军好莱坞，而且政府也鼓励它们这样做，以推进本国电影产业的发展。要做到这一点，它们的电影就必须富有创意。当然，中国的产品也需要走向世界，但对于中国的电影业来说，这并不容易。

金元浦：中国电影正在积蓄力量，打破百年僵局，将实现新的大幅度的跨越式发展。

金迈克：与以好莱坞为首的国际电影业相比，中国的电影无论在资金投入、生产创意还是制作发行方面都存在着不小的差距。与中国的电视产业一样，中国电影业目前所存在的主要问题是市场竞争压力不够大，广大的国内市场使得这些电影不具备强大的竞争力也能拥有观众。但对于全球市场而言，任何视听产品要想立足都必须具备强大的市场竞争力。为此，中国需要对自己的电影制作方法和发行流程诸环节进行重估和调整，并且首先要加强对知识产权的保护。露西女士的论文就与保护知识产权相关。

金元浦：如果中国想成为一个走向世界前列的创意国家，那么在今后10年中，中国的政策制定者应该采取哪些措施或策略？

梦露西：创意产业必须强调知识产权问题，我的论文中就西方目前的知识产权保护模式是否适用于中国进行探讨，还涉及电影、电视制作中的一个重要问题——融资问题，以及中国电影导演的作品如何与外国导演的作品相抗衡。

金迈克：我认为中国是一个研究创意产业的理想场所。中国有其不同于他国的独特优势。以手机为例，澳洲的手机款式非常有限，而在中国，各种时新款式层出不穷，这是因为巨大的市场推动力使然。当然，快速的市场变化也给中国带来了许多问题，作为一个巨大的“试验场”，中国可以为世界上的其他国家提供经验和教训。我注意到了中国市场发展的新方向，比如说你们提出的口号：从中国制造到中国创造，这就体现出中国的市场关注点开始向创意产业发生转移。

“体验经济”时代：设计或创造一个市场

金元浦：在当今这样一个“体验经济”的时代，创意产业应该如何应对自己的顾客，或者说，它应该把顾客置于一个什么样的位置？

金迈克：创意经济与体验经济还稍有不同，它不像购买一部手机或一片水果那样简单。面对一部电影，不同的观众会有不同的体验，或者说，作为一个制片和作为一个顾客他们的体验是各不相同的，而且制片人也无法得知每一位顾客的终端体验。这也正是为什么许多创意产业都经常遭到失败和需要开发一些特殊的专门市场的原因。

金元浦：创意产业改变了过去的许多生产方式，我们过去讲“市场为王”和“顾客是上帝”，现在的情况则有所不同了。创意产业的旨归是设计市场、设计社会乃至设计每一位顾客的体验，或者说制造需求，这有点类似于法兰克福学派所批判过的那种对虚假需求的制造。现在看来，创意产业的确存在制造需求的一面，而且这同时也是创意产业中非常重要和非常成功的一点。但这里的问题是：为什么80%以上的创意产业会遭到失败？我认为，这是因为创意阶层只从本阶层的趣味出发，而忽略了创意阶层进行创意所本应考虑的两个基本问题，即：你的目标对象是否能体验到你的创意？如何才能将你的创意与顾客的体验加以结合？

金迈克：你所说的某些情形确实存在。在当前世界经济发展中，有一个被称为“支持经济”的重要分支，“支持”在此是指，顾客们希望能够在购买什么样的产品以及如何购买等方面获得一些指导，他们希望被提供给一些不同以往的消费方式，然后再做出自己的决定，例如“DIY”（自己动手）和网上购物这样的模式等等。以前人们购物时都要去商店选择自己需要的商品然后再依据产品的价格支付费用，而现在，人们足不出户就能够利用电子商务来购买自己需要的东西。例如，中国的“当当”购物网就能提供这样的服务——顾客可以在家里根据自己的需要以相对便宜的价格在网上订购书籍，这对顾客来说无疑是一种非常便捷的享受。而对供应商来说，他们也可以通过一些市场资料搜集和销售数据统计方面的技术手段来了解顾客的需求，并据此不断调整自己的产品结构和营销策略。另外，对于专门针对青少年的那部分市场来说，商家发现他们很难对时尚的流行情况进行预测，因此他们就通过搜集顾客意见和实施“名人效应”的策略来引领时尚和影响市场。可以说，在“新经济”中，市场上的购买、销售和营销方式都已经随着消费者需求的变化而发生了改变。

金元浦：接着刚才的话题说下去，我的意思是，我们在考虑创意产业时是否应该同时考虑到体验经济？就目前来看，体验经济已不仅仅是指一种简单的服务过程当中的体验，而是包括了对于对象的考察，也就是说，我们应该考虑到如何将对象的体验设计和吸收到产品中去。当代创意市场的运作模式是“我设计，我思考，我创意，然后再来由你去体验”，因此我们可以说，现在的创意产业实际上就是一个不断制造需要的过程。另外，在这种制造需要的过程中，它还通过示范性的推广来培育出那些能够体验该种需要的眼睛、耳朵乃至身体。这和我们原来所理解的法兰克福学派的主张是相悖的。你在前面也说到过，创意产业的失败几率非常高，我认为，它之所以失败的一个重要原因就是不考虑顾客的体验。因而我的看法是，在创意产业和体验经济之间，除了二者的相互平衡之外还有许多其他的链条和环节，譬如说产业链和发展链等。我们所说的“眼球经济”和“注意力经济”就应该是介于这二者之间的一个链条。中国的“眼球经济”就是通过广告和各种传媒的大力视觉轰炸来制造出一种习惯或一种需求，并进而使之成为一种人们生活当中的规则。比方说，现在的网络游戏、FLASH 动画和 DV 等等，它们已经成为当今年轻一代的某种惯习。

金迈克：我同意你的看法。就你的观点而言，在创意产业中，顾客为什么能变得更加成熟和老练呢？根据法兰克福学派的说法，文化产业削弱了人们的批判意识，使他们丧失了思考和辨别能力。而当代理论则认为，消费者在创意产业中发挥着比先前更加重要的影响。以网络游戏为例，这个产业与消费者之间的互动发展得非常迅速，很多广受欢迎的游戏设计中都包含有消费者的参与。

金元浦：因此我说，创意产业如果不与体验经济相结合的话，就很容易遭到失败。游戏产业的成功恰恰是创意产业和体验经济结合之后所产生出来的最佳效应。

金迈克：我完全同意你的看法。对互动性产业来说就更是如此，因为它允许使用者去更多地参与进一个互动过程。但我们还是需要很多传统的做法，我们毕竟还得去创意、去制作以及去寻找市场发行渠道。在这里，我们重点是要认识到，创意产业正在变得更加普及和为越来越多的人群所接受。特别是年轻人，他们对科技创意比较欢迎，而且也更容易投入到创意产业中去。我认为，我们生活在一个非常激动人心的创意时代，我们身边日新月异的科技发展就可以说明这点。我希望自己能够重新变得年轻，也希望看到更多的年轻人投身到创意产业。

中国是世界新产品、新创意进行测试的“试验场”

金元浦：你前面谈到了创意方面的新加坡模式和旧金山模式，这两种模式一个太紧，一个太松。那么我的问题是：你认为中国的创意产业在目前的政策环境和发展过程中应该做些什么或必须做些什么，以应对它所面临的重大问题？

金迈克：我认为中国政府要保护和善于发掘那些创意人才，并制定出一些相应的激励政策。但关键还是要改革教育制度，鼓励人们去多思考。当然，中国政府在这方面也有自己的“两难”，那就是：放得太开怕失控，收得太紧却又容易窒息才思。中国政府在开放中一下子将许多东西置于了国人面前，而实际上，这种“先放开再说”的做法是所有政府都惯用的一种心理策略。

金元浦：作为一个“后发”国家，中国在进入这个创意时代之前的确越过了很多阶段。我所说的“高端起步，数字融合”指的就是拿数字技术来融合原来的一些传统产业。这样，在中国这种“后发”式国家里必然会发生某些新的产业质变。我比较赞同那种认为我们可以做出一些跨越而没有必要非得一步一步慢慢走的观点，但对于你所说的“中国是一个新产品测试地，各种创意都拿到中国来进行试验”这种提法，我感到很难把握。在你看来，这种状况对中国来说是一种优势还是危险？或者说，它会给中国带来什么样的益处或弊端？

金迈克：有一种危险就是，快速的市场变化使得试验者很可能尚未站稳脚跟就惨遭淘汰，也就是说，他们根本没有利润可赚。但对于年轻的消费者来说，这不失为一件好事，因为他们可以在各种不断更新换代的产品之间进行取舍。

金元浦：那么你认为这是试验者的悲剧还是试验场的悲剧？

金迈克：这要看从哪个角度来说。但它肯定不是消费者的悲剧。

金元浦：那它可以看作是中国市场作为一个试验场的幸运吗？

梦露西：我认为对顾客来讲是的。当然这还是要看你从哪个角度着眼。

金元浦：不是说顾客，而是说就整个中国市场而言。

梦露西：这要看你如何定义“市场”，是从消费者的角度还是从生产者的角度。

金元浦：迈克，在你看来，从哪些方面讲这对中国是一种幸运，从哪些方面讲则是一个悲剧或不幸？

金迈克：为使市场更有效地机制化，有几个要素必须考虑。我认为，这些要素目前在中国市场上尚不明显。首先，必须要实现信息自由分享，不仅仅是对创意产业，对整个经济而言都应如此。假如你从经济领域来考虑，信息的畅通无阻将有助于市场的完善。目前，中国的许多产品和服务信息基本上可以说是充分的，但仍然存在着某些传播方面的问题。其次，销售者应该对市场上流通的产品质量予以保证，也就是说，在卖主和买主之间要存在一种“诚信”。但我看到，目前中国市场上还有许多假冒伪劣产品，买主对卖主仍然缺乏信任。此外还有一个要素，它会影响到第三方的利益，并有可能带来一系列的连锁影响，目前我们正在进行这方面的调查研究。中国存在着一个可供选择的替代性市场，这就是“黑市”。假如我们把合法的常规流通视为正常发行渠道的话，黑市就是另外一个与之平行的非正常渠道。那么这种情形究竟是好还是坏呢？我们看到，黑市上的产品价格比较低廉，比如说那些盗版光盘等，这对产品的发行过程来说肯定是成问题的。但另一方面，这个可供选择的黑市同时还具有其他一些积极作用，比如对一个独立制片人或独立音乐家来说，假如他无法获准通过正常的渠道发行，那么他还可以将自己的作品拿到黑市上去发行。这是一个很有意思的矛盾现象。

梦露西：我现在就正搞着一个关于中国出版等方面的黑市状况的调查研究。

金元浦：那你所说的“诚信”问题对于创意产业来讲是不是一个主要问题？

金迈克：总体来看，诚信在经济交往中一直都非常重要。例如在服务经济中，当你进行网络购物时，你必须输入正确的信用卡密码来达成诚信。

金元浦：我认为我们应该对“创意当中”的诚信问题与“保证创意”的诚信问题加以区分。

金迈克：是的，我认同你的观点。诚信和体验都是创意性产物。如果我喜欢某位导演的一部电影，我就会寻找他的其他影片来看；如果我喜欢某位作家的书，我就会阅读他的更多作品，因为我了解他们。这是诚信在创意产业当中的不同体现。

梦露西：我认为，从制作者到消费者，其间有着各种不同的关联。拿黑市来说，它在生产创作者与消费者之间制造了一种障碍：本应属于生产制作者的大量利润被黑市中间商盘剥掉了。例如，一位享有盛誉的作家本可以获得巨大的利润，但由于黑市的介入，原应属于他的那部分利润却被其他人拿走了。这个问题就是对知识产品质量的诚信问题。另外对媒介载体来说也存在诚信问题，比如说，我买了一张 CD，但回家后却发现它根本不能听。这两个问题，一个属于知识产品本身质量方面的诚信问题，另一个则是产品制作工艺方面的诚信问题。

金迈克：对某些产品或商品而言，品牌是一个不容忽视的方面。对创意产业来讲，品牌尤其重要。无论娱乐创意者、电影制片人还是作家，他们都能够带来某种“品牌效应”。比如说美国作家斯蒂文·金，你知道他的每一本书都能带给你一个出色的故事。从某种程度上而言，购买某种产品的过程与此类似。比如“海尔”，它在中国就是一个知名品牌，人们信任它是因为他们知道其产品质量以及售后服务都非常好。这两个例子之间既有某些共同之处也有一些细微的区别。此外，我认为露西的研究关涉到我们前面提到过的那个“价值链”问题。某些人既非生产者亦非创造者，但他们的介入却搅乱了这个价值链条，并剥取了其中理应归生产创造者所得的那部分利润。

中国应该设计怎样的旅游策略?

金元浦：现在，我想问一个大家都比较关心的问题：作为一名文学批评家或文艺理论学者，你是如何想起来改做创意产业研究的?

金迈克：实际上，在介入文化研究领域之前，我做过 17 年的出租车司机，因此我有许多时间去进行一些哲学思考。而转入创意产业研究，则是基于现实环境的需要。我从事文化研究的时间并不长，大体上始自 1995 年。

金元浦：那么针对中国、北京这样拥有巨大旅游资源的国家和城市，你会设计出怎样的一个旅游策略来吸引和挽留住那些外国游客?

金迈克：我认为，首先应该对旅游项目进行分门别类，比如将它划分为文化旅游、体育旅游、生态旅游乃至宗教旅游等等。除了长城、故宫、颐和园这类为游客所喜爱的传统景点外，还可以让游客看一看中国的新企业和其他新生事物。另外，像主题公园和一些艺术家居住的群体社区也可以作为游览项目。这里的关键是要确定游客的旅游目的，也就是说，要弄清楚他们到底是为什么而来的。

我论文中有一个关于阿德莱德的例子。我本人曾在阿德莱德生活过，这是一个文化城市，它拥有世界上最棒的艺术节，而且这里的市民也都有着很好的文化修养。在20世纪90年代，基于把阿德莱德建设得更加刺激和充满活力这样的想法，当地政府引进了F1赛车项目，于是这个安静的文化城市开始变成为一个赛车城市。这令阿德莱德的市民感到震惊，但政府却认为这样做可以创造轰动效应和赚取很多利润，能达到“双赢”。（如果将F1放在北京，也许北京市政府同样会认为这是一件好事。）对那些位于赛场附近的服务业来说，这的确是件好事。但他们发现，很多来此观看赛车的人逗留三天就走了，这个赛车项目本身对那些旅游者并不真正构成吸引力，他们只是来领略一下赛车活动的刺激和汽车飞驰的轰鸣。然而这个项目也带来了一些益处。F1车队里的工作人员都来自世界各地，与他们多年生活其中的嘈杂环境相比，阿德莱德的优美和宁静使他们体验到了一种完全不同以往的感受。他们当中很多来自法国和意大利的人后来都转向了葡萄酒酿造行业，从而令阿德莱德现在能够出产世界上最好的葡萄酒。这就是“乘数效应”的一个例子。阿德莱德的F1赛车项目极大地促进了当地酿酒业的发展。

2008年来北京的游客当然主要是为奥运而来，但我认为，他们当中的许多人还希望能够感受到一种深层体验。因而作为主办方，北京需要考虑届时给游客们安排什么样的深层体验。如果这种体验很好的话，那么他们就还会再来中国。

金元浦：你前面谈到，中国的电视、电影业距离世界水平还存在有很大的差距。你是否认为它们根本就不属于一个等量级？

金迈克：我不是这个意思，而且我对中国电视、电影的了解也并不是很多。但我认为，美国在其电影方面的投入要大得多，这一点可以在美国电影的流行程度上得到反映。

梦露西：我认为，就中国电影而言，其影片理念和创意本身的质量问题并不是关键。中国电影本身的制作水平及其思想内涵都很优秀，但在资金投入、知识产权保护和发行过程当中却存在着一些问题。好莱坞用于广告发行方面的资金投入与其用于影片拍摄的资金投入是一样多的。单是电影拍得好还不够，你还需要在影片的市场推广和宣传发行方面投注大量的资金和精力，以提高影片的知名度或受欢迎程度。

金迈克：韩国的电影发展就是一个很好的例子。两年前，韩国政府放松了其电影审查制度，这使得韩国的电影制作者可以尝试拍摄一些性和政治题材的影片，并从而促进了其电影创意的自由发挥和发展。

梦露西：我不同意这种观点。我认为它并没有促进电影创意的发展，而是提升了韩国电影制作当中的一种基本自信。

创意城市：北京、上海走向全球中心城市

金元浦：英国人兰德里·查尔斯在《创意城市》一书中提出：在21世纪，有一些大都市发展成了创意活动中心。在全球知识经济中，大概有10～12个这样的中心城市，它们被称为世界性城市。有一位美国作家对这些城市进行了分类，譬如，第一类包括伦敦、东京、纽约这样的城市；第二类包括新加坡和法兰克福等。这些城市都很重要，因为它们拥有先进完备的科技设施，以及服务业、广告业、金融业和创意产业等等。

金迈克：我认为中国的北京和上海就将成为这样的中心城市。或许北京、上海已经被视为世界城市，但在他看来，世界城市的一个重要特点是它要能吸引许多创意阶层的人士前来。创意阶层由那些具有自己的创造性想法和理念的人构成，弗罗里达将其分为核心创意阶层和松散型创意阶层。根据弗罗里达的说法，在美国大约有30%的人属于创意阶层，他们包括工程师、建筑师和证券商等，而诸如作家、导演、编剧这类的创作人员则属于核心创意阶层。

金元浦：其实中国一直在关注城市的发展，上海前几年就探索过上海建设世界城市的问题，这些年中国城市化已经成为影响世界的重要因素。深圳、北京都对兰德利的《创意城市》十分关注，这本书的中文译本已经面世了。

金迈克：对于一个国家或城市来说，它很难在创意产业的所有方面都取得成功，它必须要找出自己的重点创意产业，有选择地加以发展。这是一条必须遵循的经济逻辑。此外，创意产业要特别关注“创意集群”（creative cluster）的概念。一个“集群”（cluster）要求有相关的融资、广告、促销和发行等配套服务，比如好莱坞是电影“集群”创意城市，硅谷是高科技“集群”创意城市，而伦敦则是时尚、出版方面的创意城市。

金元浦：是的，一个城市的品牌建立必须具有这个城市独特的历史、文化、景象、风貌，和生活在这里的人，以及这一切融合而成的城市品格。一个城市是否具有开放的胸襟、容纳万有的品格、宽松的社会政治环境，是衡量一个城市是否能建设成为创意城市的基础。

金迈克：按照弗罗里达的说法，一个富有创意的城市必须具备以下两点：一是要能为创意人员提供宽松舒适的工作和生活空间；二是要拥有相关的基础设施，也就是说，要具备创意人员进行创意活动所需求的服务平台。从历史上来看，那些最有创意的城市都具有这样的特点，其开放、宽松的环境能够吸引世界各地的创意者前来加入。在北京、上海以及中国的许多地方都能感觉到这种开放和宽容，比如，言论方面的相对自由令人感到放松和舒适。在这种气氛之下，你可以无拘无束地表达自己的创意而不必怀有任何疑惧。

金元浦：所以创意产业和创意城市是一个庞大的系统工程，它需要创意集群——创意集聚区作为创意产业发展的基地，有了基地便需要吸引国内外的创意企业和商家入驻，然后要整治好宽松又舒适的环境，吸引全球人才，各地也要积极建设创意人才孵化器，源源不断地输送后备人才、青年才俊，还要进一步完善产业链。

金迈克：对于那些在世界各地寻找最好的创意激发地的人，澳大利亚就是一个氛围轻松的地方。澳洲最有创意的城市要数墨尔本和悉尼，此外我以前居住过的布里斯班也是一个很有创意的地方，布里斯班政府很强调将它建设成一个富有吸引力的创意城市。新加坡则是与澳洲相对的一个反例。新加坡也试图将自己定位为一个创意城市，而且新加坡政府也意识到了自身在这方面所具备的竞争优势，比如它过去曾经吸引过许多国际知名品牌的创意设计者。目前，新加坡正致力于形成自己的创意人才库。但为此，新政府认识到它必须要首先放松对国民的管制。新加坡是一个管制性社会，在这一点上它要甚过中国。它对其人民意识形态的控制非常严格，它的这种管制在一定程度上影响了人们创意才能的发挥。因此，新加坡政府现正努力为其创意阶层提供更为自由舒适的工作和生活空间。上述诸要素都将直接影响到创意工作的开展、创意经济的运作以及无形创意产品和知识产品之间的关系。

金元浦：今天我们进行了一次很有意义的对话，时间也比较长，我们比较充分地交流了意见，对我有很大启示。谢谢迈克老朋友，也谢谢美丽的露西小姐。

原载金元浦新浪博客，http://blog.sina.com.cn/jinyuanpu.

一个回顾：关于图像转向的讨论

——与阿莱斯·艾尔雅维茨[①]对话

图像转向与视觉文化的兴盛，给当下世界文化的发展带了巨大的变化。如何看待这一变化，对它给出哲学的、美学的、文化的和艺术的回答，是时代的要求。20世纪以来，欧洲知识界的反视觉主义传统，和美国高新科技推动下的图像转向新潮形成了不同的取向，这也给当代社会的一些群体带来了恐惧与焦虑。图像与资本、图像与语词的矛盾冲突，构成了我们时代新的美学现实与文化景观。

前几年，阿莱斯·艾尔雅维茨先生应邀来到中国人民大学，做了有关《图像转向》的讲演。之后与笔者进行了对话。回顾这一对话，有许多重要论题今天仍有十分强烈的现实意义。

金元浦（以下简称金）： 热烈欢迎阿莱斯·艾尔雅维茨先生访问人民大学。阿莱斯·艾尔雅维茨是国际美学界的活跃人物，曾担任国际美学协会秘书长和美学协会会长。1998年，在阿莱斯·艾尔雅维茨先生的主持下，国际美学协会召开了一次意味深长的会议，在这次会上，阿莱斯·艾尔雅维茨先生组织了一组中心讨论，这次讨论意味分析美学的结束，开始了美学的转向。阿莱斯·艾尔雅维茨先生当时提出的一些思想现在正日益占据主要地位。今天我们有机会与阿莱斯·艾尔雅维茨先生面对面对话和讨论，了解国际美学与文学艺术批评发展的趋势，我感到非常高兴。

阿莱斯·艾尔雅维茨（以下简称艾）： 感谢金教授给我这样的机会。这也是中国美学与文化研究界的同仁们共同关注的课题。

---

① 阿莱斯·艾尔雅维茨，斯洛文尼亚文理科学院哲学研究所研究员，卢布尔雅那大学教授，国际美学协会前主席。

欧洲和美国：反视觉主义传统与拥抱图像新潮

金：阿莱斯先生的著作《图像转向》在国内出版，引起了很大反响。你在书中特别谈到欧洲知识分子近代的反图像的传统，为什么说这是一种欧洲传统呢？

艾：1993 年，马丁·杰出版了他的富有影响力的著作《低垂的眼睛：20 世纪法国思想中对视觉的诋毁》。在这本书中，马丁·杰对 20 世纪法国哲学进行了全面的考察，他指出，在过去一个世纪中，很多法国哲学（如果不是全部的话）即使不全是偶像破坏的，也是明显地反视觉的（anti - ocular）——当然，梅洛·庞蒂的存在主义现象学是一个例外，它有时甚至被称为“视觉本体论”。它以这种方式对此前欧洲历史上的从土特良基督教思想家开始的语言论转向做出回应。在早期，土特良等基督教的理论捍卫者必须反对当时遍及希腊和罗马的对景观的崇拜和迷狂。为了反对这些，土特良等人对其反面进行了强调，即，强调来自于基督教之犹太根源的偶像攻击和对雕塑形象的禁止。这样做的结果就是对文字重要性的强调，这一点在新教理论及其后来的实践中不断重复。

因此，欧洲早期思想和 20 世纪法国哲学之间存在着一种相似性。尽管也可以说 20 世纪法国哲学对视觉形象的诋毁并不新鲜，它不过是早期理论实践的一种延续——特别是当我们考虑到这些对欧洲思想史和过去两个世纪的文化的考察的时候更是如此，但是，这并没有回答为什么最近我们需要重新运用一种偶像破坏实践的问题。由于 20 世纪法国哲学在当前的哲学、后结构主义、批判理论等相关的理论探讨中仍然是主要的参照，这种再运用就变得更为必要。

对艺术来说更是如此，比如，马歇尔·杜尚将其作品认定为“反视觉的”，以此强调它们的反视觉和反形象的特征。这并不仅仅是一种偶然的言词，因为，如果人们有机会参观并不常见的杜尚全部作品展的时候，他就会奇怪地注意到（至少我在威尼斯格拉西府邸参观杜尚作品时是这样），杜尚的一生所创造的作品实际上是非常之少的。一间大厅就足以储藏杜尚的所有作品，然而，它们的物质存在较之于它们在理论上的重要性及其艺术上的美感和文化上的影响来说变得不再重要了。

当然，我们并不能认为只有20世纪法国哲学才是反视觉的，马丁·海德格尔也是如此，特别是在1938年的《世界图像时代》一文中，海德格尔认为，从柏拉图到亚里士多德再到笛卡儿和后笛卡儿思想，都将世界转化为一种"图像"。

在很多其他的当代思想家那里，这种观点也是十分普遍的：想一想阿多诺在与电影和消费文化的对比中对文学和音乐的强调，或者让·鲍德里亚对媒介世界的批判，更不用说20世纪60年代盖伊·德堡对景观社会的批判——这种批判直到20世纪80年代后期才产生巨大的影响。

金：为什么欧洲有如此强大的反视觉传统呢？我认为是与欧洲哲学长期形成的逻各斯中心主义、语言中心主义的主导理念相关。20世纪以来，西方进入一个"语言论转向"的时期，在以索绪尔为代表的语言论影响下，欧洲承续了其逻各斯中心主义的传统，出现了俄国形式主义、语义学、结构主义、符号学，乃至解释学等一系列理论话语，影响了整个世界美学与文艺理论的话题、走向与趋势。

美国和欧洲不同。欧洲对于全球视觉文化的转向有着强烈的反抗，而被欧洲人认为"没有什么文化"的美国人则更加欢迎图像转向与视觉文化的转向。因为他们是这一转向的设计者和引领者。他们以数字化、网络化——所谓新经济直接把新媒体时代的文化引向市场化、符号化、商品价值化。

图像转向：现代人的恐惧与焦虑

金：请问阿莱斯先生一个问题。阿莱斯先生在《图像转向》一书和今天的报告中，都特别引用了米歇尔理论。米歇尔的理论认为图像时代既让我们欢欣，又让我们焦虑和恐惧。但他所说的既欢欣又焦虑的悖论，在中国文化中似乎并没有那么强烈，当然在一部分知识分子中还是存在的。或者毋宁说是一部分人欢欣，一部分人焦虑。这种悖论是不是以黑格尔式的二元对立的思维方式看待世界的结果？当今世界，尤其是青年一代对现实图像的来临欢欣鼓舞，特别容易接受视觉文化的新事物。对他们来说，在对图像的接受过程中，并没有发生对图像的欢欣和焦虑同时出现的情况。我想了解你如何看待这一悖论，我觉得是不是我们以二元分裂方式看待世界，硬要给世界划界产生的结果。在多样化的世界里，现代社会可以也应该有对待图像的多元态度，多样态度才是多义、多样存在的正常体现，应该符合事物本来存在的样式。

艾：谢谢你的问题。这个问题很重要。我关于米歇尔的讨论和我的结论产生的一个背景是欧洲文化。先补充介绍一下土特良这个人物。这个人早期是一个基督徒，后来另立门派，遭到当时人们的反对，因为他被认为是一个叛教者。这些年他对待图像的思想才受到重视。在中世纪，教堂里是没有图像的，图像的存在也仅仅是《圣经》的替代。因为没有文化的人即不识字的人无力阅读《圣经》，通过图画起到理解《圣经》故事的作用；另一方面，教会早期反对偶像崇拜，这一思想来自犹太教，来自摩西故事，不准拍照。人们反对图像以反对希腊文化，反对偶像崇拜，以基督教精神反对希腊罗马文化。

需要说明的是，全球的图像转向源于西方。西方文化正对其他国家或地方产生极大的影响。而且，今天的世界文化动向，往往是理论先行的。从19世界后期到20世纪，现代主义艺术就是建立在理论基础上的，没有现代主义理论就没有现代主义艺术，这是现代主义艺术一个强烈的特征。

图像转向的引领者与研究者是W. J. T·米歇尔。他在一本书中为20世纪（特别是20世纪后半期）的图像转向提供了富有说服力的论证，在此期间，还出版了大量有关视觉方面的著作，如斯维特拉娜·阿尔帕斯、乔纳森·卡莱里、大卫·麦克尔·列文、克里斯廷·碧西–格鲁斯曼等人的著作。在《图像理论》一书中，米歇尔指出："如果我们问一下自己，为什么图像转向会发生于现在，发生在20世纪后半叶这个常常被人们指称为具有'后现代'特色的时代里，我们就会遇到一个悖论。一方面，非常明显的是，音像时代和控制技术、电子复制时代形成了一种新的视觉仿象形式和具有空前力量的幻觉主义。另一方面，对形象的恐惧、对‘形象之力量’甚至会最终摧毁它的创造者和操纵者的焦虑，如同形象生产本身一样古老。偶像崇拜、对偶像的攻击、偶像癖、拜物教等现象并不只是‘后现代’的特有现象。我们这个时代所独具的恰恰就是这样的悖论。图像转向的幻觉——一种完全由形象所统治的文化，现在已经在全球范围内成为一种现实的技术可能性。”

20 世纪 60 年代，发生了 20 世纪第一次对视觉文化的广泛而有影响的理论冲击。在此，我所指的是法兰克福学派对美国和美国式消费文化的批判，在批判中，电视、商品、广告和消费主义一般都会被当作例证。战后先锋艺术——激浪派、概念艺术、抽象表现主义等，但波普艺术是一个例外——所有观念都可以被看作是一种以概念和理论为代价的对形象的艺术批判。

金：我注意到，你非常关注马丁·杰的理论。

艾：我之所以特别关注马丁·杰，是因为我关注他所致力的图像转向这一哲学美学与文化研究的核心问题。因为我们今天谈图像转向，与我们现实生活有很大关系，与多种艺术以及新艺术相关，是个很广泛的当下的问题，与我们的视觉艺术、大众消费文化、精英艺术、大众艺术的区别都有着非常密切的关系。

金：的确，我们从 20 世纪视觉文化史看，像海德格尔、萨特这样的欧洲哲学家们的确是反对视觉中心主义的，甚至出现了“捣毁偶像”的主张，以反对当下无所不在的偶像崇拜潮流。但是，仍然有大量的学者和知识分子，特别是美国、英国、加拿大、澳大利亚的更年轻的学者支持和欢呼视觉文化与图像转向的来临。

艾：其实在欧洲，类似的对视觉图像/形象的攻击也发生在法国，与 1968 年的五月风暴有关，在盖伊·德博对景观社会的批判，以及对以想象来反对象征（它由在当时占统治地位的精神分析理论所提出）的观点所进行的批判中，它获得了理论上的发展。甚至是德勒兹、加塔利和早期的利奥塔都尝试着反对这种趋向，并指出比喻和想象的积极之处，他们的努力却从来没有收到能够与其理论对手（主要是雅克·拉康）势均力敌的结果。更为有名的是让-保尔·萨特的观点，萨特认为，毕加索著名的绘画作品《格尔尼卡》并没有改变任何人的政治观点，而文字却能改变很多。然而，这种观点只有在前现代和现代主义的语境中才是正确的。在当前跨国资本主义的后工业和后现代的语境中，传统的政治意识形态观念本身就失去了许多重要性。这样一种意识形态已经偏离了福柯所说的“权力的微观物理学”（microphysics of power），权力的逻辑越来越复杂和相互交织，权力是去中心化的，并且，与法国政治学家克劳德·勒夫特的描述相反，现在意识形态已经成为无形的、肤浅的：所有的东西都只是表面现象，都由资本的逻辑所控制。正如弗雷德里克·詹姆逊所说，在描述这种情境时，今天，较之于晚期资本主义的断裂，我们更容易想象人类和自然的彻底堕落。

金：这些背景的说明非常重要，这使我们看清楚了欧洲图像转向中的不同意见和问题。

艾：我要澄清一个观念，就是说欧洲知识分子并不都是反对图像的，其实，不是知识分子反对图像，严格地说，是知识分子对出现这样的一种消费文化现象持一种理论上否定的态度，这并不表明知识分子反对图像本身。

金：其实应当说是一部分受欧洲传统文化教育的老一代知识分子和批判理论的学者的学术态度。我们看到，西方国家，特别是美国，也有很多青年学者赞赏图像转向，欢迎视觉文化的来临，认可并积极参与当代文化产品的市场化消费，推动创意产业、创意经济的发展。这是与整个世界的数字化、网络化的新文化产品的出现密切相关的。我认为视觉文化的兴盛和图像时代的来临是任何力量也阻挡不了的历史潮流。

艾：是的。你讲的两种观念在多元文化背景下应该都是可以接受的。但是我们作为知识分子，是做语言文字工作的，从第二次世界大战以来知识分子的批判本性来说，有一种天然抵触图像的倾向。

今天世界上的不同国家、文化之间不再以单一的方式进行交往，世界各地所发生的事件不再允许我们以一种单一中心化的方式去看待它们。如果歌德被看作是掌握了他所生活的时代的所有学科知识的最后的知识分子，今天，没有人能够宣称他/她——不管是个体、组织、智囊还是电视网络——掌握了与自己相关的所有“知识”，更不用说是掌握世界上其他地区的所有知识了。全球化生存变得如此复杂，以至于“认知图绘”受到严重的阻碍，也是由于这一原因，图像转向或许才看起来成为一种可以在总体上把握这个世界的为数不多的视觉现象之一。

金：这就是关键，将这一系列批判视觉图像的观念放在前现代和现代主义的语境中才是正确的。而今天世界发生了如此巨大的变化，视觉图像已经“帝国主义式”地占领了世界，也占领了个体的思想、观念和生活。相信萨特如果活着，一定会有观念的转化。我注意到你引用的米歇尔 1994 年的著作中的一句话：“如果在人文科学中确实发生着一种图像转向，那么艺术史就会发现，它从理论的边缘向知识中心转化，以一种挑战的形式为它的主要理论客体——视觉再现——提供说明。”在今天的中国，由于电视 95% 以上的高度普及，人们获取资讯和进行娱乐的主体方式就是电视，并朝着网络化和移动化的方向转化。视觉文化转向的大趋势是阻挡不了的。

图像与宗教？还是图像与资本？

金：在西方背景下，图像转向有什么宗教背景吗？刚才有学者提出，西方学者之所以关心这个问题，是与他们受基督教文化的影响相一致的。他们认为语言才是属上帝的，与上帝是一体的，图像是反上帝的，图像会引起偶像崇拜，图像占上风，他们就会惊恐，仿佛有一种恶魔势力占了上风，于是就拼命去想为什么图像会占上风呢，这种情形又会导致什么样的变化呢。但中国没有这个问题，中国没有这种传统，没有语言与图像的争论。

艾：我从两个方面来展开论述。一个方面是从更长远的过去展开的。即使在基督教世界，实际上也存在两种观点：反对图像与肯定图像，即使反对偶像崇拜的也需要图像，反对图像的人认为只有《圣经》才代表正义，肯定图像的则认为图式《圣经》中的道理，是为了让不识字的人能够理解《圣经》，这两种观点在过去曾经有过激烈的斗争。另一个方面是指现代的一种现象，是从理论层面，即法兰克福对消费文化中的图像的批判。是对我们现在身处的现实消费文化的理论反映。对过去基督教传统的溯源，并不是说现代的现象与过去的基督教有天然的直接的联系。

金：那么，在当今这样的社会背景下，排除了宗教因素，西方人对图像究竟焦虑的是什么？恐惧的是什么？是具有某种文化与教育背景的知识分子的焦虑还是大众的焦虑？年轻人的焦虑是不是如法兰克福学派指出的是受到一种意识形态的操纵或者说是一种资本的操纵？

艾：20 世纪末谈图像，当然最主要的不是与宗教有什么关系，当然主要是与全球化的资本有关系，是与现代图像有关。视觉文化已经成为能够生产利润的消费品，在美国文化工业已经成了第二大利润产业，其他国家也有这种倾向，我们的恐惧是，我们过去一向认为的艺术，它不是一个普通的商品，现在艺术品被异化了，我们的批判就是针对这个而言的。它的特征被异化，它变成了普通商品，艺术失去了它的本真性，变成了一个普通商品，就像我们说的一支笔和一瓶水这样的东西了。

金：这是不是还是一种精英主义的艺术观？

艾：那今天视觉转向真的到来了吗？不光是电视，我们穿着的衣服，也按照博德里亚所说的商品的符号价值（而不是使用价值）发挥作用；不只是越来越快的历史的变迁和当代社会认知图绘的缺乏（这经常产生一种误导）、历史意识和历史视角的消失（对“历史终结”已经有过很多讨论），还有几乎全面的任何文化存在的商品化。这些现存的一切都不再是可以被毫不留情地加以批判的客体，而是一种人们已经认可的帮助我们获得心理满足的对象。

艺术在哪里？

图与词，图像转向在中国

艾：金元浦先生，现在我也要问你一个问题。你是中国《文化研究》的主编之一，图像转向在中国的讨论我非常感兴趣。在图像转向中，图与词的斗争问题一直是一个很有意思的话题。它不是一个最新的话题，而是一个古老问题的最新展现。它有新的特征。这场争论从某种角度讲，是美国大众文化和反美国大众文化的欧洲学派之间的争论在图像转向中的体现。图像转向是个非常有趣的话题，不仅仅在发达国家，发展中国家也出现了图像转向，中国也出现了图像转向，不知你们是如何看待这个转向的，以及这个转向将怎样发展？

金：近年来，关于图像转向的讨论非常多，除了你的书中谈及这个问题，我们还翻译了许多国外的文章，作为我们的理论资源。我们把图像转向放在世纪之交以来全球更为广泛的“文化的转向”这个大框架大趋势之中。它与全球后现代理论转向、世界的大众文化转向、美学的日常生活化转向、身体的转向等相互表里。它是在数字化时代来临，以互联网为代表的新媒体革命的背景下展开，带来了一系列的巨大震动。如所谓“历史的终结”“意识形态的终结”“艺术的终结”“文学的终结”“美学的终结”等。其实这一切都解释了一个现实：冷战结束了，世界在新的科学技术条件下，进入了以文化为引导的转型期。过去的观念、思维、制度、政策和运作方式变化了，也必须变化。

中国当代确实存在这种图像转向，也发生了图与词的战争，我与北大的王岳川教授还作客中央电视台，为此进行了一场辩论。大量图像充斥我们的社会是当下中国的现实，我们生活在电影、电视、广告、卡通、动漫世界里，网络中也充斥了图像，这带来一个基本事实，原来大量的信息来自语言文字，而今天主要来自图像。媒介革命带来图像泛滥，这已经成了中国的一种现实景象。

艾：我认为当代的图像转向并没有包含全球所有地区，从某种意义上来说，视觉转向也不是普遍的，尽管一种视觉转向正被全球资本主义以电视、互联网以及其他不计其数的方式所播撒，但是，在全球的许多地方（比如亚洲和拉美的许多国家），一般来讲，非图像的艺术、理论、话语仍然具有很大的发展潜能，远远没有陈腐过时。在这些地方，和其他的许多地方一样，视觉转向只是在形成的过程之中，它的发展速度和所采用的形式都与第一世界不同。除语言之外，我们的人生经验和熟知的周围环境也为我的观点设定了界限。在巴西、巴拉圭、中国、韩国或印度、斯洛伐克这样的国家中，视觉转向在表现和功能上都与发达国家有着很大的差别，在这些国家中，视觉转向是按照自己的具体情况来形成的。

金：是的。在中国，视觉文化与图像转向与在西方的情况并不完全一致。中国文化从象形文字开始，中国人对图像有一种天然的亲缘感，对图像的感知富有感性的认识，后来成了复杂的汉语语言方式，几乎没有产生欧洲文化中的那种对图像的仇视——以此来对抗希腊罗马文化。在漫长的历史中，也许是由于中国文字是象形文字的缘故，中国人一直对图像有一种敬畏感、亲切感。但近代我们接受了西方文化，特别是19世纪以来我们接受西方文化中的语言中心主义、逻各斯中心主义，理性至上，对语言产生高度崇拜。今天我们看到的语言和图像的矛盾、冲突和讨论，其中就包含了西方文化对语言的崇拜背景与中国传统文化理念之间的冲突。在西方，接受现代教育和现代思想的知识分子非常容易捍卫语言的伟大、先在和至高无上。在中国，现在一部分知识分子对视觉文化冲击的态度应该说基本上也是这样。比如中国当代学者很多都服膺法兰克福学派的批判理论，他们反对和蔑视大众文化和文化产业的理论。

我们今天离开了语言中心主义时代，进入一个图像泛滥时代，由此产生的最大问题是如何处理图像与语言的关系。图像具有直接显现功能，无须中介，从习得就可以了解与领会。凭借图像，世界各国不同语言的人们就可以进行交流、沟通、交往。我和王岳川先生讨论的问题聚焦于：在图像时代，人们的语言能力是不是减退了？思维是不是变得简单化了？复杂而深刻的理论与哲学思考被弃之如敝屣，图像真的主宰了我们的世界，是否给我们的教育和青年一代带来众多问题？对此问题的回答，一部分学者认为的确是这样，由于“满足于眼球运动的快感”（如你所说），当今世界下一代的语言文字表达能力减退了，他们不愿意花时间阅读文学和文化的经典，而更愿意接受图像的文本，正像你在书中说的，一些人就是宣称："我从不阅读，只是看看图画而已。"比如在中国，他们往往通过改编的电影、电视剧去"看"四大名著，通过蔡志忠的漫画了解古代著名经典《论语》《老子》《庄子》等，语言表达和思维能力受到了相当程度的影响和蜕化。另一种则认为，图像乃至音乐等，从总体上讲，也是人类语言的一种，计算机二进位制的语言仍是人所创造的高级语言，是人类智力革命的标志。今天的图像制作与创意，不仅是高技术，更是高智力、高思维、高情感的创造性成果，绝不是低级产物，而是当代人类多种创造聚合而成的高级创意产品。而且图像也具有深刻的思维，需要很高的创造能力、理论能力和理解能力。从这个角度讲，图像仍是一种人类的高级语言，人类掌握了新的图像方式，更加丰富了人类认识世界和改造世界的能力。

立法者与阐释者：当今知识分子的边缘化

金：你今天还提到每个人都感觉到自己被边缘化了，恐怕是说知识分子群体。的确，中国许多老知识分子也觉得自己被这个飞速变化的世界边缘化了，甚至被抛弃了。海德格尔所抽象出来的新的哲学概念"烦""畏"与"死"，成为许多知识分子内心感受到的心理现实。知识分子在图像时代、网络时代对图像和网络产生了强烈的厌恶和恐惧。那么，是新技术的产生使一些知识分子因为无法适应而被越来越边缘化，还是从文化立场的持守上被边缘化了？他们真的会对图像恐惧吗？图像本身的特质就是更直观、更清晰、更容易接受和理解。或者，他们感到恐惧或许更多的是因为原来的话语权被新的图像时代的新话语权替代了遮蔽了？

艾：知识分子的边缘化当然是恐惧的部分原因。作为知识分子我们总是和语言打交道，我们写文章、讲演。没有语言我们还能干什么？我们需要理论话语，举一个例子，摄影以几张照片就可以说明问题，当然这仅仅是例子，但理论家需要用语言说明问题，照片的深层解读依然依靠语言。思想要靠语言。鲍曼在他的《立法者与阐释者》中指出知识分子真的边缘化了。过去从事语言工作的人是立法者，他们有权做出一些规定，规定这是哲学问题这不是哲学问题，而今天这些人不能说这是好的艺术或这是不好的艺术，这是艺术或是这不是艺术，知识分子被沦为阐释者，只说它有什么意思、是什么意思，并把意思阐发出来。即今天理论工作者不能像过去那样，作为立法者做出规定。

金：为什么你要坚持知识分子是立法者而不是阐释者？在我看来，这是我们时代最重要的变化之一。我曾在20世纪90年代专门研究过这个问题。

艾：我说的是知识分子沦为阐释者，是说知识分子已经成为某些政治主张、政策的阐释者、签注者，成为这个时代随波逐流的一群。作为知识分子，我们注定应该持守一些价值标准和立场，而今，这种持守越来越少了。

金：我明白你对欧洲知识分子立法者、批判者、反抗者的定位，也是“最后的知识分子”对理念的持守。但是，这是不是还是从精英主义立场出发，认定知识分子高人一等，就应该是社会的立法者、规则制定者？

艾：我不是从这个意义上说的，对知识分子地位的定义，不简单是一个是否高人一等的问题，而是指各种权力。我们这个社会有各种各样的权力，包括话语权，也包括多种不同权力的制衡。20世纪，我们这个社会有各种宏大叙事，而现在正在逐渐减弱，社会正在发生变化，今天我们不再有毛泽东、铁托、尼赫鲁，没有掌握很大权力的人物，政治领导人的权力正在削弱。我们进入了一个更加民主的时代。

金：从批判理论的立场出发，你提到，当前图像文化理论中政治批判处于缺席状态。我在此前看过你的《图像时代》，你在这部著作中对波普艺术的描述，给人特别强烈的印象。你强调了它们的政治性或者说意识形态性，这二者之间似乎构成了一种矛盾。

艾：这个问题应该从历史的观点看，它们是不一样的。我书中提及的是早期的波普艺术，主要是英国的作品，具有强烈的政治批判意识，现在转到了对美国波普艺术的关注，如安迪·沃霍尔的作品，就不再具有政治批判意识了。

金：刚才提到历史地看问题。据我的了解，现在学界对这个问题，达成一个普遍的共识，大众文化中意识形态的表现是有差异的，美国与法国的情况就大不一样。法国的波普艺术的意识形态性是十分强烈的，即使在美国，像沃霍尔的作品也是有极大政治意识形态性的。

艾：沃霍尔在美国不具有（起码在主观上他的作品不具有）传达政治的内涵，不传达政治的信息。不否认他在作品中运用讽刺手法，但仅仅作为一种艺术手法而已。对他而言最严肃的主题是挣钱。艺术生产即在巨大的工厂生产产品，以赚钱为唯一目的。在美国，沃霍尔不是政治进步的艺术家，或者说具有政治内涵的艺术家。当然我不否认社会主义国家的波普艺术作品有一定的政治含义，如批判资本主义等，不过我也不了解中国的波普艺术。

再举一个例子。抽象表现主义艺术，本身完全不是政治的而是非政治的，也是美国的一种特殊艺术，具有商业目的。如果它们具有政治性，不是它们主观上具有的，而是被别人利用，如美国中央情报局资助它，目的是向海外推广美国的文化价值，它本身并不具有价值。

金：刚才有同学提问技术对图像转向的影响，主要指电脑？图像转向与视觉转向有什么区别，对我们今天有什么意义？

艾：当然，没有技术的革新也就没有图像转向，没有电视、电脑、电影和摄影就没有图像的转向，对此，我只是强调这是一个事实，对这一事实，我不反对也不评判，只是叙述。我仅仅是在估价，是对已经估价的东西进行再估价。技术是图像转向的重要原因，但我得强调，这不是根本的原因，根本的原因是获取利润。

金：这一点很重要，技术后面是整个世界经济发展模式的变革。

原载金元浦新浪博客，http：//blog. sina. com. cn/jinyuanpu.

回顾与反思

遵照丛书主编的建议，我从众多文资中收录了一些20世纪90年代的文章。这些文章带着那个时期的痕迹，也保留了我和先行者们探寻和思考文化产业和文化生产力的脚印。也许它们已经与我们今天的生活拉开了距离，已经成了历史流传物。但是，历史的确是真实存在过的，我们也的确在疑惑和批判的压力中有过摸索的坚定和前行的执着。历史流传物以其真实与我们对话，于是，它便拥有了参与现实的当代性，也就拥有了与今天对话的资格。

在悖论中开辟文化发展的道路
——与陶东风[①]对话

一、从五四谈起：现代化与民族化的悖论

陶东风： 现当代中国知识分子有相当牢固的“五四”情结，一谈现代化、一谈文化反思，总得从“五四”谈起。这也不奇怪，“五四”面临的问题在今天仍然无法回避，这即是现代化与民族化的矛盾。一方面是中国必须现代化，另一方面是中华民族必须独立自主，把外国侵略者赶走。这就是所谓启蒙与救亡的双重使命。麻烦就出在：这双重使命既矛盾又统一。矛盾的是：启蒙是以西方之真理（科学与民主）开启中国的蒙昧，而当时的“西方”正好又是三座大山之首的帝国主义，是人皆喊打的侵略者；统一的是：只有学习西方（帝国主义）才能赶走帝国主义（至少当时的许多启蒙知识分子是这么认为的）。这个问题今天解决了没有呢？没有。虽然今日中国早已是独立的民族国家，但现代化仍是它的当务之急。现代化则不能不学习西方（即使不是照搬），而学习西方则有被西方文化殖民化的危险。文化殖民主义又称“后殖民主义”，它是通过价值观念、意识形态、人文科学话语等的扩展而导致的殖民化，是一种文化上的霸权。现代化与民族化的二元对立论式依然存在。我认为这是今日的文化人仍口不离“五四”的主要原因。

金元浦： 你说得很对。但我要补充的是：我们对历史从来有一种错误的看法，以为可以站在历史之外取一个绝对中立的基点客观地看待历史。这实际上是不可能的。因为历史只在解释中存在，历史永远是不完满的，历史只

---

① 陶东风，首都师范大学中文系教授、博士生导师。

能在过去、现在和将来的承传中呈示意义。以“五四”为例，我们对“五四”的解释是在一定历史条件、以一定的前理解为基点对当时史实加以选择的结果，因而我们就有了多种“五四”观，一是彻底反帝反封建的“五四”观，一是科学民主的启蒙“五四”观，还有民族主义、爱国主义（文化保守主义）的“五四”观，这三者都是后来史家按一定的先在理解框架分析或厘定的结果。每一种“五四”观都能在历史中找到相应的史实依据，有其历史的合理性与真理性，同时又必然有今人的偏见和误释。从哲学解释学角度来讲，“偏见”正是我们进入当代理解的入口。譬如当今天我们把“五四”界定为爱国主义时，我们推出的“五四”主将恰好是反对当时所谓的“爱国主义”的。那种启蒙者的矫枉过正今天看来未必确当。显然，今天的爱国主义与当时的爱国主义不是一回事，这当中的一个重要问题便是历史语境的丧失。

二、历史语境的重构和当下现实的变革

陶东风：对。历史语境的重构确实是有效地探讨历史的前提。就拿爱国主义来说，在“五四”及20世纪20年代，许多知识分子，如陈独秀和钱玄同，就明确反对过“爱国主义”这个口号。为什么反对？陈独秀在他的《我们究竟应不应该爱国?》（1919）、《爱国心与自觉心》（1915）两篇文章中指出：爱国心在当时等于盲目忠君，也就是忠于辛亥后的复辟政府。在这个意义上，他提出了“爱国就是害人的别名”这个似乎是骇人听闻的口号。而当时的现实是：国家当局否定革命，尊孔复辟，所以反孔、反对简单的爱国主义是有相当现实的革命意义的。钱玄同的《反对爱国主义》一文是发表于1925年五卅惨案之后，全国的反帝情绪极为高涨，使启蒙话语一时受到冲击。钱玄同则提醒说：我们之所以受帝国主义欺负，是因为我们民族的奴性，而克服奴性则又须启蒙，启蒙则还是要学西方。这就形成一个怪圈：现代化等于启蒙，启蒙等于西化，西化等于殖民化和卖国。反过来：爱国主义等于重新关门、抱残守缺，等于反现代化。这一怪圈之所以形成，是因为当时中

国的现代化是外动力型（外发）的，它不是从本土内在生成的，而是西方列强用大炮打出来的，这就难免使人陷入以下思维模式：中国的落后是因为不如人家现代化，是因为中国的政治体制和文化传统太落后，所以要现代化只有学西方。但麻烦就麻烦在：这个西方又正好是民族大敌。于是强国与爱国似乎产生了离异与矛盾。实际上，今天我们面临的还是这个矛盾。我们的国策是：四项基本原则和改革开放。前者是立国之本，后者是强国之路。立国之本为什么不能同时是强国之路呢？这表明我们一方面要强国，要开放、学西方；另一方面又担心被殖民化，丧失自己的意识形态和文化传统。既要强国又要立国，所以既要改革开放又要坚持四项基本原则。这是中国国情。我们要走的是一条民族化的现代化道路。但现在重提这个问题，语境毕竟不同了，我们的国家已经独立，“殖民主义”的含义也已不同。

三、一种霸权体系：后殖民权力话语

金元浦：确实，今天谈的殖民文化、文化侵略，和“五四”时代的状况有很大的不同。这里有几个问题要辨析。（1）五四时期是西方科学民主思潮进入和传播的时期，是几代先进的知识分子在当时的历史语境下做出的严肃选择，具有其历史必然性。即使今天看来，西方的科学主义仍对我们具有重要的现实意义。从这一角度讲，“五四”的历史任务还远远没有完成。我们是在这一前提下来剖析“五四”所造成的传统文化的断裂，来重提“走出五四”，重建民族文化的问题。（2）因此我们今天谈的反对西方文化殖民主义，绝不是狭隘的民族化，而是世界化了的民族化，是对全球文化有了总体了解以后寻找的支点，但我们的这个支点又不同于西方为我们设定的东方主义。西方的后殖民主义在西方文化中心的基础上设定了东方文化视角，这是一种霸权文化的产物，是对西方理性文化的补充。这决定了他们视野中的东方文化“图像”，一定是东方神秘主义，是气功、八卦、太极、原始、迷信和异国情调。我们所说的世界化绝不是拿东方文化的这部分去填补西方人为我们设定的“空白”。西方人的视野是需要我们认真反思的。张艺谋的《红高粱》《菊豆》《大红灯笼高高挂》迎合了西方人的东方视野才得以走红，西方人眼中的东方永远是沉默、柔弱、奇诡的“东方小女人”或荒蛮、原始、贫困的黄土高坡，所以当张艺谋的新片《秋菊打官司》出现时，就听到西方影评界一片哀叹之声，说他们所喜欢的“张艺谋式”的画面不见了，巩俐也脱下了亮丽的服饰，不再是巧巧与九儿式的“东方小女人”了。

陶东风：在审视东方文化时，中国人与西方人不可避免地体现出民族（空间）差异与时间差异。西方人是在工业化的后期甚至后工业时期开始认真审视东方文化的。在工业化的过程中，他们过分强调了科学与工具理性的作用，造成了一些问题，如科学万能、人文精神的失落、信仰危机、人性的单维化等。带着这样一种问题，他们看中的是东方文化中与现代化相去甚远甚至截然对立的所谓东方情调，以弥补西方文化的不足，而我们则处在由前现代向现代社会的过渡时期，我们的问题当然也很复杂，因为我们的社会与文化都是多元的、混杂的，但核心的问题则是认清现代化过程中的阻力，我们的中心使命是现代化。打个不恰当的比喻，一个还没有长大的人，又何必去欣赏自己的童年？在我看来，西方人欣赏的那一部分东方文化，许多恰好是我们应该批判的，至少是不宜沉溺其中、津津乐道的。只有从自己的问题出发，才能找到民族的正确前途。如果我们对传统文化的选择和评判是以洋人的标准为转移的，这倒是真的落入了文化殖民主义的圈套。正是在这个意义上，我以为鲁迅是最民族化的，不仅比“五四”的国粹派更民族化，而且比今日跟在洋人身后鼓吹东方神秘主义的“爱国主义者”更民族化。

金元浦：西方的后殖民权力话语是一种霸权体系。他们在不知不觉中将自己的权力话语输入到发展中国家，这种经济背后的“语言殖民”最具有销蚀性。任何民族只能生活于语言状态的传统之中，伽达默尔说：“语言不是意识与世界沟通的工具之一。”语言就是传统存在的言说，西方“语言殖民”就是通过现代广告、影视、音响、图像切断我们的传统承递之链，使我们在对西方语言的崇拜中接受全部西方文化价值观。比如中国传统的父亲与母亲称谓中就蕴含着深刻的文化内涵，父亲意味着家长、权威、严师、真理，由君父人伦道德规范带来的忠孝、荣誉、事业等，甚至意味着庄重、威严、坚毅、宽容。称谓的变化意味着深刻的内涵的变化。“五四”在白话文革命中采用西式的语法，采取与中国古代文化彻底决裂的态度，造成中国文化传统的断裂，所以我讲我们还是要走出“五四”。但我们今天的反文化殖民主义，又绝对不是关起门来抱残守缺。在世界经济一体化的当今格局中，想要这样做也是不可能的。经济的世界化必然导致文化的世界化。守着国粹，对抗西化，就又走到“五四”国粹派的老路上去了。我们今天所说的批判文化殖民主义，是以更开放的心态了解西方文化，也让西方真正了解中国文化，是中国文化进入世界文化后选择的中国支点；是进行平等对话的支点，而不是像以前，关起门来反对“和平演变”。也就是说，我们坚持的是经过了否定之否定后的更高视野上的民族性。这种民族性和世界化不可指望自然循环的“三十年河东，三十年河西”来达到，其中必有极为激烈的文化竞争。要打破一种处于强势之中的世界性权力话语，我们必须对中华传统进行系统的选择、改造、重铸。所幸的是，西方文化的困境为我们提出了一个历史的契机，不少有识之士已看到这一历史机缘。

陶东风：“三十年河西，三十年河东”之说，就其复兴、振兴中国文化的精神而言，是可以理解的。但它除了你上面所指出的自然循环之外，还有一种文化一元主义倾向。似乎不是东方文化中心就是西方文化中心，两者之间只能是一方压倒或取代一方的关系，它更多的是属于一种我族中心主义的情绪。的确，西方传统的以清晰分明的分析为特征的文化从某种意义上正在反思它自己的片面性，而且在吸收东方的混沌思维、模糊思维的长处。但我以为西方的混沌学、模糊学与东方古代的模糊似不可同日而语。东方古代的模糊思维是以小农经济为社会基础的原始感性思维；而西方的模糊理论是对近代科学精神的否定（否定之否定），是更高层次上的精确，从本质上看它仍属于西方科学精神。我觉得在今日的世界文化格局中，一种文化完全压倒或取代另一种文化中是不可能的，各民族的文化将处于多元并存的状态中，它们一方面相互交流，取长补短，另一方面又保持自己的特色。反对文化殖民主义并非必定要将自己的文化扶上世界文化的第一把交椅。

四、中国现实：前现代、现代、后现代多元并存

金元浦：所以我要再次重申中国的现实语境。西方在几百年的工业化过程中，科学在自然领域的巨大成功，使人们以为这种方法在一切领域都无所不能，因此形成了人文科学领域内的科学主义霸权，致使人类的精神仿佛一直处于无家可归的状态。正是这种西方对于人文精神的价值关怀，使得以人伦道德为核心的中国文化（主要是儒家文化）显示出独异的光彩，但我们面对的现实语境不是西方的后工业社会，而是中国的现代化问题，即严肃的科学问题。因而我们的社会仍然需要科学主义，不是太多了，而是太少了。当然，我们和西方不同的是：我们有了一个更高的角度，西方曾经走过的现代化道路中的问题，可作为我们现代化建设中的重要参照系。在文化建设中我们面临与西方完全不同的两难困境：一方面是众多学人在讲东方文化的复兴，另一方面是西方后现代文化长驱直入，新兴的商品文化正以前所未有的力量冲击传统文化。

陶东风：不仅对传统文化形成了冲击，就是对近现代的启蒙精神也形成了冲击。在近现代的人文科学话语中，启蒙话语历来是最富感召力的。但在今天，它受到了冲击。首先是你讲的商品文化或大众文化；其次是启蒙话语是从西方移入的，其西化特点被人认为潜藏着被西方文化殖民的危险。现在谈第一点。启蒙话语有两个前提：一是坚信真理的存在，否则拿什么启蒙？二是认为真理并不为大多数民众掌握，所以要由少数掌握真理的精英启发蒙昧的大众。也就是说，启蒙话语以精英与大众的二元划分为前提。而大众文化作为一种后现代主义或有后现代倾向的文化，正好是既解构了真理又解构了精英与大众的二元论。这样，包括启蒙话语在内的中国人文科学话语确有重建之必要。

金元浦：今天仍存在人文主义与科学主义的矛盾，人文精神也有重建问题。中国传统的人文主义中从来缺少科学主义传统，如果照搬过去的人文精神用于今天，无疑是痴人说梦。如何在现代世界的哲学、语言学、逻辑实证主义等人文科学研究成果的基础上重建人文精神？我以为我们只能在世界视野与当代成果的基础上重建中国人文传统，没有这个背景不行。民族化与世界化这两个课题，都是正确的，但层次不同。在闭关锁国的情况下说什么“越是民族化就越是世界化”，只能把自己摆到玩偶的位置，成为西方中心文化的陪衬人。我们要做对话人。首先了解世界文化，同时让世界了解中国文化。因而今天的口号应是：越是世界化就越是民族化，这样做以后所得的结果才是“越是民族化就越是世界化”。如果没有前一个“之”字形的摆动，“越是民族化就越是世界化”的论题就会走向我们主观意愿的反面。如果说西方文化一直沿着“之”字形两极摆动的方式发展（如科学主义与人文主义）的话，那么中国文化则是多极摆动，一个潮流与另一个交错并进，多头多向运作，实际上我们今天至少面对着三重传统：中国古代、马列（苏联模式）、西方（欧美文化）。这三极时刻以自己的轨道交叉运作，形成前现代、现代与后现代三元并举的文化现状。这种无统一指向的文化体现了中国当代社会现实的复杂性和独异性。

五、“内圣”如何开发出“外王”？

陶东风：关于中国当代文化的复杂性、杂交性我在一些文化研究的文章中已多次谈及。这里想聊聊中国人文精神的当代改造和重建问题。首先必须认识到中国人文精神本身就是有缺陷的。我注意到对中国的人文精神有两种不同看法。一种认为它缺乏西方的科学与民主思想，这一块要用西方的来补。另一种认为它本身就能开出科学民主，就含有科学民主思想，只是我们没有发现。换言之，前者认为中国文化的“内圣”开不出“外王”（科学与民主），而后者则认为它是“内圣”“外王”兼备的完美系统。我认为，后者忽略了一个简单的历史的事实：中国封建社会几千年既没有搞出民主政治也没有搞出现代科学，这就使得新儒家的此类高论不攻自破。新儒家一直没有解决“内圣”如何必然能开出“外王”的问题（即使在逻辑层面）。这表明“内圣”本身也有相当大的局限性，它之所以开不出科学、民主之路，是因为它自身结构中本来有反科学、反民主的因素。因此，简单地将中国人文精神（“内圣”之学）与西方科学民主（“外王”之道）相加不能解决问题，关键是要改造人文精神本身。如何改造？三言两语讲不清，但我认为有一点要指出，中国古代的“民本”思想中要加入个体自由、人人平等思想，要在以“仁”“亲”“忠”“孝”为纽带的人际关系中彻底铲除等级色彩。否则观念层次的“民本”“仁爱”与制度层次的民主、平等就难以对应。

金元浦：前些时候与一位台湾学者座谈，他认为，中国文化目前要解决的不是国内学者所主张的主体性、个体性问题，而是群体性问题。他举了很多例子证明中国人缺乏群体精神、团队精神，而日本人则具有很强的团队精神。为什么台湾学者与大陆学者会有这两种不同的思维取向呢？这与我们各自不同的现实语境有很大关系。大陆的学者对“文化大革命”时的极端群体主义心有余悸，这种群体主义泯灭个性，无视个体，造成了灾难性的民族浩劫。因此主张主体性、个体性本身有其历史背景和现实语境。而台湾学者眼中看到的则是大陆的个人神圣化的一面，因此要主张群体化。许多西方华裔学者、海外学者赞同新儒家，他们认为西方政治是民主的，经济是科学的，但苦于无法解决精神文化上的矛盾。而儒家传统的伦理文化则能很好地解决这一问题。其实他们所指的中国传统儒家文化，在其历史传释中早已迥异于三坟五典，变了味了。这实际上是站在西方语境中美化中国伦理文化，他们只看到亲子君臣、天伦礼仪的亲和美乐，没看到它恰好是传统文化中最大的毒瘤——礼教，它作为西方中心文化中的拼盘或许可以，但一碰到现时中国社会，它就早已面目全非了。

陶东风：中国历史上少数的恶性膨胀的个人“自由”恰好以绝大多数人的无个人自由为基础。帝王的为所欲为与大众的奴隶地位和奴隶心理遥相呼应。这样结成的群体当然是没有内聚力的，以君臣、父子、兄弟、夫妇之间的等级关系为基础建立的群体是不牢固的，无人会真正地为之献身，因为它是不平等的。中国历史上的弑君、弑父、妇人专权充分说明了三纲五常绝无神圣性。我认为中国文化中能在今天的世界文化建构中做出贡献的是个体心性层面的内在超越品格，其在日常生活与经验世界中开出价值，提炼出诗意。儒道释莫不如此。但我提这个老话题是因为我觉得在尼采宣布“上帝死了”以后，西方文化的外在超越之路确实失去了现实语境，加上后现代主义的狂轰滥炸，远离感性世界的超验价值中心，再也不能重获其中心化的力量，因此，中国文化的内在超越之路可能在策略与思路上给人启示。我说“策略”与“思路”，是因为在我看来中国文化现世化的价值系统本身还需反思与清理。

金元浦：内在超越确是中国文化的根本，从海德格尔对老庄哲学中“道”的理解可以看出。他既看到“道”是道路、道说，又看到它是形而上的本体天道。形上形下在此会聚，这是中国古代文化概念的直接同一性特征，诸如“形神”“天人”“道器”等，它们既是最现世的、经验的，又是神妙莫测的、形上的，它既有原始命名的生动性，又在文化的传释中带上了形而上意义，似乎更合乎人文发展的本性，与西方分析逻辑思维不同。

陶东风：人类不能完全满足于经验的感性的生活，他总是要在经验世界之外，在现世生活的背后找到价值源头，从而使经验世界与现世生活变得有意义。西方文化历来是到一个与经验世界截然有别的超验世界中去找这个源头，这使他们对经验世界（如世俗感性生活、肉体需要、物质享受）采取断然否定的态度。这一外在超越型的价值建构在科学主义与后现代主义的语境中难以为继了。怎么办？只能在眼下的现实生活中提炼与开出意义和价值依据来。但这样一来，现实生活已不是原先那种缺乏价值向度的得过且过，而是上升为神圣或准神圣之域，人们是把它当成精神家园加以体验和珍爱的。这种新价值设计的人生既非魔鬼亦非天使，但又两者兼而有之。

金元浦：从某些角度看，中国文化所走的路径与西方有背道而驰的迹象。

如西方人讲上帝死了，彼岸世界崩溃了，这在西方是重大的价值中心的转换，而在中国，古代传统中没有彼岸世界，而是重视此在的现象与当下世俗生活。儒道释无不如此。西方有些人提倡过重建宗教，但显然被后现代思潮冲垮了。同样以宗教作为中国文化的重建药方也是行不通的，在一个重利、重实用、重实践理性的民族中，原来维系它的是封建伦理，打破了封建伦理以后是革命理想主义，而这一切都被当代现实粉碎了。理想破灭，信仰没有了，崇高打破了，利他的英雄主义也不再有了，这是中国文化遇到的前所未有的无所适从的危机。

陶东风：这恰好暴露了内在超越的局限。如果说西方外在超越之途是为了神忘了人，神圣性、崇高性有余而现世性不足；那么，中国内在超越之路则为了人而忘了神（西方意义上的神），世俗性有余而神圣性不足，缺少有威慑力的神圣价值来制约人的日常生活活动，由此滋生了玩世的恶习，没有悲剧，没有献身（只有殉君、殉夫等）。如果内在超越之路不能在世俗生活中开出神圣价值，也是极为可怕的。陀思妥耶夫斯基说：要是上帝不在了，人还有什么不能做？“不能做”三字有分量，人必须有所畏惧（内在的敬畏，而不是对法律的恐惧），才能有所不敢为。中国人缺少的就是这种由崇敬转化来的畏惧（所谓“人定胜天”）。我觉得一个民族的精神没有这种敬畏是不健全的。内在超越而又有所畏惧，这是文化重建所要考虑的。

金元浦：西方人在上帝死后又想重建宗教，故而有了当代人文主义的勃兴，它特别关注人类存在的意义问题，在胡塞尔、伽达默尔、海德格尔等的学说中，美学艺术都被上升到了本体论地位，在此中发现意义，诗意的栖居给人的现实存在找到了终级意义，最形而上又最具有当下性，这是一条值得重视的途径，是中西文化汇通的一个切口。内在超越的达成，依据于全民族教育及文化素质的极大提高。

六、他者话语与当代失语症

陶东风：刚才谈了不少关于世界化、现代化的问题，现在来谈谈民族化问题。在“五四”时期，民族化是在西化的背景下提出的，民族化与西化是互为前提的，只有当西化危及了民族文化的根基，人们才会关注民族文化，反之亦然。今天重提民族文化，语境有所不同了，原先的以武器征服为手段的殖民主义变成了今日以文化征服、话语征服（当然是以经济为基础）为特征的后殖民主义。启蒙话语的特征之一就是西方中心，以西方真理开启国民之蒙昧，这导致了西方文化、西方话语的长驱直入，中国的文化人与中国的人文科学陷于全球化与本土化的持续紧张中。因此，我们在大力肯定启蒙知识分子和启蒙话语的历史意义的同时，也要看到中国文化传统的断裂，这不是某个人的过错，而是中国文化必然要经历的历史遭际。自白话文运动开始，中国的古代汉语在结构上被改造成了西化的现代汉语与白话。回顾中国人文科学研究近百年的历史，我们连一个理论术语也没有创造出来。文史哲这三大领域中的研究除了介绍西方理论，就是用西方理论来解释中国古代文化，具有讽刺意义的是：反西化的、维护传统文化的话语用的也是西方话语。

金元浦：语言中存在着文化传统，接受一种语言也就是接受一种文化、一种传统。海德格尔与伽达默尔都讲：语言是贮存传统的水库。这句话的含义在“五四”文化精神的断裂中可以看出。白话文虽还是中国语言但却接受了西化结构，因而也就贮存了新的传统，它打破了全部古代语言的逻辑方式、思维方式以致文化范式，传统的思维运作方式全都失范了。正如你所说的，我们几乎没有创造出一个自己的概念范畴，而原有的概念范畴又被切断，对当时已接受了传统文化的那部分知识分子来说这一断裂并不明显，但对本世纪后半期，尤其是“文化大革命”后的几代人而言，这种断裂就是致命的。

陶东风：本民族人文科学话语的重建是与现代化问题密切相关的。“五四”时期文化界和人文学界之所以那么钟情于西方话语，是因为当时只有一种现代化模式（西方模式）可资参照，所以现代化很容易被等同于西化。今天的情况不同了。亚洲四小龙的经验似乎证明：西方科学技术与本土文化传统的有效结合可以开出一个非西化的现代化模式，即一种民族化的现代化模式。在这样的背景之下，民族化的人文科学话语的建构又被许多学人重新关注。这种人文科学话语将既是民族化的，又是世界化的，它绝非传统文化与人文话语的封闭继承，也不是西方话语的简单搬用，而是对这两者的创造性重建，它的最深厚的根基只能是当代中国的社会文化现实。

原载《文论报》，1993 年 9 月 16 日。

当代审美文化：从碎片走向建设[①]

——与陶东风对话

一、转型时代的审美文化

金元浦：从历史的宏观视野着眼，我们必须对中国当代审美风尚的变化给予充分的估价。20 世纪 90 年代社会主义市场经济的开创，带来了中国百年来审美风尚的巨大变革。一百多年来，中国先进的知识分子一直在寻找救国救民的道路。“救民水火”“挽救危亡”的民族民主革命斗争一直是百年来的时代主潮。忧患的文化情结、牺牲的英雄梦幻、“大同”的理想远景、启蒙和拯救的历史责任，构筑了百年革命传统中最为辉煌的“卡里斯马”。反映到审美文化和审美风尚中，则表现为崇高形态的高度张扬，悲剧与壮美的历史性独白，群体革命的大型“宏伟叙事”和以“华彩”连缀的英雄史诗。新中国成立以后则产生了大量的时代颂歌、“革命赞歌”、伟大史诗。人们习惯于唱时代的“最强音”“画最新最美的图画”，乃至“解救世界上三分之二受苦受难的劳苦大众”。那是一种极其亢奋的、狂飙突进式的崇高审美心态，是一种真诚、热烈、夸张和“万众同声”的时代审美风尚。痛苦、艰巨、危难、严峻、动荡、恐怖以及挫折、斗争、反抗、战胜成为 20 世纪审美文化的主题，此中既包含某种乌托邦性质的革命理想主义，又有封建式的迷狂的个人崇拜。直到新时期前半期，人们仍然遵从这一模式，高呼人道主义，呼唤主体性，恢复人的尊严，冲破了“四人帮”的专制极权统治，开启了当代文化转型的“狂欢化”历程。而这一切在 80 年代末、90 年代初社会主义市场

① 与陶东风合作完成。

经济提出前后发生了根本性的变化。相当多的人以亲身感受表明了对“斗争模式”的厌倦和心理拒斥；进而发展为理想主义“乌托邦”的破灭，人生信仰的逐步丧失或改变，启蒙主义热情的消退和利他主义崇高感的消解。在道德准则上，一批人实际上已经历了由传统集体主义向个人主义、后个人主义的转化，由崇尚精神完善到崇尚物质实惠的转化。人们物质消费的欲望日益高涨，享乐型的生活期望日益膨胀；人们往往不再关注政治历史的伟大推动者和伟大主题，而只关心生活和身边的“小型叙事”；人们不再关注哲学文化的形而上终极探寻和未来世界的“辉煌远景”，转而关注自己，关注当下，关注所谓的“生存质量”。这一转变带来了中国百年来审美风尚的一次根本性的变化。由以崇高为形态的审美道德教化文化向准审丑的、享乐的消费文化转化。长期以来居于文化正堂的史诗、颂歌、悲剧、交响诗悄然遁形，通俗歌曲、小品、流行音像制品、通俗小说赫然居于文化正堂。在我国当代审美风尚中一直隐身幕侧的滑稽、调侃、谐谑、反讽、戏仿、畸趣成为审美文化的主形态或主范畴。这一切只要翻开1993年以前的任何一场大型文艺晚会的节目单便可一目了然。这是一个没有史诗的世纪末，侃爷、丑角和明星占据着文化大舞台的中央，夸张、做作、神侃、混聊、故作轻松、充满噱头或浅薄轻佻、卖弄风情的各路“明星”充斥电视、电影、广告等传播媒介。这是一个小品的时代、侃爷的时代、明星的时代。百年来审美风尚在此明显地“转了个弯儿”。它世俗化了，生活化了，享乐化了。大众消费的世俗趣味第一次成为审美文化的主导趣味。不同于历史上的鸳鸯蝴蝶派、礼拜六派及20世纪30年代末上海滩的消费文化或“末流”现象，当代审美风尚的转变发生于社会改革和体制转换，源于经济市场化的巨大变革和当代世界经济一体化带来的文化新格局，是一种全社会的精神变革。它一方面开辟了中国当代文化打破依附于政治的传统格局、建立相对独立的崭新的文化机制的广阔道路；另一方面又在建立这种新的运作机制之中不得不听命于市场这一无形之手的拨弄。这一转变带给中国文化的深远历史意义和它与生俱来的负面效应同样强烈而鲜明地呈现在我们面前。因此，对于这一变革，任何简单地肯定或否定，任何单一地张扬或批判都无济于事，都不可能一言中的。

二、当代审美文化的历史定位

陶东风：应该强调，我们讨论的问题是“当代”。如果要客观地评估中国审美文化的内在品格与历史意义，就必须结合此前审美文化的品格及其在今天的转型。中国古代审美文化以儒为尊，儒家审美文化作为整个文化的一部分，也与后者一样具有泛政治—伦理化的倾向。儒家文化作为官方意识形态话语，直接作为政治权力的合法化基础而发挥功能。由此决定了其道德文化层面与社会政治层面的直接同构，可称之为政治—伦理哲学。它既是个体道德修养的经典，也是维护社会秩序和统治权力的“法律”，是知识分子（士）与官僚阶层治平的共同“必修课”。“士大夫”这个词兼指知识分子（士）与官僚。这样，儒家文化，包括儒家审美文化，借助于它与政治权力话语的高度同构而占据整个文化、知识与审美体系的核心，而集人文知识分子与政治官僚双重身份于一身的儒家士人则借助其与政治权力中心的紧密关系而成为知识群体中的霸主。不幸的是，审美文化的这种显赫地位是以其自身话语规范的丧失为代价而取得的；而人文知识分子则在成为知识界“霸主”的同时，交出了他（她）的独立品格与自主精神。审美文化政治化的结果是，“主文谲谏”“温柔敦厚”等旨在维护等级秩序的条条框框，堂而皇之地成为审美文化不可移易的话语规则。

自近代开始，王权崩溃，维系于王权之下的政治秩序、伦理规范与文化价值同时瓦解。然而，透过现象仍可发现：古代审美文化与政治过分同构的品格仍沿承了下来，知识分子仍视文化（包括审美文化）为解决社会政治问题的手段，如梁启超说：“欲改良群治，必自小说界革命始。”近代的人文知识分子精英以启蒙者的角色占据着知识阶层的中心位置，其中不少留学海外之人还有放弃自然科学改习人文科学之经历。这表明以审美文化为主的人文知识以及人文知识分子的地位比之科技知识及科技知识分子要远为显赫。新中国成立以后，一场接一场的政治运动多发生在人文领域尤其是文学艺术领域，它表明文化运动实际上已成为地道的政治权力运作机制的重要方面。严格地说，审美文化政治化、意识形态化的现象在20世纪80年代前期依然存在。当时，以经济建设为中心的社会转型尚在舆论准备阶段，亦即表现为思想解放运动。审美文化再一次充当了其急先锋，在试图消解原有意识形态的同时，它自己也充当了意识形态话语。思想解放运动与文化运动一样，都兼有政治运动与文化运动的双重品性。90年代以来，市场经济所带来的社会转变使得审美文化从其泛政治化倾向中摆脱出来，具有了多元发展的势头。一方面，科技知识分子的崛起打破了原有的人文知识分子的霸主地位，导致精英结构的大幅度调整，另一方面是人文知识、审美文化领域政治一元化时代的结束和多元取向的形成。

三、文化批判的误区

金元浦：由市场经济引起的这场巨大的文化转型，其意义是极其深远的。转型期的知识分子对当代审美文化一般持有两种不同的批判态度。一种是“后顾式批判”。这是站在过去的立场上，自觉或不自觉地依照旧有的文化范式评价市场经济条件下的当代文化，怀念以往文化及人文事业在历史上所拥有的辉煌和中心地位，清一色的统一和步调一致。他们没有意识到这种辉煌、一致和中心地位是依附于、从属于政治，并与某种权力紧密联系而获得的。此一代中国文化人付出了沉重的代价，比如在“文化大革命”这样极度“文化张扬”（实际上是文化灭绝）的时代。后顾式批判的参照系是过去或过去建立的乌托邦式的理想，是大一统的文化秩序，因此这种批判除了唤起怀旧心理之外，在面对现实文化现状时，不管情绪多么激烈，总显得苍白无力。我们总得面对现实！在变动的文化机制中，过去知识分子所拥有的为民族、为百姓、为他人设计人生规范，为社会充任精神导师的生命坐标发生了变化。整个人文科学知识分子群体将在这一巨变中不断离散、改组、转移并重新选择。

另一种批判态度是完全把社会主义市场经济建设初期的当代中国当作后工业社会来进行批判。他们简单搬用西方批评家对工业社会和后工业社会的批判话语，比照当代中国文化现象，发动猛烈攻势。然而中国当代文化在现实状况、发展阶段和生存处境上都与西方当代文化存在巨大差异。西方的文化批判是建立在西方社会各自独立又相互联系的政治、经济、文化三极支柱的结构之上的，拥有社会历史长期发展的背景。正如丹尼尔·贝尔所说：在西方，如今的文化确已变得至高无上了。文化变得至高无上有两个相辅相成的原因。第一，文化已成为西方文明中最具活力的成分，其能量超过了技术本身。第二，这种文化冲动力已经获得合法地位。它所担负的前所未有的使命是变革观念，对新事物进行永无休止的探索。这就是说，西方的文化批判所面对的对象是西方三极结构中相互支持又相互制约的因素之一。而我国当代文化则远未发展为与政治、经济相辅相成，相互独立又相互制约的社会支柱。中国当代的市场文化，正处在初期的变化之中，既没有像西方那样的具有相当的历时性长度的发生发展过程，也没有在此基础上生成制约市场的完善的文化保护机制；当然也还谈不到全面走向后工业社会的衰朽（尽管不可避免地受到重要影响）。因此这两种批判态度在我看来都是值得商榷的，中国当代文化一直不具备相对独立的社会品格。在未来文化的发展中，它应当成为当代文明中最具活力的成分。美国哈佛大学教授亨廷顿发表《文明的冲突》一文，认为“新世界的冲突根源，将不再侧重于意识形态或经济，而文化将是截然分隔人类和引起冲突的主要根源”。这从另一个角度提醒我们务必关注文化在未来社会中日益重要的地位和作用。我认为，中国当代文化在今天必须具备批判和建设的双重品格。首先，批判和否定应是当代审美文化推动社会进步的天职。一方面，它是针对过去文化对于政治的完全依附，以一种相对独立的品格批判和否定政治、社会体制及其运作中不断出现的不合理、不完善的部分，成为一种统一中对立和制约的力量，这种文化力量相对政治来说，更富于长远的、精神的、理想的、信仰的内在蕴含。另一方面，它又是针对今天文化对经济的依附，即对市场法则完全依从。同时，这种批判又是对文化自身传统与现状的严肃反思和否定。其次，与批判的天职紧密相连的是转型中的文化的建设品格。当代文化已厌烦了西方无休止的解构游戏，人们期待着一种新的积极的建构。当代中国文化建设的课题极其紧迫地摆在我们面前。我们需要的是一种在历史进步过程中的观照，是在批判中的建设和建设中的批判。这就要求我们必须细致地、具体地分析中国当代的历史和现状，既清醒地评估市场经济给文化发展带来的历史契机，和为未来文化的高度的相对独立的发展提供的可能性，又必须清醒地看到，市场与文化的对立，批判市场经济带给文化的腐朽与堕落。同时，在这种批判中借鉴西方的经验教训，建设市场经济下的文化保护机制和宏观调控策略。

四、文化与市场的二重奏

陶东风：市场经济对审美文化的冲击，其结果是复杂的，在这一点上我们观点完全一致。首先应当肯定的是，文化的市场化至少打破了其原先的泛政治化倾向和高度一元化的格局，结束了其不正常的、畸形的“繁荣”。之所以说“不正常”，是因为这种繁荣是以审美文化自身游戏规则的丧失为代价的。市场化在改变中国社会结构、文化结构的同时，也改变了审美文化的品格及其在社会中的位置。同时，在市场化刚刚开始的今天，经济对文化的大规模渗透和控制固然难以完全避免，但对它可能带来的后果则要有必要的认识。我所说的经济对文化的渗透与控制，不可简单地理解为文化要进入市场或借助市场（比如各财团对文化的赞助），也不是说一部分文化已成为消费品，而是说市场的活动规律与价值法则对于文化活动的支配，文化如果完全听凭市场的选择和宣判，同样会丧失了独立的批判精神与游戏规则。这样，文化从先前的依附于政治走向依附经济，依附对象不同，但依附品格相同。这种倾向目前在审美文化的各个领域，尤其是大众文化领域已有蔓延之势。一方面，文化人把文化当成商业活动来经营和操作，运作一切商业手段，进行广告包装、传媒哄炒；另一方面，商业人也涉足文化，把文化当成推销商品的手段。于是，文人商人化，商人“文人”化，文化商品化，商品“文化”化。目前许多通俗电视剧、畅销书、明星演唱会，都是文化与商业的双重变奏。结果，从量上看，高雅、精致文化萎缩得不成比例；从质上看，审美文化在突出消费性、商业性的同时失落了有深度的人文关怀，使人的精神结构发生深刻的变化。这就是大众文化的两面性：走向消费的当代大众文化在消解原先的泛政治化的同时，也消解了人文精神。当审美文化依附于政治时，它固然不可能有独立的人文品格，而当它转而完全投靠市场时，同样不可能有独立的人文品格。独立的人文品格是文化所以能独立于政治与经济的标志。人文品格的丧失不仅仅是政治信念的丧失，而是整个价值世界的迷乱和精神支柱的崩溃，是人本身的崩溃。丧失了独立性，审美文化剩下的只能是媚俗。反观西方近代的文艺复兴、宗教改革，都是有独立人文品格的文化运动，反而成为建立现代政治秩序的强大支援意识。同样，文化在价值取向上完全依附于市场，并形成新的一元化的霸权，结果同样是灾难性的。我认为，文化研究的精髓在于它一贯的批判精神，它不能允许在文化领域出现任何一种霸权话语。健全的市场秩序的建立同样需要文化作为一支独立的力量对市场施加影响。

五、当代审美文化的两面性

金元浦：如何看待当代大众文化的兴起？在进行文化批判时应该历史地回溯一下时代对大众文化选择的必然性。20 世纪 80 年代末以来的文化选择中，曾经在新时期初期叱咤风云的改革文化随着历史语境的变化，已失去了新时期初期革新反叛的哲学——历史新维度，其强烈的政治意识已日益成为旧的政治文化思维模式的延续。实行市场经济后这种文化便日益为大众所淡漠以至厌弃。而另一类高举现代派旗帜的各种艺术，则以对传统文化形态及内容的颠覆，以对新的文化形态的创造和实验为宗旨，但它往往沿着复制西方的道路发展，成为中国文化本土上无根的一族，与当代大众有着较大的距离（从某种角度讲，这是一切先锋文化的共同特征）。另外，长期的政治斗争后遗症又使人们对主流意识形态及教化文艺采取了一种淡漠和疏远的态度。这就形成了大众文化消费的巨大空缺：原有的文化产品不能给处于当代经济生活中的大众提供适宜的精神和文化消费方式。因此，市场条件下的大众需要第一次显示了巨大的威力。大众需要在紧张的劳作之后休息、消遣、娱乐以至满足感官的享乐。而当代大众文化的平民性无论在审美趣味还是在欣赏层次上都契合了这一需要。文艺就其本质而言，必然要走向读者，走向观众，在接受者的接受活动中得到全面的实现。西方当代接受美学的兴起，其革命性、反叛性的一个重要方面就是对当代大众文化给予了严肃的理论上的肯定。接受美学家罗伯特·姚斯主张在文艺中“重新引进快乐”。他曾提醒说，大部分人与艺术的接触都是由娱乐引起的。任何文艺都只能在同读者、观众的交流中产生意义。接受者越多，作品才越能展示其全部功能，没有接受者的作品不能称其为文艺。在这一意义上，大众文艺又具有无可争辩的优势。它既是对原有文化造成的空缺的填充，又是对大众需要的回应；既是对原有文化状况的合理的否定，又是具有某种革新精神的文化新旅；既是当代世界大众文化潮流影响的结果，又是当代中国市场经济下“文化工业”的最初运作。一方面，正是“市场”引起了文化体制、出版发行、艺术团体、文化保护以至文化观念、文化选择、时代风尚和审美趣味等方面的巨大变化；另一方面，它也引导着庸俗的文化畸趣，在满足需要的同时也带来了对人性和文明的腐蚀，在带来变革因素的同时也带来对优秀文明遗产的亵渎，带来了对精英文化、高雅文化的巨大的冲击。当代市场文化从它诞生的那一天起就诞生了它的负面因素，也必然诞生对立的批判的力量。我国当代审美文化也只能在这种两难的困境中开拓前进之路。

陶东风：在当代市场文化的竞争中，严肃的、高雅的精英艺术已经处于并将继续处于不利的地位，这在整个西方世界同样如此。但西方在长期的市场文化中已逐步建立起一套非市场化的机制，为高雅艺术、精英艺术的存在和发展提供了一定的保护机制。这里存在着艺术的创造本性、艺术自身形式独特的发展史与市场文化的审美趣味、审美层次的深刻矛盾。这就要求当代文化发挥其批判和建设的双重职能，在对市场文化的不断批判中建设超越市场法则的独立运行机制，并逐步建立起法律的保障体系。

六、关于文化保护机制

金元浦：必须建立健全市场条件下的文化保护机制。在西方，封建社会存在着文化的贵族保护机制，文化人在贵族、宫廷、教廷寻觅经济和艺术上的保障，像文艺复兴时期的达·芬奇、拉斐尔等人。但这种保护机制下往往只能生产文化的“贡品”。近代进入市场化以来，文化要靠国家保护和市场保护。国家保护主要通过文化政策、法令、税收等方式，鼓励、资助、推动民族文化、高雅文化、独特的传统文化或艺术精品的创造和发展。市场保护则主要采取基金会方式。在几百年的市场文化发育中，文化基金会已由早期的直接商业行为发展为完善的文化保障机制。这种保障机制将赞助行为和艺术评价分离开来，在尊重文化艺术自身规律的基础上建立起完善的专家评估机制。遍布美国的众多的博物馆、图书馆大多有基金会赞助支持，都是这种文化保护的产物。我国当前的文化保护才刚刚起步，有的赞助者对文化进行“赞助”是为了获得急功近利的商业效果。一些赞助人不管艺术规律如何，认为只要我掏了钱，我喜欢怎样就怎样，公司的“牌子”就要高于一切。我国当代文化需要建立一整套完善的文化保护制度和法规。这包括国家通过文化政策、法令、税收、财政来扶植和保护高雅、精英文化，提高全民族的文化素质；通过市场保护的基金会方式鼓励和发展文化事业，奖励优秀的艺术精品；通过文化自身在当代商业社会中越来越重要的功能和作用自己保护自己。当代社会生活的传媒化使文化自身的商业价值不断增殖。同时，文化人自身也须通过一定的交换方式，保护自身的利益。

陶东风：基金会是重要的，旨在扶持严肃高雅文艺以及纯学术活动的非市场机制。但要想优化这一机制，必须设定基金会的权限，保证其赞助活动是依照非市场的文化价值标准而做出的。这就要求：基金会的资金分配要由专家和批评家裁定，而不是由有钱的老板说了算。从中国目前的情况看，资助有两种：政府资助和民间资助（由民间财团或企业提供），政府资助在很大程度上还没按照文化与学术的自身规则运作。民间资助又常常受制于经济动机把经济效益放在首位，把资助审美文化活动当作商业活动来经营，旨在扩大影响，获取利润，也就是说不能把资助当作对文化事业的无偿贡献。结果，民间资助的赞助人总是把眼睛盯着大众文化，搞短期行为，因为大众文化影响面大，宣传效果显著，可以获利；相反对真正有学术或艺术价值但又常常缺少商业效益的高精尖的文化活动不屑一顾。殊不知真正需要资助的恰好是纯学术及高雅艺术。这样，如何强化文化批评、学术评估在审美文化建设中的干预、调节作用，就变得十分紧迫了。

七、批评的时尚化、包装化、复制化

金元浦：在市场经济条件下，我国文化批评领域也产生了重大变化。从当前来看，它在市场经济影响下产生了这样几个特点：其一是批评的时尚化；其二是批评的包装化；其三是批评的复制化。所谓批评的时尚化，是指当代批评大大改变了先前传统的追求不朽的文化观念，文化和批评已变成浪潮式的时尚的产物，成为一种消费。传统的批评往往是为真理、为永恒、为留下“不朽的印记”，为“立德立功立言”而作。现在有的批评变成了商品，批评是为了迅速获得话语权力，以写作本身为目的。一些批评家似乎在向世界说明：我在写作，在说话，写作就是一切。于是写作变成旋转的万花筒。正是这种新的批评观，使我国当代批评，一方面有迅速变换转化的魅力，另一方面也产生了明显的消极影响。一切都转瞬即逝，一切都一闪而过。只追求轰动效应，只追求当下的荣耀与声名。批评的包装化导致批评家事业的新的调整。先前的批评家是精神导师，为大众设计生活，引导审美文化的方向，而今天的批评家成了一种职业，一种自足的生存方式，作为一种生存方式，它也就不得不适应当代市场文化提出的要求。因此，我国当代的许多青年批评家都有极其敏锐的对时尚的感受力，懂得如何包装自己，懂得如何让社会接纳自己。但这种包装化带来的弊病也是明显的：因为批评成为批评本身，因而批评往往变得玄妙、深奥、新奇。当然，在当前这个文化范式转换的非常态时期，不同范式之间必然存在着概念术语的不可通约性，这也是现实存在的。批评的复制化指的是两个层面的复制：第一层复制是指我国当代许多文化产品从形式到内容都是从西方舶来的，是“转手倒卖”；第二层复制是指文化工业的成批制造，一切都成了没有真品的“赝品”。我这里讲的批评的复制化也有两层意思，一是不断把西方最新理论舶来，唯西方是尚，叫作“追踪当代世界最新潮流”，抢占话语权；二是依照这种话语模式，批评家不断复制出多种副本，包括自我复制和互相复制。

陶东风：你所概括的批评的“三化”确实准确。抢占话语权的手段，是大众文化以至一般商品抢占市场的共同策略（文艺批评的市场就是特定的话语交换的场所）。目前原属于市场的游戏规则被批评家引入审美文化的领域。批评商业化、市场化的另一个结果是人们热切地关注和谈论“策略”“操作”之类“炒术”，而忽视以至忘记了价值建构与文化建设的使命。这是消费时代一种重要的文化征兆——名实相背。批评及其消费真正成了一种游戏，用新鲜的名词、奇异的外表、花哨的包装填补人们的精神饥渴。批评由此成为一种工具、策略，一种通过巧妙包装抢占话语销售市场的方法。当批评家不再为建构文化价值而探索时，话语权力就只能成为唯一的“猎物”和财富。宣判“××已经过时”“××已成为历史”“Pass××”，不就是想取而代之，以当代文化代言人自居么？批评失却了本体建构的意义，成为由无穷的 Pass 组成的断裂的碎片，为操作而操作，为 Pass 而 Pass。批评的粗俗化也成为继小说语言粗俗化之后的又一文化现象。王朔的小说、《废都》以及一些通俗电视剧中都不乏粗话、脏话，这本是应由批评界加以清理的，但批评王朔、《废都》的批评家们的话语在粗俗程度上有过之而无不及。结果，批评语言一部分人要退回书斋，去为学术而学术，从其本义上讲，就有一种致力于文化建设的初衷，我们总要为后来的学术留点儿什么。但我总觉得似乎应当有一些更“功利”的当下的人文关怀，或者叫“为文化而文化”，就是为今日中国的文化建设而去从事文化批评，它不可能斩断与历史、传统、社会、民族与当下的联系。我们要建设的是中国历史上前所未有的，相对独立的，与政治、经济相辅相成又相互影响、制约的新的审美文化。

原载《文艺研究》1994 年第 5 期。

论文化生产力与文化产业

处在当代世界文化格局中的中国文化，发生了历史性的重大转折。文化变革实践对文化理论与实践研究也提出了迫切的要求。文化与经济，文化与科技，文化与政治，文化与综合国力，中西文化的碰撞、交流和沟通，当代文化市场与文化产业的兴起与发展都是当下的社会实践向我们提出的崭新课题，要求我们必须做出回答。

从长远看，先进社会生产力的发展与先进文化的发展方向在总体上是一致的。任何一个国家或民族的社会生产力的发展，从根本上讲，仍然是人类文明和各民族文化发展的一个组成部分。从国际上看，20 世纪 80 年代以来，文化与发展日益引起世界各国的普遍关注。世界经济的一体化、全球化，高新科学技术特别是信息与媒体技术的发展，使人们不得不对文化的发展投以极大的关注。越来越多的国家和民族认识到文化对于当代社会经济生活的巨大影响和制约。世界各国普遍关注文化在人类发展中的极其重要的作用。他们认为，经济发展是民族文化的一部分，脱离人或文化背景的发展是一种没有灵魂的发展。人类的发展不仅包括得到商品和服务，而且还包括过上充实的、满意的、有价值的和值得珍惜的共同生活，使整个人类的生活多姿多彩。因此，文化作为发展的手段，尽管很重要，但它最终不能降到只作为经济发展的手段或促进者这样一个次要的地位。发展与经济是一个民族的文化的组成部分。发展是一种对个人和集体产生强大的思想和精神影响的现象。1998 年，联合国教科文组织在斯德哥尔摩召开了“文化政策促进发展”政府间会议。在这个会议上提出了一份《文化政策促进发展行动计划》供大会讨论通过。这份计划指出：“发展可以最终以文化概念来定义，文化的繁荣是发展的最高目标。”“文化的创造性是人类进步的源泉。文化多样性是人类最宝贵的财富，对发展是至关重要的。”因此，“文化政策是发展政策的基本组成部分”，“未来世纪的文化政策必须面向和更加适应新的飞速发展的需要”。无疑，未来世界的竞争也将是文化生产力的竞争，文化生产力的发展已成为21世纪最核心的话题之一。

一

经典马克思主义曾对精神—文化生产力问题做过精辟论述，当代西方马克思主义也对文化生产问题进行过细致研讨。20世纪90年代我国社会主义市场经济体制开始建立，这使我们必须重新认识文化与经济、文化与科技的关系，重新认识马克思提出的精神—文化生产力的问题。

发端于政治经济学的马克思主义文艺经济思想有一个极为重要的理论发现，即大生产力观和精神生产力理论。人类的生产活动，是人借助生产资料和工具，借助一定的技术和思维能力，在与劳动对象的结合中进行的，没有生产力的生产是不存在的。文化也是生产力，它合理地内含着这一当代世界的第一生产力。我国当代文化经济产业的生产作为国民经济的一个部分，也必然具有一种内在的生产力，它维系着、推动着当代文化—经济活动的进行。人类总是在一定生产力水平上发展的。如同马克思所言，人们不能自由地选择生产力，人类总是在以往既有的生产力水平上从事生产活动的。文化的生产虽然有着与人类社会同样悠久的历史，但文化生产力的形成、发展则总是与不同的历史阶段相适应。马克思一贯关注文化生产力问题，早在《1844年经济学哲学手稿》中，他就指出，由于人的需要极具丰富性，从而生产的某种新的方式和生产的某种对象就会产生，他指出：“宗教、家庭、国家、法、道德、科学、艺术等等，都不过是生产的一些特殊的方式，并且受生产的普遍规律的支配。”① 马克思在这里讲了这样几层意思：一是说艺术是在物质生

---

① 《马克思恩格斯全集》第42卷，人民出版社1979年版，第121页。

产和经济发展的一定条件下产生出来的，受生产的普遍规律的支配，是整个社会生产力中的一个组成部分。二是把艺术与宗教、法、道德、科学等归为不同于一般生产的另一类生产。三是指出这类生产虽受生产的普遍规律的支配，但却是特殊的。其后，马克思、恩格斯在《德意志意识形态》一书中论述艺术风格形成的条件时指出，“社会组织”“当代分工”以及与当地有交往的世界各国的分工等，对包括艺术在内的文化生产者有较大的影响。他特别强调文化的生产要“受到他（艺术家）以前的艺术所达到的技术成就、社会组织……等条件的制约”①，并把它放在诸种条件的首位。“艺术所达到的技术成就”，实际上是指构成文化生产者从事文化生产的技术、经济、生产水准等与那一时代社会生产力和文化发展程度相适应的制约因素。在这里，虽然马克思尚未明确提出文化生产力概念，但已对此做了深入的思考。

马克思在写《哲学的贫困》时，也把人类“文明的果实”称作“已经获得的生产力”②。“文明的果实”自然包括文化生产力的成果。很显然，马克思以人类文明的成果为所指的生产力观念是一种大生产力观念。马克思到晚年写作《巴枯宁〈国家制度和无政府状态〉一书摘要》时更明确地提出了“两种生产力”的概念：“……平原和山区的差别，沿河流域、气候、土壤、煤、铁、已经获得的生产力（物质方面和精神方面的）、语言、文学、技术能力等等。”③

在这里，马克思把他的大生产力观念做了种类的区分，他认为存在着两种生产力，除了物质方面的生产力之外还有“精神方面的生产力”，并把语言、文学、科学技术包括在这种生产力之中。马克思的这种观点是一贯的，与他早年提出的“发展一切生产力即物质生产力和精神生产力”的主张完全一致。

按照马克思主义的一般理解，人类的社会生产力，就是生产自然界与生

---

① 《马克思恩格斯全集》第3卷，人民出版社1960年版，第459页。
② 《马克思恩格斯选集》第1卷，人民出版社1995年版，第152页。
③ 《马克思恩格斯全集》第18卷，人民出版社1964年版，第682页。

产人类社会的能力。人类在同自然的物质交换过程中，为了在对自身生活有用的形式上占有自然物质，就必须使他身上的自然力——臂和腿、头和手运动起来。这就发展了人制造和使用工具的能力。同时，在物质生产的基础上，人类文化的“精神感觉、实践感觉（意志、爱情）等等”也就产生出来。在人类历史进程中，物质生产力以物的形式——物质产品或物质成果表现出来，而工具则往往代表着此一时代生产力的发展水平。工具体现了人类理性的智慧和文明，在工具上，无疑凝聚着人类精神上、理论思维上掌握自然界的能力。从人类社会发展的历史来看，随着社会分工的日益精细，社会生产便日益明显地区分为物质生产与精神生产两大部分。社会分工促成了物质生产者与精神生产者的分化，两种生产力因而在自身相对独立的发展中逐步形成了具有自身内在特征的生产力形态。物质生产力主要面对人同自然的物质关系，具有实用的、基础的、物质形态的主导品格；而文化生产力则主要是“精神方面的生产力”。马克思将语言、文学、技术能力等归于文化生产力之中，使其显现出更偏重于人类社会人文关系的特征和品格。当代不少学者将文化生产力称为文化力或人文力，也是从这一角度立论的。显然，马克思区分物质方面和精神方面的生产力，表明了他对社会生产力这两个方面的各自特征的区别把握和分类描述。但是，两种生产力又是密切相关，不可分割的。马克思还看到了二者相互间的多重联系，看到两种生产力之间复杂地相互交融、共为一体的特征。一方面，文化生产力具有其精神生产的独特性，它是社会意识、社会心理、社会关系等精神方面的文明发展的成果，具有突出的意识形态特征。另一方面，在文化生产力中，生产主体以其“对象化的独特方式”，将自身强烈的主观因素，诸如思想、意志、情感、愿望和爱浸透于全部文化生产过程，以某种有形无形的方式“物化”到对象中去。所以，马克思把语言、文学、技术能力归入这种“精神方面的生产力”。

文化生产力具有明显的精神性特征，是不是就完全不具备非意识形态的物质性的特征呢？传统的理解把文学艺术生产简单地看作文艺创作活动的另一种隐喻性表述，其实文化生产力具有明显的物质性。文化生产同其他生产一样，也具有一般实践活动的特征，即由实践主体通过劳动，将一定的材料加工改造为新的存在物，因此文化生产的过程也表现为一个物化的过程。它也要改变物质的现实形态，获得物质的存在形式。马克思在论述劳动的特点时曾指出："劳动与劳动对象结合在一起，劳动物化了，而对象被加工了，在劳动者方面曾以动的形式表现出来的东西，现在在产品方面作了静的属性，以存在的形式表现出来。"①

像文学艺术这类最富精神性的生产也有一个物质的、技术的制作过程，即由实践主体通过特定方式的劳动改造某种材料而造成一个新的存在物。比如拉斐尔，"和其他任何一个艺术家一样，拉斐尔也受到他以前的艺术所达到的技术成就、社会组织、当地的分工以及与当地有交往的世界各国的分工等条件的制约。像拉斐尔这样的个人是否能顺利地发展他的天才，这就完全取决于需要，而这种需要又取决于分工以及由分工产生的人们所受教育的条件"②。

一句话，文化产品必须具备物质的依托方式。文学作品要经过作者的物质性写作劳动，经过编辑、出版、印刷、发行等环节，才能以书籍这种物质形式存在下来。绘画、雕刻也要通过对一定的物质媒介的加工制作，才能以一定的形态彰显其艺术内涵。黑格尔当年就曾指出，艺术创造的一个重要方面，是艺术的外表工作。因为在艺术作品中有一个纯然技巧的方面，很接近手工业。这些特征在雕刻中最为明显，在绘画和音乐中次之，在诗歌中又次之。他说，一个艺术家必须具有这种熟练的技巧，才能驾驭外在的材料。

马克思的大生产力观念具有重要意义。

首先，马克思肯定了生产力中包含着物质方面的和精神方面的两种生产力，这就一方面从根本上否决了那种机械的、庸俗的旧唯物主义的物质决定论或经济决定论；另一方面也否决了那种孤立的、片面的主观唯心主义的精神决定论。

---

① 《马克思恩格斯全集》第23卷，人民出版社1972年版，第205页。
② 特里·伊格尔顿：《马克思主义与文学批评》，人民文学出版社1980年版，第67页。

其次，文化生产力观念表明，文化是一种生产，而且是一种大规模的社会生产。作为一种大规模的社会生产，它就天然地具有社会生产的基本特征，具有流通、交换、消费等基本环节，具有市场条件下经济运作的全部过程，而不仅仅是某个艺术家的内在的独造精神的心理活动。多年来我们对马克思精神生产、艺术生产的研究一直忽略了马克思提出这一理论的历史背景，而对之做了一种纯粹精神的、美学的研究。对其中的“生产”这个词，仅仅作了一种消弭了其历史性的隐喻性借用，“生产”即创作。其实马克思提出的精神生产或艺术生产必然地、合理地含有商品经济时代特别是资本主义商品经济时代的生产的全部特征。

文化生产力是整体的社会生产力的一部分，传统的艺术生产研究仅仅从文化的个体生产出发，仅仅局限于对个体精神制作过程的研究，这是完全不够的。实际上当代文化生产已经逐渐成为一种巨大的复杂的社会化大生产。从文化品位、精神需要、意识心理等方面看，它并不主要表现为个体创作心理变化，而通过当代媒介更表现为一种复杂的时时涌动的当代社会心理潮流。

随着传播媒介的高速发展和信息时代的来临，文化生产已日益成为当代经济生活的一部分，成为复杂的现代化大生产的一部分。像电视、电影、出版、音像、文艺演出、工艺美术、体育比赛，乃至广告、信息、传播、娱乐等产业，已越来越发展为庞大的产业集团，成为经济结构中的重要组成部分，甚至成为许多国家国民经济的支柱产业。

最后，文化艺术作为一种精神方面的生产力，必然内含着自身独特的生产方式。也就是说，它有自己独特的发生发展史，有形成本体的历史过程，有对精神生产者的精神创造能力的内在要求，也有对生产对象的内在要求。同时，它还受到生产条件包括物质技术水平的限制。

马克思的大生产力观及文化生产力理论，对于当代世界的文化发展具有相当重要的现实意义。

二

先进的社会生产力总是在先进文化的开启和引导下向前发展的，在特定历史时期，先进的文化对于社会生产力的解放甚至具有某种决定性的作用。人类历史上，每一种先进的社会生产力的大发展，都是在吸纳先进文化（先进的社会观念和先进科学技术）的优秀成果之后蓬勃兴起的。

从20世纪五六十年代开始，人类开始迎接第三代生产力——电子时代的智能生产力。第三代生产力的显著标志是文化与经济、文化与科技的崭新关系的建立。如果说以资本主义产业革命及工业大生产为代表的第二代生产力是以经济生产与文化艺术的对立、分离为特征的话，第三代生产力的重要特征便是“文化的经济化、科技化”和“经济、科技的文化化”，以及由之产生的当代文化经济科技的一体化趋势。我们必须重新认识文化的经济功能和经济、科技的文化含量。

所谓文化的经济化，就是指文化进入市场，文化进入产业，文化中渗透经济的、商品的要素，使文化具有经济力，成为社会生产力中的一个重要组成部分。将文化的商品属性解放出来，这就增加了文化的造血功能，使文化进入良性循环的发展机制。

如果有人在20年前，说唱歌、跳舞、音乐、体育是经济的一个组成部分，那简直是天方夜谭；如果有人在20年前提出以文化旅游业为地方经济的龙头产业或支柱产业，也无异于痴人说梦。但在今天，以音乐磁带、激光唱盘、MTV、电影、电视、录像、奥林匹克运动会、世界拳王争霸赛、世界杯足球赛为代表的娱乐文化已堂而皇之地成为当代世界经济中的新兴产业。文化经济已是一种相当普遍的实践。文化产业在国民经济中的地位越来越重要，已成为世界经济中的支柱产业之一。据报道，20世纪90年代，国际旅游已同汽车工业、石油工业一样，成为当代世界经济的三大支柱性产业之一。而且，国际旅游正以迅猛发展的势态成长为全球效益最大的行业。90年代以来，以信息技术等高科技及其相关产业的迅猛发展为标志的科技革命宣告知识经济文化经济时代的到来。资料显示，1997 年世界超大企业 500 强中，科技、文化、信息产业的企业越来越多，娱乐产业迪斯尼，其产业规模及赢利稳入世界前十强。风靡世界的好莱坞电影《泰坦尼克号》创下十几亿美元的票房价值，仅一部影片即可与我国几大产业的利润相敌，美国《读者文摘》已发展成年收入 25 亿元的国际性大企业。至于高科技、高文化附加值的计算机信息产业，更是来势如虹，在 1997 年世界经济和产业发展中独占鳌头，数家企业跻身世界前十强。据称，美国的视听产品已经成为仅次于航空航天的主要换汇产品。文化产业被视为 21 世纪的“朝阳工业”。毫无疑问，文化产业将成为未来世界经济的新的增长点，而文化产业也将成为国民经济的重要支柱产业之一。

所谓经济的文化化，是说现代经济发展中文化的、科学技术的、信息的，乃至心理的要素越来越具有举足轻重的作用。农业经济时代，全社会 95% 以上的人在为基本的生存条件——粮食而工作，现在，发达国家仅有 2% ~3% 的人口从事农业，便可满足社会的需要。从日本就业人员构成比来看，其第三产业就业者占总人数的百分比逐年上升：1920 年为 23. 8%，1930 年为 30%，1965 年为 43%，1970 年为 46. 5%，1975 年为 52%，到 20 世纪八九十年代这一比率又大大提高。工业经济的时代，数百万、上千万的劳动者从事钢铁、机械、轻工等加工业，现在发达国家已把大多数加工企业转移到发展中国家。发达国家在发展经济过程中总结出两句格言：“增长不等于发展，富裕不等于幸福。”很形象地说明了人们需要的变化。美国经济学家约翰·肯德克在 1980 年“美国竞争力大会”上对 1929—1980 年的美国经济做了数量分析。他测出，在这 50 年里，美国生产力的增长，40% 是由知识和技术创新获得的，12% 是由于劳动力的知识文化素质的提高获得的。在工业发达国家，高科技、高文化大量进入文化产业，使当代产业结构发生根本性变化，经济中的知识、科技、文化因素已日益跃居重要地位，脑力劳动者的数量则迅速增加。到 1970 年，美国“白领”职工与“蓝领”工人的就业结构比已为 5:

4，到 1980 年，美国第一产业即农业和矿业中的从业人员仅占总比例的 2.9%，第二产业即各种制造业降到 31.6%，而第三产业的从业人员百分比已上升到 65.5%，并且，在第一、第二产业中的科技管理人员也超过直接从事体力劳动的人员。无疑，经济发展到一定阶段以后，自然要将重心转移到服务、知识、信息等第三产业方面。

三

先进的文化生产力和先进文化的发展，说到底是以人为目的、服务于人、服务于最广大的人民群众的根本利益的。

当代经济、科技与文化的一体化包含有两大趋势：当代经济的产业下游化与公民需求上游化、高级化的趋势，以及经济的科技化、文化化和文化、科技的经济化趋势。产业结构下游化的突出表现是实业的中心地位逐步让位于服务产业。如从总体发展来看，相对于农业和工业等生产部门，商业等流通部门的地位逐步上升；相对于实体经济，金融产业等经济方式成为现代经济的中心；服务业的地位，从业人员数量、层次，吸纳社会资本的总量，资金流量和行业利润率等进一步上升。这就是说，经济的发展总是以人的不断变化提升的需求为根本的。随着社会的发展，物质产品日益丰富，经济中的文化的、知识的、信息的、科技的乃至心理的因素将越来越具有重要的、主导的，甚至某种决定性的作用，而文化作为日益强大的产业结构，已成为整个国民经济的重要的以至支柱性的产业。

产业结构下游化源于需求结构的上游化、高档化。随着社会生产力的迅速发展，人们的收入水平不断提高，人们的社会需要也不断提高。在基本的物质层次满足的基础上，人们更多地关注文化上的、精神上的、心理上的需要，注重个体的全面发展和人的生存质量。人们在生活中对第一产业产品的需求在总体支出中的比重会相对下降，对文化产品的需求则会大大增加，比如人们对书籍、音像、影视、艺术产品的需求，对娱乐服务、旅游服务、信息与网络服务的需求。即使物质层次的衣、食、住、行需要也大大的文化化了。比如穿衣，不再讲究结实、耐穿、耐用，而更多地关注审美、时髦、品牌与流行等服饰文化的当代特征。这就是德国社会统计学家恩格尔发现的定理：饮食费用占整个家庭开支的比重将随着人们收入的增长而减少。饮食费用与家庭总开支的百分比就叫作恩格尔系数，人们的收入越高，对主要提供人们食品的第一产业的需求就相对越少，恩格尔系数就越低。

20 世纪七八十年代以后，随着新兴产业的崛起，人们提出将第三产业中的脑力劳动与体力劳动进行划分，将其中的脑力劳动部分称为第四产业，一般称其为知识信息产业。这一命名历时近 20 年，才为我国经济所瞩目。

下游产业和高级需求优先增长的规律，在文化经济领域就表现为随着经济发展和居民收入提高文化产品与文化消费的优先增长。实际情况也确实如此，人们在满足了最基本的生活需要之后，更加注重精神文化消费。据国家统计局调查，1997 年以来，我国城镇居民在娱乐、教育、文化服务方面的精神消费的支出不断提高。1995 年此类消费的比重为 8.84%，1996 年提高到 9.57%，1997 年提高到 10.7%。消费支出 1997 年为人均 448 元，比 1995 年增长 43.1%，比 1996 年增长 19.6%。其中，在娱乐耐用消费品上的支出年人均为 112 元，比上年增长 25.3%；用于教育的支出年人均 238 元，比上年增长 16.5%；用于文化娱乐的支出年人均 98 元，比上年增长 21.1%。另据林毅夫先生《中国的经济发展和文化产业》（'99 亚欧文化产业与文化发展国际会议提交的论文）一文提供的材料，按可比价格计算，我国 1994 年社会文化娱乐用品的零售总额相当于 1978 年的 16.5 倍，年平均增长率为 19.1%，1994 年我国书报杂志的社会零售总额相当于 1978 年的 12.7 倍，年均增长率为 17.2%，而 1994 年人均国民生产总值只是 1978 年的 3.6 倍，年均增长率为 8.3%。由此可见，社会文化娱乐用品消费的增长远远高于国民生产总值的年均增长率。

当代世界服务业异军突起的现实实践，促使人们又将第四产业中的满足人类心理的服务业分出来，称其为第五产业。丹麦未来学家沃尔夫·伦森认为，人类在经历狩猎社会、农业社会、工业社会和信息社会之后，将进入一个以关注梦想、历险、精神及情感生活为特征的梦幻社会。在商品世界中，不仅娱乐业，日用品行业也在产品中加入想象、故事和情感。他断言，在未来25年里，人们从商品中购买的主要是故事、传奇、感情及生活方式。贫穷将被重新定义为“无力满足物质需要以外的需求”。人们消费的注意力将从物资需要转移到精神需要，从科学和技术转移到情感和逸闻趣事。他甚至预言，未来收入最高的人要数那些“故事大王”，一个产品价值的大小取决于他们给产品所编的故事。看看当今的“故事大王”们，你就会觉得此言不虚。看看今日席卷全球的世界杯足球浪潮，看看罗马里奥数千万美元的转会费就一目了然了。电视节目主持人欧普拉·温芙雷是讲“故事”的行家，闻名世界的大导演斯皮尔伯格也是讲故事的巨匠，大众文化明星迈克尔·杰克逊则更是煽情高手，他们无一不是坐拥十亿的亿万富翁。而迈克尔·乔丹则是制造“故事”的“一代天王”。这位NBA的“激情王子”成了这个星球上激情事业的象征：Anything is possible！一切都是可能的，所有的梦都是可能实现的。NBA就像这个世界上曾经经历过的革命、摇滚艺术，甚至性解放一样，成为席卷世界的飓风。NBA成功的秘诀就在于，在一个消费故事和消费梦幻的时代，它出售故事和梦幻。所以有学者提出，随着人类对服务业、娱乐业、旅游业、影视业、信息业、网络业的日益增加的需求，未来的经济学将让位于心理学。当然这是指中心地位的出让，而不是指经济学的消亡。在笔者看来，今日的经济学已在大力关注知识、信息、文化，乃至人的心理，因此，未来的发展不是心理学取代经济学，而是经济学与文化学、心理学的双向交融，是经济文化学或文化经济学取代今日的经济学。

总之，当人们的初级的、低层次的、偏于物质层次的需求得到充分满足之后，高级的、更高层次的、精神的、心理的需求就会凸显出来。人们要追求更高质量的生活，以达个体的全面发展和全面实现。

四

面对飞速发展变革的社会现实，我们必须实施我国当代文化的创新发展工程，以推动我国当代文化的更新发展，创新扩容，转换生成为与当代高新技术时代相适应的新文化、新艺术。从科技方面来看，我国面对知识经济挑战，已部署了“实施知识创新工程，建设国家创新体系”的重大战略步骤。在科学界，中国科学院组织实施了“知识创新工程”，国家经贸委和科技部联合推出了以推进企业技术创新为目标的“技术创新工程”，教育部推出了旨在提高高等院校教育科研水平、培养科技人才的“211 工程”。这在宏观层面上形成了建立国家创新体系的总体战略布局。但文化产业似乎被遗忘在知识经济与创新工程之外，文化似乎与未来的国家创新体系无关。这里存在着严重的思维误区。难道当代文化产业不是知识经济的一个重要组成部分？难道文化的发展不应包括在国家知识创新的体系之中吗？

实际上，如前所述，现代科学技术已越来越广泛地渗透到文化领域，文化产品和文化服务的科技含量也越来越高。新的高科技的文化娱乐方式不断创生。同时，文化也全面渗透到高科技产品之中。一切高科技产品归根结底都是为人服务的，它们都离不开文化，离不开文化所昭示的生存的意义、意味和人的生命的本质。高科技产品也只有最终依赖人们对文化服务的越来越广泛全面的需要而获得日益广阔的市场。一种无关人和人的文化的高科技既没有必要发展，也不可能发展起来。

所以，实施文化创新发展工程不仅仅是在文化产业中提高高科技含量，这只是其中的一个方面，更重要的是在文化领域的各个方面从观念、形式、体制、管理到操作实践全面实施文化创新工程。文化领域必须积极参与国家知识创新体系，建设国家文化创新生成体系，丰富、扩大和补充国家知识创新体系的内容与含量。

需要特别指出的是，当前风行的知识经济类著述，都没有把文化产业列入知识产业范畴，其所指的高新科技也仅仅是指自然科学技术等硬科技，而没有把社会科学技术、管理科学技术、人文科学技术等软科技包括在内，它所标榜的高科技产品也主要是指物质产品等硬产品，而没有把社会产品、精神文化艺术产品等软产品包括在内。这是西方传统的科学主义——唯科学主义的产物。其经济观念无疑也是狭隘的，仍然没有超越物质经济的片面认识，没有深入到大经济和大生产力观的层次。这不仅是从事科技工作的人们必须注意的，就是从事文化工作的人，特别是负有领导责任和决策责任的人，也必须认真注意，更新观念。

原载《求是》2002 年第 20 期。

消费是消费社会唯一的神话?

——消费时代的选择

当代法国著名思想家波德里亚认为，后工业时代社会主体的构成已发生重大变化，消费的资本主义意识形态构造着当下社会的主体。所以波德里亚宣称，如果说当今的消费社会再也没有过去时代神奇缥缈的神话了，那是因为消费便是它自身独一无二的神话。

为什么说消费是消费社会唯一的神话？波德里亚说，所谓消费成了神话，是说消费就是当代社会关于自身的一种言说，是我们当下社会进行自我表达的一种方式。在这里，消费社会的消费并不是消费什么物质，在某种意义上说，消费唯一的客观事实，恰恰是消费思想，或者说消费一种符号体系。物质产品在被消费前已变成一种信息，客体的意义通过信号系统进入符码秩序才得以建立。消费正是在日常话语和知识话语的狂轰滥炸中获得大众的自省，进而成为一种常识，一种惯例。

无疑，我们的社会正在作为消费社会去思考并言说。假如今天的人们依然像几百年来那样囤积、吃、消化，那样深挖洞、广积粮，那这个社会就不是消费社会，当然也就不会产生什么消费的神话了。相反，它的确是社会关于自身所坚持的一种自我预言式的话语，是一种全面阐释的符号系统，是一面消费社会在其中极力扮演自己的镜子，一个它在其中提前进行自我反思的乌托邦。

的确，我们今天所处的时代是一个符号繁衍扩展的时代，“仿真”或“拟像”成了当代文化秩序的主导形式。它不同于从文艺复兴到工业革命时期作为文化秩序的主导形式，那是一种遵循自然法则的物的制造方式——仿造或仿制；也不同于工业化时代文化秩序的主导形式，那是一种建立在市场法则之上的物的建造与生产。今天，我们的世界正进入一个符号主宰的时代。这个时代的文化秩序建立在仿真的结构法则上。今日的日常生活是超级的真实，超级的现实主义。这种超现实主义不是更虚幻的超离，而是超级的现实，是比现实更真实的真实。以前被称作虚构、幻象的东西，今天恰恰是人构造、预设的蓝本。符号构造着后现代消费的现实，现实反倒成了符号的造物或曰语言的展开物。今天的现实已经在仿真的方式上与超现实合为一体，它已经完全进入自身的游戏领域，它是由符号和幻象构拟的超级真实世界，今天的日常生活已依据幻象审美化或虚构化了，反过来，它比艺术的虚构更真实，再也没有任何虚构能与生活本身相匹敌。

消费源于丰盛。但波氏的丰盛和消费并不是指物质财富、产品和服务的丰盛和消费，而是指消费社会这个被今日大众认同着、使用着、参与着和消费着的形象、符号或意念。恰恰是这种形象、符号和意念，构成了我们时代新部族的新神话。

这神话就是我们这个时代的消费的观念。

这种全新的消费的观念已然沉积为我们社会的一种集体意识。如果没有“集体意识”中对享乐生活的预期和自省式协同增强作用，消费就只会是消费而不会具有社会一体化的力量，它就只能是一种比以往更富有一些、更丰饶一些、分化更细一些的生存模式而已。其实，在过去，那种吃、喝、穿、住的生活或特权阶层的奢侈花费，像项链、珠宝甚至城堡只不过是一部分人的生活方式而已，没有人把它视为集体性价值，也没有人把它视为一种必欲分享的参照性神话。不管过去吃草根的年代还是传统上盛大节日的狂欢，都不同于今日消费社会的这种消费。

波德里亚说，我们的时代是第一个将日常食物开销和“生育”开销都称作“消费”的时代。据称，这种消费是面向全体人的。消费神话在20世纪的历史性浮现，与经济学勃兴时代的经济发展观念，以及更早的工业革命和技术时代的技术概念的浮现都是不一样的。它改变了日常的惯例，改变了曾经天经地义的术语系统，从而也改变了历史本身。

“消费”成了新的社会现实的标志。

确切地说，直到消费成了这个社会的常规惯例，消费才成为我们时代的“领衔主演”。它意味着一次价值意识形态的重构。是这个社会把自己思考为、预设为、筹划为并实践为消费社会的。这是我们观察、分析当下世界的出发点。

我们说这个“丰盛”社会是其自身的神话，是说它以自己的方式，在全局层面上，选择了、想象了、预设并拟定了一种自我证明式的反复叙事的巨大程式。比如美国，这个社会就是依据那种预言模式来进行自我表达的。那是一种巨大的集体自恋，“您所梦想的一切，就是您的”，导致整个社会在其为自身提供的影像中自我混淆、自我陶醉和自我宽恕。在消费社会里，广告越来越具有了这样一种功能：消费者在广告中，就像在神奇的魔镜中一样，时刻能读到自己，读到自己的需要、自己的身体、自己的魅力、自己的美丽动人之处——它们是什么，它们在哪里。他（她）被那铺天盖地的影像、广告、图例所规划、所启发、所引导或所涵养，也许过去他或她一直不明白自己究竟想要什么，现在恍然大悟了，并且立即去实现它。也许他或她早在与生俱来的广告中潜移默化地弄熟了程式和规则，实行起来驾轻就熟。所以，从“想”到“做”，其间没有距离，更没有鸿沟，弥合是即刻的。因为你的向往、你的美丽，甚至你的魅力都是厂家预先为你设计好的。这个世界是先生产了美丽，并确定了美丽的方式，然后你才美丽的。

那里先有一个精致的瓮，然后请君入瓮，然后君自入瓮，然后蜂拥入瓮。

我们的社会就是这样消费美丽的。

原载《中国贸易报》副刊“元浦说文”专栏，1995 年。

消费欲望与消费符号

一

我们的时代是一个消费主义的时代。人们自由地享受生活，消费鸡块，消费可口可乐，消费衬衫领带；也消费广告，消费品牌，消费偶像；更消费虚荣，消费欲望，消费美丽，乃至消费语言与符号。消费，成了我们时代一切归类的基础，消费成了我们社会组织化的原则。

这样说并不是危言耸听，也不是巧言惑众。在我们这个市场化的世界，的确一切都变成了消费。比如说消费符号，消费标明为席梦思的床垫，与消费一般的床垫大不相同，消费后者只是消费一件卧具而已，消费前者则还有一种消费想象与梦幻的感受，以及由此而产生的满足感与惬意感；消费可口可乐与消费豆粥不一样，你在喝它之前早已被铺天盖地的广告“可口”了一把，“可乐”了一把，尽管你可能在喝过之后总也适应不了那股橄榄油味，但你已糊里糊涂地受制于那“味外之味”的潜意识支配。

二

以前我老觉得正正经经的衣服上印上那么多符号、字母是不雅观的。什么 ADIDAS、什么 NIKE、什么皮尔・卡丹之类。特别是衣服上、书包上常会赫然印着一个大大的“A”字，老叫人想起中国古代的狱卒、脸上刺字的犯人，还有霍桑的小说《红字》。我至今没弄明白“A”字的含义是第一等（如全 A 生）、最好，还是“A”公司，或者就干脆如《红字》所描述的，是现代式爱情/通奸的标志？

在日本追逐欧洲时髦的时期，许多日本妇女对一种印着“G”字的女式提包特别感兴趣。这种原本顶多值700日元的布制提包，印上一个“G”字就被卖到70000日元，比实际价值多出100倍。但人家买的就是“愿意”。因为“G”字是表示由米开朗基罗、罗西尼所创造的意大利超级流行文化的符号。提着这样的手提包，主人确信自己正在实施一项可以与欧洲超一流阶层相媲美的消费计划。为此，她情愿花70000日元购置只值700日元的商品。她消费了一把符号，实际上消费了一种欲望。她想买回一种等级，一种自尊，一种社会承认。

三

超价值的欲望消费除了获得对物质的无穷占有的快感外，更主要的是获得自我实现和社会尊重的借代性满足。这是超价值消费得以风行的主要原因。超价值消费的一种主要方式是对名牌产品的消费。固然，名牌产品有质量高、信誉好等众多前提，但从文化角度看，说到底，消费名牌就是消费媒介，因为每一种名牌都通过当代媒介来广泛宣传自身，消费名牌的同时消费者也就获得了高档的价值证实，获得了自我宣扬和展示。消费名牌也就是消费文化，因为每一种名牌都以外在于产品的文化虚像遮蔽了实物本身，所以消费名牌的同时消费者也就获得了个体形象的完满。像时装名牌的设计，就使消费者借代性地完成了自我形象乃至个性特征的设计。而当物质的无穷占有的表征与个体精神消费的满足融为一体时，消费者就当然地获得一种极大的心理愉悦。

欲望的超价值消费的盛行，是依托于浪潮式的时尚消费之“场”来实现的。它本身就是一种“场”效应，离开了这个“场”，产品的价值就必然回归，虚像的遮蔽和文化符号的扩张就会倏然消遁。这就是兴过了的时髦何以一钱不值的原因。

四

消费时代的人，天天在消费广告，而广告消费中最集中的是对于美丽的消费。那是一种巨大的集体自恋，“您所梦想的一切，就是您的”，导致整个社会在其为自身提供的影像中自我混淆、自我陶醉和自我宽恕。在消费社会里，广告越来越具有了这样一种功能：消费者在广告中，就像在神奇的魔镜中一样，时刻能读到自己，读到自己的需要、自己的身体、自己的魅力、自己的美丽动人之处——它们是什么，它们在哪里。他（她）被那铺天盖地的影像、广告、图例所规划、所启发、所引导或所涵养，也许过去他或她一直不明白自己究竟想要什么，现在恍然大悟了，并且立即去实现它。也许他或她早在与生俱来的广告中潜移默化地弄熟了程式和规则，实行起来驾轻就熟。所以，从“想”到“做”，其间没有距离，更没有鸿沟，弥合是即刻的。因为你的向往、你的美丽，甚至你的魅力都是厂家预先为你设计好的。这个世界是先生产了美丽，并确定了如何美丽的方式，然后你才美丽的。不信？到所有大商场的第一层，看看那琳琅满目、铺天盖地的化妆品就一目了然了。

美丽是这个世界的“领衔主演”，于是，世界的故事和剧情便按“主演”大腕的脾性来编排、来设计。

五

符号消费中最典型的是语言文字的消费。古时候玩弄文字是一种光宗耀祖的行当，说文解字是圣贤官宦之类人物的专利，玩弄文字的人，即便不是天上文魁星下凡或再世——像《儒林外史》中的那个周进与那个范进，也得是侧身圣贤门下纂撰竹书青史的人物。故而读书的神圣感、写作的神圣感不盅自矜，不神而威。所以才有“三不朽”之说，所以才有“究天人之际，成一家之言”的慷慨。及至几十年前，学人们、文人们也还固持“一本书主义”，那时候人们没有什么“精品意识”，也不怎么宣言“持守终极关怀”，但用一辈子心血去独造自我精神之域的追求，却是文人们共守的公则。

时代不同了，今日我们进入的正是一个“信息爆炸”的时代，一个“数字化生存”的时代，一个“符号宰制”的时代。更多的人需要消费文字、消费符号，因而无数供消费的文字、供消费的符号就列队而来，源源不绝。也由此就有了武侠、言情、三毛、“文化散文潮”或是其他什么的，也就有了“文化快餐”“情爱方便面”“我的野蛮女友”或“几米”之类的东西。有消费的需要，就有消费品的制造。

甚至当今的写作也是一种符号的消费。当明星当得不耐烦了，写书！像“亿万富姐儿”什么的；挣钱挣得不过瘾了，写书！像“曼哈顿的中国女人”什么的；发财发出点门道或挤出点“风雅”、悟出点人生，写书！自己写不了或没时间，别人帮着“体味”人生，像某某大王、某某大亨的“艰难历程”之类。大部头人家不爱看，就弄点“画说……”“图说……”之类的书，深刻的复杂的不畅销，就贩点“谁动了我的奶酪”之类。写书者恐怕不在乎那几个稿费，重要的是消费了一把符号，就像陈奂生进城，住上了招待所的弹簧床，坐上了沙发，临走，也要狠狠地踩几个脏脚印，要消费一把欲望。读图者们也不是不知道“奶酪”揭示的真理，而是要消费一把时尚，恶赶一趟时髦，看看“皇帝的新衣”，这也是消费一把欲望。

原载《中国审计》2003 年第 14 期。

当代消费冲动与休闲景观

一

我们曾经有过一个“身在茅屋想世界”的年代，物质的极其匮乏和精神的畸形夸张，使中国百姓既须承受物质的不可随受之轻，亦须承受精神的不可承受之重。那时候，观念的封闭和眼界的促狭，使人们的想象力十分苍白而又贫乏；今日某些老板们尚感委屈的康居楼（他们抱怨说活动空间狭小，没有场院）和渐入家庭的小轿车（中款们愤愤于买起车养不起车，抱怨道路拥堵啦、管理混乱啦），那时甚至还未曾进入百姓夜有所梦的想象域；眼下成为当今都市浪漫修饰的时装风采，那时还未被打入人们未来幸福的期望值。几亿人穿一色的衣服，一件衣服要穿几十年。那不是因为人们愚鲁无知或浑蒙未开，而是“生活”从来没有成为时代主题，从来没进入我你他的意识世界。斗争呀，运动呀，不断革命呀，斗私批修呀，人们惶恐于早年曾穿过旗袍、高跟鞋，戴过戒指、金项链，寝食不安。甚至一张婚纱礼服的结婚照，也可能引来灭门之祸。那时候，时代崇尚手上的老茧、身上的臭汗。一身绿色装是铁姑娘们想象中的美的极致，发白的劳动服成为当日青年最浪漫的“时尚”，甚至虱子、跳蚤也成了“革命虫”——一种同工农结合的最有说服力的标志。那是一个“理想”疯狂的年代。

“乌托邦”时代留给我们的一个基本信念便是：工作即是生活，职业即是事业，干好某一职业就是人生价值的全部，当好革命事业的螺丝钉就是革命规定的一切人的终极理想、生存意义和人生内容。所以，所有的人都须坚守为世界上2/3劳苦大众谋幸福的伟大信念和对永恒价值的遥远承诺，自愿承受贫穷、匮乏、专制和思想钳制。那是一个将政治信仰、人生理想、道德典范与职业规范、工作规范、个人生活完全混为一谈的年代，那是一个在观念中消弭了日常生活的时代。如同样板戏电影中的男女主人公全部“高、大、全”到非鳏即寡，光芒四射到不吃不喝，出尘拔俗到无亲无故一样。

当永恒价值的宏伟承诺在现实生存中失效，“乌托邦”时代的虚幻的理想光环消散时，变革的时代就不期而至。人们学会了区分各种不同的生命空间，学会了将宏伟政治、国家经济与自身职业、劳动岗位区别开来。人们重新发现了生活。他们开始感觉到：作为一个现代人，他获得人生满足的源泉和社会理想行为的标准，并不唯一地是工作劳动本身了，也许更重要的是“活着的方式”。对于不少人来说，社会的流动，职业的多向选择，兼职的可能，尤其是市民社会的逐渐形成和个体人身的“单位所有制”的逐步解除，使他们越来越将职业视为生存的手段，而生活自身则自然成为人们追求的目标。实惠、实利、实际、实用的物质主义和轻轻松松潇洒走一回的感性享乐成为不少人今日的生活准则。解除了空幻虚拟的“宏伟理想”模式，百姓的生存个人化、物质化、浅显化了。人们不想再玩深沉，而想活出自己来，过出自己来。

消费成了文化，衣、食、住、行走到前台，成为服饰文化、汽车文化、饮食文化、住宅装修与旅游文化。

二

休闲消费文化是俗文化的狂欢节。其最典型的表现方式是城市迪斯科与老年大秧歌，其最具批判性的力量来自其“卡拉 OK”的特性，也即非神非圣、无主无从、自我参与、共娱共乐的存在方式。它具有无表演而真实、无程式而自由、无等级而同乐、无语言而交流的特点。

所谓无表演而真实，是说这种休闲消费文化无须表演给什么人看，也不需要看别人表演，因而无须掩藏、遮盖些什么，也不必刻意表演些什么，不紧张、不做作，让真实的本我自然裸露，无心理负担，也无顾忌拘牵。所谓无程式而自由，是说这些消费休闲方式大都极简单易学，速学速会，无须太多的排练、准备或积累，也无什么严格不改的程式必须遵守，而是最大限度地容许你自由发挥、随性而为。所谓无等级而同乐是说在当代休闲消费中心，精神的等级、政治的等级、伦理的等级、文化的等级全都消泯了。如果不是非要常常打高尔夫、天天玩保龄球，一般的休闲娱乐中连经济的差别也被抹去。如在迪厅，经理老总与一般职员、达官名流与百姓庶民、文化巨擘与市井俗子，均一样蹦迪，无了区分。特别像中老年大秧歌等形式，更是人人得而参与，个个感到满足（至少是自我感觉良好）。在这里，人们之间无高低差异、贵贱区分，相互间既亲近又疏远。正是在这种共娱共乐的轻松休闲的氛围中，人们达到一种情绪的泄导、感情的交流。而这种交流往往不通过语言来进行，而是一种感官式的直接交流：无语言而获得直接回应，在瞬间达成情绪的交流。无疑，休闲消费文化是一种快餐式文化，而不是钦点御定的“满汉全席”。但快餐文化可以人人得而食之，而“满汉全席”则只有皇家贵胄可享用。的确，休闲消费文化不再具有传统知识分子神往的那种天马行空的文化艺术品位，但它又有一种强大的风俗化、惯例性的力量，漫漫滋养，无所不在。它也没有过去政治文化所具有的那种君临天下、唯我独尊的神圣与崇高，但却蕴含着一种中国文化积淀中缺少的自我独立的批判性人格力量。

休闲消费文化是当代都市文化的伴生物。在这个快节奏、高频率、加速度、大压力的都市生活的“跑马场”中，人们一直处于紧张的“耗尽”状态。你一旦进入当代社会生存的“跑马场”，就如同驾车驶上了高速公路的快车道，你只能高速前进，在精神与体力深度透支的时候寻找下一个公路出口。这是现代都市文化的旋转木马，骑上去就只好随之俯仰起落。因此，跨上木马的时候就特别需要放松肌肉，娱乐休憩需要宣泄情感、松弛神经，需要抚慰与熨帖内心的精神。

因此，以休闲消费文化跨以崛起的基点来玩，它不需要崇高，以及伟大圣明的精神导师，不需要高远深邃的旷世巨著，自然也不需要高不可及的文化巨擘与艺术大师。它只需要平常。每一历史事物的产生发展不是依据于永恒不变的所谓真理正义、形而上学的普遍性；而是产生于彼时彼地的特定历史语境、特定社会要求、特定文化需求。

所以，20 世纪 90 年代中国当下的以休闲消费文化为特征的大众文化，是市场经济条件下社会整体变革的一部分，它表明了市民社会对自身文化利益的普遍肯定，表明了小康时代大众文化生活需求的合理性，以及它处于上升期的内在动力和相应的批判意识。它的非政治、非道德价值、非艺术，甚至非审美的某些现象特征正是对过去时代极端的政治价值观的反拨和对先前政治一伦理一元价值结构的冲击。但这种消解性的反拨和冲击并不采取与主流意识形态激烈对抗的姿态，也拒绝采取 80 年代的文化激进主义途径，而是在一种温馨、舒适、轻松、惬意的日常生活流中，保持与主流意识形态的一种既相互疏离又相互包容的策略，但它又很顽强地要求市民社会自身的文化利益和基本权利。从流行歌曲到影视肥皂剧，从武侠爱情小说到好莱坞大片，从 KTV 到通俗的感官享乐，它看似漫漶而混沌，实际上具有相当坚定的力量。它的背后是经济的无形的手在拨弄。

三

当代休闲消费文化存在的合理性，其滋长漫漶的现实性，并不表明它同时具备了现代文化的完满性或唯一性，也不证明其负面影响的消失或消解。即使在其处于自身发展的上升通道中时，它的消蚀性、局限性仍彰显无遗。它的与生俱来的市场文化的趋利本性，它对高蹈的精神文化的冲击，它对文化的历史深度的消解，它对人类存在意义探寻的漠视，都使我们看到休闲消费文化的另一方面。应当看到，它的合理发展必须有强大的批判否定力量与之伴行，必须有新的健康向上的精神信仰力量不断将之提升，必须有多元的文化选择展开现代文化的多样化层面，还必须有强有力的制度性、法律性力量对之予以监督和制约。

原载《中国贸易报》副刊“元浦说文”专栏，1995 年。

谁出售商品阅听人？

长期以来，人们一直习惯性地认为，看电视、听广播不过是听听消息、娱乐娱乐而已，它们是当然的“免费的午餐”。然而，有线电视的开播，使人们明白了，看电视也得交钱。这就是说，电视节目也同冰箱、洗衣机一样，是用钱买来的商品。然而，深层的问题是，在当今市场经济的条件下，电视台真的会无偿地向你提供“免费的午餐”吗？

研究这一问题，可以从两个方面进入，其一为以商品阅听人和阅听人阅听状况调查为焦点进行研究，其二为以阅听人所享受/花费的休闲/工作时间为焦点展开探讨。

当代社会传播媒体的运作，在经济上有两种方式，一种是由国家支持的公共运营，如英国，它主要采取强制征收公共电视执照费的方式。另一种则主要依赖广告的收入，这种方式已日益成为当代传媒的基本生存方式。

美国理论家斯梅塞从商品经济角度对此进行了深入研究。他认为，在后工业社会的条件下，阅听人实际上已成为一种商品，大众媒介其实就是这种商品的生产者（卖方），而广告商则是其商品阅听人的买主。他指出，由广告所支撑的大众传播，其商品形式已成为信息/娱乐工业的支配形式。由广告商支持媒介的组织化形式，现在已遍及世界，而媒介也越来越依赖广告商，不仅电视、广播、报纸和杂志，而且电影、戏剧、音乐与表演亦无不如此。斯梅塞在分析这种组织形式时，特别关注媒介的外显功能（传播信息）和媒介的经济结构之间的矛盾。斯梅塞认为问题出在商品上，也就是说，媒介是在向广告商兜售一种商品。这是一种什么商品呢？从传统的观点看，广告商从媒介买下的是空间，他利用此空间（时间）向观众推销产品。至于此举是告知大众还是迫使大众接受消费主义，这要看研究者从何种理论立场出发。

从媒介方面来说，贩卖空间是媒介公司的主要收入，电视、广播、报纸和杂志由订户得来的收入/利润微乎其微。那么，按照传统的交换法则，任何电视与报纸的空间都应该在价格上相同才对，但实际上各种不同空间的价格相去天壤。即使是同一天同一张报纸如《纽约时报》，其第二版和第六版也价格迥异。我国中央电视台广告费与一般省市电视台的广告费差距之巨，令人咋舌，而所谓“黄金时段”与其他时段的价格相比，亦有天壤之别。为什么此一空间比另一空间价格多出如许？明眼人一目了然：不同空间吸引阅听人的程度不同所致。但斯梅塞在这一传统答案的后面发现了媒介背后的文化商品和商品阅听人。

在斯梅塞看来，由广告/广告商支持的媒体把喜剧、音乐、游戏、娱乐、表演，甚至新闻、宣传都看作是媒体的“免费的午餐”，其目的就是尽一切力量把观众钓到电视机前，而电视机前即是观众/生产者为其生产商品/利润的场所。正因为如此，才要调查公司去调查观众收视率，然后媒介公司再把观众打包卖给广告商。这时，一个真正的商品——阅听人的看/听出现了。这才能解释媒体空间的价格差异，广告商和媒介公司之间的关系，以及收视率调查公司存在的原因。斯梅塞从经济基础来定位媒介工业，他干脆认为，从总体看，阅听人不过是广告商和媒介公司的劳工而已。的确，娱乐工业若没有获得实际利益，怎么会为阅听人提供免费的午餐？所以，当阅听人兴高采烈地享用“美味佳肴”时，他实际上是在做苦工，他不仅在消磨时光，也是在以一种相当确定的方式付出自己的精力和时间：他全神贯注地参与节目，实际上做了广告商所支持的媒介公司的社会化背景。他所做的，正如同把时间耗费在无报酬劳动中的工人所为。他在替消费品的生产者执行市场功能，并进行生产与复制劳动力的工作。在当代资本主义社会，所有的时间实际上都已变成工时。阅听人的这种无报酬的劳动为广告和大众传播工业的口袋赚来了千百万银两。斯梅塞论道：

> 工人下班后的时间，除了睡觉外，都得承受垄断资本主义的消费业和服务业所施加的压力。个人的、家庭的与其他社会交往的需

> **要都必须放到产品和行销的脉络中来处理。在不断承受这些几近泛滥的压力下，使得个人与家庭的任务基本上成为一种“拷贝”。当阅听人置身其间，形成了他心理的采购单，并把收入花掉时，广告商就从阅听人工作中获取利益。**

显然，这是一个有乖常理的反向思维：只要把意欲灌输的目标、信念安插进销售对象之中，就可以不付薪水而让他们工作。结果，斯梅塞的观点在西方媒介研究中引起了一场轩然大波。人们纷纷群起而讨伐。一些主张纯粹意识形态批判的西方学院派理论家批评斯梅塞为庸俗唯物论。但也有许多学者如雷蒙德·威廉斯的学生等则与斯梅塞所见趋同。

其实，对于阅听人的研究早已开始。传统的阅听人研究分为学院派和商业调查公司。学院派一般是将大众关注的问题、民意趋向、私人行为与媒介使用缘由综合起来进行研究；商业调查公司则依其调查结果而进行分类，如民意调查、人口统计资料调查、品牌信任度调查、收视率调查等。典型的测量方法不外量化的社会科学研究方式（问卷、实验、准实验设计），有些则采取当代心理学、社会学与社会心理学所发展出来的中型理论作为阐释的理论框架。总之，学院派研究与商业调查都集中于态度、信息积累、获得特定行为的预存立场，以及对可欲行为的筹划与塑造。依照传统观点，商业调查与学院派研究都假定阅听人是一种自然的现象，由各种人口统计类目组成。这种阅听人会自行分身，分属不同的团体，倾向于不同的媒体、版面，以至特定节目。研究者的任务就是找出谁为了什么原因而选择了何者。

遵从何种理论框架（范式），采用何种运作方式，这对于阅听人研究或调查是极为重要的。如果我们采取传统的主客两分的认识论理论范式，便认定阅听人是客观发生的现象，而在此现象的背后，存在着决定此现象的本质。依照这种传统的客观方式，测量阅听人就与测量一座山、一棵树完全一样。如果是测量山或者树，测量报告就必受山、树本身的限制，不管你的结论是为“山（树）学期刊”做的还是为木材公司所做，资料都是完全一样的。对那些客观论者来说，观众就在那儿，好比山在水边耸立，树在野地里生长一样。研究者只要学会测量规则就可以出师，开始测量阅听人。只要依照规则去做，就能保证得到可靠的数据，学院研究或商业调查公司也无法打破成规。从这个角度讲，学院派研究与调查公司没有太大区别，因为各方都想掌握最可靠的阅听人信息资料。但是，学院派研究着眼于整体的阅听人状况研究，而不是仅仅关注作为商品的阅听人。比如通过媒体了解研究当下的普遍意愿、时尚趋向、公众舆论、社会评价等。调查公司则更“庸俗”，更具商业眼光。斯梅塞分析道：

> 广告商怎样确定他为收买阅听人所耗费的资财将得到什么样的回报？这只能靠意识工业中的次工业部门居中审定。尼尔森以及许多专门评估阅听人商品的公司所从事的工作，正是计算读者群的多寡、判断其社会经济特质。
>
> 其实，这种以人为对象的研究和调查已不同于传统的主客两分、视阅听人为客观物的机械论观念，它要解决主体—主体之间的关系问题。它所寻找的，不是传统观念中的客观真理，而是寻求主体与主体之间的“主体间性”，或者阅听共同体（观众群）与阅听共同体之间的某种共同约定、共同认可的东西。此中，调查研究的意图和目的规定着调查研究的方向乃至方法；调查研究的思维结构与前理解构成影响乃至规定着调查研究的结果；事物自身的“多义共生”性质，规定了调查与研究是对事物的多种意蕴的一种依据当下社会语境的选择和创制；新的媒体运作方式，又产生出居间运作的环节与机构，而研究所与媒介调查公司则基于不同的目和意图进行运作。学院派的研究所更具宏观的社会“整体”意识，考虑社会发展的方方面面；而媒介调查公司则更多遵循商业目的，服务于“客户”的调查要求。

那么，一般阅听人与商品阅听人是否是一回事呢？斯梅塞认为二者大有差异。他注意到，意识工业的次部门由许多公司或调查行为组成，将生产出的阅听人调查报告卖给广告商或媒介公司以及相关单位。如果坚持自然阅听人的前提，它就无法进一步分析收视率的封闭市场。斯梅塞则发现收视率多寡与阅听人群体的组成成分及其不同需求休戚相关。易言之，阅听人包含一般阅听人和商品阅听人，媒体能够打包出卖的只是其中的商品阅听人。而正是广告商对收视率的长期而连续的需要——对商品阅听人的高价购买，迫使一大堆调查公司相互竞争，竞相提高收视率的精确性、可靠性和时效性。这样，收视率就成为联结广告商与媒介的重要市场要素。它不仅仅是一种资料报告，也是媒体为自己的各个时段估价的基本依据，是广告商付费以购买商品阅听人的依据。毫无疑问，做买卖，卖者总想多赚，买者总想少出，谁的观众多谁的广告卖价就高。媒体和广告商之间必然存在着利益冲突，这就产生了一个缓冲的空间，需要通过收视率公司所选择的调查技术来居间处理。采用不同的技术，可能有不同的收视率结果，或高估或低估，对媒体和广告商各有不同的意义。

任何一种调查技术都有误差，因而，技术的选择就变得相当重要。在对对手的策略、广告商与媒体的大小以及网络媒体之间的竞争进行慎重评估之后，收视率公司谨慎选择其调查技术，苦心孤诣，以确立自己在市场上的安身立命之所。一个公司要想生存，想占据获利最大的市场位置——为媒体节目生产全国性的收视人口，则其策略性定位便相当重要。这就需要一种买卖双方都认为权威的单一标准，成为例行规范，由众多员工来操作，以降低办事成本，提高效率。在全国收视率市场中，例行规范只需要一套收视率，虽然市场上有很多公司从事阅听人调查或研究，原则上讲，只有一家会独占全国收视率调查市场。工业标准连贯性的需求，使得收视率市场趋向于独占。而欲拔头筹，你的调查技术与调查结果就须被公认为是最合理、最公正的。如果有人欲向收视率调查的垄断者发起挑战，他就必须在调查技术的选择和改进上大做文章，这样才能在媒体（网络）对手之间、媒体与广告商的不同需求之间游刃有余。由此可见市场压力对阅听人调查的方法、技术乃至结果具有多么重大的影响。

如果我们把阅听人视为自然现象，就应调查包含有价值阅听人和无价值阅听人在内的阅听人整体。然而从市场角度看，这种调查的效率显然很低。而广告商想要的是真正的消费者，也就是有收入且又热衷购买固定品牌的人。这种消费者才是广告商所觊觎的对象，是媒体网络所欲卖出的商品阅听人。因此调查公司就是要调查这种“特制的”商品阅听人，有效地把商品阅听人从一般阅听人中筛选出来。在西方，高明的收视率调查公司能通过选择恰当的抽样技术来辨别哪些人是真正的消费者，哪些人是缺乏收入或缺乏消费欲望的阅听人，将之分类排序。这意味着，随着经济的勃兴与衰退，阅听人的市场定位标准亦随之变化。在美国，大萧条期间电话的使用还不普遍，而收音机则为人们所普遍拥有，阅听人商品就以电话订户来定位；战后经济复苏，购买力大增，阅听人商品就以户口普查为基础；到 1989 年，以户口来判断不准了，就以线缆（cable box）取而代之。

这就是学院派阅听人研究与商品化阅听人调查之间、真实阅听人与商品阅听人之间的差异。搞清了这些差异，就可以重新检验阅听人调查的需求连续性，了解何以有些阅听人特别值钱，有些阅听人则无足轻重。

商品阅听人是由市场创造出来的，是应市场工业的竞争需要而生的；阅听人调查也是市场创造出来的。在这里，商品阅听人与一般阅听人的关系就像牙签与树的关系，商品阅听人是由自然物质（自然现象）所制造的制成品，商品阅听人与商品收视率全都是人工制品。

西方学院派的研究到 20 世纪 70 年代末已具常规规范：量化、变项分析以及行政式企业方式。虽然实验法与问卷研究仍占优势，但 70 年代偶尔也有方法上的创新。这就出现了第三种研究：用人类学方式来记录阅听人使用大众媒介素材的生活经验。这种新方法源于社会科学家采用的质化方法和发展中的文化研究方式。他们发现，真实阅听人的社会与符号远比量化方法复杂，实验问卷等方法将复杂的社会现象做了简约化处理，遗漏了阅听人的文化生活经验。于是，阅听人的文化生活体验一跃而为研究的首要之务。文化研究者将阅听人概念化、抽象化，进行文化研究，以区别于学院派与商业界的阅听人调查。随之亦对行政式实验研究规范进行了批判。

文化研究派制定了一些文化指标，他们通过对美国电视栏目“全国观众”的研究，试图将批判理论与量化方法结合起来，认为关注意识形态的观点也可以与实地采访、内容分析相融为一。这些文化研究者反对因果论、元素论的所谓“科学”方式，力图消解一直居于主导地位的变项分析方式。他们认为不能通过个别变项分析将人类视为诸种元素的组合，并以此决定什么变项是因、什么变项是果。他们采用了更具统观性的模式。这些模式大多借鉴自文化人类学，强调“联结性”和“集合性”。与斯梅塞相应，新历史主义发轫者、文化唯物论者威廉斯强调生活经验，在他看来，生活经验既非全由亲身经验决定，亦非完全被决定，而是由经济结构（如阶级关系）与社会集团、次文化与主导意识形态相互作用、共同影响所致。文化唯物论者发现，阅听人实际上常常是主动从媒介有限的菜单中选择节目，并从中获得满足的，他们与大众媒介相与共生。这可以从青少年群体文化与通俗音乐（摇滚乐）发烧友的情形得到佐证。显然，这些阅听人都是相当主动地处理阅听素材，甚至习惯性地把主导意识形态踩在脚下而任由时尚和个人趣味（青年群体趣味）的驱使去进行阅读。

怎么会出现这种经济上受到压抑、文化上却自主的情形？这使得研究者或是返回文本，或是走出大门去寻找阅听人。那些返回文本的分析者，努力寻求文本中的多义性，从中归纳出读者不同的社会地位。按其逻辑，这种位置使得压迫性文本既是父权的，又可能是解放的，只看读者当时的情绪和想象。这里，读者本身就是以分析者的身份进行文本阅读，建构出各种可能的解释，然后从各种阅读中设计出各种阅听人。认可多义性的现象学、解释学理论的前提是阅听人必须主动地投入文本中，以便解码。还要对构成文本的众多刺激（声、光、画面、音乐、镜头、情境、角色）详加分类，以便选择某些要素进行解码。此中的焦点是意义如何通过特定的表述方式而产生，以及如何从日常生活的言行中不断地与意义进行交流，使之得以生成。所以从另一个角度看，劳动阅听人是在劳动中消费，在克服困难的辛劳中娱乐，在消费中把“免费午餐”变为可口的美味佳肴。

细分起来，文化研究的成果表现于三个相互联系又互相独立的领域之中。第一个领域的研究焦点在于文化文本分析，分析对象中也包含由媒介工业所制造的文本，这类研究数量最多。文化研究与传送模式不同，传送模式将媒介形式（如电视连续剧、恐怖片、某些专题片等）视为向消费者传送信息的载体，而文化研究则把媒介形式当作运用特定方式组织意义的机制。传统的内容分析法只研究电视剧中的对白或个别暴力动作的意义，这些可分析的部分必须事先定义清楚，并将之从文本中的位置抽离出来，也不讨论该文本与其他文本的关系。文化研究则不同，它坚持意义具有多样性，强调意义主要依赖情境来决定，情境的因素包含整体的叙事方式、节目的类别和先期的宣传。

文化研究的第二个领域强调意义及其可变性之间的关系。它关心阅听人阐释媒介形态的方式，和将媒介内容融入自身世界观及生活形态的方式。

这种相互作用的模式也对那种简单化的和效果模式提供了一种反证。它开启了一个消费创意的时代。这种研究受到当代现象学、解释学和接受反应理论以及新历史主义的影响，他们把眼光投注于文本意义与阅听人意义相遇和进行交换的那一霎间，他们将阅听人视为积极主动的主体：他们在阅听活动中不断为所处的环境创造意义，因而他们不再是产业系统运作中的被动的消费者，也不是批判学派们认定的遭受强制劳动的“劳工”。

文化研究的第三个领域是新民粹主义者的大众文化或世俗文化研究。长期以来，大众传播文化往往被摒弃于经典的文化研究之外，难登大雅之堂，更别说“登堂入室”了。而一部分当代文化研究者则十分关注当代流行文化与大众文化实践，像约翰·费斯克这类文化研究学者，便致力于这一方面的研究。在他们看来，意义的交换意味着大众正以自己的方式“抗拒与其相左的意识形态”。传统的由上而下的权力关系正在接受由下而上的力量的挑战，“社会的纪律正面临着失序的危险”。这种消费所具有的颠覆性明显地与长期以来形成的媒介意识形态的宰制、支配、一统方式格格不入。

我国的文化研究虽如火如荼，阅听人与商品阅听人的研究却刚刚起步。这是一个十分宽广有待拓展的领域，也是一个极具发展前景的现实实践课题。对这一课题投以必要的关注，对于我们当代传媒的合理发展将是十分有意义的。

原载《读书》1990 年第 90 期。

基于差异的互补：转型时期的经济学家与文学家[①]

——与陶东风对话

本篇与陶东风教授的对话力图从思维方法、知识背景、问题意识、价值取向等角度集中探讨经济学家与文学家（在更广泛意义上还涉及社会科学家与人文科学家）在对待社会转型时的不同态度，并分析了他们各自的优势与盲点。本文指出，经济学家与文学家对于当今中国社会转型所产生的视角、态度、评价等方面的差异是正常的现象，关键是他们应当意识到各自的局限与对方的合理性，从而形成一种基于差异的互补，并在此基础上对中国的社会转型做出尽可能全面、客观的把握。

一、经济学家与文学家的差异

陶东风：都说中国正处在一个转型的时代，都说中国的文学家应当关心改革开放与社会转型，都说文学是时代的“晴雨表”，应当反映现实，等等。这些当然都是没有问题的，有问题的是如何关心以及怎样关心。比如，文学家与经济学家或社会学家对于中国今天的社会转型所持的态度，尤其是他们“审时度势”的角度、标准、出发点、着眼点等有什么样的区别，为什么有这样的区别？这就是很有意思但仍然未经深入探讨的问题。1997 年底，北京市作协与《管理世界》杂志举办了一个别开生面的学术会，叫“面向二十一世纪的中国——青年经济学家与青年文学家研讨会”，召集在京的部分青年经

① 与陶东风合作完成。

济学家与文学家一起探讨：（1）青年经济学家与青年文学家对企业改革现状的思考；（2）转型期经济学家与文学家的价值判断、文化立场与社会视角选择。结果发现，经济家与文学家在看待当今中国社会转型时的确存在很大的分歧。其中具体观点的分歧不是最主要的，也不是我们这里所感兴趣的。我们感兴趣的是他们的思维路径、价值取向、判断角度的分歧。我认为这是更为根本的分歧。

金元浦：这个创意应当说非常好，说明当前人们已关注到文化与经济的区别及相互间的联系。历史上传统的欧洲学术分类是采用两分法，即自然科学与社会科学二分，它更看重社会科学作为整体与自然科学的区别。而后起的北美学术则采取三分法，即自然科学、社会科学与人文科学三分，这种划分强调了社会科学与人文科学的区别。我国延续了传统的欧洲式的分类，而近年来人们也越来越多地注意到了社会科学与人文科学的区别。分属社会科学的经济学科与分属人文学科的文化艺术，一方面显示出越来越大的独异性，另一方面二者之间又呈现出日益紧密的相互联系。以往文学界对文学与政治、文学与社会、文学与历史、文学与意识形态都有过不少深入的研究，唯独对文学与经济研究最少。这也许是长期以来形成的既定观念在作怪：文学艺术是更高地悬浮在空中的意识形态，而经济则是整个社会大厦的基础，一个高高在上，一个扎地三分，二者相去甚远。故而研究甚少，也在情理之中。但在今天这个转型的时代，文学（文化）与经济的关系也日益提上了社会发展的议事日程。仔细研究文化（文学）与经济的关系，不论对文化研究还是对经济研究都具有现实意义。

陶东风：显而易见，经济学家——按照你的划分，其实还可以包括社会学家、法学家、政治学家等，因为他们都是从事社会科学研究的——与文学家在个性、思维方式、知识结构等方面都存在明显的差异。举其要者言之，经济学家务实而文学家务虚；经济学家重理性而文学家重感性；经济学家更多考虑可行性（在现实中是否行得通），而文学家更加执着于“合理性”（此指是否合乎自己的理想，与韦伯意义上的“合理性”不同）；经济学家更多从社会的角度看问题，而文学家更喜欢“我向思维”（或“自我中心”）；经济学家对社会机制的运行与操作更感兴趣，而文学家则念念不忘个体人格修炼；等等。由此决定了，在对待社会转型时，经济学家更注重实实在在、看得见摸得着的变化（尤其是物质生产与制度建构层面），而文学家则更关心社会转型在个体心灵上产生的看不见的影响（个体心理体验层面）。以上的种种差异当然会导致两者在具体分析与评价社会转型时的分歧乃至对立。比如，对于市场化以及由此导致的商业伦理、契约伦理，经济学家主要持肯定的立场，因为契约关系作为人与人之间新的联系纽带取代了原先的以人情与习惯为轴心的人际关系，这是社会的一个进步，也是市场经济的题中应有之义。而在文学家看来，市场经济中的商业伦理与契约关系充满了“铜臭味”，太缺乏诗意与浪漫。人间真情岂是能用契约这种斤斤计较的玩意儿所能表达的！

再比如，对于官僚科层化与工具理性化的看法。西方现代化的历史表明，现代化必然导致科层官僚化，这里的“官僚化”与我们熟悉的贬义词“官僚主义”有所不同。科层官僚制是一种现代的机构管理方式，它用客观化且较稳定的规章制度来取代更具个人主观色彩的惯例人情，通过一个人的技术知识与管理能力而不是关系资历来作为选择升迁的标准。在社会学家看来，这当然是社会的一种进步。工具理性化以及相关的世俗化也是如此。在一个宗教本位或伦理本位传统深厚的社会中，想要实现现代化似乎必须经过世俗化与工具理性化的阶段（尽管会在另一方面带来严重的后果），把原先的神圣价值加以悬置、限制或划定其范围，使社会活动的领域，尤其是经济、器物、物质方面的活动脱离价值理性的限制。但是文学家可能会出来唱反调：科层官僚化导致了等级制，世俗化扼杀了价值的神圣性与终极性，工具理性化则把人当机器看待与使用，使个体丧失自由，使人成为非人。对于这两者的批判，一直是并仍然是当今中西方人文学者的主导立场。

金元浦：经济学家务实、文学家务虚，可谓一言中的。这与他们各自的社会定位和人们对他们的期许密切相关。经济学家要解决当前经济的运作，他们的目标是设计以物质生活为基础的当代经济生活的最合理的模式，关注社会经济发展中的效率、速度，其自我定位是经济发展的“工程师”或“设计师”，人们对他们的期许也是尽可能地解决实践中的问题。文学家、艺术家则不同。文学艺术要解决人类的精神需求问题，人类当然必须首先活着，必须首先解决衣食住行这些最基本的问题；但人之所以为人，就是因为人还有文化的、精神的、文学艺术方面的需求；如马克思所说，人类的全部历史就是人的感官不断解放的历史，是自然的人化也即自然文化化的历程。因此，这些需求也是人类不可或缺的基本需求。由此，文学家的自我定位就不同于经济学家，他们有的取精神牧师的定位，有的取社会批判者的定位，有的取历史代言人的定位。当然，从另一个角度看，这种不同还在于文学家与经济学家各自的知识谱系不同。由于训练，由于教育，由于约定俗成的社会习俗，他们观察世界的思维范式不同，前理解视界不同，因而他们对同一社会现实可能做出截然不同的判断。换句话说，他们可能关注的是同一社会现实中的不同层次或不同侧面。

对于工具理性的态度最能见出经济学家与文学艺术家的不同。在经济学家看来，一个现代化的社会当然应是一个高度理性化、客观化、制度化的社会。在中国当代的经济学家看来，在中国这样一个长期人治的伦理传统社会中，最缺乏的就是工具理性。我国的现实是，经济活动中的契约、效率意识、科学理性大大不足，市场成分大大不足，因此，必须大力倡导现代经济意识与经济模式，为此而付出相当的代价，甚至经历某种“商品崇拜”的阶段都是可以理解的。而在文学艺术家、人文理论家看来，人类在这个科技理性霸权的时代已被大大的异化从而失去了人的自由的本性。他们更关注终极价值，关注对存在的追问，关注生活的深度、情感的深度、思维的深度，他们执着地寻找人类生存的“诗意”，他们对物欲横流的世界，面对市场经济的现实大声疾呼：道德沦丧了，人何以堪？

此外，经济学家往往从个体而不是从团体、社会、国家等作为整体的行动单元出发，他们观察、研究艺术不会像艺术家主要考虑自己和喜好、趣味，而是去考虑个体可以支付多少资金、时间和工作量，他们可能更多地关注文化艺术中的外在制约因素如物质与货币的变化。经济学家总是关注那些可计算、可实证的内容，更关注影响人们生存环境的经济物质条件和组织规约以及相关制度，关注资本、劳动力、自然资源等综合资源，以及生产者的体质、时间与潜能发掘等。而文学家、艺术家则耻谈金钱，他们注目于人类情感传达的深度模式，后现代条件下艺术作品的“气韵”的消失，复制品与真品的天壤之别，等等。就拿对复制品与真品之间关系的看法来说，经济学家和艺术家在关注重心、切入角度等方面都有所不同。对一般普通百姓来说，他们对于原作与复制品之间的区分并不像艺术家那样认真，对于以复制品代替艺术品，或批量复制艺术品，他们大多十分宽容。经济学家在此问题上往往会倾向于普通人的意见。但艺术家与艺术批评家则对此甚为敏感。他们坚持复制品已不再是真正的艺术，真品是唯一的。因为艺术的复制品如本雅明所言，缺少艺术真品所特有的“气韵”（艺术法方面的律师也强调这种差异，因为他们要考虑原作的创作权是否受到影响）。而经济学家看待艺术则无须参与复制品是否艺术的论争，他们更关注的是从经济角度看完美的复制品及批量复制将怎样改变艺术品的供求关系。也就是说，如果复制品与真品（原件）之间没有什么差异，原作的价值就会下降。这样，一些原作的复制品就可列入博物馆，以弥补真品的匮乏。但这样的结果也会派生另一个两难：博物馆有能力展出人们喜欢的艺术作品了，其保管、储存费用也将大大降低。但如果这样的话，艺术爱好者还会参观博物馆吗？人们不远千里、万里慕名而来不就是为了一睹真品的风采吗？复制品的泛滥会不会导致艺术品对新一代青年吸引力的消失呢？

二、经济学家与文学家的互补

陶东风：我们应当把这种分歧看成是正常的现象。文学家对于社会时代的评价本来就不应当与社会科学家（包括经济学家）相同。社会的转型是一个全方位的现象，包括政治、经济、文化各个领域，涉及器物、体制、心理多种层面；而知识的分工与知识分子的分化所必然造成的结果是：无论是社会科学家还是人文学者，都很难全方位地准确把握与正确评价转型带来的种种结果；就是说，他们都存在思维的盲点。正是这一点，决定了社会科学家与文学家之间应当是一种基于差异的互补关系。也就是说，无论是社会科学家还是文学家都有各自的洞见与盲点。文学家不应当放弃自己的视角与立场，我们也不应当要求他们是社会发展（尤其是物质与器物层面的发展）的设计师；小说不能写成社会发展报告或现象记录，否则文学与文学家都失去了存在的价值与理由。从社会发展的角度说，在常态的情况下，文学家对于社会历史发展的影响是微弱的、“边缘”（姑且用这个不太准确的词）性的，占主导地位的是社会科学家（包括经济学家）的观点，当然更重要的是物质生产自身的“铁律”以及政治家的施政方针（值得指出的是，现代社会中政治家与科技专家的联盟远远超过其与人文学者的联盟）。西方社会不乏对于现代文明持激进批判态度的文学家，但是没有一个西方社会因为文学家的批判而回到古代去，没有一个政治家会依照文学家的作品来施政。但是这不是说文学家的“边缘”位置是没有意义的。它的意义在于提示社会转型在人（主要是个体）的心理产生的看不见的影响。而这种影响常常被社会科学家忽视（这也不是他们研究的强项），因为这种影响常常只能用心去体验，而不能用图表去统计，或用调查问卷去把握。

再说，审美规律的特殊性也决定了作家不能像社会科学家那样去审视社会、反映社会、表现社会。常言道：可信者不可爱，可爱者不可信。一个精通社会分析的作家未必甚至经常就是不能写出有审美意味的文学精品。一部把社会问题分析得头头是道的作品只能说有社会学的意义（意义多大值得怀疑），而很难说有美学的意蕴。在一般情况下（新中国成立后到20世纪80年代中期前后这一段时间或许是例外），读者不是要到小说中去寻找社会问题的答案。也许正因为这样，中外古今那些真正有艺术韵味的文学作品常常是“挽歌式”的；也就是说，常常是与社会历史发展的主导趋势有些错位乃至相悖。《长恨歌》是如此，《红楼梦》是如此，托尔斯泰是如此，福克纳也是如此（如果福克纳为南方的工业化进程唱赞歌而不是唱挽歌，很难想象他的作品还有如此艺术力量）。可以说，西方现代派文学，除了未来主义对于现代文明持歌颂态度，其余差不多全是反现代文明的（如城市化、工业化、世俗化、机械化等），西方的现代派作家也基本上都是对现代化持否定的立场。文学与社会应当是有距离的。这与关注社会与时代并不矛盾。这是一种特殊的关心，是有距离的关注。因为知识分子绝不应当无视社会转型在人的心灵上产生的影响与震荡。

话说回来，文学家固然可以对于社会转型持不同于社会科学家的立场与视角，但是切不可丧失界线意识与距离意识。我所谓的“界线意识”与“距离意识”，是指文学家不应当天真幼稚地认为社会应当按照自己的人性理想与审美乌托邦来建构，更要警惕自己的乌托邦冲动与政治权力结合或被别有用心的政治家利用，用来在现实社会中建立“道德理想国”或“人间天堂”。我非常欣赏陶渊明的《桃花源记》，也喜欢桃花源中“鸡犬之声相闻”的境界。但是桃花源美就美在它是幻象而非现实；如果桃花源不再是幻象而是现实，或者有人为了建立桃花源而把人类的文明成果统统毁灭（为了人性的“纯洁”这个“崇高”的目的），结果恐怕只能出现人间地狱，出现令人发指的专制统治——因为不可能所有人都一致同意以毁灭文明为代价去建构所谓“桃花源”，结果只能是强迫同意（事实上，每个人心目中的人间天堂都是不一样的，也不可能是一样的，所以最好的办法是让他们自己去建构自己的人间天堂）。这是一种走火入魔的道德理想主义。这种道德理想主义不但有害于社会发展，侵犯了人的自由，而且从审美的角度看也是不美的。作家的道德理想主义与人性乌托邦如果想要获得美感，就不应当丧失审美的距离，不应当成为声嘶力竭的道德控诉。即使他留恋过去的天堂，对于即将消逝的美好（至少在他心目中是美好的）事物、美好人性倾注了全部的同情，他也不应当失态地暴跳如雷、破口大骂，让自己的声音失去应有的从容与委婉。因为暴跳如雷的道德控诉或许表明了一个人的正义感与道德义愤，但是我相信它必然是缺乏美感的。美学家苏珊·朗格在她精彩的《艺术问题》中反复强调：艺术是人类情感的表现性形式，而不是人类原始发泄或自然征兆（如同一个孩子的大哭大叫）。大家都知道，巴尔扎克的作品是法国上流社会的一曲挽歌，他的所有同情都在那个注定要灭亡的阶级（即贵族）身上，但是巴尔扎克并不用自己的道德态度取代社会历史理性，所以他写出了贵族必然灭亡的命运，虽然他同情贵族。同时，他的同情是有距离的，因此也是美的，他没有让自己的同情直接成为对于历史发展的声嘶力竭的诅咒、控诉或叫嚷，也没有对资产阶级进行破口大骂。李商隐的"夕阳无限好，只是近黄昏"是千古名句，但是它的美恰好来自一种挽歌式的情调：美的夕阳的消逝引发的是李商隐无可奈何的喟叹与惋惜，深情而不狂躁，从容而不冷漠。狂躁的激情因为失去了距离因而也将失去美感，而冷漠的从容是一种"没良心"的历史理性，它从来与文学无缘。

金元浦：尽管一个政治家不可能依照文学家的小说来施政，但我们确实经历过"利用小说反党是一大发明"那样的时代，经历过一出戏剧便构成"对党的猖狂进攻"的时代。所以一个健全的社会必须有文化的制衡因素。没有社会民主文化的监督、批判、否定、制约，就会出现"文化大革命"那种灭绝民主文化的政治唯一化的不正常社会秩序；没有合理的文化、伦理、宗教的相互协调、相互制约，完全市场法则的经济的发展也就可能变成一个"无耻者富""弱肉强食"的社会。西方资本主义的发展，就是资本主义经济与新教伦理相互伴行的。当然，人文学科对社会的批判、否定、制约，不是那种"打倒在地，再踏上千万只脚"的方式，不是阶级斗争那种你死我活的方式，而是现代民主社会政治、经济、文化相互独立又相互制衡、相辅相成又相反相成的关系。由这一角度来看，西方的现代派文学的反现代恰恰具有现代性，是现代社会结构的必不可少的部分。实际上，文学艺术家与经济学家也不总是截然对立的。在当今社会，整个世界经济越来越文化化。第三产业，特别是其中那些具有高文化、高科技附加值的产业日益兴盛起来。而时尚等社会心理因素则成为文化产业兴盛的重要契机或基本条件。像美国的好莱坞电影成为全美仅次于航空航天、电子科技等的重要大创汇产业，就是证明。从总体上看，文学艺术家越来越经济化了，比如张艺谋从艺术电影走向商业化，高雅艺术如交响乐的商业炒作，都是如此，更不用说雅尼艺术的商业运作方式了。现在的大多数文学家已越来越具有商业头脑了。其实，当年的伏尔泰、巴尔扎克、大仲马等，无一不是商业运作的奇才。伏尔泰放弃桂冠诗人的殊荣，离开宫廷走向市场，大仲马的小说生产流水线更是开近代小说商业制作之先河。而经济学家则主要是在从专业角度观察世界时采取关注当下的更为务实的态度，而略去了更为长远虚在的精神问题。实际上，每个现代的经济学家自身也必将有诸多精神的、道德的、文化的问题。当他们作为个人进入文学艺术领域时，则不一定一律是“现实主义”文学观的崇拜者。

三、纠正两个偏向

陶东风：联系到中国，我以为当今中国作家对于转型时代的把握，存在两个比较典型的偏向。

一是偏激狂躁、缺乏节制的道德理想主义。它的主要误区是：（1）许多持有道德理想主义的人文学者缺乏应有的界线意识与距离意识。他们谈论的是社会问题，但是采用的是文人的视角。比如在分析社会道德状况（不是个人道德修养）时，缺少社会分析的视角与眼光，有些人甚至错误地把旧制度造成的问题当成是尚未确立的新制度（以市场经济为核心）的“恶果”，或把社会性的道德现象归结为个体的人格问题，而忽视了道德的制度环境。在这个问题上我比较相信社会学家（如韦伯）的观点，对于大多数的公民来说，他们之所以遵守法律或他们之所以使自己的行为合乎道德，是因为特定的社会制度使得合乎道德的行为比之于不合乎道德的行为对于自己更加有利。也就是说，道德问题与利益问题无法分离。（2）以声嘶力竭的控诉乃至诅咒抵抗当今中国现代化的社会发展方向。我们可以比较一下张炜笔下的“葡萄园”（见张炜的长篇小说《柏慧》）与陶渊明笔下的“桃花源”。显然，“葡萄园”作为一个与现实世界不同的理想乌托邦，与桃花源有类似之处，但是作者在捍卫“葡萄园”（它象征一种以农业文明为基础的纯洁人性与理想人际关系）的时候，却发出了狂躁的道德宣言与失态的道德诅咒，从而使得这种捍卫失去了应有的距离与美感（且不说这种捍卫从社会科学的角度看是否真的合理）。

另一种偏向是没有距离的所谓“新现实主义”，以所谓“三驾马车”（谈歌、何申、关仁山，其实三人在创作上还是有区别的，这里姑妄沿用）为代表。此类作品常常直接地记录当前社会转型的种种现象，尤其是基层单位的改革现状，被戏称为“记者”文学。应当说，这些小说中的大多数对于社会问题停留在浅层描写，即使涉及对于社会问题的剖析，一般也是比较肤浅的，写得最好也不过是社会问题小说。我还是想以巴尔扎克为例，简单谈谈我对于所谓“现实主义”的看法。我以为现实主义在于精神而不在于题材；在于怎么写而不在于写什么。谈到现实主义时，人们总热衷于它的“认识价值”，但即使是所谓“认识价值”，也不同于调查问卷或社会统计学的认识价值。恩格斯曾经说他从《人间喜剧》中学到的东西甚至“比当时所有职业的历史学家、经济学家和统计学家那里学到的东西还要多”。这句话一直被用来证明现实主义文学具有巨大的认识价值。但我个人的体会是，这恰恰是因为巴尔扎克不是经济学家或统计学家，也没有像经济学家或统计学家那样去写小说。巴尔扎克也是处于当时的社会转型期，但他始终抓住了人性的主题，写出了社会转型在人性层面造成的震撼。正因为这样，它的认识意义是独特的，是历史学、经济学与统计学所不可替代的。

中国目前的社会转型既为社会科学家，也为文学家提供了千载难逢的机遇，反映与揭示这个转型时期是他们共同的使命。但是他们的视角应当是不同的与互补的，而互补的前提是不同，相同就无所谓互补了。就文学家而言，更值得描写的是转型时期人的心态，是人性的变化，是社会转型在人的心理层面造成的隐秘而又深刻的震荡（这种震荡的剧烈与深刻绝不亚于器物或制度的层面），比如感性与理性、道德与历史、传统与现实等的深刻悖反。这样的文学既不是救世良方，也不是施政方针，但它将具有独特的认识价值与情感力量，同时也是具有艺术震撼力的文学杰作（如果写得好的话）。

金元浦：当代经济学家对待文化也有两种偏向。一种偏向是根本上无视精神文化在社会发展中的重要地位，对经济活动完全采取操作主义的态度。当代新古典经济学的全部理论大厦就是建立在“人类理性地追求利功最大化”的基本模式之上。他们对经济活动之外的人类的哲学、精神、道德、伦理、美学等问题很少予以关注；而这恰恰是西方20世纪现象学、阐释学、存在主义、西方马克思主义等一系列文化思潮此起彼伏、波澜壮阔的基本原因之一。它们直冲着现代资本主义社会的科学主义与工具理性的霸权而来，直冲着后工业社会的商品拜物教等种种社会弊端而来。在今日中国，经济学已成为当代“显学”，它已“帝国主义式”地侵入一切领域。经济学的术语正大踏步地占据媒体以及政治学、社会学、历史学等学科的领地。而一些经济学家则将自身学科中的假设、命题、主题、概念推及其他，将之视为一切领域的普遍性公理。实际上经济学家也应了解人文科学学者们的思考，听听文学艺术家、伦理学学者们的意见，他们也需要关注人类生存的“意义”问题。

经济学家中的另一种偏向是对西方市场经济模式缺乏足够的批判否定意识。他们认定西方的市场经济模式已完善如金科玉律，具有不可置疑的真理性。经济学也需要一种经济批评或经济批判。经济学家竭力追求理性与功利最大化，推崇现实、实惠的自利行为，他们相信社会整体的最大好处就在于通过个人在市场中的自利行为获得，这种最大的好处便是效率。实际上，人类所有的经济行为都不是孤立的，都必然受到文化与政治的制衡（当然，制度经济学并不乏对制度文化的关注）。我们经历过政治决定论的时代，今天又经历了某种程度的经济决定论。然而，如果没有政治和文化（包括伦理与艺术）的制约，我们的经济也可能成为脱缰的野马。

同时，现代阐释学告诉我们，每一种经济模式的设计，也只具有部分的真理性，它是此时此地经济学家依据某一前理解阐释现实的结果。当代世界经济的多元性和经济学范式的多元性，导致经济学阐释方式的多样性。从根本上说，每一国家的现代化道路都是独特的、唯一的，因而，每一位经济学家在研究西方市场经济模式时，多一份批判意识和否定意识，多一份“中国国情”或“中国特色”的意识，就是十分必要的。

有一种说法，说未来世纪的经济学“将让位于心理学”。日本松下公人提出新文化产业的观点，认为未来的文化产业应该是：创造某种文化；销售这种文化；生成文化符号。由此他还提出第四产业和第五产业的观念。第四产业为高技术高知识信息产业；第五产业为心理知识文化产业。未来世纪，人类心理上的需求将日益突现出来，内在情绪的满足、人的心理表现将越来越成为经济关注的重要课题。文化符号将越来越成为能产生高额利润的产业。有鉴于此，经济与文化（包括文学艺术）的结盟将是一种必然的趋势。所以，未来不是经济学让位于心理学，而是让位于文化（包括心理）的经济学或经济的文化学。

原载《浙江社会科学》1998 年第 4 期。